《社会科学战线》创刊25周年精华集【综合卷】

解社会之惑

本卷主编　王永平

吉林人民出版社

顾问

王慎荣　《社会科学战线》首任主编、研究员
关德富　《社会科学战线》二任主编、研究员
周惠泉　《社会科学战线》三任主编、研究员
赵鸣岐　《社会科学战线》四任主编、研究员

编委会

主　任：邵汉明
副主任：王　卓　于德钧
成　员：尚永琪　马　妮　李　华　王永平
　　　　王玉华　胡维革　李彦珍　翁立涛
　　　　潘　锐　马　捷　陈家威

目 录

战线无垠思无尽　博文添绿意添新
　——为《社会科学战线丛书》序 …………………… 邴　正

政治生活民主化的主体性与精神文明建设
　………………………………………… 王沪宁（ 1 ）
论当代中国政治学的发展 ………… 王惠岩　王书君（ 15 ）
论第三代中央领导集体的理论贡献 ………… 董京泉（ 29 ）
首先解决农业农村农民问题：建设有中国特色
　社会主义现代化道路 ………………………… 董俊山（ 47 ）
政治文明的主题：人类对合理的公共秩序的追求
　………………………………………… 周光辉（ 62 ）

迈向人民的人类学 …………………………… 费孝通（ 72 ）
家庭社会学与现代化 ………………………… 魏章玲（ 84 ）
破除古典理想主义的社会发展观 …………… 邴　正（100）
试论社会运行机制 ………………… 郑杭生　郭星华（109）
中国社会学一百年 …………………………… 韩明谟（120）
中国各族群之间的结构性差异 ……………… 马　戎（138）

1

从义务本位到权利本位是法的发展规律……张文显（165）

拉德勃鲁赫的相对主义法学及其后期转变

………………………………………………沈宗灵（186）

合法性问题：权利概念的法哲学思考………公丕祥（200）

论礼………………………………………………张晋藩（216）

论中国早期教育现代化的艰难探索…………黄书光（243）

教育交流与教育现代化……………田正平　肖　朗（260）

基础教育财政体制变革与农村义务

教育发展研究：制度分析的视角……………郭建如（284）

论"民族考古学"………………梁钊韬　张寿祺（303）

为了群体的永生

——我国西南各民族的丧葬文化

………………………………………………邓廷良（318）

"胭脂"考释商兑………………………………何坦野（336）

中国藏学现代化之路…………………………杜永彬（345）

对中国当代民俗学一些问题的意见…………钟敬文（361）

佛教常识答问…………………………………赵朴初（382）

儒教的再评价…………………………………任继愈（397）

禅宗与中国文化………………………………任继愈（408）

佛教传入龟兹和焉耆的道路和时间…………季羡林（415）

后　记……………………………………………（422）

战线无垠恩无尽
博文添绿意添新

——为《社会科学战线丛书》序

邴 正

1978年被后来的人们称之为"科学的春天"。在那一年的3月，我们做为恢复高考后首批大学生走入了大学校园。不久，全国科学大会召开，时任中国科学院院长的郭沫若同志在讲话中引用了白居易"日出江花红胜火，春来江水绿如蓝"的诗句。那真是一个春潮涌动，令人感慨万千的春天。

正是在这万象更新的"科学的春天"，我读到了刚刚问世的《社会科学战线》，她那厚重的学术风格，广博的学科领域，以及锐意创新、推动思想解放的探索精神，很快风靡校园，得到师生们的钟爱。也许就从那时起，我与《社会科学战线》结下了不解之缘。

25年过去了。25年来，人世沧桑，天地巨变。《社会科学战线》也走过了风风雨雨。也许是某种巧合吧，我由一名《社会科学战线》的读者，渐渐演变成作者，近年又转为编者的一员。常言说"渐行渐远"，我与《社会科学战线》，却"渐行渐近"，这也许就是"不解之缘"吧。

25年来，《社会科学战线》究竟凭借着什么样的魅力，自立于如雨后春笋般出现的众多的哲学社会科学杂志之林呢？是她的名字吗？《社会科学战线》的名字明显带有时代的痕迹，并不那么时尚，更不那么新潮。是她那厚重的篇幅吗？遍览群刊，厚者如云，《社会科学战线》并非鸡群鹤立，能执牛耳。是她偏得天时地利吗？天时者，在全球化、信息化的时代，早已四海同一了。说到地利,《社会科学战线》地处北国边塞,既非京都繁华之地,也非花团锦绣之乡,而属于正待振兴的"老工业基地"!

读了《社会科学战线》25年来发表文章汇编而成的丛书,读者也许会参悟到其中的奥秘,从中领悟到《社会科学战线》两代编者的苦心追求。

作为学术期刊,在坚持正确的舆论导向和学术方向的同时,都要追求其学术性。至于何为学术性,诸子百家,其说不一。学术一般是指系统化、专门化的知识活动。学术性首先应该是一种追求真理的精神,《社会科学战线》25年走过的道路,体现了两代编者一种严谨凝重、持之以恒的求真精神。求真易而执着难。真理需要一个发现过程,同样也需要一个被认识、接受的过程。真知灼见并非一经刊出就举世公认,欢声雷动。恰恰相反,真理的问世往往是曲折的,有争议的,甚至是沉寂的。炼丹须经九转火,选材要待七年时。这种甘耐寂寞、不畏俗论、执着探索、关注学术的风格,贯穿在这些文章的字里行间,读者也由此可见编者的良苦用心。

当然,要办好一本学术杂志,仅有执着的求真精神是不够的。杂志终究是给人看的。要让人看,就要有感染力,要能够紧紧抓住人心。学术的感染力在于学术的水准与敏锐性。不畏浮云遮望眼,只缘身在最高峰。支撑一本杂志的灵魂,当是现时学术水准之作。25年来,《社会科学战线》刊发了许多大师之作,其中也有许多开风气之先之作。许多文章今日读来,仍可感到力透笔墨,气势磅礴,令人忆起那些虽消逝在时光之中,但存留在人心之内的时代风云。特别是一些大师今已做古,睹文思人,令人倍生感伤!

我是研究哲学的,深知哲学即是人学的道理。一本好杂志的灵魂,也是她的人气所在。好杂志是良师,是益友,是提掖后学的桥梁,是以文会友的彩虹。25年来,《社会科学战线》陪伴哲学社会科学界的文友们同经风雨,走过了科学的春天,涉过了思想解放运动的疾风暴雨,迎来了改革开放的滚滚洪流,经历了一次又一次的学术争论和思想交锋。精神的磨砺,思想的交锋,在《社会科学战线》的字里行间也留下了不可磨灭的擦痕,迸发过闪耀的火花。于今春华秋实,我们可喜地看到,许多大师曾在此心灵交会,一展笔墨春秋。更有一批莘莘学子脱颖而出,崭露头角,已成为今日文坛的先锋锐将。一览那些如今已蜚声天下的中青年专家的处女之作,可见当年一代风流成长的足迹,对今日的青年学者们,或许会更添几分启迪吧!

人生无涯,世界无限,一本小小的杂志是微不足道的。但滴水可以映日,一叶亦可知秋。读罢《社会科学战线》25年来走过的道路,也令我回忆了自己求学至今25年来的寒窗岁月,更忆及25年来国内学坛之风云际会。正可谓二十五载春露秋霜,几代学人荜路蓝缕。多少华章妙笔生花,文采飞扬;多少睿智如风似火,开启心灵;多少才俊辉若群星,璀璨夺目。传大师薪火,展泰斗鸿音,襄助新秀,提掖后学,以学术为本,开风气之先,当是《社会科学战线》追求之目标。

记得去岁《社会科学战线》举行创刊25周年纪念活动之际,我正在集安参加一个学术活动,驱车千里,翻山越岭,赶回长春参加庆典。时值十月仲秋,偏偏雪下得早,一路之上弥天飞雪,扬扬洒洒,而满山枫叶,如火如荼,银雪红叶,相映相辉。心中顿生诗兴。愿《社会科学战线》风格如深秋红叶,霜重色浓,激情似火;意境如初冬白雪,自由飘逸,冰清玉洁。

> 驱车千里过长白,
> 满途红叶胜花开。
> 无意秋霜山自老,
> 有情苍柏绿未衰。
> 斜风寒雨蔽深谷,
> 银雪紫枫映高崖。
> 天地茫茫知时冷,
> 飞絮万点报冬来。

2004年5月10日

政治生活民主化的主体性与精神文明建设

王沪宁

随着我国"四化"建设的快速发展，人们日益明确地认识到，没有民主便没有社会主义现代化。我国社会主义现代化的总体布局为：经济体制改革、政治体制改革和精神文明建设构成互相配合，互相促进的三个方面。一个社会的政治生活的民主化，不仅与一定的经济关系和经济活动方式有不可分离的关系，而且与一个社会的思想道德、文化水平或精神文明有千丝万缕的联系。所以人们确认，高度民主是社会主义的伟大目标之一，也是社会主义精神文明在国家和社会生活中的重要体现。时下，政治体制的改革已经被提上了我国改革事业的议事日程。人们从各个角度、各个方面、各个学科研讨我国政治体制改革的趋向和前景。在这样一个热烈的氛围中，本文试图从主体性的角度来分析政治生活民主化的过程，把主体放在社会思想道德文化发展与政治发展的关系上探讨我国政治体制改革的前景。

一

一个社会的政治生活，大体上可以分为两个方面，一是形式——法律的一面，这一面由社会的法律制度、政治制度、政党制度、政治机构、行政组织等有明文规定的正式体制构成，一般把这些内容视为政治分析的静态一侧。另一方面是观念——行为的一面，这一面由在社会和政治领域中活动的主体和受社会各类活动和关系影响的主体的观念行为构成，因而与前一面相比，这些内容中明文规定的因素较少，一般把这些内容视为政治分析的动态一侧。当代政治分析，越来越投目动态的一侧，越来越注重政治生活主体性的一面。这两个基本方面为人们提供了政治分析的一个非常有效的框架。政治生活的民主化可以从这两个方面设计和着手：一方面，依据经济生活发展的需要和社会需求的变化改革政治体制的正式形式，如党政分工、权力下放、精简机构、提高效率等；另一方面，通过一定的形式和活动来变革人们的观念行为方式，消弭旧的观念行为方式，以适应新的政治生活的需要。从某种意义上说，后一项任务更为重要，更是基础性的。然而，后一项任务实际上提出了政治生活民主化的主体性。言主体性，就必须言一个社会的精神文明的发展水平。

在一定政治领域中活动的主体，其观念行为不是孤立地产生的，而是在一定的社会——历史——文化条件下形成的。因此，他们不仅要受社会政治文化的影响，而且要受社会一般思想道德文化的濡化。过去的政治分析存在着一个不足，这就是忽视了政治活动主体性的一面，不能把主体与客体、主体与主体活动的结果结合起来透视。马克思在批评费尔巴哈以前的唯物主义者时，曾经说过一段颇为深刻的话："从前的一切唯物主义——包括费尔巴哈的唯物主义——的主要缺点是：对事物、现实、感性，只是从客体的或直观的形式去理解，而不是把它们当作人的感性活动，当作实践去理解，不是从主观方面去理解。所以，结果竟是这样，和唯物主义相反，能动的方面却被唯心主义发展了，但只是抽象地发展了，因为唯心主义当然是不知道真正现实的感性的活动的。"① 根据这一哲学方法论，人们进行政治分析时就尤其不能撇开主体活动，在研讨政治生活民主化时就尤其不能忘言主体精神的民主化。

当代许多著名的思想家或多或少地强调了这层关系。欧洲共产主义的理论先驱葛兰西曾形象地把社会意识形态比喻为"水泥"，

---

① 《马克思恩格斯全集》第3卷，第3页。

认为意识形态的"水泥"渗透于社会结构的每一层次，包括经济和社会实践，对社会政治生活起着重要的制约作用。① 西班牙共产党著名理论家圣地亚哥·卡里略在谈到改造当代西方社会政治制度时，也突出了意识形态的作用，他说："文化繁荣发达了，革命和进步的思想可以从中立定脚跟，取得领导地位，……从而对人类的前进越来越多地施加影响。"② 在卢卡奇的"阶级意识"理论、马尔库塞的"意识革命"理论、萨特的"异化"理论中，均可以窥见对主体性的肯定和认识。在政治分析中，对主体性的认识关键在于通过主体的变化来促进政治发展。在某种意义上，当代政治理论设想的政治发展均需要以主体变革为条件。没有这一条件，真正的和稳固的变革难以形成。

明乎此，人们就不难发现，政治生活的民主化要以人的变革为基础，要以主体民主化为基础。主体民主化便是人的素质提高的一种表现。人的素质是历史的产物，又给历史以巨大的影响。社会的精神文明水平是决定人的素质的重要因素之一，它与物质文明等因素一起作用于主体。应当从这个大环境来认识精神文明与政治生活民主化的关系：一个社会精神文明的蓬勃发展和积极发扬，有益于社会全体成员素质的提高，从而促进主体民主化，而主体民主化的进展又有益于社会政治生活的民主化。

民主，作为政治制度，首先是一种政治活动和政治关系的形式，它构成社会的政治上层建筑。然而，理解一个社会的民主还应有更为广泛的视野。政治生活的民主要以经济管理和社会生活的民主为基础，要以人与人之间的普遍民主为基础，要以主体的高度民主精神为基础。不能设想在封建社会的社会制度和经济关系下，会形成民主政治，原因就在这里。一方面，表现在政治制度上的民

---

① [希] 尼科斯·波朗查斯著：《政治权力与社会阶级》，中国社会科学出版社，1982年版，第233页。

② [西班牙] 圣地亚哥·卡里略著：《"欧洲共产主义"与国家》，商务印书馆，1982年版，第36页。

主，只是社会生活和经济生活运行方式和原则的政治抽象。另一方面，这种政治抽象是否具有现实意义，关键还在于主体的观念行为如何。我们说，建国以来，我国社会主义发展中的一条主要的历史教训是没有切实建立民主政治。其实，自建国以后，我们就反复强调建立高度民主的社会主义政治体制，并且，生产资料的公有制的建立创造了有利于实现高度民主的条件，可高度民主始终未能形成，反而发生了"文化大革命"这样践踏社会主义民主、侵犯公民民主自由权利、破坏社会主义法制的动乱。除了经济、政治等方面的诸种原因之外，主体的观念行为方式起了重要的作用。这段历史值得深思和研究。这里说的主体的观念行为，除了政治领导者以外，还包括社会各个层次的人。社会民主是一个整体，政治民主只是这个整体中的一个部分。政治民主往往受到社会民主的制约，不太可能超越社会民主的总体水平异军突起。而社会民主则有赖于社会全体成员的民主意识和民主精神的充分发展。没有社会全体成员民主意识和民主精神的高度发展，社会的政治生活民主化难以真正实现。这便是政治生活民主化主体性的一面。

社会政治制度原则上属于思想关系的范畴，惟其如此，它与主体的观念行为的关联就更为密切了。社会的思想道德文化实质上是社会各个主体的思想道德文化素质的总和。社会的思想道德文化与政治生活处在一种相互促进，相互制约的关系之中。

二

概而论之，社会精神文明包括思想道德和教育科学文化两大方面，其中的各种因素相互结合，相互依赖。从政治生活的民主化的角度分析，社会精神文明的各种成分中对政治发展有最直接的意义的，是社会的政治文化。政治文化（Political Culture）研究是当代政治学研究的一个新方向，在苏联、东欧国家及美国、西欧国家均得到了高度重视。政治文化这个特定的概念指的是一定社会一定时期内形成的政治认识、信仰和感情，它影响着主体的观念和行为，制约着主体在政治领域中的活动和动作，从而对社会政治生活产生这样或那样的作用。正像任何文化的概念一样，政治文化的概念也较为宽泛，它包括社会的领导政治文化、大众政治文化、总政治文化、亚政治文化等诸多方面。但是，作为一个社会整体，必然有相对统一和稳定的政治文化、它作用于主体，并通过主体作用于社会政治生活。近来，在讨论到我国政治体制改革的前景时，不少人强调了传统文化与传统观念的影响，一些人提出政治体制改革应当以观念变革作为政治体制改革的先导，实际上涉及到了政治文化与政治生活的关系问题。

长期以来，我国为何没有形成扎扎实实的社会主义民主政治，从政治文化的角度探讨一下，不无意义。建国以后不久，宪法（1954年）规定了社会主义政治体制的结构和组织。宪法上的变革相对说来较为容易，较为迅速。但社会政治文化却不可能一下子就全然除旧布新，它们还会长久地潜移默化地发生作用。在过去的社会政治文化中，两个方面的因素在我国政治生活中起着一定的作用：（1）封建主义残余的影响。邓小平同志1980年谈到我国党和国家领导制度的改革时，曾明确分析了这个问题。[①] 我国政治生活长期以来的主要弊端是官僚主义现象、权力过分集中的现象、家长制现象、干部领导职务终身制的现象和形形色色的特权现象。这些现象的产生与一定的政治文化成分有关。这里政治文化成分包括封建主义的残余思想。我国的新民主主义革命，从政治制度上和所有制上彻底推翻了旧制度。但革命胜利后，一直没有高度重视肃清政治方面的封建主义残余的影响。结果，这些带有封建色彩的政治文化成分在我国政治生活中阻碍了民主的发展，甚至孕育了个人崇拜、家长制，使党和国家的民主生活逐步不正常，最后发生"文化大革命"。（2）僵化模式的影响。建国以后，我们缺乏建设和管

[①] 邓小平：《党和国家领导制度的改革》，人民出版社，1983年版，第287—298页。

理一个社会主义国家的经验,采取"一面倒"政策,搬用了国外的高度集权的管理体制。这种体制的实践逐渐促成了观念模式:社会主义制度和计划管理制度必须对经济、政治、文化、社会均实行中央高度集权的体制。这种观念不利于社会民主和政治民主的发展,束缚了社会成员的积极性和创造性。当然,这只是两个主要的方面,说到政治文化中的不利因素,中国传统文化中的一些消极成分以及现代西方文化中的消极成分也都发生着作用,它们影响主体,熏染主体,制约着主体的观念行为。在这种情况下,社会主义的民主政治建设便会遇到较大的观念阻力。

因而,我国政治生活民主化的一种重要方面,就是实现政治文化方面的革故鼎新。这构成了我们精神文明建设的一个重要方面。政治文化建设包括很多方面,如主体对政治体制的结构、政治权力、政府功能、政治过程所持的观念,主体对政治规范、法律规范、政治道德、价值观念的观念,主体对自身的政治作用、政治能力、政治地位、政治权利的观念。在不同的政治文化中,人们对这些对象的态度是不同的。一定的政治文化便是由人们对这些对象的态度、感情和信仰构成的。诚然,人们的观念变化需要一个过程,不会一蹴而就。为了促进这些观念的变革,可以从两个方面着手。

第一,为政治生活确定民主的价值原则。社会的政治文化虽然对政治生活有巨大的作用,但政治体制在一定条件下对政治文化的发展也有强大的作用。不仅政治文化,从整个社会的精神文明发展来看也是如此。倘若政治体制没有形成民主的氛围,政治生活束缚了社会思想文化的创造活动,社会的精神文明就不可能生机勃勃。"文革"的情况就是如此。为了促进社会精神文明和政治文化的发展,应当在政治生活中确定民主、团结、融洽、活跃的气氛。像过去那样坚持以阶级斗争为纲,极端扩大意识形态领域中的阶级斗争,精神文明建设和政治文化便不可能革命更新,主体精神也不可能走向高度民主化。例如,我们长期以来一直忌讳谈公民的民主自由权利,忌讳人权和人的尊严,忌讳谈社会主义的人道主义,这不利于政治文化朝着民主化的方向发展。有些人简单否定自由、平等和博爱的观念，没有看到作为历史的产物，这些原则实际上标志着人类精神的一次大解放，其中许多积极成分是人类共同的理想。恩格斯曾经说，启蒙学"并不是想首先解放某一个阶级，而是想立即解放全人类"，"想建立理性和永恒正义的王国。"① 他们受历史条件的局限实际上无法做到这一点。马克思主义的革命理论恰恰是批判地认承了这些观念，实现了更高层次的升华。今天，要促进社会政治生活的民主化，肯定这些观念中的积极成分是有益的。党的十一届三中全会以来，我国的政治生活在民主方面取得了长足的进展。政治问题可以讨论的原则便是新的价值原则，它必将能推进政治文化的发展。政治生活的价值原则，构成了社会政治文化发展的宏观条件，它能促进也能制约社会政治文化的发展。

第二，努力提高整个社会的民主意识和法制意识。社会政治生活的民主化的实际发展在很大程度上取决于社会全体成员的民主意识和法制意识的增长。从政治领导阶层来说，民主意识和法制意识的增长意味着民主施政、民主决策、民主管理、依法施政、依法办事、依法行为。从社会大众来说，民主意识和法制意识的增长意味着民主议政、民主参政、依法办事、依法行为。这两个方面相辅相成。民主意识和法制意识是社会民主的基础。政治领导阶层和社会大众之间有一定的人员变换关系。随着社会的演进，政治领导阶层不断地新陈代谢，从社会大众中吸收新生力量，社会大众中总有一部分人要进入政治领导阶层。因而，他们在社会生活中形成的观念必然会作用于他们在政治领域中的观念行为。再则，政治生活民主化要求高度的法制意识和完备的法制。假设社会大众均没有遵守宪法和服从法律的习惯和传统，社会也没有一整套法律规范来保障人民的合法权利和权益，调节人民之间的关系，规范和约束人们的行

---

① 恩格斯：《社会主义从空想到科学的发展》，《马克思恩格斯选集》第3卷，第406页。

动，不仅民主政治建立不起来，甚至正常的政治程序都会受到干扰或遭到破坏。所以，政治生活的民主化应当有社会民主意识和法制意识全面提高的广阔基础。

三

强调主体性在政治生活民主化中的作用，强调政治文化通过主体对政治生活所起的作用，不能离开社会精神文明这个大整体，因为社会政治文化只是社会精神文明中与政治生活关系最直接的部分。构成社会精神文明的其他部分，道德风尚、教育文化、意识形态等也要作用于主体，并通过主体作用于社会的政治生活。瑞士学者林德说，民主起码要求人们能够做到互相尊重，还要求较高的文化教育水平，正是从这个角度观察的。① 因此，社会精神文明这些部分的状况对政治生活的民主化也有这样或那样的作用。

考察主体在政治生活民主化中的地位和作用，不能限于社会政治体制和政治文化，最好将主体置于一个更为广阔的环境之中。法国哲学家亨利·列斐伏尔对当代资本主义社会采用的"日常生活批判"的方法论对人们颇有启示。亨利·列斐伏尔说，日常生活的平凡事件呈现出两个方面，一方面是个人的偶然的小事，另一方面是无限复杂而且更为丰富的社会事件。② 应该说，主体的观念行为是五光十色的复杂因素综合运动的结果。进而推之，政治生活的民主化也是一系列复杂因素交错运动的结果。在社会政治文化之外，作用于主体的观念行为从而影响政治生活的因素很多，不过作用最大者首推意识形态、道德风尚和教育科学文化。

第一，社会意识形态的作用。意识形态是社会精神文明的重要组成部分，也对社会精神文明建设起着重大的指导作用。马克思主义是社会主义意识形态的核心部分，指导着社会的理想建设、道德

---

① 《世界经济导报》1986年10月6日。
② ［法］亨利·列斐伏尔：《日常生活批判》，1958年巴黎版，第67页。

建设、文化建设和民主法制观念建设。惟其如此，意识形态对主体的作用就远在其他因素之上。从这个意义上讲，应当考虑两个方面：(1) 社会意识形态可能促进也可能阻碍主体精神向民主化方向发展。关键的问题是，人们应当如何看待意识形态。如果把意识形态看作一成不变的东西，看作在任何情况下都不能逾越的东西，那它将会阻塞或制约主体精神的发展。接受了这种观念下的政治意识形态，主体精神不可能朝着民主化的方向进展。历史的发展已经证明了这一点。反之，假使把意识形态本身视为一个不断发展、不断革新的整体，要在历史和科学的前进中不断丰富和发展，它并没有结束真理，而是在实践中不断地开辟认识真理的道路，这样，便可以鼓励主体创新，使主体不用僵化观念来裁判生活，促进主体民主化。(2) 社会意识形态保证着社会精神文明的发展方向。历史唯物主义者历来重视社会意识形态的作用，把意识形态视为社会物质文明和精神文明发展的不可或缺的条件。加强意识形态建设，促进民主化意识形态的光大，使意识形态成为主体民主化的基本的推动力量，使意识形态对整个社会发挥重要的指导作用，是社会政治生活民主化必不可少的前提。

第二，社会道德风尚的作用。在主体民主化的过程中，道德观念地位不可忽略。社会民主和政治民主与社会的道德水平有相应的关系。人们知道，政治生活的民主化要以社会生活的民主化为基础，而社会生活的民主化最终体现在人与人之间的关系上。从人与人之间的关系考察民主，民主才不会流于形式和抽象概念。人与人之间的关系在社会生活中呈现出多种组合，如社会与个人、个人与个人、集体与个人、集体与集体、社会与集体之间都存在这样或那样的关系。人们如何组织和调节这些关系，在很大程度上，取决于道德水准。显而易见，人与人之间的平等、团结、友爱、互助的关系有利于主体民主化，而损害他人、损人利己、损公肥私、小农思想、平均主义则不利于主体民主化。社会道德在政治领域中表现政治职业道德与主体民主化尤为相关，公正廉洁、贵诚积极、大公无私、宽宏大量、克己奉公等职业道德自然与主体民主化密切相关，而以权谋私、滥用权力、不负责任、不守信用、打击报复、专横跋扈、徇私行贿、贪赃枉法均不利于主体民主化。从更广泛的意义上说，社会的道德风尚是一个整体，种种伦理道德观念、职业道德均为其组成部分。这个整体作用于人的思想观念。因而，我们目前的一项任务是，廓清残存的宗法观念、特权思想、专制作风等封建思想道德的遗毒，全面建设社会主义道德风尚，为主体民主化创造良好的道德环境。

第三，社会教育科学文化的作用。当代政治学研究的成果表明，政治生活的民主化与一个社会教育科学文化的发达与否有函数关系。社会教育科学文化并不直接等于社会生活和政治生活的民主化，但它们构成了前者自身发展的重要条件。主体民主化的过程意味着两个趋向：（1）主体精神的觉醒和升华，主体对客体、对社会关系、对社会发展的规律，具备了更为透彻、更为科学的认识，教育科学文化恰恰是这个方面的特殊力量。它们不仅促进个体而且促进整个社会的主体精神生活的变革，使主体接受新的道德观念、政治文化和价值观念，使更多的人都进入了主体民主化的过程。（2）提供了主体精神生活发展的物质手段和工具，社会主体精神生活的发展，要求最大多数的人能受到良好的教育，掌握齐备的知识，要求人们能最大程度地认识客观社会和自然世界，要求形成一个无所不在的健康的文化氛围。要达到这些目标，社会的教育事业、科学研究、文学艺术、新闻出版、广播影视、卫生体育等都是不可缺少的条件。这些领域的充分发展将为主体精神生活发展提供最有力、最有效的物质手段和工具，从而保证主体民主化的顺利进行。

这三个方面的发展离不开社会精神文明的整体发展，它们亦是社会精神文明发展的重要方面。因而，结论是，整个社会精神文明的全面发展，会大大促进社会的全体民主化，从而促进社会生活和政治生活的民主化。

四

与主体民主化有关的另一个重要的问题是社会精神文明的"社会化"（Socialization）。从政治文化的角度看，即政治社会化。社会化是社会学者、政治学者、文化人类学者和心理学者近年来津津乐道的课题。文化人类学者认为，社会化是社会文化的代际传递，实际上是主体在一定的历史——社会——文化氛围中怎样习得社会文化的一个过程。社会学者则相信社会化的过程是使个人从生物有机体变为"社会动物"的过程，个人在社会化过程中成为与社会各种规范相合一的人，并接受社会的制约，担负社会责任。实际上，用日常语言来表述，社会化内含着两个过程：一方面，通过社会成员对社会文化的学习普及社会文化，另一方面，社会成员在这个过程中日益与整个社会打成一片。明乎此，应该说，社会化是精神文明建设的一个操作方面。怎样把建成的精神文明普及到社会大众，成为社会大众牢不可破的观念，从而调节和指导主体的观念行为，决定了精神文明建设能否卓有成效。没有精神文明的社会化，前面所分析的各个方面就不能很好地实现，社会全体大众的主体民主化也就无从谈起。所以，人们才确认，加强民主和法制的建设，根本问题在于教育人。要从小学开始，进行思想、道德、文明礼貌教育、民主、法制和纪律教育，要在全体人民中坚持不懈地普及法律常识，增强社会主义的公民意识，使人民懂得公民的基本权利和义务，懂得与自己工作和生活直接有关的法律和纪律，养成守法遵纪的良好习惯。从社会精神文明的总体来看，也是如此。

社会精神生活，或曰思想道德文化是有层次性的，并非全然一致。譬如，我们今天的社会主义精神生活中，既有封建思想的残余，又有小农经济和小生产势力产生的思想影响，也有资本主义的消极观念。它们夹杂在社会的思想道德文化中，通过一定的渠道在进行"社会化"，影响着主体。进行社会主义精神文明的社会化，就是要克服和战胜社会精神生活中的这些不利于主体民主化的成分，发扬光大能促进和加速主体民主化的成分。美国著名政治学家加布里埃尔·A·阿尔蒙德在分析苏联社会的政治文化时，区别了三个层次：（1）正式的政治文化，即人们公开宣传和普及的一整套观念；（2）操作的政治文化，即社会能够容许的政治文化，自然不同于正式的政治文化；（3）实际的政治文化，即社会现实生活中发生作用的政治文化，自然就更为斑驳、繁杂。① 这三个层次在社会上对主体均起着一定的作用。从更为宏观的角度看，社会精神文明也是如此，社会精神文明至少有两个内在的层次：（1）社会正式承认的成分，这些成分通过宪法、法律、制度、教育、宣传、报刊、大众舆论得到确认；（2）社会实际存在的成分，这些成分在人们的意识、观念、道德观念中存在着。这些成分可以来自社会历史的沉淀，来自社会外部的渗入，来自社会内部的滋生。对第二种范畴，有必有先做一个区分，有许多积极新颖的成分一开始也萌发于第二个范畴，然后获得第一个范畴的地位。但第二个范畴包含着许多消极和落后的东西，有碍于主体精神生活的发展。精神文明的社会化工程，就是怎样把第一范畴的内容传播到社会的四面八方，把第二范畴的积极内容吸收入第一范畴，并加以传播。通过这种手段克服第二范畴中消极成分对主体的影响。这项工程的重要性是毋庸多言的，它与主体民主化的关系也是显而易见的。

思想道德文化的社会化是一个复杂的过程，主体要通过各类媒介接受它们：（1）家庭，家庭是社会化的起点，任何社会成员一开始均要在家庭中接受社会化，现代心理学和精神分析研究越来越注重主体早年文化教养对其后来社会行为的影响，人们首先在家庭中接受父母或其他人的教育和熏陶，形成初步的观念行为，很多研究认为政治行为与主体的早年活动环境有着密切的关联。（2）学校，一般认为，学校是正式的、最有效的、最重要的社会化媒介，

---

① [美]加布里埃尔·A·阿尔蒙德：《共产主义和政治文化理论》，《比较政治》1985年第2期。

学校通过有计划、有步骤、有目的的课程，从小学到大学、从中专到业余教育、从职业教育到成人教育、传播社会的正式思想道德文化。因此，教育事业的发达与否，教育内容安排得妥善与否是关系到社会成败优劣的关键一环。从主体精神的发展来看，教育是陶冶主体精神的熔炉。（3）大众媒介，大众媒介是社会化的强大的工具，在现代社会中，大众媒介成为人们摄取知识、文化、态度的主要方面，它们对主体的作用是惊人的。美国未来学家阿尔温·托夫勒说，大量的传播工具本身变成了"强大响亮的发言人"，它们拥有穿越区域、种族、部落以及语言界限的能力，使在社会思想领域里流通的形象，完全一体化了。[①] 因此，在现代社会中，大众媒介对主体的作用是其他媒介难以比拟的。大众传播的民主化必然会大大促进主体的民主化。除此之外，像同辈团体这样的媒介对主体也有不可低估的作用。从这里，可以发现一个重要的事实：运用一定媒介来使思想道德文化社会化的人本身就是一定的主体。他们运用这些工具传播思想道德文化，自然有自己的价值标准，这些价值标准又影响了社会大众，然后受其影响的部分成员又运用社会化的各种媒介传播他们所接受的思想道德文化，形成了一定的循环发展关系。其中最为重要的因素为主体。前面说过，思想道德文化的全面发展是社会生活和政治生活民主化的条件，也是主体民主化的条件。切实有效地运用社会媒介来弘扬社会主义精神文明，不仅促进社会精神文明的发展，而且促进着主体民主化。

我们强调政治生活民主化的主体性，并不排斥物质生产、客观社会、政治体制等条件发展的重要性，也不认为主体民主化可以凭空产生。历史唯物主义认为："人们是自己的观念、思想等等的生产者，但这里所说的人们是现实的、从事活动的人们，他们受着自

---

① ［美］阿尔温·托夫勒著：《第三次浪潮》，三联书店，1984年版，第216页。

己的生产力的一定发展以及与这种发展相适应的交往的制约。"①事实上，主体精神的真正发展，离不开社会物质生产水平的高度发达。我国社会生活和政治生活的民主化、主体民主化的进程，必然要以我国四化建设和现代化进程为前提，离开了四化建设和现代化，主体民主化不会得到充分的发展。可以相信，随着我国物质文明的高度发达，社会精神文明也必将高度发展，社会精神文明包括政治文化、思想道德、教育科学文化等的充分发展，将有力地促进主体民主化，从而在更加坚实和丰厚的物质基础上建成社会的高度民主。

(1987年第2期)

---

① 马克思、恩格斯：《德意志意识形态》，《马克思恩格斯选集》第1卷，第30页。

论当代中国政治学的发展

王惠岩　王书君

中国政治学从1980年恢复以来,走过了15年的历程。15年间,政治学学科体系初步建立并日趋完善,研究领域不断拓展,研究成果对推动社会主义民主政治建设起到了积极作用,一大批政治学和行政管理人才不断涌现。政治学学科日益为社会所承认并受到重视。今天,我们正处于世纪之交的新时期,回顾15年中国政治学的发展历程,展望21世纪中国政治学的发展前景,对于政治学的繁荣与发展具有特别重要的意义。

一

政治学是社会科学中最为重要的基础学科之一。它是研究以国家政权为核心的社会主要政治现象和政治关系的科学。这一学科无论在国内和国际上,其研究领域通常包括:政治学理论与中外政治思想;政治制度特别是本国政治制度;行政管理(公共行政);国际政治与国际关系。人类社会进入20世纪以来,特别是第二次世界大战之后,随着社会生活的日益复杂化和科学技术的发展,社会科学的研究出现各学科交叉的趋势,政治学学科出现了新的分支学科,如政治社会学、政治心理学、政治人类学、生态政治学、政治地理学、经济政治学、政治计量学、政治伦理学等。

中国政治学在全国哲学社会科学中属于新的和比较薄弱的学科。建国之后,由于各种原因,政治学研究一度被忽视了。1952年院系调整之后,政治学不再被作为一门独立的学科,教学和研究都停止了。从建国初期到70年代末，政治学处于一个停滞时期。党的十一届三中全会以后，政治学开始恢复。1979年3月，邓小平同志在党的政府工作务虚会上指出："政治学、法学、社会学以及世界政治的研究，我们过去多年忽视了，现在也需要赶快补课。"① 根据这一讲话精神，1980年12月在北京成立了中国政治学会，同时，中国社会科学院着手筹建政治学研究所，一些地方性政治学会也相继成立。从1983年起，北京大学、复旦大学、吉林大学设立了政治学专业，政治学研究与学科建设进入了恢复和重建时期。

15年来，随着中国政治学的恢复和发展，其研究领域不断拓宽，研究层次不断加深，在社会政治生活中的作用不断增强。

在政治学恢复和初建时期（1980—1986年）就面临着两大任务：一是要构建具有中国特色的马克思主义政治学理论体系和学科体系；二是要适应建设社会主义民主政治的实际需要，研究中国现实政治。构建具有中国特色的马克思主义政治学理论体系和学科体系是政治学恢复之初的首要任务。为此，关于政治学的概念、政治学的研究对象、学科体系成为这时政治学界首先关注、共同探讨的基本问题。② 虽然在对上述问题的讨论中没有最终形成一致的观点，但它推动了中国政治学研究的发展，这一时期的最重要成果是具有代表性的几部政治学专著的出版，奠定了中国政治学理论研究的基础。

中国政治学恢复之时正面临中国社会的重大转折时期。"党和国家现行的一些具体制度中，还存在不少的弊端，妨碍甚至严重妨碍社会主义优越性的发挥。如不认真改革，就很难适应现代化建设的迫切需要，我们就要严重地脱离广大群众。"③ 社会政治改革的

---

① 《邓小平文选》第二卷，人民出版社，1994年版，第180—181页。
② 参见许崇德等编：《什么是政治学》，群众出版社，1985年版。
③ 《邓小平文选》第二卷，人民出版社，1994年版，第327页。

客观需要推动了中国政治学一开始就必须面向中国政治现实,研究探讨中国政治体制改革的一系列问题。中国政治学者为此在许多方面做出了贡献。

(一)国家职能的讨论。通过讨论,达成了这样一个共识:随着社会主义制度的建立,随着生产资料私有制的改造和消灭剥削阶级之后,"社会主义国家在这个阶段的职能也发生了变化,组织经济文化建设,上升为主要职能。"① 专政的职能已不占主要地位,但绝不能消失。

(二)废除干部领导职务终身制的主张。干部领导职务终身制是中国历史长期形成的问题。建国以后长期没有得到解决。中国政治学者提出废除干部领导职务终身制的观点后,得到了党和政府的重视,1982年宪法在这方面做出了明确规定。此外政治学界还在干部的选举、录用、任免、考核、弹劾、轮换、职务任期、离休和退休等课题上进行了广泛的探讨。

(三)关于"一国两制"问题的讨论。"一国两制"是邓小平于1982年1月11日会见客人时第一次提出的。"一国两制"提出后,学术界在一个时期内进行了广泛的讨论和理论分析。涉及的问题有:"一国两制"的涵义与特征,"一国两制"与国家统一,"一国两制"模式下的国家结构形式以及国家整合问题。

(四)政治体制改革理论讨论。党的十二大以后到1986年,学术界就政治体制改革的一系列理论和现实问题进行了较为热烈的探讨,这些问题包括:政治体制的概念、政治体制改革的内涵、改革的必要性、改革的基本内容和目标、改革的突破口、改革的原则和核心问题、政治体制改革与经济体制改革的关系,以及党政分开、政企分开、完善人大制度、改革干部体制、加强民主党派的作用等等。但在1986年下半年,也出现了一些资产阶级自由化的观点,一定程度上影响了关于政治体制改革讨论的深入。

---

① 王惠岩著:《政治学原理》,吉林大学出版社,1985年版,第72—73页。

1987年至1989年上半年的政治学研究的课题与当时的社会政治经济大背景密切相关,主要有如下几个方面:

(一)关于政治学的理论与方法。这期间,政治学界围绕在改革开放的历史条件下如何发展马克思主义政治学理论,以及如何借鉴当代西方政治学理论与方法,特别是在研究社会政治现象时,如何借鉴行为主义方法进行研究,马克思主义政治理论与行为主义方法之间的关系等问题,展开了热烈讨论。这些讨论对于我国政治学理论的发展和学科建设,起到了巨大的促进作用。

(二)关于新权威主义的争论。新权威主义观点产生的背景是:中国十年改革取得巨大成就,但同时在现代化进程中又出现许多问题;亚洲"四小龙"在实现工业化过程中的政治模式对国内学者的影响。新权威主义的讨论历时3年,从1986年春新权威观点的提出到1989年4月新权威主义遭到猛烈的批评。综观这场讨论,有三个特点:(1)这场讨论涉及了整个历史观的范围,表现出对当今中国基本形势和改革的不同估计;(2)论争的主题紧紧围绕着民主与专制、理想与对策以及政治发展的一些重大理论问题;(3)论战双方都希望推进现代化,都希望加速改革步伐,同时也都在立论上有所偏颇。①

(三)关于政治体制改革的再讨论。1987年10月党的十三大正式提出进行政治体制改革,并对政治体制改革的目标、指导原则、步骤、内容进行了阐述。在这一背景下,中国政治学界再次展开了关于政治体制改革的大讨论。讨论重点包括:党政分开,政企分开,行政机构改革,建立国家公务员制度。尤其是国家公务员制度的研究与介绍成为行政学研究的重点。

(四)关于反腐败问题的讨论。80年代中期以来,由于"双轨制"的存在以及体制和监督机制不健全等原因,腐败现象严重存

---

① 参见王小平:《"民主"与"权威"论战印象》,载刘军、李林编《新权威主义》,北京经济学院出版社,1989年版。

在。反腐败问题成为当时政治学界讨论的热点。学者们就腐败产生的原因，如何消除和防止腐败等问题进行了广泛深入讨论。较有影响的是 1988 年《经济社会体制比较》杂志用好几期的篇幅组织的"寻租问题讨论"，这是借鉴运用现代西方政治经济学的一个重要理论即寻租理论来解释腐败现象产生的根源，对中国现实生活中的腐败问题进行经济视角的分析。①

以上仅为这一时期政治学界讨论的主要方面，实际上这一时期政治学界还就政治权力、政治发展、民主理论、人权理论、港台问题、领导科学、市政学、政策科学等问题进行了广泛的研究，并取得了可喜的成果。

1990 年以来的政治学研究以十四大为分界线，其研究的侧重点不同。1990 年十四大前夕，政治学领域的主要问题是：

（一）对一段时期以来政治学领域存在的资产阶级自由化观点进行批判。1989 年的政治风波以后，政治学界开始对一少部分人鼓吹的资产阶级自由化观点进行分析批判，主要有："多元政治"观点、"精英政治"论、"多党制"观点、"三权分立"观点，等等。通过分析批判，形成共识：在中国必须坚持四项基本原则；建设有中国特色的社会主义民主政治，绝不能搞西方的多党制和议会制；要完善共产党领导下的多党合作与政治协商制度，绝不能否认共产党的领导。

（二）关于人权问题的讨论。苏联的解体，东欧的剧变，世界格局发生重大变化。西方一些大国以"人权卫士"自居，鼓吹"人权无国界"，开展"人权攻势"，作为推行强权政治，粗暴干涉别国内政，施展"和平演变"阴谋的重要手段。人权问题成为当今国际国内意识形态斗争的一个焦点。政治学界从政治学的视角对人权问题进行了广泛讨论，提出人权问题的核心是如何看待社会主

---

① 参见《经济社会体制比较》编辑部编：《腐败：权力与多钱的交换》，中国经济出版社，1993 年版。

义制度，如何看待资本主义制度以及如何看待两种制度的关系；人权问题虽然有其国际性的一面，但主要是一个国家主权范围内的问题。衡量一个国家的人权状况，不能按照一个模式或某个国家和区域的情况来套。没有一个全世界各国都可以接受的统一的人权的具体标准；研究人权问题要以马克思主义理论为指导，坚持运用历史唯物主义和辩证唯物主义的世界观和方法论。今天，对人权问题的研究仍在不断深入。

（三）关于政治稳定问题的研究。由于当时特定的环境，保持国内社会稳定、政治稳定成为压倒一切的问题。政治稳定问题的研究又一次成为焦点。

1992年10月党的十四大以后，为适应建立社会主义市场经济体制的需要，我党提出"积极推进政治体制改革"、"下决心进行行政管理体制和机构改革，切实做到转变职能、理顺关系、精兵简政、提高效率"。因此，近几年来，行政学的研究十分活跃，研究讨论的主要问题有：如何实行政企分开，转变政府职能；实行"三定方案"精简机构；怎样解决机关富余人员的出路；怎样实现决策的民主化、科学化；如何推行国家公务员制度等等。

这一时期政治学研究的问题还包括：政治学方法论研究；政治学学科体系建设问题；社会主义市场经济建立过程中的反腐败问题；维护中央权威，合理处理中央与地方关系问题；"一国两制"与国家统一问题；还展开了关于市场社会的讨论；关于政治文化的讨论等等，上述问题的研究目前还在继续进行。

中国政治学发展过程中，也注意对国外政治学的了解、介绍和研究。国外政治学的理论学派及研究方法，如制度主义、行为主义、系统分析、结构——功能主义、博弈论、政治参与、政治发展、政治文化、政治社会化、政治心理学、生物政治学、政治人类学、政治地理学、政治统计学、公共选择理论等等均为中国政治学者所知晓，对西方和发展中国家的政治制度的研究也取得了较大进展。

中国政治学仅有15年的发展历史,而西方政治学研究有一百多年的历史。相比之下,"我们应该承认社会科学的研究工作比外国落后了"。① 回顾中国政治学的发展历程,可以肯定地说取得了一些成就,但也存在许多不足,还需要中国政治学界继续努力。

我们认为,中国政治学存在的不足之处表现在如下方面:

(一)政治学基础理论研究没有大的突破,为马克思主义政治学理论的发展和创新较少。尤其是对邓小平建设有中国特色的社会主义理论中政治领域的论述进行深入系统的研究比较薄弱,这在很大程度上制约了中国政治学的发展。

(二)政治学研究中的"两层皮"现象较普遍。政治学研究中存在从理论到理想(即提出解决问题的抽象原则),对现实政治研究不够深入,许多领域未能涉及。政治学研究对现实政治生活的指导意义、对党和政府的咨询作用难以充分发挥。近些年来,作为政治学分支学科的行政学开始重视对现实问题的研究,对推进我国行政体制改革发挥了积极作用,但还需要进一步努力。

(三)对政治的静态研究多,对政治的动态研究少。过去的政治学侧重对政治体制、政治结构、政治关系等进行静态分析研究,而对政治的动态研究即对政治活动过程、政策过程、公共行政活动、政治决策等的研究还不充分。

(四)对国外政治学发展的研究还比较薄弱。现在,我们在这方面的工作基本上还停留在客观介绍上,尚未能做到分析、批判、借鉴为我所用。同时,还存在着"食洋不化"的问题。少数人热衷于运用西方政治学的理论学派、研究方法,往往生吞活剥地引用、照搬西方政治学的一些概念、分析框架、研究方法。这对中国政治学的发展有害无益。

此外,政治学科的地位和作用还没有得到充分的重视;研究人才流失严重;情报资料信息网络不健全以及学术成果出版难等等。

---

① 《人民日报》1995年10月5日。

这些问题,都妨碍中国政治学的发展。

二

今天,20世纪的帷幕正在徐徐落下,21世纪的曙光已隐约可见。在人类即将跨进新世纪门槛之际,中国政治学面临着新的机遇与挑战。

中国目前正处于从传统的计划经济体制向社会主义市场经济体制的大变革时期。党的十四届五中全会通过的《关于制定国民经济和社会发展"九五"计划和2010年远景目标的建议》中指出:"今后十五年是承前启后、继往开来的重要时期。我们将在这一时期建立起比较完善的社会主义市场经济体制,全面实现第二步战略目标,并向第三步战略目标迈出重大步伐,为下世纪中叶基本实现现代化奠定坚实基础。"① 由此可见,建立和完善社会主义市场经济体制是今后15年的战略任务。社会主义市场经济体制是同社会主义基本制度结合在一起的。随着社会主义经济体制改革的进一步深化和社会主义市场经济体制的初步形成和完善,社会主义政治体制改革和政治发展问题将成为政治学研究的重要任务。

就国际环境而论。和平与发展是当今时代的主题。但天下并不太平。世界加快向多极化发展,新的格局日渐明显,国际和平环境可望继续保持;世界科技革命日新月异,国际经济合作和交往更加密切。同时,在日趋激烈的国际经济竞争和综合国力较量中,我们面临着发达国家在经济与科技上占优势的压力,面临着国际关系中霸权主义与强权政治的压力,面临着国际敌对势力的分化、西化的多重挑战。我国政治学必须迎接这来自世界的挑战,为建设有中国特色社会主义提供有利的国际环境理论与对策。

经过15年的发展,中国政治学在研究模式和研究方法上已开始出现较大转变,如从封闭式研究开始向开放式研究转变,从注重

---

① 《人民日报》1995年12月21日。

基础理论研究向注重基础理论与应用研究并重转变,从单一的研究方法向多种方法综合运用转变,等等。随着科学技术的发展,新的研究方法和手段的采用,随着对西方政治学理论和方法的研究、批判和借鉴,中国政治学有着广阔的前景。

那么,今后政治学学科重要研究领域、研究发展趋势和重要研究课题是什么呢?

(一)重要研究领域。根据政治学科的特点和现状,今后一段时期重要研究领域有以下几个方面:(1)根据党的十四届五中全会确定的目标和任务,研究"九五"期间和2010年我国经济社会发展中的政治问题的理论与对策。(2)加强政治学基础理论研究,形成较为科学的完善的马克思主义政治学学科体系。(3)加强对当代西方政治思潮的评析研究。

(二)重要研究趋势。政治学学科是个既重要又敏感的学科,它所研究的内容都是直接或间接地关系政权的问题,多数都是宏观的、战略性的、全局性的问题。今后一段时期应把握以下几点趋势:(1)随着社会主义市场经济体制的建立和完善,民主政治的研究必然成为长时期的热点。(2)从理论研究走向现实研究。具体表现就是对社会政治生活中的现实问题进行对策研究。如对根据我国的国情如何进一步发挥国家权力机关的作用、如何监督政府依法行政、如何实现决策的科学化与民主化等进行具体的可操作性研究。

(三)今后一段时期政治学学科的重点研究课题。在大开放、大变革、大发展的新时期,中国的政治实践为中国政治学研究提供了大量的课题,这些课题涉及政治领域的各个方面。其中最重要的研究课题如下:

1. 邓小平的政治思想研究。邓小平建设有中国特色社会主义理论,是当代中国的马克思主义,是我国经济建设、改革开放和社会主义现代化建设的根本指导思想。这一理论中的政治领域部分,是极为丰富和深刻的,对我国社会主义市场经济条件下的政权建设和政治学学科建设具有重要指导意义。因此，要加强对邓小平关于政权理论、民主理论、治国理论、主权理论、政党理论、民族理论、改革理论、行政管理思想、国际政治格局及对西方政治制度的分析等的研究，使邓小平政治思想系统化，形成完整的政治理论体系。

2. 马克思主义关于政权的基本理论研究。政权问题是马克思主义政治理论的核心。从理论上讲，马克思主义经典作家都一贯强调，社会主义革命和建设的根本问题是政权问题。坚持四项基本原则的实质就是要求我们在社会主义现代化时期坚持党的领导和社会主义政权，进行现代化建设最重要的是依靠社会主义政权。从实践意义上讲，17年改革开放和社会主义现代化建设的经验和教训告诉我们，建设有中国特色的社会主义，必须有稳定的政权作为基础和保证。尤其是现时代，社会主义市场经济发展过程中各种矛盾都突出表现出来，国际环境复杂多变，霸权主义、强权政治仍是世界和平发展的主要障碍。极少数西方国家中的反共、反华势力对我"西化"、"分化"的政策不会改变，对我进行"遏制"的图谋不会放弃。这就更说明了政权建设的重要性。

3. 政治学方法论研究。在当前改革与开放的实践中，只有用马克思列宁主义的方法论原理作为基础，使政治学方法论的研究在多样化基础上不断繁荣，才能给中国政治学的繁荣带来美好的前景。没有科学的方法论作为工具、基础，中国政治学将难以发挥巨大作用。

4. 进一步发挥国家权力机关的作用研究。在我国民主政治发展的主要标志是完善人民代表大会制度。人民代表大会制度主要体现立法权是国家最高权力。长期以来，人民代表大会作为最高权力机关的地位和作用没有得到充分体现和发挥。因此，在理论上，对人民代表大会制度的理论研究需进一步健全和完善。实践上，全国人民代表大会作为最高权力机关的作用还有待进一步发挥，这是社会主义民主政治发展的需要。

研究这一问题，需要总结人民代表大会制度建设中的经验和教训，借鉴西方议会制中的科学的运行机制，结合中国国情，依据社会主义市场经济政治民主体制的要求，提出系统性的理论及可行的对策。

5. 在社会主义市场经济条件下如何规范中央与地方关系。充分发挥中央和地方两个积极性，是国家政治生活和经济生活中的一个重要原则问题，直接关系到国家的统一、民族的团结和全国经济的协调发展。在社会主义市场经济发展过程中，中央与地方关系出现了一些新问题和矛盾：应当中央集中的则集中不够，某些方面存在过于分散的现象，这不利于维护中央权威，不利于国民经济有序运行和协调发展。我们有处理中央与地方关系的基本原则和方针，但是没有使之规范化、法制化。我们应该根据社会主义市场经济的要求，研究如何合理划分中央与地方经济管理权限，明确各自的人事权、财权、决策权，做到权力和责任相统一，并力求规范化、法制化。这方面的研究，我们可以借鉴西方国家处理中央与地方关系的经验。

6. 中国统一和国家主权问题研究。推进祖国统一大业，维护国家主权和领土完整，这是中华民族的根本利益所在，是全中国人民的共同愿望。"九五"期间，我国将先后对香港、澳门恢复行使主权，我们还将努力缩短两岸统一的过程。因此，这一课题的研究具有重大理论意义和实践意义。

7. "一国两制"与国家整合研究。"一国两制"的伟大构想有利于实现祖国统一，维护国家领土和主权完整。1997年、1999年香港、澳门将回归祖国，"一国两制"即将成为现实，国家结构将发生变化，我国的整体与局部关系将出现新的状态。这方面需要研究"一国两制"条件下政治整合的基础。

8. 当代中国利益格局变化与政治稳定、政治发展研究。改革对利益的调整所引起的利益格局变化是当代中国最重要的政治现象。研究当代中国利益格局的变化与政治稳定、政治发展的关系具有重要的现实意义。这要求研究者首先对利益格局的变化与政治稳定、政治发展的相关性进行历史考察和理论分析；其次在深入调查研究当代中国利益格局变化的现状基础上把握其特点和趋势；最后分析当代中国利益格局变化对政治稳定、政治发展的影响，并提出保持政治稳定、促进政治发展的对策措施。

9. 社会主义市场经济条件下共产党执政方式研究。共产党作为执政党已有46年的历史，在社会主义市场经济条件下如何执政是我党面临的新问题。从理论上讲，此课题的研究有助于发展和完善党的建设理论，为共产党执政提供理论基础。从实践意义上讲，有助于解决现实政治生活中出现的各种政治矛盾，有利于维护党的领导和权威，有利于社会主义现代化建设。社会主义市场经济条件下共产党如何执政问题没有现成的经验，需要理论创新、大胆探索。

10. 社会主义市场经济条件下政治社会化的有效途径研究。社会主义市场经济过程中，人们的政治意识、政治态度、政治取向正处于变动状态。如当前人们只顾物质利益，对政治不感兴趣，出现政治冷态，政治参与积极性较低，政治信仰、政治认同出现危机。这种状况显然不利于稳定政治统治、不利于增强政治凝聚力、不利于社会主义民主政治建设。这需要政治学者从政治社会化视角对该问题进行研究，探索出社会主义市场经济条件下政治社会化的有效途径和措施。

11. 儒家政治文化与现代化关系研究。儒家政治文化在中国传统政治文化体系中占有主导地位，它对当代中国政治发展仍具有很大影响力。中外一些政治学者从政治文化角度研究东亚几国和地区经济腾飞现象时提出了新儒学概念，认为新儒学在东亚几国和地区经济腾飞过程中起了重要作用。那么，儒家政治文化中哪些东西对现代化起重要作用呢？我们如何继承与扬弃，这需要学者们深入系统地分析研究。

12. 中国行政体制改革研究。"八五"期间，对行政体制改革的研究所取得的成果许多已付诸改革实践，取得成效。比如："国家公务员暂行条例"已颁布实施；中央国家行政机构以转变职能为中心的机构改革以及"三定"方案已基本落实，政府的宏观调控职能已开始发挥作用；政企关系正在理顺；中央与地方政府关系在逐步调整，等等。但是，"九五"期间到2010年，我们将建立起比较完善的社会主义市场经济体制，要进一步推进经济管理体制和运行机制的规范化、法制化；要按照政企分开原则转变政府职能；要按照精简、统一、效能的原则，着手制定进一步改革和调整政府机构的方案，把综合经济部门逐步调整和建设成为职能统一、具有权威的宏观调控部门；把专业经济管理部门逐步改组为不具有政府职能的经济实体，或改为国家授权经营国有资产的单位和自律性行业组织；对其他政府部门也要进行合理调整。这是中共中央在《"九五"计划和2010年远景目标》建议中提出的任务。除此之外，党政关系问题，国家公务员制度具体实施问题，行政决策民主化与科学化问题，提高行政效率问题，行政程序和行政法制问题，行政执法与行政监督问题。省、市、县、乡镇行政改革问题，等等，也是急需研究探讨的。

13. 社会主义现阶段农村基层民主政治建设研究。《中共中央关于制定国民经济和社会发展"九五"计划和2010年远景目标的建议》中提出：把加强农业放在发展国民经济的首位。农业是国民经济的基础。农业现代化，农民生活实现小康进而达到比较富裕，是整个现代化进程中最艰巨的任务，要充分调动农民的积极性。这一方针的贯彻执行，需要政治上的保障。但目前农村基层组织较涣散，有的地方甚至是宗法势力、黑社会势力在发挥作用。农村基层民主政治建设关系到党和政府的路线、方针、政策在基层的贯彻执行，关系到农村的政治稳定和农村的经济发展，关系到全局的稳定。这一问题过去我们忽视了，现在出现的问题多而且复杂，需要加强研究。

14. 社会主义国家在当今世界政治格局中的地位和作用。在当今及未来世界格局中社会主义国家处在什么样的地位,应发挥什么作用是关系到国际共产主义运动发展的重大问题,也是关系到社会主义国家的发展方向和命运的问题,该课题研究具有政治意义、战略意义。

15. 西方议会制度研究。过去我们把西方议会称为"清谈馆",又批判修正主义"议会迷",轻视对西方议会制的研究。我们认为,虽然西方议会制在本质上与我国人民代表大会制度不同,但作为立法机关,它有几百年的发展历史,在立法方法、在行使监督方面、在权力制衡方面有可借鉴之处。因此,加强对西方议会制研究对于完善我国人民代表大会制度与民主政治建设具有重要的借鉴意义。

16. 马克思主义人权理论和西方人权理论比较研究。人权问题是当代国际政治中的一个重要问题,是社会主义国家乃至发展中国家与西方国家在意识形态领域斗争的焦点。西方国家总是企图以它们的人权标准来评价和指责社会主义国家,干涉别国内政。研究该课题,有助于分清马克思主义人权理论与西方人权理论的本质区别,有助于我们在国际人权斗争中坚持马克思主义人权观。

政治学作为一个基础学科,它的研究范围,主要是以马克思主义政权理论为核心,包括政治制度、政治总格局与政党,行政管理,国家公务员制度,决策的科学化、民主化,民族问题与国家的统一,中央与地方关系,民主、自由、人权以及国际政治与国际关系等主要政治现象与政治关系。江泽民在党的十四届五中全会以后,多次公开强调党的高级干部要讲政治。而政治的主要内涵则是以国家政权为核心的政治现象与政治关系。这就为我国政治学界提出了重大而艰巨的任务,也为我们政治学科的发展提供了极为有利的机遇。我们一定要抓住这个机遇,把政治学的研究和学科发展推向一个新的阶段,为我国社会主义现代化伟大事业服务。

(1996 年第 2 期)

论第三代中央领导集体的理论贡献

董京泉

江泽民同志在十五大报告中强调指出:"坚持邓小平理论,在实践中继续丰富和创造性地发展这个理论,这是党中央领导集体和全党同志的庄严历史责任。"他在最近发表的《深入学习邓小平理论》一文中又指出:"学习邓小平理论,既要坚持它的基本观点,又要通过实践使它不断丰富和发展。这是马克思主义的科学态度。"以江泽民同志为核心的第三代中央领导集体,正是坚持这样的马克思主义的科学态度,高举邓小平理论伟大旗帜,在领导全党和全国各族人民胜利推进改革开放和社会主义现代化建设的伟大实践中,根据国内外形势的发展变化和我们面临的新情况新问题,深刻总结社会主义的历史经验特别是我国改革开放和现代化建设进入新阶段以来的新鲜经验,在确立邓小平理论的历史地位、指导作用和创造性地运用、丰富和发展这一理论方面作出了重大贡献。

一

在当代中国,能否确立邓小平理论的历史地位和指导作用,能否坚定不移地高举邓小平理论伟大旗帜,是关系能否高举马克思主义、社会主义旗帜的大问题,是关系能否沿着邓小平开辟的建设有中国特色社会主义道路继续前进的大问题,也是关系党和国家前途命运的首要问题。正是在这个至关重要的问题上,以江泽民同志为核心的第三代中央领导集体表现了政治上和理论上的清醒、坚定、自觉。高度评价邓小平同志的历史地位,科学概括邓小平理论的科学体系和精神实质,正确确立邓小平理论的历史地位和指导作用,提出高举邓小平理论旗帜不动摇和用这一理论武装全党。这是第三代领导集体在政治上、理论上作出的具有重大现实意义和深远历史意义的最大贡献。

贡献之一，是高度评价邓小平同志的历史地位。在邓小平同志追悼大会上，江泽民同志在他所致的悼词中作出两次伟大革命、两次历史性飞跃、两大理论成果，造就了毛泽东、邓小平这两个伟大历史人物的论断；在十五大报告中总结中国百年史，指出中国人民在前进道路上经历了三次历史性的巨大变化，产生了孙中山、毛泽东、邓小平这三位站在时代前列的伟大人物。这就肯定邓小平同志是领导我们党进行第二次伟大革命的领袖人物，是站在时代前列的世纪伟人，从而对邓小平同志的历史地位作出高度评价。

历史经验证明，对于无产阶级革命政党来说，党的形象，党所领导的事业的形象，是与党的中央领导集体特别是它的领袖的形象联系在一起的。1980年在起草《关于建国以来党的若干历史问题的决议》过程中，邓小平同志指出：对毛泽东同志的评价，不是仅仅涉及毛泽东同志的个人问题，这同我们党、我们国家的整个历史是分不开的。这不只是个理论问题，尤其是个政治问题，是国际国内的很大的政治问题。要看到这个大局。前苏联著名诗人马雅可夫斯基在他的长诗《列宁》中写道："我们说党，我们指的是列宁；我们说列宁，我们指的是党。"这是有道理的。因此，对邓小平同志历史地位的高度评价，从一定意义上说就是对我们党的高度评价，就是对我们党所领导的第二次伟大革命的高度评价。

贡献之二，是科学概括、深刻阐发邓小平理论的科学体系、精神实质、时代精神和革命风格。在十四大报告中，江泽民高度概括和深刻阐发了邓小平理论的科学体系及其精神实质。邓小平理论围绕搞清楚"什么是社会主义，怎样建设社会主义"这个基本的理论问题，在社会主义发展道路、发展阶段、根本任务、发展动力、外部条件、政治保证、战略步骤、领导力量和依靠力量、祖国统一等重大问题上，形成了一系列相互联系的基本观点，构成了统一的科学体系。"解放思想、实事求是"是它的精髓，是党永葆蓬勃生机的法宝。这一理论，科学地把握社会主义的本质，第一次比较系统地初步回答了中国这样的经济文化比较落后的国家如何建设社会主义、如何巩固和发展社会主义的一系列基本问题，用新的思想、观点，继承和发展了马克思主义。它是当代中国的马克思主义。在十五大报告中，江泽民对邓小平理论的定义和产生的历史背景作出进一步的概括，并指出这一理论是贯通哲学、政治经济学、科学社会主义等领域，涵盖经济、政治、科技、教育、文化、民族、军事、外交、统一战线、党的建设等方面的比较完备的科学体系；并把邓小平理论概括为四个"新"：在新的实践基础上，继承前人又突破陈规，开拓了马克思主义的新境界，把对社会主义的认识提高到新水平，对当今时代特征和总体国际形势作出了新的科学判断，形成了新的建设有中国特色社会主义理论的科学体系，从而高度概括了邓小平理论的精髓、根本问题、时代精神和理论的系统性，精辟地阐明了邓小平理论是马克思主义在中国发展的新阶段的科学论断。

第三代中央领导集体对邓小平理论的高度概括和深刻阐发，不仅使邓小平理论以更加完备的形态丰富了马克思主义的理论宝库，有利于全党全国人民完整准确地学习和掌握邓小平理论的科学体系及其立场、观点、方法，而且为运用、丰富和创造性地发展这一理论提供了坚实的理论基础和首要的前提条件，为确立邓小平理论的历史地位和指导作用提供了根本依据。

贡献之三，是确立邓小平理论的历史地位和指导作用，确定高举邓小平理论旗帜不动摇和用这一理论武装全党。 江泽民在十五大报告中指出，邓小平理论是当代中国的马克思主义，是马克思主义在中国发展的新阶段。在当代中国，只有把马克思主义同当代中国实际和时代特征结合起来的邓小平理论，而没有别的理论能够解决社会主义的前途和命运问题。江泽民指出：旗帜问题至关紧要。旗帜就是方向，旗帜就是形象。邓小平理论旗帜是我们统领全局、贯穿各项工作的灵魂。十五大决定把邓小平理论确立为党的指导思想和行动指南并写入党章之中。十五大报告还深刻论述了邓小平理论与马列主义、毛泽东思想的关系,指出它们是一脉相承的统一的科学体系;指出在社会主义改革开放和现代化建设的新时期,我们必须高举邓小平理论的伟大旗帜不动摇,并指出:在当代中国,"坚持邓小平理论,就是真正坚持马克思列宁主义、毛泽东思想;高举邓小平理论的旗帜,就是真正高举马克思列宁主义、毛泽东思想的旗帜。"

确立邓小平理论的历史地位和指导作用,确定高举邓小平理论旗帜不动摇,这使全党进一步坚定了对邓小平理论的信念,进一步明确了全党全国各项工作的根本指针,为统一全党、全国人民的意志奠定了坚实的政治基础,为中华民族的振兴和发展确立了强大的精神支柱,为继续胜利推进建设有中国特色社会主义的伟大事业提供了根本的思想保证。

二

与以邓小平同志为核心的第二代中央领导集体一样,作为我们这样的大党大国的领导核心和指挥中心,以江泽民同志为核心的第三代中央领导集体所关注的根本问题,首先是如何把握建设有中国特色社会主义事业的全局,怎样解决事关全局的一系列重大战略问题。因此,第三代中央领导集体在运用、丰富和发展邓小平理论上最显著的特点是:在高举邓小平理论伟大旗帜的同时,围绕建设有中国特色社会主义的战略全局和社会主义初级阶段的主要矛盾,实施理论上和实践上的全面把握、重点突破。

全面把握之一,是对社会主义初级阶段理论的丰富和发展。社会主义初级阶段理论是建设有中国特色社会主义全部理论、全部实践的现实根据和国情根据。因此对社会主义初级阶段理论的全面把握就成为对建设有中国特色社会主义全局把握的基础和前提。十五大总结十三大以来特别是十四大以来的理论成果和新鲜经验,进一步丰富和发展了社会主义初级阶段理论：

一是对社会主义初级阶段基本特征的概括，比十三大报告增写了人民生活、科技教育文化、地区经济文化发展差距和社会主义精神文明建设的条目，认识更加全面了。

二是对社会主义初级阶段的基本特征采取了动态式论述，把社会主义初级阶段看作是"逐步摆脱不发达状态、实现社会主义现代化"的伟大进程。这就站在历史发展整体的高度，把全国人民改变落后面貌的自觉能动性考虑在内，把握更为科学了。

三是论述了改革、发展、稳定的关系，特别是指出必须把改革的力度、发展的速度和社会可以承受的程度统一起来，在社会政治稳定中推进改革发展，在改革发展中实现社会政治稳定。这是对改革开放进入攻坚阶段实践经验的新概括。

四是在社会主义初级阶段的基本纲领的阐述中，在理论上提出一些新论断。比如，在经济方面，对社会主义初级阶段基本经济制度的新概括，对分配制度的新阐发，对对外开放内涵的新揭示；在政治方面，将依法治国、建设社会主义法治国家作为党领导人民治理国家的基本方略，从而把我国政治生活中坚持党的领导、发扬人民民主、严格依法办事这三个要素和环节统一起来，这是对社会主义民主政治建设理论的重要发展；在文化方面，把有中国特色社会主义文化作为综合国力的重要标志，并把从延安时期讲起的建设民族的科学的大众的文化这一目标与"三个面向"结合起来，赋予了新的时代特色。这些理论上的新概括和以它为基础的基本目标、基本方针的确定，进一步回答了什么是社会主义初级阶段有中国特色社会主义的经济、政治、文化，怎样建设这样的经济、政治、文化，从而大大地拓展和深化了社会主义初级阶段理论。

五是深化了对社会主义初级阶段理论重大意义的认识。江泽民指出："面对改革攻坚和开创新局面的艰巨任务，我们解决种种矛盾，澄清种种疑虑，认识为什么必须实行现在这样的路线和政策而不能实行别样的路线和政策，关键还在于对所处社会主义初级阶段的基本国情要有统一的认识和把握。"他针对那种超越阶段的模糊认识和对我们的现行政策和实践存有疑虑的情况,明确地指出:我国社会主义仍处于并将长期处于初级阶段;十一届三中全会以来我们的政策和实践"没有离开社会主义,而是在脚踏实地建设社会主义。"

总之,这就从多方面丰富和发展了社会主义初级阶段理论,使我们对前进的立足点和出发点的认识更清醒、更明确了。

全面把握之二,是对有中国特色社会主义的经济、政治、文化及其相互关系的深刻论述。江泽民在中国共产党成立七十周年大会上的讲话中总结改革开放十多年的经验,从当代中国共产党人的历史使命和党的基本路线的基本要求的角度,对有中国特色社会主义的经济、政治、文化的规定性、基本内容和在这些方面的建设所应遵循的基本原则、基本方针作了深刻的分析和论述。

他指出:"有中国特色社会主义的经济,必须坚持以生产资料社会主义公有制为主体,允许和鼓励其他经济成分的适当发展,既不能脱离生产力发展水平搞单一的公有制,又不能动摇公有制经济的主体地位,不能搞私有化;必须实行以按劳分配为主体、其他分配形式为补充的分配制度,既要克服平均主义,又要防止两极分化,逐步实现全体人民的共同富裕;必须建立适应社会主义有计划商品经济发展的、计划经济与市场经济调节相结合的经济体制和运行机制,在国家法律法规和计划的指导下发挥市场调节的积极作用,既要克服过去那种过分集中、管得过多过死的弊端,又不能过于分散和削弱宏观调控。我们应该牢牢把握有中国特色社会主义经济的这些基本要求,并在实践中不断完善各项政策措施,逐步实现国民经济的现代化。"

"有中国特色社会主义的政治,必须坚持工人阶级领导的、以工农联盟为基础的人民民主专政,不能削弱和放弃人民民主专政;必须坚持和完善人民代表大会制度,不能搞西方那种议会制度;必须坚持和完善中国共产党领导的多党合作和政治协商制度,不能削弱和否定共产党的领导,不能搞西方那种多党制。我们应该牢牢把握有中国特色社会主义政治的这些基本要求,不断加强社会主义民主和法制建设,发展安定团结、生动活泼的政治局面,保证人民当家作主和国家的长治久安。"

"有中国特色社会主义的文化,必须以马克思列宁主义、毛泽东思想为指导,不能搞指导思想的多元化;必须坚持为人民服务、为社会主义服务的方向和'百花齐放、百家争鸣'的方针,繁荣和发展社会主义文化,不允许毒害人民、污染社会和反社会主义的东西泛滥;必须继承和发扬民族优秀传统文化而又充分体现社会主义时代精神,立足本国而又充分吸收世界文化优秀成果,不允许搞民族虚无主义和全盘西化。我们应该牢牢把握有中国特色社会主义文化的这些基本要求,极大地提高全民族的思想道德和科学文化素质,促进社会主义物质文明和精神文明的发展。"

这些分析和论述与十五大的精神是基本一致的。这篇重要讲话,是在党的文献中第一次对有中国特色社会主义的经济、政治、文化作出的全面分析。在十五大报告中,江泽民在概括党在社会主义初级阶段基本纲领时,又从基本目标、基本政策的角度对有中国特色社会主义的经济、政治、文化作出进一步的分析。

从江泽民对当代中国经济、政治、文化及其相互关系的分析中,以及对基本目标、基本政策的规定中,我们可以看出一个重要的特点,就是第三代中央领导集体在强调必须从经济文化不发达这个最大的实际出发的同时,十分强调必须坚持社会主义的原则和方向,必须"讲政治"。政治是经济的集中表现。一个无产阶级政党在领导经济和文化建设中如果不善于从政治上去认识问题和处理问题,那是十分危险的。以江泽民同志为核心的第三代中央领导集体强调在深化改革、扩大开放和发展市场经济中,必须坚持四项基本原则,必须揭露和抵御国内外敌对势力"西化"、"分化"的政治图谋。所谓"西化",就是企图在政治上用西方的多党制和议会制取代共产党的领导地位和人民民主专政的国家制度,在经济上用资本主义私有制取代社会主义公有制，在思想上用资本主义意识形态取代社会主义意识形态。所谓"分化"，就是利用一切手段和多种机会，企图分裂我们的党、我们的民族和我们的国家，使我们重新陷入旧中国那种四分五裂、一盘散沙的状态。总之，他们的目的，正如邓小平同志指出的，要把社会主义的中国变成"完全西方附庸化的资产阶级共和国。"江泽民强调指出，面对敌对势力的这种图谋，我们在社会主义现代化建设的整个过程中，要始终注意防止和反对资产阶级自由化。这表现了第三代中央领导集体的无产阶级政治家的清醒头脑和坚定立场。

全面把握之三，是对当代中国社会矛盾全局的精辟分析。清醒地观察和科学地分析当代中国社会矛盾的全局，是从战略上全面把握建设有中国特色社会主义的关键。在党的十四届五中全会上，江泽民作了关于《正确处理社会主义现代化建设中若干重大关系》的讲话。这篇讲话以党的基本理论基本路线为指导，针对社会主义市场经济条件下搞现代化建设所遇到的新矛盾新问题，高瞻远瞩地提出和剖析了涉及全局的十二个重大关系。这些重大关系的提出，与当今时代的主题和平与发展密切相关，与世界经济、政治、文化发展的经验教训密切相关，与新的科技革命的兴起密切相关，与世界范围内各种思想文化相互激荡的态势密切相关，更与十一届三中全会以来我们顺应时代潮流实行改革开放和发展社会主义市场经济所取得的丰富经验密切相关。在所有这些重大关系中，江泽民认为正确处理改革、发展、稳定的关系是总揽全局的关键。他说，发展是硬道理，中国解决所有问题的关键靠自己的发展。改革是经济和社会发展的强大动力。稳定是发展和改革的前提。要在政治和社会的稳定中推进改革和发展，在改革和发展的推进中实现政治和社会的长期稳定。

这篇重要讲话充满了科学的求实精神和辩证的思维色彩，体现了唯物论与辩证法的统一，两点论与重点论的统一，理论、原则与思路、方针的统一。讲话对社会主义现代化建设的辩证法进行了系统深刻的概括和阐述。它体现出的一个重要思想,是强调要辩证地对待矛盾的各个方面,把握好各种因素之间的内在联系,把握好矛盾着的诸方面之间的平衡点和相互转化的度,着力促使它们内在功能、特点的有机结合。比如在分析东部地区和中西部地区的关系时,所提出的解决地区差距的基本思路不是削弱和抑制东部沿海地区经济的发展,而是把着力点放在增强中西部地区自我发展的能力上。为使中西部地区的资源优势转化为经济优势,提出要优先安排资源开发和基础设施建设项目,理顺资源性产品价格体系,以改善中西部地区的投资环境,以吸引包括东部沿海地区在内的各方面的投资和支持。这样做,不仅是中西部地区经济发展的必由之路,而且是东部沿海地区经济持续发展的必要条件。在分析和回答其他各个关系时,都是这样地坚持了马克思主义辩证法,都是这样地运用了邓小平关于正确处理我国改革开放和现代化建设一系列重大关系的基本原则、基本思路、基本方法。我国经济建设和社会发展的历史经验和现实经验证明,正确处理经济、政治、文化之间及其各自内部的重大关系,使其相互促进、协调发展,不仅是保证国民经济持续、快速、健康发展,防止大起大落的关键,也是保证经济和社会全面进步,现代化建设顺利发展的关键。与此相适应,"协调发展、全面进步"是江泽民关于十二大关系讲话关注的重点和论述的核心,也是贯穿全篇的一条红线。这篇重要讲话对协调发展和全面进步问题如此高度重视、如此贯彻始终,表明我们党在运用马克思主义辩证法分析社会主义现代化建设中的重大关系问题上更加成熟、更加自觉了。如果说毛泽东的《论十大关系》是社会主义建设初期分析中国社会矛盾全局的开山之作,那么江泽民这篇重要讲话可以说是改革开放和现代化建设新阶段全面分析中国社会矛盾全局的开山之作。十五大报告深刻论述了人民日益增长的物质文化生活需要同落后的社会生产之间的矛盾,并指出这个主要矛盾贯穿我国社会主义初级阶段的全过程和社会生活的各个方面。只有牢牢抓住这个主要矛盾和经济建设这个中心,才能清醒地观察和把握社会矛盾的全局，才能有效促进各种社会矛盾的解决。论十二大关系和十五大报告对当代中国与社会矛盾全局关系的重要论述，是有中国特色社会主义建设规律认识的新飞跃、社会主义辩证法的新篇章，具有重要的现实意义和长远的指导意义。

全面把握之四，是对党的基本路线的深刻阐发、全面把握、全面贯彻，并强调社会主义社会是全面发展、全面进步的社会。鉴于前两任领导的深刻教训和党内在理解和贯彻基本路线上表现出的"左"右两种错误倾向，在第三代中央领导集体刚刚就任的十三届四中全会上，江泽民同志就鲜明地指出："在这个最基本的问题上，我要十分明确地讲两句话：一句是坚定不移，毫不动摇；一句是全面执行，一以贯之。"他在十四大报告中深刻地论述了党的基本路线，指出：坚持党的基本路线不动摇，关键是坚持以经济建设为中心不动摇；坚持党的基本路线不动摇，必须把改革开放同四项基本原则统一起来。有中国特色的社会主义所以具有蓬勃的生命力，就在于它是实行改革开放的社会主义。我们的改革开放所以能够健康发展，就在于它是利于巩固和发展社会主义的改革开放；坚持党的基本路线不动摇，必须巩固和发展团结稳定的政治局面，而如果不坚持经济建设这个中心，不实行改革开放，没有经济的发展，也不可能有巩固的团结和稳定。江泽民还深刻阐发了基本路线关于把我国建设成为富强、民主、文明的社会主义现代化国家这个总目标的内涵，指出：社会主义社会是全面发展、全面进步的社会。只有经济、政治、文化协调发展，只有两个文明建设都搞好，才是有中国特色的社会主义。针对某些地方和部门"一手比较硬、一手比较软"的情况，江泽民强调在把物质文明建设搞得更好的同时，一定要把社会主义精神文明建设提到更加突出的地位。他强调指出，任何时候也不能以牺牲精神文明为代价换取经济的一时发展。为了加强社会主义精神文明建设，中央召开了十四届六中全会，作出了专门的决议。决议对邓小平关于社会主义精神文明建设的思想作出全面概括，对当前社会主义精神文明建设所面临的形势和任务进行了深刻分析。决议指出：在坚持经济建设为中心的前提下如何做到两手抓，在建立社会主义市场经济体制和扩大对外开放的条件下如何搞好精神文明建设，是我们面临的历史性课题，是对全党同志的重要考验。决议进一步明确了社会主义精神文明建设的指导思想、奋斗目标以及一系列方针政策。

十三届四中全会以来，第三代中央领导集体不仅深刻阐发、全面把握基本路线，而且在全面贯彻执行党的基本路线上坚定不移、一以贯之。第三代中央领导集体始终坚持以经济建设为中心，始终坚持改革开放，始终坚持党的领导和社会主义方向，排除一切来自"左"的和右的干扰，使我国的社会生产力、综合国力和人民生活又上了一个大台阶；改革开放取得新突破，社会主义精神文明建设和民主政治建设迈出新的步伐。因此，全面把握党的基本路线，坚定不移、一以贯之地贯彻执行党的基本路线，是第三代中央领导集体的一个鲜明特色。

全面把握之五，是在党的基本理论基本路线的指导下，提出党的社会主义初级阶段的基本方针和基本纲领，从而使有中国特色社会主义的指导规律日臻完善。 十四届五中全会"抓住机遇，深化改革，扩大开放，促进发展，保持稳定"这一党的基本方针的确定，为我们正确认识和处理改革发展、稳定的关系，总揽有中国特色社会主义的全局指明了方向。十五大第一次明确提出党在社会主义初级阶段的基本纲领。马克思指出：制定一个原则性的纲领，这就是在全世界面前树立起可供人们用来衡量党的运动水平的里程碑。能不能提出一个符合本国实际和时代特征的正确纲领，是衡量一个无产阶级政党在理论上政治上成熟的重要标志。因此，制定正确的纲领对于无产阶级革命政党及其所领导的事业来说是至关重要的。党在社会主义初级阶段基本纲领的提出，体现了第三代中央领导集体全面贯彻党的基本理论和基本路线，把建设有中国特色社会主义事业整体推进的远见卓识和坚定信心，表明我们党在理论上政治上更加成熟。

党的基本路线、基本方针和基本纲领都是对有中国特色社会主义建设全局的把握。党的基本理论作为党的基本路线、基本方针、基本纲领的理论基础，它的立场、观点、方法和精神实质体现到、渗透到它们的整体及其每一个部分和环节之中。基本路线所回答的是关系战略全局的总目标和达到这个目标的根本途径，基本方针所回答的是如何正确处理改革、发展、稳定的关系即如何总揽全局的问题，而基本纲领则是对基本路线、基本方针在经济、政治、文化上的展开。因此，对有中国特色社会主义事业战略全局而言，党的基本理论犹如阳光普照，基本路线、基本方针表现了全局的纵向关系，基本纲领则表现了它的横向关系。它们纵横交织，相互结合，有机统一，构成有中国特色社会主义事业战略全局的整体。

毛泽东在《中国革命战争的战略问题》中正确地区分了战争规律和战争指导规律。战争规律是指经济、政治、文化、地理环境特别是敌我双方军事力量的内在联系，战争指导规律是指依据这种内在联系而确定的战略、战术和作战原则等等。对有中国特色的社会主义事业来说，其客观规律是指我国现阶段经济、政治、文化等的内在联系，指导规律是指依据这种内在联系所制定的基本路线、基本方针和基本纲领。我们党的这一套指导规律是改革开放和社会主义现代化建设实践经验的深刻总结，是有中国特色社会主义发展规律的深刻反映。

三

第三代中央领导集体从解决社会主义初级阶段的主要矛盾出发，把经济增长方式的转变、社会主义市场经济理论和经济体制改革作为理论和实践突破的重点，提出实现两个根本性转变、实施可持续性发展战略和科教兴国的战略的总体思路；并把加强党的建设特别是干部队伍建设放在有中国特色社会主义事业的关键地位。

重点突破之一，是强调必须实现经济增长方式的根本转变并提出可持续发展战略和科教兴国战略。江泽民在论十二大关系中针对我国经济发展上长期以来偏重数量扩张,单纯追求增长速度,忽视经济质量、经济效益和整体素质不高的问题,指出必须更新发展思路,实现经济增长方式从粗放型向集约型的转变,亦即从主要依靠增加投入、铺新摊子、追求数量,转到依靠科技进步和提高劳动者素质上来,转到以经济效益为中心的轨道上来。十五大报告进一步指出,要充分估量未来科学技术特别是高科技发展对综合国力、社会经济结构和人民生活的巨大影响,把加速科技进步放在经济社会发展的关键地位。

为了保持国民经济持续、快速、健康发展,在坚持实行经济增长方式根本转变的同时,还必须坚持可持续发展观、实施可持续发展战略。可持续发展观是以经济的可持续发展为前提,以生态的可持续发展为基础,以提高人类生活质量、实现人的全面发展和社会的全面进步为目标的发展观。坚持可持续发展是时代提出的课题,是社会主义的本质要求和必然选择。江泽民在论十二大关系中指出:"在现代化建设中,必须把实现可持续发展作为一个重大战略。要把控制人口、节约资源、保护环境放到重要位置,使人口增长与社会生产力的发展相适应,使经济建设与资源、环境相协调,实现良性循环。"我国《国民经济和社会发展"九五"计划和2010年远景目标纲要》把实现经济与社会相互协调和可持续发展作为未来15年我国经济和社会发展的一项重要方针,并为此制定了一系列法律、法规,使可持续发展战略在我国经济建设和社会发展过程中得以实施。

经济增长方式的根本转变和实施可持续发展战略对建设有中国特色社会主义来说,是社会全面发展的必然要求,也是国民经济持续、快速、健康发展的重要保证。只有科学昌明、教育发达、文化繁荣,才能全面提高劳动者的素质,才能促进人和社会的全面发展。因此,实施科教兴国战略是最终实现经济增长方式根本转变和可持续发展的现实切入点和关键所在。

重点突破之二,是拓展和深化了社会主义市场经济理论。十四大报告根据邓小平关于社会主义也可以搞市场经济的思想主要是南方谈话的有关论述进行了理论上的阐发，明确提出社会主义市场经济的概念，明确指出我国经济体制改革的目标是建立社会主义市场经济体制，确定实行从计划经济体制向社会主义市场经济体制的根本转变。社会主义市场经济理论要解决的核心问题是如何正确认识和处理市场经济体制与社会主义基本制度的关系，以及市场机制与国家宏观调控的关系。对此，江泽民在十四届三中全会上的讲话中明确指出：我国社会主义市场经济体制是同社会主义基本制度结合在一起的，既可以发挥市场经济的优势，又可以发挥社会主义制度的优越性。建立社会主义市场经济体制，就是要使市场在国家宏观调控下对资源配置起基础性作用。国家宏观调控和市场机制的作用，都是社会主义市场经济体制的本质要求，二者是统一的，是相辅相成、相互促进的。要改革传统的计划经济体制，必须强调充分发挥市场在资源配置方面的基础性作用，不如此便没有社会主义市场经济；但是，同时也必须看到市场存在自发性、盲目性、滞后性的一面，这种弱点和不足必须靠国家对市场活动的宏观指导和调控来加以弥补和克服。十四届三中全会作出《关于建立社会主义市场经济体制若干问题的决定》，对社会主义市场经济理论和经济体制改革的方针政策作了进一步的阐发。至此党在理论上和方针政策上形成了社会主义市场经济体制的基本框架。值得注意的是，1991年江泽民在建党七十周年纪念大会上的讲话中提出的关于社会主义市场经济的重要思想。他指出："发展社会主义经济，应该从我国的实际情况出发，采取那些符合社会化大生产和商品经济发展要求的通用作法"，"计划和市场，作为调节经济的手段，是建立在社会化大生产基础上的商品经济发展所客观需要的，因此在一定范围内运用这些手段，不是区别社会主义经济和资本主义经济的标志。"十五大报告总结十四大以来的实践经验，汲取了思想理论界的有关研究成果，对长期讨论和探索的某些重要理论问题作出了明确的结论。特别是基本纲领中关于有中国特色社会主义经济的一系列重要论述,实质上是对社会主义市场经济的涵义和特征的历史性概括,是迄今为止我们对社会主义市场经济认识的最全面的总结。

重点突破之三,是进一步深化了经济体制改革理论,并对实现第二个根本转变作出战略部署。 实现经济增长方式的根本转变和经济社会的可持续发展,必须实现经济体制从传统的计划经济向社会主义市场经济的根本转变。为了适应改革攻坚阶段的需要,进一步推进经济体制改革特别是国有企业改革,十五大报告提出了一系列新论断。比如:"公有制经济不仅包括国有经济和集体经验,还包括混合所有制经济中的国有成分和集体成分";"公有制实现形式可以而且应当多样化。一切反映社会化生产规律的经营方式和组织形式都可以大胆利用";"股份制是现代企业的一种资本组织形式……资本主义可以用,社会主义也可以用";"国有经济起主导作用,主要体现在控制力上";"以资本为纽带,通过市场形成具有较强竞争力的跨地区、跨行业、跨所有制和跨国经营的大企业集团";"要着眼于搞好整个国有经济,抓好大的、放活小的,对国有企业实施战略性改组";"以公有制为主体、多种所有制经济共同发展,是我国社会主义初级阶段的一项基本经济制度";"非公有制经济是我国社会主义市场经济的重要组成部分"等。这些理论上的新突破为继续深化经济体制改革和其他方面的改革提供了强有力的理论支持,也为解决建立社会主义市场经济体制和发展社会主义市场经济中的一系列新矛盾新问题,以及澄清人们思想上的某些困惑和疑虑,提供了有力的思想武器。十五大还对继续深化经济体制改革作出了战略部署:调整和完善所有制结构;加快推进国有企业改革;完善分配结构和分配方式;充分发挥市场机制作用,健全宏观调控体系;加强农业基础地位,调整和优化经济结构;实施科技兴国战略和可持续发展战略;努力提高对外开放水平;不断改善人民生活等。这些理论上新的突破和工作上的新部署,必将大大解放人们的思想,大大加快经济体制改革的步伐,大大加速第二个根本转变的实现。

重点突破之四，是对党的建设理论特别是干部队伍建设理论的深化和拓展，提出党的建设的总目标和从严治党的方针，提出建设一支高素质的干部队伍，把反腐败提到严重政治斗争的高度，并进一步加大了惩治腐败的力度。江泽民同志指出：把建设有中国特色社会主义事业全面推向21世纪，关键在于坚持、加强和改善党的领导。第三代中央领导集体根据改革开放和发展市场经济条件下党的建设面临的新情况、新问题，在邓小平新时期党建理论的指导下，明确提出党的建设的"新的伟大工程"，即把党建设成为用邓小平理论武装起来、全心全意为人民服务、思想上政治上组织上完全巩固、能够经受住各种风险、始终走在时代前列的马克思主义政党。为了达到这一目标，第三代领导集体强调要充分发挥党的思想政治优势、组织优势和密切联系群众的优势；要从严治党，保证党的先进性和纯洁性。这使党在新形势、新任务面前自身建设的目标更加明确，任务更加具体。

　　在党的建设中，干部队伍建设是核心。第三代中央领导集体从时代的要求、形势的发展和干部队伍的实际情况出发，鲜明地提出要建设一支适应跨世纪战略任务需要的，政治强、业务精、作风正的高素质的干部队伍。指出建设这样一支高素质的干部队伍，是保证我们党始终走在时代前列，经受住各种风险考验，领导全国人民把社会主义现代化事业不断推向前进的需要。能不能建设这样的一支干部队伍，能不能保证党和国家的各级领导权由忠诚于马克思主义的人来掌握，是一个至关重要的战略问题，直接关系到党的兴衰存亡。江泽民要求党的高级干部不仅要努力成为有知识、懂业务、胜任本职工作的内行，而且首先要努力成为忠诚于马克思主义、坚持走有中国特色社会主义道路、会治党治国的政治家。强调我们要建设的高素质的干部队伍，就是由具有社会主义政治家素质的领导骨干带领的德才兼备的干部队伍，这应当是一支包括党政干部、企业经营管理干部、科学技术干部和其他战线干部组成的宏大的队伍。

在新的形势下，如何使我们的干部特别是党政领导干部经受住执政、改革开放、发展市场经济以及和平演变的考验，是一个至关重要的问题。少数干部经受不住这种考验，产生腐败问题。腐败是对人民经济利益和政治权力的严重侵犯，是人民群众最为深恶痛绝的。江泽民指出，我们党的性质、宗旨和指导思想，决定了党必须把为人民谋利益作为自己全部活动的出发点和归宿，决定了党的各级干部决不能搞腐败。能不能切实有效地开展反腐败斗争，关系到能不能保持党在人民群众中的良好形象，能不能继续保持和发展党同人民群众的密切联系，因而成为党的建设的一个根本性问题。以江泽民同志为核心的第三代中央领导集体把反腐败提到关系党和国家生死存亡的严重政治斗争的高度，确定了标本兼治，教育是基础，法制是保证，监督是关键的原则，并进一步加大了反腐败斗争的力度。

此外，第三代中央领导集体还在农业发展和农村改革、对外开放、政治体制改革、新时期军队和国防建设、"和平统一、一国两制"、外交关系和建立国际经济政治新秩序等方面提出一系列新的理论观点，表现了对邓小平理论坚持和发展上的全面性。

结束语

第三代中央领导集体在理论上的这些新突破、新贡献，是在我国改革开放和现代化建设进入新阶段，面对两个根本性转变、改革攻坚和开创新局面的情况下实现的。这些新突破、新贡献，表现了第三代中央领导集体政治上的远见卓识和在关键时期的一系列关键性问题上，善于总结实践经验，集中群众智慧，进行理论创新的科学态度和敢于面对新情况、解决新矛盾、开创新局面的非凡理论勇气、政治勇气和实践勇气。

江泽民同志在十五大报告中深刻地阐发了马克思主义的革命学风。他指出："马克思列宁主义、毛泽东思想一定不能丢，丢了就丧失根本。同时一定要以我国改革开放和现代化建设的实际问题、以我们正在做的事情为中心,着眼于马克思主义理论的运用,着眼于对实际问题的理论思考,着眼于新的实践和新的发展。"第三代中央领导集体在理论上的这些新突破、新贡献是马列主义、毛泽东思想、邓小平理论与现阶段中国实际和国际形势新特点相结合的产物,是这种马克思主义革命学风的伟大实践和光辉体现。

第三代中央领导集体在坚持邓小平理论,运用、丰富和发展这一理论上已经作出重大贡献。我们坚信,以江泽民同志为核心的党中央,在领导全党和全国各族人民继续胜利推进跨世纪有中国特色社会主义伟大事业中,研究新情况,解决新问题,总结新经验,一定会在创造性地运用、丰富和发展邓小平理论上作出新的更大贡献!

(1998年第3期)

首先解决农业农村农民问题：
建设有中国特色社会主义
现代化道路

董俊山

今年是新中国建国五十周年。回顾50年不平凡的历史发展进程，从中国实际出发，首先解决农业农村农民问题，在农村取得成效、取得经验，而后拓展和推进到城市及各行各业，保证和促进国家改革开放和现代化建设的顺利成功，是第二代领导核心——邓小平在实践中逐步提出、明确、升华的中华民族摆脱贫穷落后、迈向繁荣富强的总体设计，是中国人民和中国共产党人近20年实践最基本经验和最重要结论，是我们走上建设有中国特色社会主义现代化道路的根本标志。江泽民同志指出："改革开放以来，邓小平同志和其他老一辈革命家，根据他们丰富的实践经验，无论观察形势、研究问题，还是制定规划、作出决策，总是首先考虑农业、农村和农民问题，总是把农业、农村和农民问题放在党的工作和国家的发展战略的首位。"①

一

行为逻辑与现实逻辑的统一，是人类社会发展实践的必然要求，是一个国家、一个民族革命与建设最终能够取得成功的根本保

---

① 江泽民：《要始终高度重视农业、农村和农民问题》，《十四大以来重要文献选编》（上），人民出版社，1996年2月版，第424页。

证。社会发展有其内在的必然性、规律性、序列性和过程性，这是一种客观的现实的逻辑，是不以人们意志为转移的。人类思维的主要任务是发现和阐释这个客观的现实逻辑，建立健全指导社会实践活动的价值取向和资源配置的主观的行为逻辑。在没有发现或没有做到自觉遵循现实逻辑之前，一个国家、一个民族的社会发展处于自发阶段，人们行为的选择是在模糊甚至是在混沌中盲目作出的，整个实践活动是非逻辑的、非理性的，也是难以成功的。处于这一阶段的国家和民族更多地呈现出紊乱、无序和失范状态。

实践的效果迫使人们必须发现并自觉遵循社会发展的现实逻辑要求，建立起正确、科学、严谨的行为逻辑。为使主观的行为逻辑不断接近和符合发展变化着的客观的现实逻辑，人类总是处于不断探索和选择之中，特别是进入近代文明以后，这种探索和选择渐渐由自发转变为自觉，由驱策转变为控制，由模糊转变为清晰。社会发展的现实逻辑是随着社会矛盾运动逐步展开、深化而显现出来的。总结各国迈向现代化的实践经验和教训，可以概括为这样一种思维结构：发展理念——发展模式——发展道路——发展进程。

首先，处于一定时代背景的国家要选择自己的发展理念，即正确判断社会主要矛盾和发展主题，确立起实践的核心价值和奋斗目标，为政治决策和行政管理提供正确方向和理论指导。

其次，这个国家要选择自己的发展模式，即从本国实际出发，借鉴他国经验教训，逐渐建立、健全和完善解决主要矛盾和完成根本任务的政治、经济、社会、文化结构和体制。

再次，这个国家要选择自己的发展道路，即根据社会矛盾运动普遍规律在本国的特殊表现形式，科学确定实施发展理念、发展模式的行动路线：现代化建设在时空上展开的逻辑起点和战略安排，寻找发展模式在实践上的突破口和契机。

最后，这个国家要坚定不移地沿着发展道路实践、行动、前进，即对人力、物力、财力、时间和信息等各种自然资源和社会资源实施有效组织、引导、控制、协调和管理的历史过程。

不言而喻，以上几个环节是对一国实现现代化过程中行为逻辑与现实逻辑相互联系、相互作用、相互转换的模式化、抽象化的表述，现实世界较此远为纷繁复杂。提出这一模式的目的是：分析人类思维系统和实践系统的层次结构，探索人类社会发展的现实逻辑与行为逻辑统一起来、结合起来的同构关系，理清人类社会发展的基本路向，使之步入积极健康、持续发展、有序运行的科学轨道。很显然，上述四种选择在社会实践和思维体系中处于不同层次，有着不同的作用和功效。发展道路是承上启下的关键环节，是一个国家为达到奋斗目标，开发和利用各种自然和社会资源在时空上顺序展开的切入点和有机结合的着力点，是人类社会发展普遍规律与本国发展特殊规律相统一的最高境界，决定着一个国家革命与建设、改革与发展的前途命运和兴衰成败。

众所周知，中国革命发生在半封建半殖民地的社会条件下，反动势力十分强大；革命力量相对薄弱；民族资产阶级摇摆不定，形势错综复杂，任务极其繁重。如何才能推翻反动统治，完成民族民主革命的历史任务？实践证明：仅仅提出革命口号不行；仅仅成立革命组织不行；仅仅懂得坚持武装夺取政权方向也不行。只有以毛泽东为代表的中国共产党人找到了打土豪分田地，首先发动农民，赢得农民，占领农村这一反动统治最薄弱的地方，由农村包围城市，最终夺取城市的具体道路，中国革命才实现了现实逻辑与行为逻辑相统一的飞跃，才开始从胜利走向胜利。中国人民和中国共产党人为走上这条成功的革命道路付出了巨大牺牲和代价。革命的胜利决定于正确道路，现代化建设也是如此。

二

现代化道路，即选择优先发展战略，是一国由不发达状态向发达状态转变过程中必然面临的首要问题。工业与农业、城市与农村、市民与农民，是一切不发达国家迈向现代化国家过程中必然碰到并要深刻认识、认真解决的最基本最重要的政治经济社会关系。

一国现代化走什么道路、选什么优先发展战略,世界各主要国家现代化模式、进程、效果的差异,往往决定于农业农村农民问题在该国经济社会发展进程中的地位与作用。

发展中国家现代化与发达国家现代化有着根本不同的时代背景和特点。发达国家现代化无疑经历了由农业农村农民孕育和支持工业城市市民的生成过程。但这种孕育和支持表现为城乡之间、工农之间的对立和分离,资产阶级主要是以开拓国际市场、掠夺殖民地资源、向殖民地倾销产品等原始野蛮的办法,摆脱农业农村农民对工业和城市发展的制约。发达国家是在推进本国工业化后,再反哺农业农村农民,继而实现全面现代化的。后发达国家在实现工业化和现代化过程中因国际市场分工和分割已经基本完成,经济增长面临困境。一方面,它处于国际经济体系、市场体系区域化、一体化的大趋势之中,具有采用和借鉴发达国家现代科学技术和管理经验的便利条件和捷径;另一方面,又处于发达国家经济、科技和市场优势的重重包围和压力之中,受着不合理的国际经济政治秩序的影响和侵害。发展中国家要想尽快实现现代化,既必须自觉依赖国内国外两种资源、两个市场,不能闭关锁国、盲目排外;又必须严格遵循经济社会发展的客观规律,主要依靠本国资源开发和市场发育,自力更生、艰苦创业,循序渐进,逐步增强自我增长、良性循环的动力、能力和实力。适应这一特殊历史背景和情势,发展中国家达到现代化目标必然要走一条从农业和农村这个经济发展和社会进步的基础结构建起,进而扎扎实实、一步一个脚印地推进各项建设的发展道路。"没有农业和农村的发展,工业的发展是不可能的,或者即使取得了成功,也会产生国内经济的严重不平衡,从而使得广泛的贫困、不平等和失业问题更加尖锐、更加突出。"[1]

在当今时代,发展中国家只有首先注意解决绝大多数人口逐步

---

[1] 〔美〕迈克尔·P·托达罗:《经济发展与第三世界》,中国经济出版社,1992年版,第260页。

摆脱传统农业生产方式和小生产思维方式的支配和束缚，大幅度提高广大农民思想道德素质和科学文化素质，才能保证工业化、城市化、市场化和现代化的顺利推进，才能实现经济持续发展、社会全面进步和国家长治久安，才能给包括亿万农民在内的全体人民带来生活质量的改善和提高，才能在激烈的国际竞争中立于不败之地。走其他种种道路对一个小国也许可以，大国绝对不行；对一个有市场依托的地区也许可以，市场统一的全国绝对不行；一时也许可以，长期绝对不行；在资本主义制度下也许可以，在社会主义制度下绝对不行。质言之，发展中国家在实现现代化过程中极容易出现断层现象，发生移动不平衡，其中最基本、最关键、最经常发生的问题是城乡之间、工农之间这一最大经济社会比例关系的失调和错位。

三

农业、农村和农民问题，始终是关系我们党和国家全局的根本性问题。早在建国初，毛泽东就讲：中国的主要人口是农民，革命靠了农民的援助才取得了胜利，国家工业化又要靠农民的援助才能成功。他在领导经济建设过程中提出了"农业是国民经济的基础"等一系列著名论断，多次强调全党一定要高度重视农业。要注意，不抓粮食很危险。不抓粮食，总有一天要天下大乱。农民的情况如何，对于我国经济的发展和政权的巩固，关系极大。现在还是个农民问题。中国这个国家，离开了农民，休想干出什么事情来。这一切表明他对中国农业农村农民问题的认识是深刻的。但是，由于主客观因素的影响，毛泽东又提出和坚持以阶级斗争为纲和优先发展重工业战略，造成全局工作指导上的自相矛盾和严重错误，没能解决好中国现代化道路问题。

以邓小平为代表的中国共产党人继承和发展毛泽东光辉思想，把对农业农村农民问题的正确认识上升为行动道路。十一届三中全会是我们党在国家处于历史转折的紧要关头召开的一次具有划时代意义的重要会议，它的最大历史功绩之一，就是在提出把全党工作重心转移到经济建设上来的根本指导方针同时，作出了"全党同志目前必须集中主要精力把农业尽快搞上去"的战略决策。会议向全国下发讨论和试行的两个文件，都是关于解决农业农村农民问题的，即《中共中央关于加快农业发展若干问题的决定（草案）》和《农村人民公社工作条例（试行草案）》。正是全会解放和发展农村社会生产力的重大措施，拉开了中国改革的历史序幕，开辟了建设有中国特色社会主义现代化的正确道路。

邓小平在领导开创改革开放和社会主义现代化建设新局面的全过程中，始终高度注意和强调农业农村农民问题的优先地位和全局作用。指出："从中国的实际出发，我们首先解决农村问题。中国有百分之八十的人口住在农村，中国稳定不稳定首先要看这百分之八十稳定不稳定。城市搞得再漂亮，没有农村这一稳定的基础是不行的。"① "中国社会是不是安定，中国经济能不能发展，首先要看农村能不能发展，农民生活是不是好起来。"② 他语重心长地叮咛全党：没有农民的积极性，国家就发展不起来。农业是根本，不要忘掉。90年代经济如果出问题，很可能出在农业上；如果农业出了问题，多少年缓不过来，整个经济和社会发展的全局就要受到严重影响。

以江泽民同志为核心的党中央高举邓小平理论伟大旗帜，把处理农业农村农民问题提到一个新高度。根据新的形势和任务，江泽民同志指出：从长远来看，实现我国经济和社会发展的战略目标，农业和农村始终处于举足轻重的地位。农业基础是否巩固，农村经济是否繁荣，农民生活是否富裕，不仅关系农产品的有效供应，而且关系工业品的销售市场，关系国民经济发展的全局。如果农业没有更大的发展，农村经济不能登上新的台阶，我国现代化建设的第

---

① 《邓小平文选》第三卷，第65页。
② 《邓小平文选》第三卷，第77—78页。

二步和第三步发展目标就不可能顺利实现。江泽民同志一再提醒全党：加强农业是国民经济发展的首要问题。制定计划首先安排好农业，研究政策优先考虑农业。国以民为本，民以食为天。农业是稳民心、安天下的战略产业，任何时候都要抓得很紧很紧。

党的十五届三中全会把党和国家在农业农村农民问题上的理论和实践推向一个新阶段。全会通过的《中共中央关于农业和农村工作若干重大问题的决定》，全面系统地总结了改革开放20年的成功经验，从经济、政治、文化三个方面提出了建设有中国特色社会主义新农村跨世纪发展的奋斗目标和十条方针，是我国当前和今后一个时期指导农业和农村工作的纲领性文件。全会指出：十二亿多人口，九亿在农村，是我国的基本国情。农业、农村和农民问题是关系改革开放和现代化建设全局的重大问题。没有农村的稳定就没有全国的稳定，没有农民的小康就没有全国人民的小康，没有农业的现代化就没有整个国民经济的现代化。稳住农村这个大头，就有了把握全局的主动权。

四

在邓小平理论正确指引下，20年来，党中央、国务院年年召开农业农村农民方面的专门会议，先后制定实施了家庭联产承包责任制、下放经济自主权和经营权、提高粮棉收购价格、建立粮食储备制度、落实农产品收购资金、制止增加农民负担、保护基本农田、促进乡镇企业发展、实施科教兴农战略、加强农村精神文明建设、"米袋子"省长负责制和"菜篮子"市长负责制等一系列重大政策措施，及时有效地解决了事关农村改革发展稳定的重点、难点和热点问题，为保证国民经济持续快速健康发展，改善人民群众生活，应付来自国内国际的各种矛盾、问题和风险，奠定了强大的物质基础和社会基础。"党的十一届三中全会以后，我国的改革就是从农村开始的。农村改革取得的重大成功，有力地促进了农村经济和整个国民经济的发展，为城市改革和其他方面改革的顺利进行积累了重要经验。可以肯定地说,没有农村改革的成功和农村经济的繁荣,整个经济体制改革就不可能全面展开,国民生产总值就不可能提前实现翻一番,我们的国家就不可能出现今天这样生机勃勃的局面。"①

第一,主要农产品产量持续稳定增长,满足了十几亿人吃饭穿衣等日益增长的物质生活需要。我国是发展中大国,是人口大国,是农业大国,尚处于社会主义初级阶段。系统论有一个原理,叫依主振荡点转移规律,即事物发展的速度、深度、广度,决定于事物链条中最薄弱的环节,而不决定于事物链条中最强大的环节。事物发展过程中最容易在薄弱环节断裂、受阻、毁灭。只有不断充实和加强了薄弱环节,事物才能获得新的发展动力和张力。十一届三中全会召开时,我国国民经济处于崩溃的边缘,农业农村农民则受损受害最为深重。农业基础极其薄弱,致使城市农产品供应非常紧张,几乎什么东西都要凭票凭证购买,粮票、布票、肉票、油票、糖票、鸡蛋票、烟票等等,人们记忆犹新。因此,农业农村自然成为我国改革开放和现代化建设的突破口。

以家庭联产承包责任制为主要标志的农村改革,极大地调动了农民的生产积极性和首创精神,使我国农业保持了快速、平稳的发展态势。根据计算,八大类主要农产品最高年产量与1978年前后相比都有了大幅增加:粮食增加近1.7倍,棉花增加2.6倍多,肉类增加3倍多;水果增加近7.7倍,牛奶增加7.5倍;禽蛋增加3.9倍,水产品增加7.6倍多,油料增加4.3倍。去年,我国南北方遭遇了历史罕见的特大洪水。我们能够万众一心、团结奋战,夺取抗洪救灾的胜利,除主观因素外,最根本的一条是20年改革开放和现代化建设奠定了强大物质基础,特别是连续几年农业丰收,粮食储备充足,市场物价稳定,吃饭不成问题。事实再次证明,

---

① 江泽民:《要始终高度重视农业、农村和农民问题》,《十四大以来重要文献选编》(上),人民出版社,1996年版,第421页。

"手中有粮、遇事不慌"是百姓生活经验的总结,也是国家治理经验的总结。

第二,乡镇企业异军突起,经济总量迅猛扩张,成为农业和农村经济乃至整个国民经济的重要支柱。发展乡镇企业,是中国农民继家庭联产承包制之后的又一伟大创造,是我们党在新的历史条件下解决农业农村农民问题的又一伟大选择,是我国实现工业化、城市化和现代化的伟大实践,是社会主义制度下建立新型城乡关系、工农关系的伟大壮举。1978年前,由于计划经济体制和优先发展重工业的影响,一方面支配资源流向的国家政策向城市和工业倾斜,另一方面村办企业、社队企业受到严格限制,导致农村第二产业和第三产业发展极为落后,割裂了城乡之间、工农之间的有机联系,造成我国长期存在二元经济结构和重大经济比例关系失调问题。

在十一届三中全会的正确方针指导下,农村基层组织和广大农民拥有了自主权,办起了企业,搞起了多种经营。结果,乡镇企业雨后春笋般在中国大地涌现出来。乡镇企业的发展,极大地改变了我国农业农村农民的面貌,改变了国家一、二、三产业的布局。一片片环境优美、高楼耸立的厂区取代了农村原始的手工业作坊,一批批农民接受着现代大工业的训练和洗礼,一笔笔资金反哺、回报给农业和乡亲,一栋栋漂亮精致的别墅式住宅矗立乡间,一个个小城镇拔地而起,担负起农村经济、政治、文化、社会生活中心的功能。乡村城市化、农业产业化、产品市场化、管理社区化、服务社会化、农民公民化,成为中国现代化建设中最为波澜壮阔的画卷。

截止1997年底,全国乡镇企业总数达2 015万个,为农村富裕劳动力提供就业机会1.3亿多个,固定资产总值1万多亿元,流动资产1.3万多亿元,实现营业收入3.8万亿元,实现利税总额3 238亿元,企业留利近2 000亿元。去年上半年,在经济形势趋紧的情况下,乡镇企业仍然保持平稳运行的发展态势。全国乡镇企业累计增加值10 163亿元,比上年同期增长14.34%,累计完成工业增加值7 206亿元，比上年同期增长12%，为国民经济增长作出了重要贡献。

第三，农民收入大幅增长，80%农村家庭接近小康目标，农民得到实惠，充分显示了社会主义制度优越性。我国要实现的现代化是社会主义现代化，是全体人民的现代化。社会主义的本质，是解放生产力，发展生产力，消灭剥削，削除两极分化，最终达到共同富裕。贫穷绝不是社会主义。农业农村农民问题，也是共产党执政后为什么人的根本问题。可建国后的相当长时间里，广大农民没有摆脱贫困，没有解决温饱，没有增加多少收入。从1952年到1978年的26年中，农民人均纯收入累计增加76.57元，年均递增2.9元，增长率为3.3%，1965—1978年，农民收入几乎停滞不前，年增长率仅为1.7%，1978年，农村低于贫困线的绝对人口达2.6亿，占农村人口总数的33%。农村改革后，特别是90年代以来，伴随农业和农村经济的蓬勃发展，农民收入增加很快，物质生活明显改善。1990年农民人均纯收入突破500元，达686元；1994年突破千元大关，达1 220元，1997年突破两千元大关，达2 090元，1998年为2 160元。1997年我国农村居民整体生活水平的小康综合评分已达81.5分。农民从自己生产生活的实际变化中体会到社会主义好，共产党好，改革开放好，这恰恰是巩固政权、保持稳定、推进各项事业发展最深厚的社会基础。

第四，农业农村农民的发展带动了工业和城市经济高速增长，在全面推进我国改革开放和现代化建设伟大事业中发挥了先导作用。邓小平曾对80年代我国经济高速增长作过这样分析："经济发展比较快的是一九八四年至一九八八年。这五年，首先是农村改革带来许多新的变化，农作物大幅度增产，农民收入大幅度增加，乡镇企业异军突起。广大农民购买力增加了，不仅盖了大批新房子，而且自行车、缝纫机、收音机、手表'四大件'和一些高档消费品进入普通农民家庭。农副产品的增加，农村市场的扩大，农村剩余劳动力的转移，又强有力地推动了工业的发展。这五年，共创造工业总产值六万多亿元,平均每年增长百分之二十一点七。吃、穿、住、行、用等各方面的工业品,包括彩电、冰箱、洗衣机,都大幅度增长。农业和工业,农村和城市,就是这样相互影响,相互促进。这是一个非常生动、非常有说服力的发展过程。可以说,这个期间我国财富有了巨额增加,整个国民经济上了一个新的台阶。"①

进入90年代后,农业和农村经济在我国国民经济和社会发展中的分量进一步加重。如全国GDP增量比重中,1992年的14.2%,农村占64.16%的份额,城市占35.84%;1995年的10.5%,农村占88.5%,城市占11.5%;1996年的9.5%,农村占85.88%,而城市占14.12%。近两年,我国经济出现了前所未有的"高增长、低通胀"的良好发展态势。这首先应归功于这些年农产品生产总量不断增加,而农产品价格稳中有降。

总之,我国改革率先从农村突破,并以磅礴之势迅速推向全国,取得了举世瞩目的伟大成就。农业农村农民会给国家现代化进程带来种种问题、矛盾和困难,更会给国家现代化建设奠定物质基础、提供原始积累、创造经济前提,成为主力、动力和拉力。

五

我国现代化建设正处于关键时期,改革开放已进入攻坚阶段。面对国际国内错综复杂的形势和选择,能否抓住机遇,继续深化认识和妥善处理实行社会主义市场经济体制和大力推进现代化进程产生的农业农村农民方面的新情况新矛盾新问题,是对中国共产党人领导中华民族实现伟大复兴的又一次严峻考验。经受住这一考验,我们就能够迎接所有挑战,攻克种种难关,创造更加美好的未来。因此,必须把全党全社会对农业农村农民问题的认识推向一个新高度。

---

① 《邓小平文选》第三卷,第376页。

第一,深刻认识农业农村农民问题的长期性。"耕地少,人口多,特别是农民多,这种情况不是很容易改变的。这就成为中国现代化建设必须考虑的特点。"① 我国是拥有十几亿人口的大国,占世界人口的四分之一,70%的人口居住在农村,人均耕地只相当于世界人均耕地的四分之一,用占7%的世界土地,养活占22%的世界人口。这样的基本国情决定了我国的农业尤其是粮食生产,在经济发展的任何阶段,都绝不能削弱,只能加强。我国这么多人口的吃饭问题只能靠自己来解决,在这个问题上不能有任何不切实际的幻想。农业和农村经济一旦步入徘徊,几年走不出来。1979年以后是3年,1984年以后是5年,1990年以后是4年。因此,无论提什么新口号,定什么新政策,做什么新事情,切不可忘记我国将长期处于不发达的社会主义初级阶段,切不可忘记农业农村农民问题始终是中国改革开放和现代化建设的切入点、着力点和生长点。"把农业放在发展国民经济的首位,不是一个短期的方针,而是一个必须长期坚持的方针;不是一个局部的方针,而是一个全局性的方针;不仅是农业战线的任务,而且是对全党全国工作提出的要求。"②

第二,深刻认识农业农村农民问题的紧迫性。十一届三中全会以来,我国农业农村农民的形势一年比一年好。但是,农业农村农民所走过的历程并不总是一路坦途,一帆风顺。1982—1984年、1989—1992年、1996年三次出现全国较大范围的农产品卖难问题,直接引起了国民经济和人民生活的波动。值得特别注意的是,相当一部分领导干部没有真正认识到农业农村农民问题的严重性、现实性。对党中央关于加强农业和农村工作的重大方针,口头上讲的多,行动上落实的少,"口号农业"的问题没有完全解决。当前,

---

① 《邓小平文选》第二卷,第164页。

② 引自姜春云:《实现农业和农村经济发展目标必须解决的若干重大问题》,《十四大以来重要文献选编》(下),人民出版社,1996年版,第1632页。

农业和农村经济发展滞后,已经成为我国经济发展的最薄弱环节和最突出矛盾。一是农产品市场拉力减弱。1997年农产品零售物价指数几个月出现负增长,1997年12月和1996年同期相比,粮食类市场价格下降了13%,肉禽下降了6%,水产品下降了3%,水果下降了6.5%,蔬菜下降了9%。二是农村剩余劳动力转移速度减缓。乡镇企业新吸纳劳动力,1995年是844万人,1996年是647万人,1997年仅为400万人,与上一年相比,1996年减少23.3%,1997年减少38.2%。三是乡镇企业效益减低。1997年全国乡镇企业亏损额达806亿元,比1995年激增70%,年均递增30%。这些问题不解决,必将严重影响农民生产积极性和农民收入的增加,进而可能导致农业和农村经济的下滑和波动。我国国民经济政治社会文化各个领域均面临着诸多困难和矛盾,特别是国内市场疲软,对外贸易萎缩,企业效益不佳,下岗职工增多,一旦农业农村农民出问题,造成各种矛盾集中凸现,就不仅会直接影响国民经济的快速、健康、持续发展,而且会严重影响国家改革发展稳定的根本大局。全党同志和各级领导干部要比以往任何时候都要更加自觉地重视农业农村农民问题,真正地而不是表面地,实际地而不是口头地,理性地而不是盲目地加强农业和农村工作。

第三,深刻认识农村市场对扩大内需的拉动性。为应付国内国际各种危机和问题,缓解下岗、就业和困难家庭的社会压力、社会振荡,我国经济必须保持一定的增长速度。这是经济任务,也是政治任务。东南亚金融危机,经济结构不合理,加上市场需求疲软,直接影响了经济增长,导致许多工业品及其生产能力相对过剩。我们一方面要深化企业改革,调整经济结构,开拓国际市场,另一方面要想方设法激活国内市场,增加内部需求,实现国内经济的良性循环和自我增长。我国最大的市场是农村,最大的需求是农民,打开和扩大农村消费市场是牵引国内市场的重中之重。经过多年来的积累和发展,农村居民消费已由以吃、穿、住为消费重心,开始逐渐转向用、行、文,是通过农村市场拉动经济增长的有利时机。据专家们分析预测,农民收入已经超过城市居民家电普及时的收入水平,开发农村市场潜力巨大,农村有2亿多个家庭,只要家电普及率提高一个百分点,就会增加200万台的需求。问题在于,许多家电产品的设计与配套服务忽略农村需要,不适合农村消费,农民购买力亟待提高。正因农村市场没有打开,才在相当程度上制约了我国工业生产的发展,才在相当程度上使工业品特别是日用工业品过剩。

第四,深刻认识增加农业投入、农民收入的关键性。当前和今后一个时期,农业农村农民问题的核心内容是采取措施,确保农业投入、农民收入以较大幅度增长。增加农业投入、农民收入,最重要的是解决社会资源配置结构问题,克服各项建设中的城市化倾向,切实增加国家和社会对农业和农村经济的投入。国家和社会投入不足,特别是前些年出现的下降势头,是我国农业和农村经济从总体上还比较薄弱的重要原因。如国家投入占农业总投入的比重,1978年是10.69%,1984年降至6.21%,1993年降到2.2%,1994年降到1.9%,直到1995年和1996年才略有增加。去年,国家已下决心加大对农业和农村经济投入力度,实施了农村电网改造和建设、农田水利和生态环境建设、铁路公路电信建设、500亿斤仓容的国家储备粮库建设等重大工程。这是带动全社会向农业增加投入的重大举措,是彻底改善农民生存环境、农业生产条件、农村生活质量的希望所在。从农民收入看,要着力解决三方面问题:一是与市民收入差距进一步拉大的问题。1990年农村居民人均纯收入686.3元,到1996年达1 926.1元,增长2.81倍;同期城镇居民人均收入从1990年的1 387.3元增长到1996年的4 337.0元,增长3.16倍。二是农民收入增幅进一步缩小的问题。1997年农民人均收入增长4.6%,纯增长额174元,分别比1996年增幅减少了近5个百分点和175元,1998年农村居民人均现金收入增长与1997年相比又略有下降,为4.3%。三是农民负担进一步增加的问题。现在,减轻负担已是农民收入提高的重要途径,一个时期以来，一些地区农民负担过重的问题，已成为影响农村经济发展、农民收入增加、党同农民关系、农村社会稳定的一大因素。各地各部门要切实加强对减轻农民负担工作的领导，严格控制和执行现有的提留统筹费标准，坚决把向农民的乱收费、乱集资、乱罚款和乱摊派全部停下来。

我们相信，只要全党全社会尤其是各级领导干部充分认识农业农村农民问题的优先地位和决定性作用，全面落实中央一贯强调的农业和农村工作的各项方针政策，就一定能够继续调动、发挥和保护亿万农民的积极性、创造性，就一定能够保证实现农业增长、农民增收、农村经济发展和社会稳定的目标，夺取我国改革开放和社会主义现代化建设的新胜利。

(1999年第5期)

政治文明的主题：人类对合理的公共秩序的追求 *

周光辉

什么是政治文明的主题？这是一个值得讨论的问题。本文拟从政治哲学的层面，采用规范的分析方法，对什么是政治文明的主题做初步的探讨。

一、秩序：政治的基本价值

由于生存规律的制约，人类只能以群居的方式生活，但人类的群居方式却是如马克思所说的，"建立在人们的现实差别基础上的人与人的统一。"① "人的个体之间不但有个性差异，还具有各自互不相同的个体生活。"② 一方面，"有生命的个人的存在"是社会存在和发展的基本前提；另一方面，个人又是"处于相互关系中的个人"，只有生活在一定的人与人的关系中，个人的需要才能满足、个人的价值才能实现。这种由人际交往过程所形成的生活就构

---

* 笔者在写作过程中，曾参考了郑维东的博士论文《政治秩序的构建——儒家政治文化与政治稳定》与沈亚平的著作：《社会秩序及其转型研究》，河北大学出版社，2002年版。在这里向作者致谢。

① 《马克思恩格斯全集》第2卷，人民出版社，1972年版，第450页。

② 高清海等：《社会发展哲学——中国现代化的理性思考》，高等教育出版社，1999年版，第361页。

成了人类群体的共同的生活,即公共生活①。人是一种个体性与公共性的矛盾统一体,这种矛盾性决定了,人所面临的问题不仅是个人的,也是公共的。既有个人如何生存的问题,还有公共生活如何维系的问题。人类公共生活最大的困难在于:人的偏好是不同的,甚至是冲突的,具有不同愿望和动机的人们对利益的追求会使冲突普遍化,进而威胁公共生活的存在。因此,如何维系人类公共生活的存在和发展就自然成为具有个性差异的人类所面临的基本问题。

对于人类社会公共生活所具有的这种内在性矛盾和紧张,引发了一些思想家和学者从不同角度的思考。墨菲从社会人类学的角度提出了这样的疑问:"社会怎么可能呢?人们迥然不同的愿望、目标和动机怎么会与公共安全及秩序的需要相一致,又怎样能符合使得生活正常运转这种要求呢?"②弗洛伊德从心理学的角度谈到了同样的问题:"摆在我们面前的问题是如何摆脱文明的最大障碍——即人类互相间进攻的气质上的倾向;……人类的决定性问题在于,他们的文化发展能否在多大程度上控制住他们的进攻性和自我破坏本能对他们的集体生活的干扰。"③马克思不是从人的本性出发,而是从人的现实的利益关系出发来揭示这一问题的。在马克思看来,人类社会中人与人之间、阶级(集团)与阶级之间的矛盾是由利益的分歧和矛盾引起的。"正是由于私人利益和公共利益之间的这种矛盾,公共利益才以国家的姿态而采取一种和实际利益(不论是单个的还是共同的)脱离的独立形式,也就是说采取一种虚幻的共同体的形式。"④奥尔森从人的理性出发,揭示了个人理

---

① 公共生活在这里是与"社会"这一概念是同义的,马克思认为"社会是人们交互作用的产物",《马克思恩格斯选集》第4卷,人民出版社,1972年版,第320页。

② [美]罗伯特·F·墨菲著:《文化与社会人类学引论》,王卓君等译,商务印书馆,1991年版,第175页。

③ 西格蒙德·弗洛伊德著:《文明及其缺憾》,付雅芳等译,安徽文艺出版社,1987年版,第94—98页。

④ 《马克思恩格斯选集》第1卷,人民出版社,1972年版,第38页。

性与集体非理性之间的矛盾,在他看来:"除非存在强制或其他某些特殊手段以使个人按照他们的共同利益行事,有理性的、寻求自我利益的个人不会采取行动以实现他们共同的或集团的利益。"①

不论上述观点的分析角度有何不同,但都表达了一个共同的思想,即为了防止社会公共生活由于内部矛盾和冲突的不断激化而导致整个社会的毁灭,任何社会共同体都需要建立一种它们赖以存在的内部秩序,这种秩序有利于维系社会合作、规范社会关系、调节社会纠纷。从社会公共秩序的构成因素来看,社会共同体是由社会结构、社会关系、社会价值和社会控制这四个基本要素构成的,当这几方面要素处于互相适应、彼此协调的关系时,社会公共生活就处于一种秩序状态。对任何一个社会共同体而言,秩序都是最为基本的价值,正是有了秩序,人类的公共生活才成为可能。可以说,公共生活的有序状态是人类社会共同体存在、持续的前提和基础。在一定意义上,秩序也是其他社会价值具有意义的前提和基础。"消除社会混乱是社会生活的必要条件。即使是在尚未形成部落组织的原始人群当中,人们也认识到了暴力冲突必须加以控制。冲突本身并不会被彻底根除。冲突实际上会产生许多能使人类生活更具实际意义的东西。没有冲突,社会就会呆滞,就会灭亡。关键在于社会必须对冲突进行适当的调节,使冲突不以将会毁掉整个社会的暴力方式而进行。必须先有社会秩序,才谈得上社会公平。……如果某个公民不论在家中还是在家庭以外,都无法相信自己是安全的、可以不受他人的攻击和伤害,那么,对他侈谈什么公平、自由,都是毫无意义的。"② 如果我们是出于理性,而不是出于情感;如果我们尊重实际,而不是沉湎于想象。我们就应承认,对于社会公共生活而言,秩序与其他社会价值相比具有优先性。"首要的问

---

① [美] 曼瑟尔·奥尔森:《集体行动的逻辑》,陈郁等译,上海三联书店、上海人民出版社,1995年版,导论第2页。

② [美] 彼得·斯坦、约翰·香德著:《西方社会的法律价值》,王献平译,中国人民公安大学出版社,1990年版,第38—40页。

题不是自由,而是建立一个合法的公共秩序。"① 因为,自由的存在是以秩序为条件的,只有在秩序的基础上,自由才对人的生活具有积极意义,否则,一个人的自由就意味他人的不自由,甚至是威胁。而秩序的存在却是无条件的。在这个意义上讲,人们可以忍受无自由的秩序,但却无法忍受无秩序的自由。但问题在于,公共生活的秩序不是自动形成的,任何公共生活赖以存在的内部秩序,都需要某种形式的社会控制来保障和维护的,也就是要依靠一定的、包含有制裁要素在内的习惯或规范对其中的个体加以约束,制止其反社会行为,即与公共生活秩序的基本原则相背离的行为。没有制裁就没有规范,因为"徒法不能自行"。人类所以创造出政治这种社会治理形式,实际上就是通过建立公共权力或公共权威这种政治形式,来保证公共生活规则的效力,从而满足整合人类公共生活内部秩序的需要。恩格斯也正是在这个意义上来理解国家的作用的,"这种力量应当缓和冲突,把冲突保持在'秩序'的范围以内。"② 国家的产生作为人类社会由野蛮状态进入文明状态的一个重要标志,其意义在于,社会设立了一个专门的机构来管理和运用强制力量,任何个人不得以任何理由对其他受到法律保护的个人实施暴力伤害,除非在特定的情境下,为了自身的安全所采取的正当防卫措施。这样私人之间的暴力侵害行为就不再具有正当性和合法性。公共权力(国家权力)作为社会的正式代表,自然享有了行使一种社会公认的人身强制的特许权。公共权力对强制力的垄断的重要意义不仅在于减少暴力事件的频繁发生,在全社会范围内抑制成员之间的两败俱伤的相互伤害起到了有效的作用,更重要的是,使得在一定的社会范围内建立统一的行使强制力的程序和标准,从而形成普遍适用的法律秩序成为可能,因为普遍有效的法律秩序,是以统

---

① 亨廷顿:《变化社会中的政治秩序》,王冠华等译,三联书店,1989年版,第7页。

② 《马克思恩格斯选集》第4卷,人民出版社,1972年版,第166页。

一的、有组织的行使强制力的机构的建立为基础的。① 尽管学术界对什么是政治有不同的解释,但都倾向于认为政治至少有两层含义,一是政治关联公共事务,而非私人事务,"人们的政治关系同人们在其中相处的一切关系一样自然也是社会的、公共的关系。"②;二是政治关联公共权力。正如孙中山先生所说的:"政就是众人的事,治就是管理,管理众人的事,便是政治。"③ 从功能的角度分析,政治这样一种社会治理方式是为了维系人类的公共生活(群体生活)的需要而产生的。从价值的角度说,政治的首要价值目标就是在人类的公共生活中建立有效的秩序,从而使人类的文明得以维系和传承。"人类(包括哲学家,他们宁可选择不回到洞穴去)并不是自足的,只有在一个幸福、非常稳固的城邦里,他才能可靠地实现个人的幸福。正义与幸福无论要在个体上还是在城邦里实现,既得在心理上又得在政治上通过理性对欲望的统治来达到。"④ 这不是说每个人都要从事政治,而是说政治与每个人息息相关。人们可以对政治的价值和功用给予不同的评价,但是当下的人类公共生活离不开政治却是人所共识的不争事实。

二、政治文明与合理的公共秩序

政治的基本价值目标是为了在人类的公共生活中建立有效的秩序,但这不意味着所有参与公共生活的成员对这一目标有自觉的认同,更不是说所有的人类政治活动都自动地与这一目标相一致。事实上,在任何人类共同体中都存在着破坏公共秩序的人,也存在着

---

① 见周光辉:《论公共权力的强制力》,《吉林大学社会科学学报》1995年第5期。

② 《马克思恩格斯选集》第1卷,人民出版社,1972年版,第173页。

③ 《孙中山选集》(下册)第661页,转引自施雪华主编:《政治科学原理》,中山大学出版社,2001年版,第12页。

④ [英]约翰·邓恩:《民主的历程》,林猛等译,吉林人民出版社,1999年12月第1版,第38页。

大量有悖于公共秩序的政治活动，如阴谋、颠覆、恐怖、腐败等活动。这就产生了什么是文明的政治？以及政治的文明化等问题。进一步说，任何社会共同体的公共生活都需要秩序这是共同的，但并不存在着一个统一的、固定的公共秩序模式。因为，公共生活的秩序是生活在其中的人们经过长期的磨合过程形成的，所以，任何公共秩序模式都是具体的、历史的，都有地方性、多样性的特点。而且，公共秩序的模式，也会随着其存在条件的改变，以及人们的思想观念和行为方式的变化而改变，这意味着公共秩序也存在着一个合理不合理的问题。

虽然，政治的基本目的是建立秩序，但并不是人们为建立秩序的所有努力都是符合文明要求的。一般而论，文明包括两方面内容，一是指人类以实践的方式，有目的有意识地改造世界的过程中所形成的成果；二是指人类行为的合理性。凡是具有合理性的行为就是文明的行为，而不具有合理性的行为就是不文明的行为。文明的这两层涵义是一个问题的两个方面。文明的实质，说到底是人对自己理想本质的追求。人正是在创造文明世界的过程中，成就着人本身，使人从一个自然的人、野蛮的人成为一个社会的人、文明的人。政治的方式是适应人类公共生活的需要而产生的。任何形式的政治关系都是从一个侧面表征的一定的人与人之间的关系。在这个意义上讲，政治的本质是如何对待人。政治的文明与进步主要不在于人的生存条件的改变，而在于人与人之间相互对待方式的改变。文明所要求的秩序，不是那种按照动物世界的弱肉强食的丛林法则形成的秩序，而是以人的方式来对待人所构建的秩序。马克思正是在这个意义上说："任何一种解放都是把人的世界和人的关系还给人自己。"[①] 所谓政治文明，正是指由合理的政治意识、政治行为、政治关系、政治结构和政治过程所构成的政治生活。政治文明的性质规定了政治文明建设的主题和方向就是建立一种合理的公共秩

---

① 《马克思恩格斯全集》第1卷，人民出版社，1956年版，第443页。

序。政治的文明化过程，正是人类一直在努力逐渐脱离野蛮、抛弃动物世界中那个弱肉强食的丛林法则的过程，而这一目标正是通过建立合理的公共秩序来实现的。所以说，政治的文明化与公共秩序的合理化是一个内在的统一过程。人们对文明的政治的渴望，也正是对合理的公共秩序的期待，人们对政治文明的理想寻求，也就是对合理的公共秩序的追求。

从政治文明的角度看，秩序不仅是社会存在的基础，也"是构成人类理想的要素，同时也是人类社会活动的基本目标"。① 这一点可以从人类政治思想的发展过程中得到充分的证明。

自从人类形成了政治生活后，政治自身的特性与复杂性很早就成为思考和知识的对象。这也是为什么在人类最古老的文化典籍中就存在大量的政治学作品的原因所在。无论是西方古希腊时期的政治思想，还是中国先秦诸子百家的政治学说都是适应这样的需要产生的。尽管处于不同的生活环境和不同时代的思想家所面临的政治难题不一样，认识能力和认识水平也存在差异，但他们都在追寻着一个共同的理想：这就是合理的公共秩序。正如政治学者沃林（S. Wolin）所说的："没有一位政治理论家曾主张一种无秩序的社会，也未曾有哪位政治理论家提议以不断的革命作为一种生活方式。"② 从柏拉图的"理想国"到孔子的"礼治社会"；从孟子的"仁政"到亚里士多德的"理想城邦"；从奥古斯丁的"上帝之城"到莫尔的"乌托邦"；从霍布斯的"利维坦"到卢梭的"人民主权"；从康有为的"大同"世界到孙中山的"三民主义"等，所有这些文明成果都是人类智慧的表征，都表达了人类对生存理想的向往，也都集中地反映出对合理的公共秩序的追求构成了人类政治主张、政治思想、政治学说的核心内容。需要进一步讨论的是，

---

① 张文显主编：《法理学》，高等教育出版社，1999年版，第224页。
② 转引自张福建：《多元主义与合理的政治秩序：罗尔斯〈政治自由主义〉评释》，[台]《政治科学论丛》第八期，1997年6月，第112页。

虽然，在人类政治思想史上所形成的文明成果都或明或暗地把对合理的公共秩序的探求作为中心的议题，但是，他们对什么是合理的公共秩序的理解却是大相径庭的，正是由于理解上的差异，甚至是对立，导致了他们构建公共秩序的逻辑和主张也有根本的区别。那么，什么是合理的公共秩序呢？

政治学意义上的合理性与哲学意义上的合理性，既有关联，也有区别。哲学意义上的合理性，是从主客体关系的角度，对人类实践活动的抽象概括，意指"合目的性与合规律性的统一"。政治学意义上的合理性，则是把哲学意义上对合理性的抽象概括运用到具体的社会实践当中，使其成为可操作性的评价标准。由于，社会公共生活是由无数具有"偏好"的个人参与其中的，因此，一个有效秩序的真正形成，只能从人们的社会生活中通过反复博弈而产生的合作中发生。政治学正是在这个意义上，把合理性理解为社会大多数成员的认同性和可接受性。所谓合理的公共秩序，从政治学的角度看，是指公共秩序与社会大多数成员的主观评价具有某种程度的一致性，即不是单纯依靠强制力来维系，而是与社会占主导地位的价值观念、文化公理相一致，并以社会大多数成员自愿合作和普遍承认为基础所形成的秩序。这意味着被某个人或少数人所主张的公共秩序并不必然会被大多数人所认同和接受。而建立在少数人认同的秩序也不可能有效地维系和持久。任何一种公共秩序的稳定和延续都离不开社会中大多数成员的赞同和支持，而只有得到大多数成员认同的秩序才具有合理性。在这个意义上讲，合理的公共秩序也就是具有正当性和合法性的秩序。这并不是否认强制力量的作用和意义，① 而是说，强制力量的效用是有限的，要获得社会成员的自愿赞同和普遍承认，绝不是凭借强制力量所能达到的。换句话说，

---

① 其实，"若没有一些武力的成分，文明社会的存在是不可能的，因为总会有犯罪分子和企图颠覆社会的人存在，这些人若不加以制止，很快就会使无政府状态和野蛮状态死灰复燃。"[英]罗素著：《权力论》，靳建国译，东方出版社，1988年版，第218页。

强制力不是公共秩序获得合法性和正当性的力量。如同一位学者所强调的"人们的自愿合作就是必要的,而这一点是不能通过强力去获得的。强力最多是一个达到目的的手段。建立一个新的社会秩序的目的,只有在社会大多数成员都自由地把它当作他们自己的目的时,才有可能完全实现。"① 问题在于,如何使某种公共秩序得到大多数社会成员的认同呢?人作为一种理性存在,总是从人的需要的满足出发,对自身的存在和周围的世界进行理解和评价。公共秩序的合理化过程正是人所特有的这种认识和评价事物的方式在公共生活领域的具体体现。它是通过将人类理性导入公共秩序,即通过对公共秩序的合理性论证和说明,使某种公共秩序成为有理由、有根据和有价值的存在呈现在人们的共同意识之中,从而使被合理化的公共秩序具有了一定的可接受性。有理由才可能被理解,有根据才可能被视为正当,有价值才可能被接受。使公共秩序成为可理解的、具有正当性的"事实",这是公共秩序合理化的本质特点。当然,为公共秩序提供合理性证明的某种思想、学说成为社会共识,并不是突然形成的,而是在人际和群际的长期社会互动中,社会化的过程中,逐渐变成一种文化公理并被社会大多数成员接受的。在人类政治文明发展史上,宗教、伦理道德和意识形态都曾经起到过为某种公共秩序提供合理性证明的作用。

正如政治文明是一个相对的标准,是一个动态的发展过程一样,人们对什么是合理的公共秩序的认识和评价也具有历史性。从历史的层次上讨论什么是合理的公共秩序问题,我们会发现,关于合理的公共秩序的观念及其标准受一定的经济基础和社会上层建筑的影响和制约,它们既是人类认识水平和社会发展水平的反映,也随着人类认识水平和社会发展水平的改变而改变。人类的实践本性决定了,人是不会满足于现状的,人总是有一种超越现实的理想和

---

① [美]格尔哈斯·伦斯基著:《权力与特权:社会分层的理论》,关信平 等译,浙江人民出版社,1988年版,第67页。

追求。人们对当下的公共秩序是否合理的反省,人们对什么是合理的公共秩序的追问,人们对理想的公共秩序的描绘,这本身就表现了人类对现实的超越性追求。但是,人们对合理的公共秩序的追求,并不是无条件的,马克思曾经说过:"人们自己创造自己的历史,但是这种创造活动并不是随心所欲的,并不是在人们选定的条件下进行的,而是在直接碰到的、既定的、从过去继承下来的条件下进行的。"[①] 这就是说,人们对现实的超越,对合理的公共秩序的追求,只能在继承传统的基础上进行,只能在历史的延续中实现对现实的超越。合理的公共秩序的观念的历史性表明,评价什么是合理的公共秩序的标准具有一定的相对性。不存在一个永恒不变的、普世的关于合理的公共秩序的标准。只有历史地看待公共秩序的合理性问题,才能真正地理解,处于不同历史发展阶段的人们,对于如何正确地解释什么是合理的公共秩序的看法的差距如此之大,以至于过去被认为是合理的,现在却被看作是不合理的;也才能真正地理解,为什么公共秩序类型会发生历史性的变化,以及某种公共秩序类型为什么会延续那样长久的原因。

(2003年第4期)

---

① 《马克思恩格斯选集》第1卷,人民出版社,1972年版,第603页。

迈向人民的人类学

费孝通

在这样一个时刻、千里迢迢、远涉重洋来到这北美胜地丹佛，接受应用人类学会给我今年的马林诺斯基纪念奖，我的心情已经远远超过了寻常的欣慰和感激。这一时刻把我带回到了42年前我和我的这位在我一生的学术事业上打上了深刻烙印的老师分手时的情景。他再三叮嘱我，一定要把对中国社会文化的研究继续下去。他对我们中国人民和中国文化怀着深厚的同情和爱慕，具体地表现在他对我们这些中国学生的那种诲人不倦，关怀体贴的教育上。他期望他所创导的社会人类学的研究方法也能在中国的社会科学的园地里作出可能的贡献。可是时至今日，就我来说，岁月飞逝，成绩安在！在这一时刻，要我来接受以纪念他的名义授予我的荣誉，除了深深地感到惭愧之外，我还能说什么呢？更使我不安的是在这位老师的巨星陨落之后不久，世事的变化使我和海外同行长期阻隔；今天又能欢聚一堂实属喜出望外，但试问我能带些什么来奉赠给久别重逢的老友呢？如果朋友们容许我冒昧地利用这个讲台来叙一叙我个人这多年来从事社会人类学或社会学这门学科的经历和体会，我将感激你们的宽容。这种私人间的恳谈其目的无非是在疏浚那一度被堵塞的思想渠道，为今后的切磋砥砺扫除一些障碍。但愿别久增情谊，枝异见新妍。

回想起来，我师事马林诺斯基教授①为时不久，只有两年，从1936年到1938年。我就教于他的门下并非出于偶然，实有我内在的原因。这些原因中首先可以提到的是我学习社会人类学的动机。我在《乡土中国》(1944) 一书的导言中有过一段自白。当时作为一个30年代的中国青年，处于民族和国家存亡绝续的关头，很容易意识到个人与社会集体的密切关系，而觉悟到不解决民族和国家的前途问题，也就谈不到个人的出路，要在这个史无前例的大变动的时代里心安理得地做一个自认为是有意义的人，当时像我一样的那些青年人，开始认识到必须对我们所生存在其中的中国社会有清楚的理解，因而要求摸索出一条科学地研究中国社会的道路。

今天我一上来就提到我这一生学术活动的出发点可能是恰当的。因为今天聚集在这里的、来自世界各地的朋友们，都是矢志于应用人类学这一项学术事业的。我早年所追求的不就是用社会科学知识来改造人类社会这个目的么？科学必须为人类服务，人类为了生存和繁荣才需要科学。毋需隐瞒或掩盖我们这个实用的立场，问题只是在为谁实用？用来作什么？我们认为：为了人民的利益，为了人类中绝大多数人乃至全人类的共同安全和繁荣，为了满足他们不断增长的物质和精神生活的需要，科学才会在人类的历史上发挥它应有的作用。

抱着这个目的，这些要学到一些能改造社会为人民服务的知识的青年人不能满足于当时学校里、课堂上所传授的有关中国社会的书本知识。他们中间有一些人跑出了书斋，甚至抛开了书本，走入农村、城镇等社区去观察和体验现实的社会生活。

社会生活本身归根到底是一切社会知识的来源，这一认识开动了当时的一些青年人的脑筋，开展了当时被称作"社区调查"的

---

① 关于马林诺斯基的评价，国内外历来都有不同的意见，有的认为他是一个为帝国主义、殖民主义服务的人类学者，有的认为从他整个一生的学术生涯来看，还是一位有贡献的学者。

这项通过实地观察和体验社会生活来了解中国社会的学术活动。

这种研究中国社会的方法对当时的青年人是有吸引力的。我就是提倡和实行这个研究方法的积极参予者。但是通过实地观察体验得到的许多资料怎样去整理、分析、解释以达到认识中国社会的目的呢？为了解决这些问题，我找到了马林诺斯基教授的门上。在这位老师的指导下，我把去英国前在我家乡一个农村里所记下的调查资料，整理和编写成《中国农民生活》（1939）这本书。这本书是实践上面这段话的一个试验。

我这位老师的到活生生的人们社会生活里去研究人类社会的主张很早就闻名于世，这正是我不远千里求教于他的吸引力。早在1926年，他在纪念他的老师夫累塞的著名的文章《初民心理中的神话》里已经写下这样号召："我将邀请读者们走出关闭着的理论家的书斋进入人类学开阔的园地里的新鲜空气。"这种人类学开阔的园地里的新鲜空气就来自他自己多年和当地居民生活在一起的大洋洲的一群名叫特罗布里恩德的小岛，一个和我们自己的社会一样充满着悲欢离合、动人心魄的戏剧般的人生的舞台。我并没有问过他，什么动机驱使他背叛了他前辈那种闭门瞑索的经院派传统，去开创出一个当时不免令人侧目的非正统的学派。对于像我这样从改造社会出发而追求科学的社会知识的人来说。他的主张似乎是不成问题的自明之理。也正是因为这样，长期以来使我对这位老师在人类认识自己的社会生活的自觉上所做出划时代的贡献没有能予以充分的估计。最近，重读他早年的一些著作，才体会到他同当时统治着人类学领域的传统观点决裂是一个多么值得我们后辈敬佩和学习的榜样！这一个决裂，我觉得今天在这里提出来，也是十分有意义的，因为我认为这一突破在根本上为应用人类学破了土、奠了基，使他能够在1938年果断地宣告"人类学一定要成为一门应用的科学。"

他号召人类学者到过去一直被认为是非我族类的野蛮人的原始社会里去参预他们的生活，进行观察和体验。这不只是人类学研究方法上的创新，更重要的是为历来被侮辱为还不够人的标准的那些"野蛮"、"未开化"的化外之民恢复了人的尊严和地位。在他这枝文质并茂的笔下，又生动又令人信服地使读者理解到了人类的集体生活尽管形式上多种多样，但是根本上存在着一致的共性。当前地球上各地的居民，尽管由于地理与历史条件的差别，经济文化发展的程度有所不同，所采取的生活方式有所殊异，但是他们都是人，都具有人所共有的发明创造的才能，都具有发展进步的资质。他们都是通情达理、有思想、有感情的人。把人和人、民族和民族之间划下具有质的差异的不可逾越的鸿沟是完全出于一些人的偏见、臆度或别有用心，和客观事实绝不相符，所以是不科学的。不幸的是，过去的人类学的传统中却充满了这一类不科学的偏见，而这些偏见一般又为道貌岸然的学者衣冠所掩饰。与这些不科学的传统相决裂，需要勇气和才能。我感到幸运的是我所师事的这位老师不仅具备了这些条件，而且及身看到，由于他不断的努力，这门曾经为那些屠杀、欺侮、剥削、压迫各殖民地人民的暴主们提供理论根据的人类学开始转变成为一门为建立一个民族平等的世界，为各族人民发展进步而服务的学科。在今天这个应用人类学者的集会上，回溯一下这个学科的历史转折点，也许并不是多余的，尽管新的一代人类学者或者会认为人类社会文化的基本一致性已是自明之理，世界上各民族的共同繁荣是必然要实现的前景。如果真是这样，那么我在这里只需要向他们提醒一下，这种基本认识的确立是得来匪易的。我们不仅要珍惜这些信念，而且要对前人留给我们的遗业作出充分的估价，这正是为了我们自己应当承担起当前历史给我们的任务。也许我们还需要有比前人更大的勇气和才能，才能真正地实现一个能使科学知识完全为人民服务的世界。

我们必须看到，科学本身是一定社会文化的构成部分，它既对社会文化的其他部分发生着推动和限制的作用，而其本身也受到其他部分的推动和限制。研究人的科学，包括人文科学和社会科学和当时当地的政治、经济等等方面结合得更为密切。所以我们对一位学者的评价决不能忽视他所处的时代和他所在的社会在这时代里所处的地位。我们既要从他的具体处境里去理解他在推进时代前进中所起的作用，而同时又要看到他所受到时代所给他的局限性。

我这位老师所处的时代和我们当前所处的时代有相同的地方也有不同的地方。他是第一次世界大战之后崭露头角的人物，而现在离开第二次世界大战的结束已有30多年了，其间已超过半个世纪。当今虽然我们还依然生活在新的世界大战的阴影之下，世界上还存在着各种称霸的强权，大多数民族的人民还在受贫穷和饥饿的折磨，但是第一次世界大战后还作为胜利品来瓜分的殖民地现在在世界地图上并不能再公然出现了。这个变化对我们这门学科不能不说是相当重要的。因此回想起我那位老师当时进行人类学研究的情况，我们也就不应当忘记那时的殖民地制度所给这门学科的烙印。

当时的人类学者总是把自己的研究领域限制在殖民地的被统治的民族。现在看来这未免是人类学者的自我嘲弄——把自命是研究人的科学贬低为研究"野蛮人"的科学——在当时，还不过是一代人之前，却是金科玉律。这种传统曾使得我们这位号召走出书斋去研究人的青年也只能走到那些受着异族统治的殖民地上去。更不幸的是在殖民地上被统治的居民的眼中，前来跟他们生活在一起寻根问底地到处观察的外来者和统治他们的人是属同一族类。殖民地制度中统治者和被统治者的关系，白种人和当地居民的关系，给了当时人类学实地调查者难于克服的科学观察上的局限性，那就是调查者与被调查者，或是观察者与被观察者之间不太可能有推心置腹的相互信任，这就限制了调查到的或观察到的社会事实的真实性和深入性。

尽管很多亲身体验这种局限性的人类学者能以无可奈何的心情来摆脱由此而产生的苦恼，但是这种客观上存在的调查者的环境总是会曲折地反映在调查者内心的感受上。就是以我们这位以善于处理和当地土著居民关系著名的老师来说，在他的著作的字里行间还是不难找到当地居民对他的调查活动的反感。我固然没有向这位老师触及过调查者在调查过程中内心活动的问题，但是当我听到这位老师一再对我说，要珍惜以中国人来研究中国社会这种优越的条件，他甚至采用了"引人嫉妒"这个字眼来表达他的心情时，我有一种直觉的感受——也许我的过敏——他在科学工作中所遭受到的，在他所处的时代和他所处的地位所难于克服的，存在于调查者与被调查者之间的那一条鸿沟一直是他内心的苦恼的来源。

去猜测我敬爱的老师的内心活动应当说是不适当和鲁莽的。不同时代的人有不同的苦恼，这是我们共同的体会。我常常喜欢置身于前辈的处境来设想他们所苦恼的隐情。试问：尽管当时有些人类学者已经摆脱了那种高人一等的民族优越的偏见，满怀着对土著民族的同情和善意，他所做的这些民族调查对这些被调查的民族究竟有什么意义呢？究竟这些调查对当地居民会带来什么后果呢？那些把被调查者当作实验室里被观察的对象的人固然可以把这些问题作为自寻烦恼而有意识地抛在脑后，但对一个重视人的尊严的学者来说，必然清楚这些问题所引起的烦恼并非出于自寻而是来自客观存在的当时当地的社会制度。我有时在读完了我这位老师的著作后，突然会发生这些问题：这些可爱的特罗布里恩德岛民现在怎么样了呢？他们自己有没有读到过这些关于他们社会生活的分析呢？他们读了之后对他们的生活会发生什么想法呢？他们对自己的社会会采取什么行动呢？……我这些遐想带给我的是一种怅惘和失望，因为人类学者所关心的似乎只是我这位老师所写下的关于这些人的文章，而不是这些人的本身。这些活生生的人似乎早已被人类学者所遗忘了，记着的，甚至滔滔不绝地谈论着的是不是可以说只是他们留在我这位老师笔下的影子罢了？我有时也不免有一点为我的前辈抱屈。他们辛辛苦苦从当地居民得来的知识却总是难于还到当地居民中去为改善他们的生活服务。我有时也这样想，这种在我看来令人惋惜的情况现在是不是已经改变了呢？在人类学中那种把调查对象视作自然资源一样任意挖掘来为自己谋利的行为确已被现代的人类学者予以正义的抨击，但是产生这种行为的根源，时代的局限，是否已经消除，那却还是个我们正视的问题。

我在上面所说的这些话，固然是由于想起了我这位老师而引起的，其实也是反映了自从和他分别以后我自己从事这门学科中所遭遇到的种种矛盾。我尽管怀着改善农民生活的宿愿开始我调查农村的工作，而且正如我老师所羡慕的那样我是在本国进行这种调查，但是我在一段时间里还是受到了当时社会条件的局限。

以我最早的江村调查来说，我是这个县里长大的人，说着当地口音，我的姐姐又多年在村子里教农民育蚕制丝，我和当地居民的关系应当说是不该有什么隔阂的了。但是实际上却并不是这样简单。当时中国社会里存在着利益矛盾的阶级，而那一段时期也正是阶级矛盾日益尖锐的时刻。我自己是这个社会结构里的一个成员，在我自己的观点上以及在和当地居民的社会关系上，也就产生事实上的局限性。这种局限性表现在我对于所要观察的事实和我所接触的人物的优先选择上。尽管事先曾注意要避免主观的偏执，事后检查这种局限性还是存在的。从我亲身的体验中使我不能不猜测到，在殖民地上进行调查工作的白种人所遇到的局限性可能比我在家乡农民中所遇到的还要严重得多。

如果我的话说到这里就结束了，我想我在朋友面前只重复了大家多少已经体验到的矛盾，一种沉重而无可奈何的心情不应当是我和久别的朋友重叙时的气氛。我敢于回忆我前面所讲的那个时代的人类学者遭受的苦恼，那是因为我在和各位分离的期间，还体验到另一种情况，其中有一些经验，我认为可能对解除我上述这些苦恼有所帮助。

接着我要讲的是我在1949年我们中国人民得到解放以后我在学术工作方面的一些经历和体会。人民中国的建立对我们中国人民是一个历史性的巨大变化。这个变化必然影响到我们中国的每一个人和每一件事。我这个人和社会人类学这门学科也发生了很大的变动。当然，过去的30年本身是一个不断变动的时期，我个人的遭遇和这门学科的遭遇都发生过很大的曲折和波动，我今天不是来叙述这一段历史，而是想讲一些我在这段经历中所身受的而认为对上面提到的问题有关的体会。这些体会涉及到三个方面：一是我们怎样决定我们调查研究的问题？二是我们这些调查者与被调查者的关系是怎样的？三是调查者对自己调查的后果采取什么态度？

在解放以前，如上所述，推动我去调查研究的是我们国家民族的救亡问题，敌人已经踏上了我们的土地，我们怎么办？我们在寻求国家民族的出路。这也就决定了我们调查研究的题目。人民革命的胜利使我们彻底改变了过去殖民地半殖民地的地位，彻底改变了过去严重地受着外国帝国主义和国内封建阶级的控制的状态。摆在中国人民面前的是一个怎样迅速建成一个社会主义现代化国家的问题。要解决这个问题，需要科学知识。这就给解放以后的中国社会科学指引出了总的方向。

以我个人的经历来说，解放后我就投入有关我国少数民族的研究工作。我们的中国是一个统一的多民族的国家，曾经存在过民族压迫，解放后，各族人民一致要求改变这种不合理的状态，实现民族平等。我们的各级人民代表大会里要有各民族的代表参加，我们的少数民族聚居区要建立民族区域自治。各民族可以使用各自的语言文字，对于各个民族的风俗习惯和宗教信仰也受到合理的尊重……这些是实现民族平等的根本措施。要落实这些措施，许多具体的民族情况必须要搞清楚。比如，中国究竟有哪些民族？各有多少人？分布在什么地方——这些基本情况，由于长期的民族压迫，在解放初期我们是不清楚的。通过调查搞清楚这些情况的任务就落到了民族研究者的头上。过去学过社会人类学的人参加到这项工作中去是理所当然的。我在进行这项调查工作时的心情确是和过去不同了。因为这项工作的目的性很明确，我明白这项工作的意义，只要我努力工作就有可能实现我一心愿意它实现的事情，所以我的主观愿望和客观要求是一致的。在这种情况之下工作，我必须说，对个人是一种难得的幸福。

我所参与的研究工作是跟少数民族地区人民的要求和政府在民

族方面的工作的开展相适应的。各少数民族为了要改变他们历史上遗留下来的落后面貌，发展他们的经济和文化，要求进行必要的社会改革，而这些改革却必须从他们本民族当时的发展阶段出发，由他们本民族人民自愿进行。这里就需要这一种科学研究——如实地分析各民族的社会当时已达到了什么发展阶段，用我们的话来说，就是他们属于哪一种社会形态，是奴隶制还是封建制等等。我们过去在社会人类学里学到的那些有关社会发展的知识在这项研究工作中是很有用处的。当然，我们研究各民族的社会历史目的是在帮助各民族发展起来，而在研究过程中我们需要比较社会学的知识和社会发展一般规律的理论作为我们分析具体社会的工具，这就是说，我们是理论和实践相结合的。我们并不是为了了解而了解，为了提出一些理论而去研究，我们是为了实际的目的，为少数民族进行社会改革提供科学的事实根据和符合少数民族利益的意见。所以说，这可以说是一种应用的人类学。

应当指出，我们这种科学研究工作虽则是为当时国家的政治工作服务，但是既不是从属于政治工作也不代替政治工作。我们的政治是为广大人民服务的政治，它必须要根据社会经济的客观规律和各个民族的具体情况办事，所以需要科学调查作为依据。科学调查的任务就在于它如实地反映客观事物，它不应当以任何个人的意志为依据，它服从于客观事实的要求而不服从于主观的不符合实际的行政意向。它固然是为政治服务的，但它只提供对客观事物的知识。对解决实际问题作出决定的则是政治工作者，科学工作者不应当也不可能代替政治工作者去为解决实际问题作出决定，科学工作者只为政治工作者提供实际情况和意见。

我们这样的调查研究在根本上改变了调查者和被调查者的关系。实现民族平等和帮助少数民族发展起来，不仅是调查者的目的，也是被调查者的要求。因此我们完全可以把调查的目的公开地告诉被调查者，而且被调查者完全可以懂得和乐于接受这项调查工作。我自己常常想到解放前在农村里调查时遇到的苦恼，那就是被调查者并不真的理解我为什么要去进行调查，这种调查对他们有什么好处。他们可以认为我并无恶意而容忍我向他们寻根问底，但是也不免引起一些人的怀疑和讨厌。由于有过这种经历，解放后，我在少数民族里做调查工作时也就特别感觉到温暖和亲切，像是在亲人中向他们学习一样。这里其实并没有什么窍门，只不过是因为被调查者是明白并相信调查者是为他们服务的，是要解决他们自己的问题，实现他们自己的愿望。其实用调查者和被调查者来区别双方已经是不切合了，因为事实上是双方在共同工作，把客观存在的社会现象和问题如实地反映出来，以充实和提高人们对这些社会现象和问题的认识。从这种切身体会中我似乎见到了社会科学的一种新的境界，就是社会科学的调查研究完全可以帮助人类摆脱改造社会的盲目性和被动性，进入科学性和主动性。

当然，在我们实际调查工作中，由于历史上余留下来的民族隔阂，有时也存在着需要耐心克服的困难，但是这些困难在我们的社会里是可以克服的。调查工作中调查者与被调查者水乳相融的关系是可以建立的，也就是说，我预见到的那种境界是可以实现的。

我们这种调查研究也为调查者带来了一个新的问题，那就是对调查后果的责任感。尽管调查者和被调查者新的关系使调查者可以得到更能确切反映客观存在的社会事实的条件，但是人类对自己社会生活的科学认识实在还是处在开始阶段。以人类对自然的知识来和他对社会的知识相比较，其间的差距是十分明显的。因此在这种水平上一个社会科学工作者要为改造社会的实践服务难免发生力不从心的情况。前辈的人类学家一般不关心他自己的调查对被调查者的影响，因而也不发生对被调查者负责的问题。即使有人注意到这个问题也只是从个人的道德观点着眼的。至于谁运用他调查的材料来做什么事，这些事对被调查者产生什么后果，似乎已超出了学术界考虑的范围了。我们固然可以理解在那种理论和实践、学术和政治互相脱离的社会制度中，追究科学工作者对其工作所引起的社会影响和责任是不现实的。但是在我们这种社会制度中，理论和实践相结合，科学要为政治服务的社会里，科学工作者对自己工作的社会后果的估价是必要的。这不仅是个人的道德问题而是人民的利害问题，也是社会研究怎样日臻于科学化的问题。只有不断在实践中检查理论的真实性才能不断推进研究工作的科学化和使研究工作成为促进社会发展的动力。

但是也必须说明，我们并不是已经在中国建立起了有系统的应用社会人类学，因为在向这个方向迈进的途中，出现过一些干扰和阻碍，我们的道路是曲折的。特别是在一段时间里，我们的新中国曾出现了逆流，受到封建法西斯主义的"四人帮"的严重破坏。我们惨痛的经历给了我们许多值得牢记的反面教育。其中一条就是社会调查的目的一旦脱离了广大人民的利益，而用来为那些反动的掌握了一部分权势的人服务时，调查可以蜕化成逼供，用来打击和株连反对他们的人。这种所谓调查实际上常是捏造和虚构，不仅是不科学的，而且是反科学的，结果给国家和民族带来了巨大的灾难。这段历史证明了一个真理，就是科学的、对人民有用的社会调查研究必须符合广大人民的利益，也就是说真正的应用人类学必须是为广大人民利益服务的人类学。这就是我在题目中所说的人民的人类学的涵义。

我是为了纪念我的老师马林诺斯基教授而来到这里和同行们见面的。我们一起在这个时刻回忆了这近半个世纪人类学的发展，不由得我们不对这一位杰出的应用人类学的开路人表示敬爱和感激。他无愧于被推崇为现代人类学的缔造者，在他已经为后辈一致所公认的许多功业里，我个人作为一个曾经体验过半殖民地人民生活的人，特别感激他从科学的实践里确立各民族对自己文化的自尊心和对其他民族文化平等相待的基本准则。对当前世界上各族人民来说，这是相互促进、共同发展的必要前提。

在我和海外的同行们分别的三四十年里，我从正面的和反面的教育里深刻地体会到当前世界上的各族人民确实需要真正反映客观事实的社会科学知识来为他们实现一个和平、平等、繁荣的社会而服务，以人类社会文化为其研究对象的人类学者就有责任满足广大人民的这种迫切要求，建立起这样一门为人民服务的人类学。这门学科的目的——请允许我瞩望着不应当太遥远的将来——应当是使广大人民对自己的社会具有充分的知识，能按照客观存在的社会规律来安排他们的集体生活，去实现他们不断发展的主观愿望。这门学科目前还只是一部分学者的奋斗目标。我愿意和在座的许多志同道合的朋友们一起，竭尽我的余生，向建立这一门人民的人类学而迈步前进。

(1980年第3期)

家庭社会学与现代化

魏章玲

人类家庭是制度化的生物社会团体。简单的家庭包括父母及其子女(或领养子女),这通常称为核心家庭①。各国社会学家一般认为,这种最小的家庭单位普遍存在于人类社会。一个人的一生往往先后隶属两个家庭:一个是出身家庭,这是个人无法选择的;一个是生殖家庭,这是通过婚姻关系缔结的,是可以通过各种社会关系进行选择的。

家庭现象是非常复杂的。许多社会学家认为家庭具有两种特性:生物特性与文化特性。有些社会学家偏重于家庭的生物特性,将家庭解释为具有重要生物功能的社会关系单位,如 R. M. 麦克尔弗(R. M. MaclVer),他强调家庭养儿育女的生物功能。有些社会学家则偏重于家庭的文化特性,认为家庭纯粹是婚姻这一文化制度的产物,如 R. H. 洛伊(R. H. Lowie),他称家庭是立基于婚姻的社会单位。这两者都有片面性,我们应当用马克思主义的观点,从历史、经济、生物、文化、阶级、政治、制度与个人特性诸方面来全面地看待和分析家庭这一复杂的社会现象。

家庭社会学是社会学的一门分科,它用社会学的理论与方法来

---

① 如以亲属关系为标准可将家庭分为三种不同的类型:1. 核心家庭(nuelear family),包括一对夫妇及其未婚子女;2. 复婚家庭(polygamous family),包括两个或更多的核心家庭,有一共同的父亲或母亲;3. 扩大家庭(extended family),包括两个或更多的核心家庭,但这种家庭并不是夫妇关系扩张的结果,而是血统关系延伸的结果。除夫妇及其子女外,还包括已婚子女、祖父母或其他亲属。我国所谓"三代同堂"、"四世同堂"即属扩大家庭。

研究家庭制度的起源、演化和功能，研究各个不同的社会在历史各时期的家庭形式，研究与家庭有关的各种现代问题。

一、家庭社会学的发展

恩格斯在《家庭、私有制和国家的起源》这一经典著作中说："家庭这一词，起初并不是表示现代庸人的那由伤感与家庭不睦所构成的理想；它在罗马人中间，当初完全不是用于夫妻及其子女，只是用于奴隶罢了。Famulus 是指一个家庭奴隶，而 familia 则是属于一个男人的全体奴隶。在洽雅斯（Gajus）时代，家庭还是一种世袭遗产（familia, id est partimonium），是照遗嘱传授的。这一用语是罗马人所发明，用以表示一种新的社会组织，这一组织的首长，乃是妻、子及若干奴隶的领主，在罗马人的父权制下，他对他们握有生死之权。"[①] 由此可见，不仅家庭这一制度本身在随着历史的发展而发展，就连家庭的含义也在随着历史的发展而不断变化。现代社会的家庭含义与古代大不相同，但若认真加以分析，就不难看出其历史继承性。关于这一点，马克思说得很深刻。他一针见血地指出："现代的家庭，在萌芽时，不仅包含着奴隶制，而且也包含着农权制，因为它从最初起，就是和耕地操作有关的。它以缩影的形式包含了一切的对抗，这些对抗后来在社会及其国家中广泛地发展起来。"[②] 事实上，现代好多起源于家庭制度的流行用语如家长制、一言堂、世袭制、门当户对、买卖婚姻、裙带关系、任人唯亲、特权、人身依附关系等等，无不打上历史的烙印。

我们从古代文献中就能找到有关家庭的记载。《圣经·旧约全书》中的摩西法律以及罗马法都曾系统地论述过家庭，罗马历史学家塔西特斯（Cornelius Tacitus, 55？—117？）的著作描写了野蛮人的家庭，雅典人的演说、荷马的史诗和《旧约全书》也都对家

---

① 恩格斯：《家庭、私有制和国家的起源》，人民出版社，1957年版，第55页。
② 马克思：《摩尔根〈古代社会〉一书摘要》。

庭作过描绘。我国许多古典著作中也有不少关于家庭的记载。但真正系统而又科学地研究人类家庭还是18世纪晚期伴随着产业革命而兴起的。

18世纪最后25年，有些研究者对英国家庭预算作了初步研究，他们研究的课题是：工厂的工人是否生活在灾难的贫穷之中？因各人所持观点不同，所得出的结论也就不同。

半个世纪以后，弗雷德里克·勒普莱（Fré-déric Le play，法国矿业工程师和社会改革家）受社会学创始人之———孔德的影响，研究家长制血统家庭，他同意孔德将家庭描绘为保持社会连续性的基本社会单位一说，他对当时的家庭预算和经济生活进行了精确的数量研究。

19世纪后半期，有关家庭的社会学研究受进化论的影响很深。他们不再进行上述数量研究，而是论述家庭发展史的总进程。在社会达尔文主义的思想支配下，他们讨论的基本问题是：人类社会最初是乱婚还是一夫一妻制？是母权在先还是父权在先？

摩尔根（Lewis H. Morgan）著《古代社会》（1877年）一书，贝却芬（J. J. Bachofen）著《母权》（1861年）一书，布里福尔特（Robert Briffault）著《母亲们》（1927年）一书，他们认为一切文明民族的最初氏族都是母权制。梅因（Sir Henry Maine）著《古代法律》（1861年）一书，认为父权制是家庭的最初形式。

摩尔根、贝却芬和麦克莱南（Mclennan）认为，人类在更严格的两性关系类型（如群婚、一夫多妻或一妻多夫、一夫一妻制）以前是乱婚。韦斯特马克（Edward Westermarck）和斯宾塞（Herbert Spencer）却坚持认为一夫一妻制对于类人猿和人类显得更自然，乱婚只是一种例外。恩格斯曾经总结说，尽管上述进化论者意见分歧，但他们在这一点上是共同的：家庭发展经历了由原始阶段向较高阶段发展的历史，家庭逐渐向着现代一夫一妻制的形式发展。

马克思和恩格斯对于摩尔根的《古代社会》一书给予了高度

的评价。马克思于1881年5月到1882年2月中旬研读了此书,并作了十分详细的摘录。在《摩尔根〈古代社会〉一书摘要》中不仅高度概括了摩尔根的主要论点和材料,而且附带阐述了马克思自己的观点,这对于学者们研究原始社会和家庭发展都是非常宝贵的。对于摩尔根发现母系氏族这一点恩格斯在《家庭、私有制和国家的起源》1891年第4版序言中评价说:"这个发现,对于原始历史的意义,也和达尔文的进化论对生物学和马克思的剩余价值学说对政治经济学的意义相同。"这在"原始历史的研究上开辟了一个新的时期"(见人民出版社版,第18页)。

摩尔根证明人类社会的发展一般地是从母系氏族进到父系氏族,从母权制进到父权制。他根据大量材料,认定家庭是一个历史范畴,随着社会的发展而变化;他还确定了婚姻和家庭发展的顺序演进形式:血缘家庭→普那鲁亚(群婚)家庭→对偶家庭→父权制家庭→一夫一妻制家庭,从而粗略地描绘了一幅婚姻和家庭发展史图。

摩尔根认为,家庭是个能动的要素,是随着社会由低级阶段发展到高级阶段而从低级形式进到较高级的形式。马克思还补充说,同样地,政治、法律、宗教、哲学的体系一般都是如此。

在随后几十年里,家庭社会学作为一个独特领域出现了。西方现代家庭社会学奠基人之一伯吉斯(Ernest W. Burgess)称家庭是一个相互影响人格的统一体。他的观点被称之为"相互影响论"(或"身心交感论"),他认为现代家庭不是由外部风俗习惯或法律、经济需要联系在一起的,而是由于亲切友爱的内部联系将人们结合在一起的。

结构功能主义和制度论观点将家庭放在更大的社会环境中加以考察和研究,这派代表人物有帕森斯(Talcott Parsons)、贝尔斯(Robert Bales)、斯莱特(Philip slater)、泽尔迪奇(Morris Zelditch)和古德(William Goode),他们将家庭看作是社会的主要分支系统,认为家庭与社会相互作用,相互依存。默多克(Murdock）列举核心家庭有四种社会作用：再生产、两性关系、教育和经济。有些社会学家认为，现代化还给核心家庭带来了感情联系和娱乐作用。

美国和苏联的家庭社会学研究目前都很盛行。美国有不少大学的研究生计划设有家庭社会学专业，美国家庭社会学家着重研究当代家庭问题，其中有些人同时在研究现代中国的家庭制度。

美国当代著名社会学家塔尔科特·帕森斯（已于1979年逝世）论述过家庭形式和社会职业体系之间的适应性问题。他认为核心家庭是工业社会里合适的家庭形式，原因是：（1）现代工业基于成就价值之上，需要人力流动以有利于经济发展，尤其是现代工业社会需要"自由劳力"，结构独立的核心家庭适合这种流动性，他认为在核心家庭中，丈夫是惟一的或主要的劳动力，因此只要一个男人找工作就行，不像扩大家庭那样需要一群人找工作，因此核心家庭流动和就业都比扩大家庭要简单一些。他还认为，这种核心家庭对孩子看得比任何关系都重，通过社会和地理上的流动可提高儿童的发展机会，从而有利于整个社会的发展。（2）在核心家庭中，男人起主要的联系作用，是全家人的经济支柱，这就促使所有的成年男人都要找工作。（3）家庭可满足个人情感上的需要，从而为应付各种社会问题提供了一块保护性的飞地。有些社会学家认为，帕森斯的分析忽略了两个重要因素：阶级关系问题和妇女就业愈来愈多的问题。但总的看来，帕森斯的观点是相当有代表性的。

苏联的家庭社会学研究是从1956年苏共二十大以后随着社会学研究的复兴而发展起来的，许多研究者将重点放在现代家庭结构、家庭关系和青少年犯罪等问题上。卡切夫（A. G. kharchev）所著的《苏联的婚姻和家庭》是苏联关于家庭的第一部重要论著，他企图将马克思主义的家庭观与资产阶级社会学的方法和研究成果相结合，自称其目的是"有助于形成共产主义的人格和共产主义的社会关系"。斯维尔德洛夫（G. M. Sverdlov）对1958年的苏联家庭法作了系统的评论,他指出该法律旨在:(1)加强;(2)男女平等;(3)民族平等;(4)不受宗教影响;(5)只承认一夫一妻制;(6)保护父母权利;(7)保护母亲和儿童。

近百年来,随着生产力的迅速发展,人们对家庭问题的研究与认识也在不断的深化。应该指出的是,当年马克思、恩格斯关于家庭研究的主要立场和观点,不仅适用于分析资本主义社会的家庭,而且对社会主义社会的家庭研究同样有重要的认识作用。这些立场和观点主要是:(1)注重历史分析,强调家庭是随着历史的发展而由低级向高级演进的。(2)注重经济分析,"结婚的充分自由,只有在资本主义生产与它所造成的财产关系的消灭,把今日对选择配偶尚有巨大影响的一切派生的经济顾虑消除以后,才能普遍达到。到那时候,除了相互的爱慕以外,再也没有别的动机存在了。"① (3)注重阶级分析,"不论在哪一种场合之下,婚姻都是由两方的阶级地位来决定的,所以就这点而言,常是权衡利害的婚姻。"②

二、家庭社会学与现代化

系统而又科学的家庭社会学是伴随着产业革命而兴起,在工业化和现代化进程中加快其发展速度的。当代家庭社会学重点研究现实家庭问题,研究家庭对现代化的适应能力,对各种危机的反映,研究家庭生命循环中各阶段所出现的问题,研究家庭与外界社会的关系,研究家庭成员的相互影响,研究家庭内外因素的相互关系,研究恋爱、结婚、离婚及婚姻关系中的新趋势和各种异常行为等等。由于家庭问题非常复杂,家庭社会学的课题也就五花八门。尤其在政治风云变幻无穷、经济发展困难重重、科学技术日新月异的现代社会里,家庭问题更是层出不穷。从国外发达工业国家的情况

---

① 恩格斯:《家庭、私有制和国家的起源》,人民出版社,1957年版,第77页。
② 恩格斯:《家庭、私有制和国家的起源》,人民出版社,1957年版,第68页。

来看，以一夫一妻制为主要形式的当代家庭正经历着迅速而剧烈的变革。

有许多学者在研究家庭统一、家庭顺应及异质整合问题。美国社会学家萨姆纳（W. G. Sumner）将婚姻看作男女双方"在对立合作中进行的一种实验"，意指双方本各为自己的利益而结合为夫妻，但由于有更大的利益值得追求，于是互相协调，从差异中产生统一。他在《社会习俗》一书中阐明了这个观点，后来为许多人所接受，这对于资本主义社会的婚姻关系作了很好的说明。

现代社会是以夫妇为主的核心家庭占优势，有些"家庭统一"研究者认为，这种统一性要靠互敬互爱、相互了解、气质相合、家庭目的与价值观念一致、家庭角色互补和通过家庭纪念与庆典来达到。

在现代社会，人们广泛参加社会活动，在年龄、性别、气质、性格、经济活动、社会阅历和文化知识等方面有许多差异，这就需要家庭成员互相顺应，社会学家将这种顺应称为"异质整合"。美国社会学家伯吉斯和洛克将产生异质整合的因素分为六类，（1）成功的决心：全家为达到同一目标而求同存异，不以一己之利益或意见为重。许多处于逆境和发生冲突的现代家庭之所以没有破裂，往往是家人中有一个坚决维护团结的人（通常是母亲和女儿）。（2）个人适应力：不固执己见，不随意支配他人，不爱生气或生气易消等。（3）社会压力：外在压力常能阻止婚姻或家庭的破裂。这包括怕亲友反感，怕家庭蒙辱，怕上报成新闻人物，怕邻里讥笑，怕丢掉职业等。（4）保持贵重价值：家庭成员因怕丧失全家所高度重视的价值而容忍冲突，如丈夫怕危及社会地位和经济利益而不敢有外遇，妻子怕离婚或为孩子而委屈求全等。（5）躲避争执：全家达成协议，不触及争执问题，或干脆装聋作哑，视而不见，听而不闻。（6）危机：疾病、死亡、失业等，常造成婚姻与家庭破裂，但有时反而能加强家庭的团结，大家同舟共济，化险为夷，将分歧束之高阁，共渡难关。

一般说来，现代家庭要做到完全统一是不容易的，矛盾是经常不断地发生的。克伦格（F. T. Krenger）在《家庭解组》一书中指出，以下六种因素会引起家庭解组（即正常家庭过程之中断）：（1）丧失共同目标；（2）缺少家庭合作；（3）抑制互惠服务；（4）缺乏角色协调；（5）社会干预；（6）情绪态度（如爱、忠心、尊敬等）上的紊乱。

家庭解组发展到顶点，就变成家庭解体，其表现是：（1）依赖亲友照顾日常生活或依赖社会机构救济。（2）社会机构介入：因吵架、赌博、男女关系、儿童逃学、犯罪、遗弃、离婚等等而引来警察、法警、狱吏、教师、社会工作者、律师等自动或非自动地相继介入，或作调解，或作惩处。（3）家庭成员减少，而由社会机构另作安排，如管教儿童，感化少年罪犯，毒犯被捕入狱，精神病患者住院等。（4）反常离家：如受虐待的儿童逃亡，早婚者私奔，厌世者自杀，遗弃者逃跑；还有非驱体的离家，如疯狂、冷漠、酗酒、吸毒等。（5）暴行：争吵打闹，严重者相互砍杀、乱伦等。柯克帕特里克（C. Kirkpatrick）著《家庭》一书，对此问题有不少论述。

许多社会学家认为家庭本来就具有引起冲突的特性，尤其是现代家庭很容易发生冲突。旧式家庭的婚姻由父母包办，家有家规，为家人立下行为模式，一旦出了问题，家长恩威并施，也就化干戈为玉帛了；但现代家庭因传统功能消失，个人自由增加，家长与亲属的控制作用愈来愈差，于是，家庭固有之矛盾与冲突就得以自由泛滥了。小布拉德（R. O. Blood, Jr.）著有《解决家庭冲突》一文，对家庭冲突的原因作了分析，他认为主要原因是：（1）强制：子女不能自己选择生在哪个家庭，但又不好任意退出；父母在现代多是自由恋爱而结婚，不好任意脱离，夫妻之间、父母与子女之间若有分歧，日积月累，酿成冲突。（2）亲密：人们在家因关系亲密而容易任性，不像在外界社会团体中能顾及公共意见而自我约束，这样就会互相要求很高，成为引发冲突的导火线。（3）家庭小：现代家庭人数往往很少，子女互争父母之宠，夫妻互争子女之爱，致使关系紧张。（4）变迁：家庭生命循环，需要不断调整。如果家人应变的步调不一致，紧张与冲突就会随之而起。伯吉斯和洛克将引起冲突之因素分为五类：（1）气质不合；（2）文化模式的差异；（3）社会角色的改变；（4）经济压迫；（5）感情不融洽。有些社会学家认为，家庭冲突也有其功能。如果一个家庭能正视问题，齐心协力解决问题，这个家庭就会朝气蓬勃，兴旺发达。

如果家庭冲突愈演愈烈，就会爆发家庭危机。主要的危机有：（1）违反家庭期望（deviations from expectations）；（2）玷辱家庭名誉（disgrace）；（3）经济萧条（depression）；（4）家庭成员分离（departure of Family members）；（5）离婚（divorce）；（6）死亡（death）。以上六条在英文里都以 D 字开头，这"六 D"中的前"五 D"是现代社会重大变迁的结果，前三种危机不一定造成家庭的分裂，后三种却必然造成生离或死别。

有些社会学家研究现代社会的婚姻质量，认为不稳定的婚姻有离婚、分居、私逃、法律上宣布无效这几种。美国的社会学家将该国的婚姻按照质量高低和稳定程度分为四类：（1）高质量、高稳定，很少。完全满意的婚姻是没有的，可能有一段时期如此。（2）高质量、低稳定，也较少，但发展趋势是愈来愈多。（3）低质量、低稳定，在美国为数最多，占 50%。（4）低质量、高稳定：很多人尽管对婚姻不满，但不肯跨越离婚这条线，或由于法律原因而不能离婚。

社会学家几乎都认为近两个世纪西方家庭的社会作用（如经济生产、教育、社会化）不断削弱，这是现代化、工业化、都市化的必然产物。但是，这并不意味着家庭快要消失了。由于家务劳动日益社会化，父母与子女的接触更注重质量而不是数量了。孩子的社会化过程基本在家外形成，他们所受的社会影响远远超过家庭影响。很多人把美国社会称之为"朋友的社会"，社会上同代人之间的交往愈来愈密切，很多人是一靠自己，二靠朋友，第三才靠家庭，这与工业化以前的社会有了很大的不同。由于家庭加速社会化，家庭内外的世代隔阂也在加剧。老年人与青年人的关系不好，老年人退休后，靠政府给养老金生活，靠医院和养老院给予照顾。老年男人比老年妇女更感困难，因为他们与儿孙的关系往往不如后者。美国职工是男65岁、女62岁退休，有人统计过，男人的退休后平均活11年，女人活17年。寿命愈长的人愈容易感到寂寞，因为好朋友相继去世，与人的交往减少，整天与无生命之物打交道；再加上老年人固有的对疾病和死亡的恐惧。就导致老年忧郁症和精神病增多；有些老人干脆弃绝人世，自杀了事。

一般说来，现代化会提高人们的物质文化生活，提高家庭生活的质量，并会逐步解决一些过去遗留的重大社会问题（如贫穷、饥饿、疾病、自然灾害、卫生保健、住房拥挤、文盲、男女不平等、种族歧视等等），但也会产生很多新问题。如果我们说现代化正在冲击家庭，也并不为过。未来学家托夫勒（Alvin Toffler）在《未来的震荡》一书中描绘了资本主义制度下随着现代化的进程而产生的一系列社会问题，他写道：家庭被破坏了，道德腐化了，犯罪行为、吸毒、社会精神堕落日益严重，千百万人的生活作风眼看着改变了。所有这一切，仅仅是开始。这不是一般的震荡，而是与未来相碰撞的震荡。他认为这是科学技术革命所带来的社会后果，这种革命破坏了人们有关社会时间和空间的习惯标准，破坏了他们的社会环境和社会价值。

以美国为例，尽管现代化的步伐较快，但普通人民的生活也不是那么好过的。美国是世界上最富裕的国家，但也是财政赤字最大、公私债务最高、人民纳税最多的国家。1977年底，国债高达7 189亿美元，平均每人负担3000美元；1978年，国内公私债务总计35 000亿美元，平均每人负担16 000美元。尽管美国家庭普遍都有电视机、电冰箱、洗衣机等现代家庭用品，但许多人是靠分期付款、借债度日的。美国是世界上文化程度最高的国家之一，从1901年到1978年，共有117名美国人获得自然科学研究的诺贝尔奖金，占这方面得奖人总数的1/3，居世界首位。但另一方面，美国又是犯罪率最高、吸毒人数最多、赌博之风最盛的国家之一，1961—1974年，严重罪案增加了一倍以上，其中谋杀案增加了125%，西方世界的金融和文明大都会纽约在今年元旦是以12起谋杀案跨入80年代的。美国经常吸大麻叶的人有1 300多万，一年的赌博投注额高达1千亿美元，纽约中央广场就是街头赌博场之一。这种社会环境给人们的家庭带来了各种恶果，如青少年犯罪问题愈来愈严重，有些中学居然有百分之七八十的学生吸毒。夫妇闹离婚的增多，离婚率高达50%。由于父母离婚而与家庭分离的孩子每年有一百多万，这给孩子幼小的心灵带来了巨大的创伤。

从1948—1976年，美国已发生六次经济危机，生产过剩与财政危机、金融危机、能源危机同时爆发，近年来通货膨胀率竟高达两位数字，失业率也接近两位数字。失业和通货膨胀给美国人民的家庭生活罩上了阴影，反转来又使犯罪、吸毒、离婚增多。

美国家庭的离婚率是世界上最高的，但家庭社会学家对这种现象并不一概持否定态度。有些学者认为离婚率增高是现代化的必然产物，由于工业化水平提高，受教育的机会增多，人们对物质和精神生活的要求就会更高。妇女参加工作的机会多了，经济上独立自主，不再依赖丈夫生活。工业化的进程必然使人们工作和居住的流动性增大，这也给离婚创造了一些条件。总之，现在人们的婚姻观与过去大不相同了，"合不来就散"，再也不会像从前的人那样"凑合着过"。耶鲁法学院的戈尔茨坦（Joseph Goldstein）教授甚至建议修改法律，将离婚看作人们可以得到的权利。不少人附和这种意见，认为应当给予人们这种离婚的权利，并称这是大势所趋。事实上，发达国家都出现了离婚率增高的倾向，英国1969年修改法律，将"婚姻破裂，不可弥补"作为批准离婚的惟一理由，尺度是放宽了。意大利过去在罗马教皇统治下，许多个世纪都禁止离婚，现在也允许离婚了。日本工业化刚开始时，每1 000件婚事中就有300起离婚。苏联的离婚率也在增加，近年来已达1/3。有些社会学家指出：在现代社会中，人们对家庭考虑更多的是个人的思想和幸福，而把经济、生育、宗教目标放在次要地位，因此现代家庭（尤其是中产阶级富裕家庭）比工业化以前的家庭要不稳定。但也有些社会学家不同意上述看法，认为离婚率增加不是现代化的产物，而是别的因素造成的。

综上所述，家庭社会学与现代化的关系是很密切的。很多家庭问题，除历史上遗留下来的以外，有些是现代化的附产品。当然，还有许多问题是社会制度造成的，有些问题是其他各种原因造成的，由于这不是几句话就能说清楚的，这里暂不涉及。

三、现代化与未来的家庭

家庭有没有未来？家庭是随着现代化而改进呢，还是随之而消失？许多社会学家都对这个问题抱着浓厚的兴趣，目前有不少人根据现状来推断未来。

齐默曼（Carle Zimmerman）等一部分悲观主义的预言家由于对家庭看得很重，因而哀叹其末日快要到了。他著有《家庭和文明》一书，称家庭制度正朝着个人主义、平均主义和世俗化方向发展，他认为现代核心家庭是垂死的文化的附属物。他说绝大多数家庭社会学家仍然是地地道道的进化论者，他们错误地欢迎家庭的上述发展趋势。他赞同索罗金（pitirim Sorokin）的论断："家庭的主要社会文化功能会进一步削弱，直到家庭变成一个男女纯属偶然同居的场所，而家则变成一个主要是两性关系的非常短暂的居所。"（《社会和文化动力》）

社会学家穆尔（Barrington Moore）认为，家庭的社会作用正在消失。他和罗素（Bertrand Russell）等人的观点差不多，他们都欢迎家庭社会作用的消失。穆尔写了《政治权力和社会理论》一书，认为机械化、工业化和科层化将会同化家庭，正如同化其他社会机构一样。他认为大规模有效率的托儿所、幼儿园、寄宿学校培养和教育儿童会比单个家庭干得更出色，这样，家庭就变成一对可自由解除婚约的夫妇进行再生产和维持感情的场所了,他称这是工业化后社会的家庭形式。

摩尔根在《古代社会》中指出:"如果承认家庭已经依次经过四种形式,而现在正处在第五种形式中这一事实,那么便要发生一个问题,即这一形式在将来会不会长久保持?答案可能只有一个:它正如过去的情形一样,一定是随着社会的发展而发展,一定是随着社会的变化而变化。它是社会制度的产物,它将反映社会文化发展的程度。一夫一妻制家庭从文明时代开始以来,已经显著地改进了,在近代特别显著,那么至少可以推测,它能够有更进一步的改进,直至达到两性的平等为止。要是一夫一妻制家庭在遥远的将来不能执行社会的要求,那就不能事先预言它的继起者将具有如何的性质了。"马克思和恩格斯都引用过这段话①,他们也认为一夫一妻制家庭还会继续向新的形式演变和发展。

在关于未来家庭的预测中,还存在一种乐观主义的适应学派,其代表人物是古德(Wiliam Goode),他著有《世界革命和家庭类型》一书,他认为现在的家庭形式在将来会继续存在,并继续担负必不可少的社会职能。他假定:(1)工业化改变家庭制度的进程哪儿都存在,尽管出发点不同,发展的速度和道路不同,但都朝着"某种类型的婚姻制度"在发展。在结婚年龄、权威类型、劳动分工和家庭作用上,世界是会趋同一致的。(2)这种趋同现象是合乎需要的,因为婚姻家庭能更好地适应工业社会,提供更稳定和更具有创造性的劳动力。(3)独立的核心家庭的出现在道德伦理上也是合乎需要的,因为这意味着家庭成员能享受更多的自由,青年人受老一辈专制统治的程度减轻。严格的阶层界线将会打破,结婚和离婚也较过去自由多了。

不少社会学家赞成"趋同"一说,并进一步将它发展为"趋

---

① 马克思:《摩尔根〈古代社会〉一书摘要》第45—46页;恩格斯:《家庭、私有制和国家的起源》,人民出版社,1957年版,第79页。

同理论"。如有些西方学者认为，由于社会主义国家和资本主义国家在工业和社会发展方面有着相似的进程，致使共产主义的社会制度和资本主义的社会制度变得愈来愈相像，这当然是一种掩盖矛盾和冲突的调和论观点。在家庭社会学领域，有些西方学者认为苏联的白领阶级家庭与西方的资产阶级家庭变得愈来愈相像了。有些人将这推而广之，声称任何国家现代化的进程和结果都大体相似。

但是，也有一些社会学家不同意这种看法，他们认为不能忽视政治制度、传统文化、民族特性、地理位置等各种因素所造成的国与国之间的差异，正是这些差异决定了各国现代化的进程和结果都会有很大的不同之处。在实现现代化的过程中，各个国家的家庭制度也会产生不同的变化，而决不会千篇一律。但他们也承认，家庭发展的总趋势是朝着家庭成员减少、家庭功能减少的方向发展。

有些社会学家根据现存的婚姻状况对未来的家庭形式作了各种预测。在这方面，索伦蒂诺（Joseph Sorrentino）所著的《道德革命》一书具有代表性，他预测未来有六种家庭形式：（1）异族联姻：这是种族融合的结果。1971年，美国梅里特出版公司征询了23 000名学生领袖（来自18 000所公立、私立和教会中学）关于选择对象的意见：你在未来是选择同族人还是异族人结婚？结果有73%的人回答要找异族人作爱人，53%的人同意异族联姻。由此可以看出，种族界限在家庭这一领域将进一步被打破。（2）无婚姻关系的同居：据1971年《期待》杂志报道，这已成为普遍承认的社会发展趋势，尤其在穷人和中产阶级白人中很普遍。现在美国许多大学都是如此，校方也不怎么管了。有些社会学家认为，这种同居往往是爱情的结合，这是一种"见习婚姻"，而不是对婚姻的真正背叛。米德（Margaret Mead）等人甚至建议修改法律，以承认这种结合，但年青人认为没必要，他们根本不在乎社会舆论。（3）试婚：林赛（Ben B. Linsey）法官早在几十年前就曾建议要有两种婚姻（或将婚姻分为两个阶段），一种是"试婚"，不要孩子，离婚也容易；另一种是举行庄严的仪式，就不能轻易离婚了。（4）

法律上认可的重婚；有些人认为男女人数比例不平衡，因此主张重婚。(5) 未婚的单身男女可领养孩子组成家庭：托夫勒在《未来的震荡》一书中指出："我们将会看到许多'家庭'单位只由一个未婚成年人和一个或多个孩子组成。"现在洛杉矶收养院已有各种不同种族的婴儿供人们挑选。(6) 单身：美国过去的传统观念是结婚比单身好，婚姻法、离婚法甚至纳税法都倾向于对结婚者有利，过去往往是结婚容易，离婚难，而现在已经变了，单身的人愈来愈多。妇女经济独立，不用为顾虑生活问题而结婚。将来有些人会单身很长时间才考虑结婚，甚至根本不结婚。

在发达国家，无论是美国、日本还是苏联，社会学家普遍预测未来的人口出生率会进一步下降，人的寿命不断延长，从而会出现高龄化社会。日本的家庭现在就已经是"少生而注重抚养"，苏联社会学家认为妇女大量就业、离婚率过高、人口都市化、文化水平提高是人口出生率下降的原因。

在不发达国家，情况正好相反，人口会继续上升。到本世纪末，地球上的人口将超过60亿；随后的一百年内，人口将继续增加，可达120亿。

未来家庭的大小也会产生变化，发展趋势是愈来愈小。据美国《幸福》杂志1979年11月5日报道，在1978年，有一半以上的美国家庭仅由一人或两人组成，所有的家庭平均起来不到三人；而在1790年，美国一户家庭平均六口人。目前，美国单身男子或女子所建立的家庭占美国家庭总数的25%，在过去的8年中，增长了60%。根据人口普查局预测，在今后10年里，美国家庭中的平均人口将继续减少，到1990年，将有45%的家庭是由单身男女组成的。

未来将会出现人造的世界和人造的人。1978年和1979年，世界上已有三名试管婴儿诞生，目前英国已有几十名妇女采用此法受孕。遗传工程学甚至在试验用无性系繁殖的方法创造一种崭新的人。因此，将来很可能会出现根据父母、个人或国家的意愿来创造一个新种族的局面。美国未来学家 B. 默里在《美国未来研究中的乐观派观点》一文中指出："关于未来的人可能出现三种情况：（1）继续存在走向同化的倾向，导致同化的人；（2）不同的天然人的复活；（3）人造的人最后占了支配地位。"这种人造的人对家庭将会采取什么态度，那就很难预测了。

有些人士甚至猜测，宇宙间是否存在着"超级文明，"比如说，河外星系有无比人更高级的生物？有些人甚至猜测地球不过是这种超级文明社会的一个小小试验场罢了，他们让我们自由发展，就像我们让天然动物园里的动物自行其是一样。这不免太过于玄想，也找不到任何根据。再说，现在还不必为未来的人担忧，更不必花太多的时间和精力去寻找河外星系的"超级文明"，因为地球上的问题确实是太多了，真有些自顾不暇呢！

我国人口居世界第一，家庭数目也是首屈一指，但存在着的各种各样家庭问题，一直得不到应有的研究与重视。在我们向四个现代化进军的过程中，应该积极地开展家庭社会学的研究，使这一门学科在我们国家里发挥应有的作用。

(1981年第1期)

破除古典理想主义的社会发展观

邴 正

一、古典理想主义的幽灵

长期以来,支配着中国人的社会发展观的是一种古典理想主义的历史观。古典理想主义历史观就是:(1)单向的历史决定论,认为有一种至高无上、一以贯之的力量决定着全部人类历史。只要掌握了这种力量,一切艰难险阻无不迎刃而解。凡顺应这种力量的便是善,反之便是恶。因此,人们只能做非此即彼的选择:"要么上天堂,要么下地狱"。(2)绝对的历史向善论,认为决定历史的力量已经预定了历史前进的方向,用抚今追昔的方法来论证历史的结局必然是越来越向善的方向发展。历史好像一场在预定的跑道上举行的比赛游戏,无论快慢,终点都是一个。(3)历史至善论,认为前方有一个"最高的"或"最美好的"皆大欢喜的结局。

古典理想主义萌发于古代,在近代达到了顶峰。古典理想主义的精神实质,是人类的自我中心主义。各古代民族虽彼此山水相隔,互不往来,却怀着共同的梦想:自己的民族是天神的子孙。因为无论哪个民族,一旦开始创造文明,并自觉到人对动物的优越性,便产生了"天生我材必有用"的自我优越感,从而相信自己应该有一个好的结局。古代人心有余而力不足,于是就杜撰出一种超人的、超自然的神秘力量,"上帝"、"天",来作为美好结局的保证。直到近代,工业文明迅速征服了陆地、海洋和天空,把各民族的自我中心主义融汇成人类的自我中心主义。人们确信,人是宇宙的主人，一旦掌握了决定人类历史的那种力量，人就无所不能，就能达到永恒的正义和至善。

中国人也有着根深蒂固的民族自我中心主义传统，因而也同样有着强烈的古典理想主义传统，笃信天命，崇尚天道，追求"天人合一"、"大同社会"、"太平世界"。后来，强烈的传统意识甚至严重扭曲了马克思主义历史观，似乎历史只由一种力量决定，只有一种必然结局，而且已经选定了一个阶级来完成它的使命，使命一旦成功，人类便登上"最高的"和"最美好的"天堂。因此，所有的人都是登上"历史号"机车的乘客，人们只有两种选择：愿意的被拉着走，不愿意的被抛下去。

极左思潮是一种用古典理想主义扭曲马克思主义历史观的典型。受其影响，人们天真地相信：阶级斗争一抓就灵，形势大好越来越好。历史的车轮注定顺着我们的方向转动。于是，一场浩浩荡荡的现代乌托邦运动应运而生了。

改革开放以来，通过批判极左思潮，人们从乌托邦狂热中清醒过来。但是，作为一种思维公式，乌托邦意识的幽灵并没有荡然无存。近年来出现的片面追求高速度、高消费的倾向，就是从一个极端跳到另一个极端的典型表现。一些人还是用单一的价值取向、单一的决定力量对待改革。

十年来，从物质生活到价值观念，吹来了许多现代化之风。但是，在社会意识形态中，仍然存在着是古典理想主义历史观的一定影响。受这种非现代意识的支配去从事追求现代化的改革，很容易使改革蜕变为一种以经济务实主义为形式的古典浪漫主义运动。

二、面临着两歧性矛盾的现代化社会

现代化远不像我们想像的由单一的力量支配，更不是什么无限美好，恰恰相反，而是问题越来越复杂，困惑越来越多。泛科学主义和乌托邦复归，追求高速度的生产力发展和追求合理生存，泛自由主义和社会控制复归，泛文化和孤独，是西方现代化程度较高的国家面临的四大两歧性挑战。

（一）泛科学化和乌托邦复归的矛盾。20世纪是科学泛化的时代。从微观世界到宏观世界，从自然到社会，从肉体到心灵，科学到处播撒着精确性、规范性和可计量性。这固然给人带来了巨大的创造力和可靠性，大大改变了人类的境遇，但同时也带来了新的压抑和困惑。科学带来了规范化，也带来了数不清的"禁止做"、"不允许"、"不可能"。科学带来了精确化，也带来了行为的无意义化。科学是一种有效的手段，泛科学化使人过分依赖手段，由人支配手段异化成受手段支配。人越是依赖科学，也就越冷漠，越搞不清人生的目的和意义。泛科学化的结果是人在清规戒律面前的单向化。人虽然摆脱了愚昧的清规戒律，却又陷入了泛科学化的清规戒律。人虽然拥有强大的手段，却使意义世界空洞而不可信。人失去了粗犷、豪放、浪漫的个性，变得谨小慎微，功于计较。

20世纪中期以来，曾经衰落了的乌托邦意识又重新抬头。乌托邦被布洛赫看成是一种希望，是吸引人走出现状的"超验的理想"。马尔库塞甚至宣称，"我们必须面对这样的可能性：走社会主义之路是从科学到乌托邦，而不是从乌托邦到科学"。他的"乌托邦战略"深深影响了60—70年代西欧的学生运动。

马尔库塞的"乌托邦战略"虽然没有成功，但是，他们提出的问题是深刻的。分析哲学指出过，伦理的、审美的和哲学形而上学的命题都是非科学的，不能证实和证伪的。因而是科学所不能代替的。唯科学主义等于取消了价值问题，取消了关于人类终极意义的思考。这促使人们深入思考：科学能否代替一切？关于信仰、关于终极价值，关于人生意义的探究还有没有价值？

（二）追求速度和追求合理生存的矛盾。追求速度是20世纪的另一特征。20世纪生产力的发展速度超过人类以往任何历史时期，特别是以核能、电子计算机为标志的新技术革命，极大地改变了人类和地球的面貌。生产力发展的成就造成人们不断追求提高生产力的惯性，于是便出现了唯生产力发展是瞻的态势。

生产力的高速发展的直接结果是高消费。在西方发达国家，社会平均的消费水平远远超过了维持生存，甚至"过得去"的水平，这意味着高消耗。大量的资源、财富被用于一些无形的、过分舒适乃至奢侈的消费上。人们与其说是为了生存和发展而工作，莫如说是为了消耗能源而拼命工作。更严重的是高消耗带来了高污染和高破坏。由于矿物燃烧，森林减少。使地球上出现了温室效应。虽然人类发明了核能和化学工业，但结果也够惨的，苏联切尔诺贝利核电站爆炸，印度博帕尔市毒气溢漏，造成的损失抵得上打两场大规模国际性战争，目前美苏拥有的核武器的破坏能量，足以毁灭地球多次。

高生产带来高消费，又带来高消耗、高污染、高威胁，这种恶性循环促使有识之士惊呼：文明的发展速度是否应该有所节制？环境保护主义、绿党应运而生。里夫金等提出熵的世界观，向传统的社会进化理论挑战。这种观点警告说：能源的大量消耗只能导致资源枯竭，加速热寂效应，缩短人类的生存期。这些运动、理论实质上都提倡"合理生存"，最大限度地保持人与自然之间的生态平衡，节制人类对进化和发展的过分热情。

（三）个人自由和社会控制的矛盾。20世纪新技术革命给人类带来了前所未有的个人自由：居住空间扩大，家庭结构松散，实行弹性劳动时间，传播工具非群体化，劳动时间缩短，电子游戏主体化，等等。可是，在核时代，电子计算机时代，个人活动侵扰全社会的范围已大大超出政治领域，权力领域。美国恶作剧者制造的"计算机病毒"，扰乱了全美的计算机系统，甚至危害到美军的计算机系统。核武器一旦流入少数恐怖主义分子和个别希特勒式的心理变态分子手中，天知道他们会用这些魔鬼干什么。

因此，随现代发展而来的并不是个人愈来愈自由和国家机器的削弱，而是国家机器的强化。"大政府"的出现就是当代国家机器强化的标志。今日西方政府越来越多地干预地方行为，干预经济生活，实行农业补贴、贸易保护、增加福利开支。欧洲议会甚至酝酿成立欧洲联邦政府,负责管理、协调欧洲议会成员国的各种活动和相互关系。

大政府是核时代的需要。核时代是一个高技术产生高危险的时代。核能、人工智能、遗传工程,这些技术后面都潜伏着巨大的破坏力量。任何个人或社会集团在这些领域肆意妄为,随心所欲,都有可能酿成危及全国、乃至全人类的灭顶之灾。

然而,美国近代作家爱默生说得好,"不会无偿地给予任何东西,一切东西均须付代价。"大政府的出现助长了官僚体制的膨胀。今日美国联邦一级的政府官员编制较本世纪30年代扩大了4倍。按照帕森斯定律,政府人员膨胀,工作效率降低,开支增大。同时,政府人员"显示存在"的"文山会海"、"统计检查"滚滚而来。1977年,美国为了完成联邦报表这一项工作,就消耗掉了2亿多人时,相当于年产10万辆雪佛兰牌汽车所需的全部劳动力。更危险的是,强化国家机器不啻于培养新的,更危险的"利维坦"。

(四)泛文化和孤独的矛盾。随着工业和技术的发展,20世纪使人类变成一座"全球村"。发达的电讯、电视、报纸等新闻传播网络,使每一个人都有可能和整个世界每时每刻联在一起,现代工业机器使各民族无可奈何地成为拧在同一架机器上的螺丝钉。全世界淹没在同一个大的文化背景中。

按照文化势差原则,落后民族总要模仿先进民族,或因拒绝同化而被先进民族排挤。因此,各民族大多在步发达国家后尘,国家特色、民族特色正以日益加速的态势被混合或消失。其结果很有可能发展成为一种"文化热寂",文化越来越趋同,越来越像流行时装一样陷入"丰富多彩的单调"之中。

个人也面临着同样的态势。科学的规范化促使教育规范化、通用化。社会发展使中产阶级不断扩大,上流和下流日益被同化、吃掉,电视、电子计算机进入家庭,使个人无可抗拒地接受同化训练和熏陶,人们越来越难于把握自我,越来越受到非我化的同化环境包围。结果,越来越多的人陷入了"闹市的孤独",心理和个性都受到压抑和扭曲。

三、人生的两歧性矛盾和实践的历史观

现代化所面临的这些矛盾是人类生存的两歧性的矛盾。两歧性是指由同一原因产生的两种性质截然相反、又互相依存的结果。按照弗罗姆的看法,人类面临着两种两歧性矛盾,一种是"历史的两歧",一种是"生存的两歧"。历史的两歧是人为问题,是暂时的历史现象,由特殊的历史条件引起的是可以解决的。生存的两歧植根于人的本性,通过不同形式的历史的两歧表现出来,是人无法彻底消除的,人们只能在不同时代对此采取不同方式的反应。

马克思的实践辩证法所揭示的实质上就是这种植根于人类基本生存方式之中的生存的两歧。实践是人的本质规定性。实践本身是一种二重化的活动。实践导致世界的二重化:一方面是对人与自然关系的肯定,确认客观世界是人的生存必需条件;另一方面是对人与自然关系的否定,把自然界改造成为人化的世界。实践导致人生的二重化,引起一系列的生存的两歧:

(一)生和死的两歧。对人来说,生是否定自己作为自然人的努力,死是对自然的复归。无论人怎样努力,死的结局不可避免。人一方面意识到人创造人化世界的可能,一方面又意识到死的归宿,人注定是一个有所成就的失败者。

(二)个性和社会化的两歧。人超越自然的标志是创造个性,个性是文化的灵魂。任何个性难逃个体之死,社会化成为保存个性、发展个性的惟一手段。社会化导致价值的延续性,赋予个人以超个体的人生意义。但是,社会化同时又同化着个性。每一代人都按照自己的文化背景解释前人、他人创造的价值,赋予其符合自己口味的意义,使个性模糊以至于消失。

(三)永存和暂存的两歧。实践不断制造人与自然之间的矛盾,不断消除又不断制造着个性与社会化的矛盾,结果使每一代不

得不重新开始。实践能力越强,与自然的冲突越大,越根本,人与自然的矛盾不可能有一个根本的解决。这使人的一切努力都变成暂存的,人生代代相继,周而复始复制着同质的矛盾。前一代人可以说为下一代人努力,但下一代人并没有因此而免除人与自然的根本冲突。人始终追求一种暂存性又意义何在?

(四)理想和现实的两歧。为了获得生存延续的意义,人们追求理想,而最有效的方法是科学的和实用的态度。这些方法本身是只求实际解决问题,并不问是否符合理想。因此,凡实现了的都是理想的非理想化,而现实愈是非理想,人愈追求理想。于是,人成了西绪福斯,从事着永远达不到山顶又永远冲刺的磨难性的拼搏。

(五)创造和毁灭的两歧。实践的本性是创造,按照人的意志改变自然,这本身是对自然的原始状态、对人与自然的原始平衡的毁坏。实践能力越强,破坏力也越大。农业还仅仅是用人工的生物循环取代自然的生物循环,现代工业则是用非生物循环破坏着生物循环,结果导致自然生物循环所消解不了的工业垃圾、塑料、毒气和核污染。人类之所以至今仍然存在、发展,只不过人类在总体上还没失去自制力。但对个别文明来说,就没有这么幸运。当现代工业把地球变成世界村之后,人类终于意识到自己的前途:"要么全体自由,要么一同毁灭。"

生存的两歧的实质是人的自我肯定与自我否定伴生的矛盾。正是这种矛盾,才使历史永远是个谜,供一代又一代人永无休止地苦恼和寻觅。进入现代以前,人类的创造力有限,破坏力也有限。所以,以往人们过多地陶醉在人对自然的胜利之中,对破坏力缺乏足够的认识。与此相关,人类对生、对永存、对理想充满信心,所以才有古典理想主义那种人类自我中心的历史观。

进入现代,通过两次世界大战,通过两大阵营的对垒,通过环境污染、生态危机、能源短缺、粮食饥荒、人口膨胀、核战争的威胁,人类终于意识到了实践本身的否定性,自觉到人类的生存两歧。泛科学化和乌托邦、泛生产力化和复归自然、个性自由和社会控制、泛文化和孤独，实质上都是理想和现实、创造和毁灭、个性和社会化、永存和暂存种种两歧的现代表现。我们应该站在人类本性的高度认识这些矛盾，不能简单地归因于东西方社会制度和文化差别，以为历史会偏袒我们这些"推动历史车轮"的"选民"。

因此，马克思主义的实践辩证法深刻地体现着对人类根本矛盾的认识，体现着天才的现代意识。按照实践的辩证法，我们应该对历史观重新估价。符合现代精神的马克思主义历史观，应该是正视人生两歧的历史观：（1）人是历史的创造者，也是历史的破坏者；人只是历史的中心，不是世界的中心，应该有一种自我反省精神的历史观。（2）决定历史的力量不是单一的，而像恩格斯所说的，是许多意志和行动的合力。（3）历史的发展趋势不是单向的，而是多向的，前进和后退、发展和毁灭都是一种可能性。（4）历史发展需要控制，任何社会集团的利益膨胀和失控，都会产生否定性的后果，对现代人而言，各民族乃至全人类的前途取决于全球性的自我克制和合作。（5）就成就和危机的伴生性而论，历史在任何时候都是等值的，人类越发展，问题越复杂。（6）理想主义和现实主义是两种共生的历史态度，失去一极就变成荒谬。理想主义代表人类的目的、希望、意义，现实主义代表人类的手段、行动。

四、走出古典理想主义的改革观

现代化的两歧是发达国家出现的问题。对于正走向现代化的中国人来说，这些问题远没有发达国家那么严重。但是，作为现代社会的一员，中国已经被牢牢拴在世界工业化的战车上，现代化的两歧已经悄悄渗入我们的社会。因此，一个符合现代精神的社会发展观是必不可少的。

（一）从单向决定论转向系统决定论，从追求单一的经济增长转向追求社会的综合发展。在当前形势下，为反对思想僵化，提倡"一切以生产力为标准"是有意义的，但同时也必须看到，生产力也有创造和破坏的两重性，一方面破坏着人与自然关系的平衡，一方面破坏着社会结构。在社会发展无力消除和抑制生产力的负作用的情况下,严重的环境污染、生态危机、社会动乱,如资本主义发展带来的"羊吃人"、殖民侵略、世界大战,会使生产力的成就相形见绌。因此,在发展生产力的同时,必须重视上层建筑领域改革的作用。

(二）从历史向善论转向历史两歧论,从单一的价值取向转向自我控制。历史并没有给改革打保票,恰恰相反改革的风险远比不改革要大。目前经济过热、物价飞涨,通货膨胀,官僚主义、腐败风气、经济犯罪都是相当严重。一旦像邓小平同志说的,造成"积重难返"的恶性循环,就将使改革前功尽弃。特别是在中国这样缺乏法律意识和法制传统的国家,极容易陷入社会无规则、无控制的混乱局面。社会失控对现代化来说,无异于灭顶之灾的同义语。

(三）从古典实利主义转向合理的现实主义,重建社会理想和民族精神。目前过热的经济空气中弥散着严重的实利主义倾向。实利主义就是一切以利贯之,这种精神万能论是两极相通的,都是单向决定论和单一的价值取向。它只肯定了人的动物性,忽视了人性。人性要求把世界理想化,没有理想,人活着就无意义可言,更没有确认价值的尺度。没有意义和价值尺度,人就什么事都干得出来。以至于现在履履发生饮酒半杯中毒死,服毒一瓶安然无恙的现代黑色幽默。现代化的主体是人,没有灵魂的人如何能以高超的文化素质迎接未来的挑战?

总之,从领导到群众,都应该对现代化有个清醒的认识。通向现代化之路绝不是"涅瓦大街的人行道",现代化也不是天国。我们现在正在崎岖山路上攀登,并不是没有一头栽下去的可能。改革将把我们带到一个生活条件更优裕、而人生困惑和问题更复杂的社会。理智的态度是多从问题着眼,加强自我控制,走有节制的、稳步的、协调的发展道路。

(1989年第3期)

试论社会运行机制

郑杭生　郭星华

一、社会运行机制体系

社会运行机制构成复杂，形态各异，从不同的角度考察，社会运行机制有不同的构成体系；按不同的分类方法，可将社会运行机制进行不同的分类。一般地说，可将社会运行机制作如下分类。

（一）按社会运行机制的形成过程分。美国早期社会学家罗斯（E·A·Ross）曾根据社会秩序的形成过程，将社会秩序分为自然秩序和人工秩序。[①] 类似地，我们可将社会运行机制分为自发机制和人为机制。其中自发机制是指依据一定的规律自然地、历史地形成的社会运行机制。如一夫一妻制家庭的形成机制就属于自发机制，它是自然地、历史地形成的。根据摩尔根（Lewis H·Morgan）和恩格斯的分析，从群婚制家族到一夫一妻制家庭演变过程中，先后起推动作用的有两个因素，一个是人种进化过程中的自然选择，另一个是私有制的出现，其中起决定作用的是后一个因素。由于私有制的出现，掌握私有财产的男子要求建立以男子为中心的更小的社会组织来占有和使用这些财产，并且要求确保这些财产由自己的嫡系子女继承，不要落到旁人的手中。这种要求在母系氏族制度下是无法实现的。因为，第一，氏族的财产不归男子掌握，而为氏族公有；第二，由于实行群婚制或对偶婚制，无法确定一个男子的亲

---

① 〔美〕罗斯：《社会控制》（中译本），华夏出版社，1988年版，第32页。

生子女是谁;第三,氏族中的未婚男子是要"嫁"出去的,无权继承氏族的财产。这样,以男子为主体的私有制和母系氏族制度就发生了矛盾,这种矛盾冲突的结果,就是母权制的消亡和父权制的确立,与此同时发生的就是氏族公社的解体和一夫一妻制的建立。人为机制是指人类根据一定的社会目标,通过人们的主观努力而有意识地建立起来的社会运行机制。如政策导向机制,它是政府决策部门根据社会运行目标和特定的社会运行状况而制定的一系列有约束力的规范,它既起着控制人们社会行为的作用,又起着激励人们某种社会行为的作用,如重奖有重大科技贡献人员的政策,就起到了激发科技人员为社会多做贡献的作用,而计划生育政策则起到了控制人口过速增长的作用。

自发机制体现了社会运行的规律,其形成过程是自然的,也是漫长的。人为机制虽然是人工设置的,但也体现了社会运行规律,违背了社会运行规律而强行建立的社会运行机制,其结果不是该机制根本无法运作、达不到预定目标,就是妨碍了社会运行,最终要被废弃。因此,人为机制的产生、形成和发展过程,实质上也是一个自然选择过程,要不断地受到社会实践的检验。凡与社会运行规律不符合、或与一定的历史条件不相适应的人为机制,最终要被废弃、被淘汰。如我国"文革"时期曾盛行的"记大寨工分",当时曾作为新鲜事物而加以推广,试图将其作为农村生产、分配的管理机制,终因这种管理机制与社会主义初级阶段不相适应,超越了我国现阶段社会生产力的发展水平而被废弃,代之以家庭联产承包责任制。在我国现阶段,社会改革推动社会运行机制转换,要革除与社会生产力不相适应的社会运行机制,建立促进社会生产力发展的社会运行机制。这里,我们要建立的社会运行机制就是人为机制。由此可见,一种新的社会运行机制的建立要受到三个因素的影响。第一,该机制是否符合社会发展规律;第二,该机制是否与社会运行目标相一致;第三,该机制运作的社会条件是否已经具备。我们以在大中型国营企业引入竞争机制为例。"竞争一直是,甚至从人类起源起就是对大部分激烈活动的刺激物。因而，我们不应试图取消竞争；而只应努力使它采取各种并非过于伤害的形式。"① 因此，竞争机制是符合社会发展规律的。从我国来看，社会运行目标是促进社会生产力发展、提高人民生活水平，而竞争可以激发职工的生产积极性，提高劳动生产率，因此，竞争机制是与我国社会运行目标相一致的。但由于我国目前依然存在"铁饭碗"、"铁工资"、"铁交椅"，竞争机制运作的条件尚未完全具备。竞争应该在一定的规范内进行，因此要制订一系列公平竞争规则；竞争的结果还应该是不均等的，因此要制订一系列竞争结果的分配原则，等等。这样，竞争机制才能充分发挥增强社会活力、调动人们生产积极性、提高劳动生产率的功能。否则，就将是一片混乱，或造成收入分配不公。因此，为竞争机制的运作创造必要的条件，制订竞争规则，而后引入竞争机制，这是增强我国大中型国营企业活力的重要任务之一。

（二）按社会运行机制的作用领域分，可将其分为经济机制、政治机制、文化机制、心理机制等等。这种分类方法实际上是将社会运行机制看作一个无所不包的庞大体系，因而超出了社会学的研究范围，成了各分支学科（如经济学、政治学、心理学等等）的研究领域。

（三）美国社会学家默顿曾将各种"可观察后果"区分为显功能和隐功能。② 类似地，我们按社会运行机制的表现形态分，可将其分为显机制和隐机制。所谓显机制和隐机制是针对自发机制而言的，人为机制都是显机制而无隐机制。因为人为机制是人为设置的，是人类有意识的产物，其结构—功能、作用原理与作用过程都已经被人们认识到了，并且有意识、有目的地加以利用。如社会安

---

① 〔英〕罗素（B·Russell）：《权威与个人》，肖巍译，中国社会科学出版社，1990年版，第11页。

② 参见〔美〕默顿：《社会理论和社会结构》，纽约，1986年版，第105页。

全阀机制是一种人为机制,也是一种显机制,是人们为减轻社会内在压力、保障社会运行安全而设置的,其结构—功能、作用原理与作用过程都是清楚的、外显的。自发机制中就有显机制与隐机制之分,某些自然机制的结构—功能或作用原理与作用过程不为人们所知,但在社会生活中存在并发挥作用的机制就是隐机制。例如"市场机制"曾经被亚当·斯密(Adam Smith)称之为"看不见的手",也就是说"市场机制"曾经是作为隐机制而存在并发挥作用的。社会运行机制研究的任务就在于,不仅要研究人为机制的产生、形成、发展和转换,还要研究自然机制中的显机制和隐机制,尤其要研究尚不为人们所知但在社会生活中发挥重要作用的隐机制,尽量消除这些机制对社会运行的消极影响,尽可能利用这些机制为实现社会运行目标服务。

(四)按社会运行机制的层次分,可将其分为一级社会运行机制,二级社会运行机制,三级社会运行机制,四级社会运行机制,等等。这样,社会运行机制就不再是一个空洞、抽象的概念,而是一个由许许多多具体的机制组成的社会运行机制体系。例如,将社会运行机制作为一级机制,它包含了社会运行动力机制、社会运行整合机制、社会运行激励机制、社会运行控制机制、社会运行保障机制等五个二级机制,每个二级机制里又包含了许多三级机制,如此等等。

将社会运行机制按层次分类,并将一级社会运行机制分为动力、整合、激励、控制、保障等五个二级机制,是我们建立社会运行机制体系的初步尝试,也是我们研究社会运行机制的一种新的探索。关于这一点,有必要作如下几点说明。

第一,我们曾经指出,社会学研究对象是现代社会良性运行、协调发展的条件与机制。这里我们要强调的是,研究社会良性运行、协调发展的机制,并不排斥对社会中性运行或恶性运行状态的研究。恰恰相反,我们研究社会良性运行、协调发展的机制,正是为了消除社会的中性运行、避免社会的恶性运行。人类社会发展的历史告诉我们，大多数历史时期社会处于中性运行状态，有时甚至陷入恶性运行状态，而真正的良性运行时期少之又少。这就要求我们认真研究社会良性运行的机制，在一定的历史时期内，在一定的国情、社情条件之下，应当设置什么样的社会运行机制，各社会运行机制之间是一种什么样的耦合关系等等，这是社会学研究的重要内容之一。毫无疑问，在这一研究中，我们要分析造成社会中性运行或恶性运行的原因，社会运行机制存在何种病变或障碍，怎样实现从中性运行或恶性运行向良性运行状态过渡的机制性转换。概言之，我们不仅要研究社会良性运行的机制，还要研究造成社会中性运行、恶性运行的原因，要研究社会运行机制的病变与障碍，要研究向良性运行状态过渡的机制转换等问题。

第二，社会运行机制是一个有机联系的系统，我们将其分为动力、整合、激励、控制、保障等五个二级机制，并非将这一有机系统机械地割裂开来，而是出于深入剖析社会运行机制的需要。实际上，这五个二级机制既是相对独立的，又是相互联系的。所谓相对独立的，是指这五个二级机制中的每一个机制，实质上是我们考察社会运行过程，研究社会运行规律的一个角度，也是一种独特的研究方法。例如，在社会运行整合机制中，我们的研究是从社会利益协调这一角度出发的。通过社会利益的认同、互补乃至强制，各具特殊利益的人以及由有共同利益组成的利益团体整合为社会一体。从整合的角度，我们可以考察社会运行的内在过程、研究社会运行规律。再如，在社会运行激励机制中，我们的研究是从社会成员的社会行为和价值观念的一致性是社会运行基本前提这一角度出发的。社会依据激励标准，运用激励手段，促使社会成员的行为方式和价值观念与社会倡导的趋于一致。同样，我们从激励的角度，也可以考察社会运行的内在过程、研究社会运行规律。从每一个角度出发考察社会运行，必然要涉及社会生活的许多领域。这样，从不同角度重复考察某一社会生活领域就是不可避免的。例如，整合机制与控制机制，控制机制与保障机制等等，都要涉及到社会秩序的产生与维系。因此，我们说这五个二级机制是相互联系的，这种联系是指功能上、结构上的联系，独立则是指考察角度上的独立。下图就是社会运行机制示意图，我们参照该图作一简要说明。

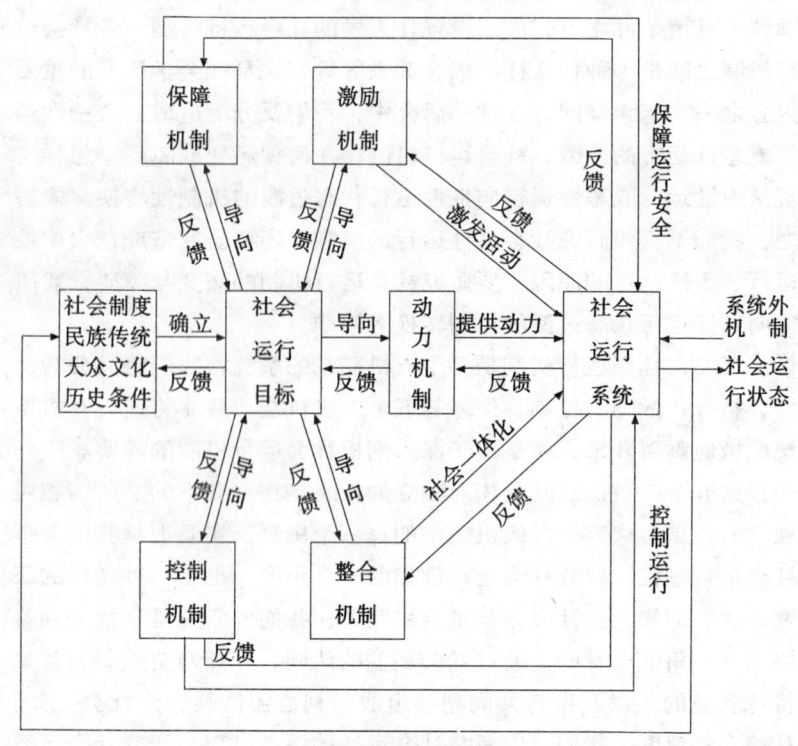

社会运行机制示意图

从图上可以看出，社会运行目标是由社会制度、民族传统、大众文化、历史条件这四个因素决定的，其中最重要的影响因素是社会制度。社会运行目标一旦确立之后，所有的社会运行机制都将围绕社会运行目标而被建立起来，为实现社会运行目标服务。因此，社会运行目标对社会运行机制起着导向的作用。这一导向过程是一动态调整过程，一方面社会运行机制不断调整结构以符合社会运行目标的要求；另一方面，社会运行机制在具体的运作过程中也有可能发现社会运行目标与社会实践相冲突而无法实现，这样就需要对社会运行目标进行修正、调整。社会运行机制建立之后，就要作用于社会运行系统（一般可分为经济、政治、文化和社会生活四大运行子系统），发挥其功能。具体地说，动力机制的主要功能是为社会运行提供适度的动力；整合机制的主要功能是协调社会利益，促使社会个体、社会群体组成有机整体；激励机制的主要功能是促使社会成员的行为方式和价值观念与社会倡导的趋于一致，激发社会活力；控制机制的主要功能是维系良好的社会秩序，控制社会运行的方向与速度；保障机制的主要功能是保障社会成员的基本生活条件、维护社会运行安全。这些机制在结构上应该是协调的，在功能上应该是耦合的、互相补充的，其协调中心就是社会运行目标。同样地，运行机制与运行系统之间也存在反馈，运行机制也在不断修正、不断调整之中。在运行机制的共同作用下，运行系统具体运行的结果就是社会运行状态，或良性或中性或恶性。社会运行状态反馈到社会制度，有可能促使社会采取相应措施改善社会运行状态或维持良好的社会运行状态，也有可能促使社会制度的改革以适应社会运行实际状况，还有可能彻底变革社会制度，这就是社会革命。这里，我们还要注意的是，对社会运行产生影响的因素不仅来自社会运行系统内部，还来自系统外的扰动。[①]

二、研究社会运行机制的意义

社会学研究的种类很多，按研究方法分，有理论研究和经验研究；按研究层次分，有微观研究、中观研究、宏观研究；按研究性质来分，有定性研究、定量研究；按研究角度来分，有结构研究、功能研究；按研究领域来分，种类更多，如城市社会学、农村社会学、工业社会学、家庭社会学、经济社会学、政治社会学、法社会学、文化社会学、管理社会学、犯罪社会学等等。我们认为，研究

---

① 参见郑杭生、郭星华：《社会转型与转型社会》，中国社会学会1992年学术年会专题论文，载《浙江学刊》1992年第5期。

社会运行机制，是对以上研究方式的综合，同时又是一种新的研究方式，一种观察社会的新角度。研究社会运行机制既具有理论方面的意义，又具有实践方面的意义。

从理论方面的意义看，研究社会运行机制，是建构中层理论、沟通宏观社会学理论与微观社会学理论的有效途径。美国社会学家默顿（R·K·Merton）反对建立抽象的宏观理论，他认为，这样的时机尚不成熟，他非常重视理论研究与经验的结合，主张要建立一种超出于工作假设之上，又能进行有限度的理论探讨的"中层理论"。他的关于"社会结构与失范"、"科层制人格"、"参考群体理论"等都是中层理论的范例。按照默顿的说法，"中层理论既非日常研究中大批涌现的微观而且必要的操作性假设，也不是一个包罗一切，用以解释所有我们可观察到的社会行为、社会组织和社会变迁的一致性的自成体系的统一理论，而是指介于这两者之间的理论。"① 他还举例说，"作为一种中层理论，角色丛理论从一个概念和相应的设想着手，从而推导出一系列理论问题，因此，假定角色丛冲突是社会结构造成的，我们就推导出一个双重问题（这一问题因缺乏理论阐述一直没人提出）：究竟哪一些社会机制能够消除理论上假定的角色丛不稳定性？在哪些情况下这些社会机制不起作用，以致形成无效、混乱和冲突的局面？"② 尽管默顿轻视宏观社会学理论的倾向未必正确，但他试图把社会结构层次与个体层次系统地联系起来，沟通宏观社会学理论与微观社会学理论，从而提出建构"中层理论"的主张，无疑是有合理思想的。

社会学研究中理论研究与经验研究联系不够紧密的问题由来已久，理论家们沉醉于构造精致的理论体系，与实际社会生活相距甚远；实际工作者们则热心于研究社会生活中十分具体的社会现象，

---

① ［美］默顿：《论理论社会学》，何凡兴等译，华夏出版社，1990年版，第54页。

② ［美］默顿：《论理论社会学》，何凡兴等译，华夏出版社，1990年版，第61页。

无力建构逻辑严密、体系完整的社会学理论。这种状况在我国社会学界尤为严重。长此以往，不利于社会学理论的发展，也不利于社会学研究的进一步深入。默顿关于"中层理论"的主张是解决这一问题的一种很好的思路，我们致力于研究社会运行机制也正是这一思路的拓展。

社会运行机制并不是中层理论，从层次上看仍然属于宏观社会学理论，但社会运行机制研究有助于建构中层理论，理由有二：第一，社会运行机制研究是一种新的研究视角，正如我们曾经指出的，社会运行机制是人类社会在有规律的运动过程中，影响这种运动的各因素的结构、功能及其相互联系，以及这些因素产生影响、发挥功能的作用过程和作用原理。这里，我们突出了影响因素的相互联系，这有助于我们去研究社会运行中的影响因素，并找出这些因素带有规律性的作用模式。而突出影响因素的作用过程和作用原理。则有助于我们深入研究社会运行的内在过程，掌握社会运行机制产生作用的一般原理，进而运用这些原理推动社会的良性运行、协调发展。这种研究是贴近社会实际生活的，而不是抽象的哲学思辨。第二，在上述基础上，我们还要细致地研究社会运行机制中更为具体的方面，如果将一级、二级社会运行机制看作是宏观社会学理论，三级社会运行机制就是中层理论，那么，三级之下则是微观社会学理论。

从实践方面的意义看，主要是研究我国社会转型时期的运行机制，有利于社会学研究更好地为社会改革服务。目前我国正在进行的社会改革，其核心部分就是要改革阻碍社会生产力发展的旧体制，建立一整套符合我国基本国情、促进社会生产力发展的社会运行机制。从社会运行机制的研究角度看，我们需要解决以下几个方面的问题。

第一，在旧体制下，阻碍社会生产力发展的社会运行机制有哪些，它们是怎样发生的，其阻碍作用有哪些。只有首先弄清楚这一点，我们才能找准改革的方向，选择改革突破口。以农村体制改革为例。阻碍农村发展的运行机制有很多，但其关键点是人民公社体制不适应我国现阶段的社会生产力发展水平，这种体制下的"大锅饭"分配机制压抑了农民的生产积极性，阻碍了农村的社会经济发展。从激励机制的角度看，就是激励标准产生的偏差，激励手段产生的失调。因而农村体制改革选择了打破"大锅饭"分配机制、建立以家庭联产承包责任制为核心的分配机制为改革突破口，推动了农村改革。从我国现阶段的社会改革现状来看，改革的任务还很艰巨，道路还很漫长，还有许多阻碍社会发展的运行机制没有发现，其作用过程和作用原理还不甚清楚，需要我们做更为深入的研究。

第二，我们要建立的新型运行机制有哪些，其运作的条件是什么，如何运用这些机制促进社会的良性运行、协调发展。社会运行机制是客观存在的事物，并不都能促进社会发展，如人口素质逆淘汰机制、某些心理逆反机制等就对社会发展起着阻碍作用。即使是促进社会发展的机制，也不一定在实际运作过程中能发挥预想的功能，关键在于运行机制有特定的运作条件，以及只有具备了这些特定条件的某种运行机制，才能正常运作并发挥应有作用的功能。例如，中国封建社会选拔人才机制是以任人唯亲为其特色、以科举制度为其补充的，但这种机制在现代社会却是无法运作的。这样，我们就要研究当代中国要建立什么样的社会运行机制体系，这一过程我们要引入符合中国国情的西方管理机制，也要注意研究引入的这些机制或新建立的机制要具备哪些运作条件。否则，不是搭花架子、搞形式主义，就是这些机制反而妨碍了我国的社会发展，我们已经有过不少这方面的经验教训。

第三，在新旧两种运行机制转换时期，将会产生哪些机制性病变，如何预防或治理这些机制性病变。新旧两种运行机制的转换并不是一蹴而就的，而是一个逐步转换、逐步过渡的过程，因此会有许多过渡性的运行机制产生。这些过渡性机制的稳定性较差，而且容易产生机制性病变。这种病变轻者使过渡性机制功能紊乱乃至无法运作，重者引起社会震荡。以价格机制的转换为例。改革前我国实行的是单一的计划价格，为了实现从计划经济向有计划的商品经济过渡，就要改革旧有的计划价格，建立过渡性的价格机制，这就是所谓"双轨制"。作为一种过渡性机制，"双轨制"的设立是必要的，但因此而引起的机制性病变也不可忽视："官倒"、"私倒"横行；社会风气恶化；通货膨胀；职工积极性下降；收入分配不公等等。价格双轨制造成了计划价和市场价的巨大落差，据有关学者计算，1988年我国控制商品的价差总额在1 500亿元以上，国家银行贷款的利差总额在1 138.81亿元以上，进口所用牌价外汇的汇差总额930.43亿元以上，这三项合计的差价总额在3 569亿元以上，再加上偷漏税款和其他杂项租金，1988年租金总额高达4 000亿元以上，占1988年国民收入的40%左右。据保守的估计，4 000亿元租金，其中约有40%，即1 600亿元流失到个人手中，这是造成分配不公最突出的表现和根源。①

总之，我国社会改革的现实需要社会学研究，而社会运行机制研究则是一种有益的探索，我们愿意做一些抛砖引玉的工作，以期引起更多社会学工作者的关注。

(1993年第1期)

---

① 参见胡和立：《1988年我国租金价值的估算》，载《经济社会体制比较》1989年第5期。

中国社会学一百年

韩明谟

一、中国社会学的产生和发展的历史起点与分期

中国之有社会学,究竟始于何时,过去大多认为可以从严复于1903年翻译出版了英国早期社会学家斯宾塞的《群学肄言》一书算起;这些年来经学者们进一步认真考证,认为康有为1891年在长兴学舍所讲的群学就是社会学,这样,中国社会学产生的最早时间距今已100多年了。

也许有人说:"当时康有为所讲的群学,不是货真价实的西方社会学,而是把一鳞半爪的社会学常识和中国传统的群的观念揉合起来,构成一种'不中不西、即中即西'(梁启超语)的所谓'新学'而已,离西方社会学的原型甚远。"① 这点,我觉得要请后来人一方面持原谅的态度,一方面还要实事求是地、历史地看待问题。所谓持"原谅"态度,就是要考虑到一个学科产生的最初启蒙阶段,不应过高要求它的专业化水平。所谓历史地看待问题,就是要把问题摆在当时的历史中去考察。清朝末年的中国知识分子,如康有为等,企图从中西思想中寻找救国救民的道理,融合而成一种新的见解,名曰:"群学",实是一种创造。没有这种独立自主的创造精神,何谈学问?所谓"不中不西,即中即西"一语,并不一定要理解为贬意,其实际语意也许可以理解为"不像中国的,也不像西方的;而又像中国的,又像西方的。"如果这种理解是对

---

① 陈树德:《中国社会学的历史反思》,《社会学研究》1989年4期。

的,说它是"融合中西"的成品,有何不可!我说这话,也非毫无根据。因为梁氏是主张"中学为体,西学为用"的。他说:"舍西学而言中学者,其中学必为无用;舍中学而言西学者,其西学必为无本。无用无本,皆不足以治天下,虽庠序如林,逢掖如鲫,适以蠹国,无救危亡。"① 显然,梁氏是赞美"即中即西"的。

如果说中国社会学已有100多年的历史,那么这100多年的发展过程,能不能找到几个不同的发展阶段呢?我觉得这完全是可以的。因为社会学发展的坎坷历史,的确经过了几个不同的阶段。但究竟可以分为几个阶段,又因各家的观点不同,分法各异。本文根据史实和过去的分类,认为中国社会学发展的历史,可以大致分为五个时期,即:

第一阶段　发轫期　1891—1910年　持续20年
第二阶段　幼苗期　1911—1927年　持续17年
第三阶段　成长期　1928—1951年　持续24年
第四阶段　停滞期　1952—1978年　持续27年
第五阶段　恢复期　1979年至今

这里需要声明的是,所谓历史的分期,只是为了说明学科发展历程的方便才作出的。事实上,历史的发展总是连续不断,往往很难把时间划分开来的,不过是一定时期有某些重点而已。再者,如上的分期,其基本思路是从社会历史的大背景下,结合了中国社会学自己发生发展的历史特点以及与其他相关学科的关系来考虑的。这种思路的根据是:任何学科的发生发展,往往都是与这个学科发生发展时期的社会历史进程,特别是这个学科所在地、所在社会历史进程中某些特定的历史条件相关联的,并且也一般地与它同时代的一些其他相关学科的发展相关联。中国社会学的发生发展,与中国近代逐步沦为半殖民地半封建社会,中国人民起来抗击帝国主

---

① 李兴华、吴嘉黄编:《梁启超选集》(上),上海人民出版社,1984年版,第38页。

义的侵略和推翻封建地主王朝的统治而掀起的一次又一次的革命是分不开的。一门社会科学，象社会学，它是社会的上层建筑的一部分，是特定的历史情况的反映。因此，社会学的内容，一定程度体现为文学家所说的"时代的脉搏"。

二、发轫期的两簇社会学火花

阐述中国社会学早期的历史，许多人都喜欢称那段历史为"输入期"。我的视角则宁愿多看看自己的力量。所谓"外因是变化的条件，内因是变化的根据，外因通过内因而起作用。"① 如果能从我们的内因上多探讨些情况，也许对了解那段历史，更能贴近实情，而不是局限在一些"输入"的表面现象上。

说那时中国已经有了社会学，那是言过其实；说那时已经有些先行人物，热心鼓动宣传，并迸发出一些社会学的火花，这确是历史的事实，这就是康有为的"社会改良"思想和康有为、梁启超、严复等的"群学"概念。

康有为的社会改良思想，集中在他的《大同书》中。在长兴里万木草堂的四年教学中，康氏基本上完成了他的三部著作：《新学伪经考》、《孔子改制考》和《大同书》（《大同书》全部完成是在戊戌政变以后）。这些著作就是他当时教学中重要的教材，并为他所领导的维新运动提供了一些重要的理论根据。他的《大同书》早在1884年"法军震羊城"时就开始写作，但根据他"思必出位，行必素位"（思考必须客观，行为必须诚恳）的认真态度，他长时间"秘不示人"。在万木草堂教学时，虽然把它传授给学生，但不准学生们往外宣传。梁启超在《清代学术概论》中说："居一年，乃闻所谓《大同书》者，喜欲狂，锐意谋宣传，有为谓非其时，但不能禁也……后此万木草堂学徒多言大同矣。"

康有为的大同学说，是他利用今文经的公羊学说和《礼记·

---

① 《毛泽东选集》第1卷，人民出版社，1952年版，第291页。

礼运》的大同思想，揉合欧洲空想社会主义、资产阶级民主思想和达尔文进化论，幻想出的一个所谓"无邦国，无帝王，人人平等，天下为公"的大同社会。梁启超说："先生之哲学，社会主义派哲学也。"先生"谓之实行者，不如谓之理想者"正是此意。其整个学说系统，理论轮廓，梁启超在《康南海传》中，有较详阐释。

大同学说的全部内容，不是本文叙述的范围，但其中论述的理想之家族与理想之社会，应该说属于社会学的范围。关于理想之社会，据梁启超回忆，康氏提出具有"特色"的"社会改良"计划十六条，其条目是：（A）进种改良，（B）育婴及幼稚教育，（C）教育平等，（D）职业普及，（E）劳作时间减少，（F）说教，（G）卫生，（H）养病，（I）养老，（J）土地归公，（K）公立事业，（L）遗产处置，（M）奖励名实，（N）刑罚，（O）男女同权，（P）符号划一。梁氏对每一条都作了具体翔实的说明。如第一条"进种改良"，他说："欲造大同之世界，不可不使人类有可以为大同公民之资格，故改进良种为最要焉。……先生之议，以为女子平日当受完全之教育，不待也矣。而又必定市廛乡宅之地，使各有别。凡后室不许在城市工场尘溷之地，使其有清淑之气。而政府又别置各种旅馆于山明水秀之诸地，以为士女行乐之所，令其受生之始，已感天地清明之气。及妇人之有身也，即入公立之胎教院，……他日胎教之学日精一日，则人种自日进一日。又凡废疾者……若经名医认其有遗传恶种之患，则由公局饮以止产药，无俾育兹稂莠。如是则种必日良矣。"① 这不是一条上好的国家优生政策吗？虽然其说词今天看来有些欠科学，但不能过度苛求清末人的水平。统观各条社会改良计划，其中很多条目，都是传统社会学应用研究的主要课题。据此，说从《大同书》中迸发出社会学的火花，不是毫无根据的！

---

① 梁启超：《饮冰室文集》。

社会学在当时本有两个名称，一曰群学，一曰社会学。谭嗣同于1896年著《仁学》一书，即提出"社会学"。稍后，章太炎于1902年翻译出版日本学者岸本能武太著《社会学》，中文书名就定为《社会学》。但为什么康有为、梁启超、严复却大倡"群学"而不言"社会学"？我认为，如果按照当时的历史情况，可以说倡言群学是适应了时代潮流，能够起到鼓励中国人救亡图存、团结御敌的功效，对国家、社会的进步能够起到促进作用。

　　群学的群字，来源于我国古代思想家荀子。在《荀子》一书的《王制》、《富国》篇中，都有论及。《王制》篇中说：人"力不若牛，走不若马，而牛马为用，何也？曰：人能群，彼不能群也。人何以能群？曰：分。分何以能行？曰：义。故义以分则和，和则一，一则多力，力多则强，强则胜物……故人生不能无群。群而无分则争，争则乱，乱则离，离则弱，弱则不能胜物……"。《荀子》中的这段话，可以名之曰"合群论"，论点有三：一是人力不若牛，走不若马，为什么牛马反而为人所用？这是由于人能合群，牛马不能合群。二是人为什么能合群，因为人有自己的"礼义法度"，人有社会制度，人有文化来管理自己。三是人为什么有了制度，有了文化就能战胜万物，这是因为有了制度和文化，就能和谐相处，团结一致，强大力量，向前发展。《荀子》中这一段话，论证得虽不尽合理，却称得上是精辟的社会学理论，是中国文化引为骄傲之处。无怪乎英国著名的社会人类学家卜朗（Radcliff·Brown）1936年就曾说过："社会学的老祖宗应当是中国的荀子。"① 因此严复说："故学问之事，以群学为要归。唯群学明而后知治乱盛衰之故，而能有修齐治平之功。呜呼！此真大人之学矣！"② 为了宣扬这个"大人之学"，严复在翻译《群学肄言》时，其文笔古雅而情深，文章并可琅琅成诵。这就可以一扫那些大人

---

① 费孝通在北京大学"文化人类学高级研讨班上的讲话"，1995年7月。
② 严复：《原强》。

（士大夫）睥视西洋文章经济远不如我，只是洋枪洋炮较好的看法。文笔古雅，就能传入那些大人、士大夫的书斋。章太炎虽于1902年翻译出版了日本岸本能武太的《社会学》，但他思想中仍是称颂群学的，因此他也说出了康、梁、严复等的同样看法，他说："知群之道，细若贞虫，其动翃翃，有部曲进退，而物不能害。"①蜜蜂那样的小虫，知道了合群，就像军队那样，别的动物就不敢危害它们，何况人乎！

三、栉风沐雨的社会学幼苗

中国社会学的产生、成长与整个国家的命运风雨同舟。它在推翻清朝帝制，军阀混战，五四运动，国共合作进行第一次国内革命战争等一幕幕惊心动魄的暴风骤雨中，艰难地破土发芽，长出一些不同色彩的幼苗。

在辛亥革命前，清朝朝廷为了抵抗以孙中山为首的资产阶级革命派的压力而不得不采取一些所谓实行宪政的措施。"广修学校"便是其中重要的一条。在所办的一些新型高等学校中，就有了社会学课程的设置计划。据查，最早考虑设置社会学一类课程的是京师政法学堂。该校在1906年（光绪三十二年十二月二十日）"奏定京师政法学堂章程"中，在政科政治门第一学年课程表内，设有社会学2小时。到1910年（宣统二年十一月十九日）在该校改订的"政法学堂章程"中，政治门及经济门课程表内，第1学年均设有社会学2小时，第3学年均有工业政策和社会政策4小时。接着，就在这一年，我国近代最早的新型大学"京师大学堂"（1898年——光绪二十四年——创立）在它的"分科大学第一学年学科课程表"里，其中政治科政治学门第1学年课程时刻表说明第四条有："社会学、政治地理及伦理学，均与政治诸学科极有关系，""均拟于补助课中增入讲授。"所增加的这三门课程，系于第2学

---

① 章太炎：《原变》，载《訄书》。

年及第 4 学年中讲授。到了 1911 年（宣统三年六月），京师大学堂在"改正政法科课程表"的补助课中，第 3 学年又有社会学 2 小时。①

从此可知，在当时清朝政府所办的新型高等学校中，已正式开设社会学一类的课程。但这类课程，虽然从课程表里看是开设了，而是否实际开设，何人所教，用什么教材或课本，其详情尚有待考证。至于京师以外各大学，如上海的南洋公学、天津的中西学堂或也已设置了社会学一类的课程，惟均尚无可考。惟知美国基督教会在上海所办的圣约翰大学于 1908 年开始设置社会学课程；由美国人孟（Arthur Monn）担任讲授，采用白芝浩（Waltor Bagehof）的《物理与政治》（Physics and politics）为教材。可知在辛亥革命前，还没有中国人自著的社会学书籍，少数学校虽设置了社会学课程，但详情尚待进一步追询。

到了 1912 年（民国元年），京师大学堂正式改名为国立北京大学。第一任校长就是积极介绍外国社会学著作的严复。北京大学文科中国哲学与西洋哲学门，均设有社会学课程。但迄今为止，能够证实已开课的时间，要到 1916 年秋。这年该校开讲了第一班社会学，由康保忠教授担任，自编讲义，印发学生参考。一般认为，这是中国人自己在大学讲授社会学的开始。除设置课程外，专门在大学设置系科，培养专业人才的，首推美国基督教会在上海开办的沪江大学。该校于 1913 年（民国二年）设置了社会学系，由美国教授讲课。另外，在科学研究方面，最早的要算 1915 年发表的陶孟和与梁宇皋合著的《中国乡村与城市生活》一书。这是作为一个中国社会学者第一次用英文发表的研究中国的书。也可以说，这是中国人自己出版的第一本社会学著作。

早期的中国社会学与日本、美国和前苏联有特殊的关系。日本

---

① 均见"京师大学堂旧档"，转引自孙本文：《当代中国社会学》，胜利出版公司，1948 年版，第 17—18 页。

明治维新后，努力向西方学习，取得了很大成效。中国广大革命进步人士和有志青年纷纷东渡日本，学习革命真理和富国强兵的本领，一时形成潮流。1907年留学日本的已逾万人，其中也有不少是因为反对清朝政府而逃亡到日本的。这些对中国封建社会感到面临绝境而东渡日本就近探求新的出路的留学生和政治逃亡人士，相继翻译了日本社会学著作，传入国内，一时颇为热闹。最早要数前面已经提到的章太炎1902年翻译出版的日本岸本能武太的《社会学》一书。接着，1907年汤一颚翻译出版了日本建部豚吾著《普通理论社会学纲领》，书名为《社会学》。但值得注意的还是欧阳钧编译的《社会学》，这书是根据日本人远藤隆吉的社会学讲义，并参照了其他著作编译而成。全书十三章，持心理学派思想，在当时是比较新颖的。同时这本书在社会学研究方法上也有较全面和新鲜的论点。书中所举研究方法有五：即经验观察、单位研究、网罗无遗、抽象研究与综合为一。大致上相当于现在所讲的访问法、个案调查、普查、归纳与综合等。可知已相当完备。另外还有几本，不再赘述。

中国社会学与美国有着更加广泛的关系。一为美国教会在中国所办的高等学校中开办的社会学系，二为退回庚子赔款，开办留美学校，设置社会调查研究机构。这两方面的措施，对中国社会学的生长起到了更加深远的影响。一直到建国前夕，有22所大学或独立学院设置了社会学系或历史社会学系、社会事业行政学系。其中有10所是教会学校，而美国教会所办的就占了8所。它们是：金陵大学、燕京大学、沪江大学、岭南大学、华西大学、东吴大学、齐鲁大学和金陵女子文理学院。其中前4所早于20年代就设立了社会学系。

"退款办学"首先是美国发起的。早在1906年，美国公理会牧师明恩溥（A. H·Smith）向美国总统罗斯福提出建议，将中国对美国的庚子赔款"退还"给中国一部分，以此款或息金作为每年派遣中国学生就学美国的经费。罗斯福同意后，从赔款中提出约

1000万美元逐年"退还"给中国,这就是开办清华大学的前身——清华留美学堂以及组成"中华文化教育基金董事会"的经费来源。"退款办学"的目的,可以当时美国伊里诺大学校长詹姆士给美国总统罗斯福的一份"备忘录"中,那句最要害的结语为代表:"为了扩展精神上的影响而花一些钱,即使从物质意义上说,也能够比用别的方法获得更多。商业追随精神上的支配,比追随军旗更为可靠。"① 语意充分暴露了区别于老牌帝国主义武装侵略的新帝国主义美国,企图用"精神上的支配"的糖衣炮弹来进行文化侵略的意图。在商业上美国达到了一定的目的,可是在利用留美的中国知识分子来统治中国为美国效劳的企图上却落了空。就社会学而言,那些留美学生,不论是否使用过庚款,绝大多数都是爱国的。他们都是兢兢业业地把自己的所学贡献给祖国的建设和发展的。他们对中国社会学的产生和成长,都作出了应有的贡献。这些人物有:陈翰笙、孙本文、吴文藻、陈达、吴景超、吴泽霖、潘光旦、李景汉等。

中国社会学的萌动出土,幼苗成长,也与1917年俄国的十月革命有着密切的关系,因为马克思主义真正比较广泛地传播于中国,促使中国社会学得到肥料与阳光雨露,更加茁壮起来,是在十月革命以后的事。李大钊1920年在《马克思的历史哲学》一文中说:"纵观人间的过去者便是历史,横观人间的现在者便是社会,所以可把历史和历史学与社会和社会学相对而比论。"在李大钊的心目中,研究"人间的现在者"便是社会学,把社会学研究领域看得太宽。他在1920年八卷四号的《新青年》上撰文《唯物史观与现代史学上的价值》说:"唯物史观是社会学上的一种法则,是卡尔·马克思和恩格斯1848年在他们合著的《共产党宣言》里所发见的。"在这里他又把唯物史观作为社会学的一种法则,与社会学又分不开了。接着,1922年,共产党人瞿秋白又到上海大学创

---

① 《清华大学史稿》,中华书局,1981年,第3页。

办社会学系。他所讲的社会学，就是马克思主义的辩证唯物主义和历史唯物主义。

至此，可以说中国社会学初期的产生和成长，特别是在五四运动之后的成长，由于中国社会环境的动荡不安，知识分子对科学与民主、思想解放的追求，加上日本、美国和俄国十月革命传来的社会学的不同思潮影响，从它的幼苗起就是在各种政治、社会、思想矛盾的激流中，栉风沐雨地逐步成长的。

四、成长期的三条枝干

中国社会学经过了清末康、梁、严复等的提倡，经过了辛亥革命的催化，又经过了划时代的五四运动的风雨滋润，到了30年代末期，已经长出青翠的嫩枝绿叶，并发育出几条粗壮的枝干，直至1951年新中国建国初期的院系调整，取消了社会学。我们把这段30至40年代社会学繁茂阶段称之为"成长期"。

三条枝干中第一条是高等院校和科研、文化出版部门社会学的发展，第二条是马克思主义社会学的发展，第三条是"乡村建设运动"的发展。对于这样的看法，也有不同意见，认为范围不应该包括得这么宽，只论及"学院派"社会学就可以了。对于这样的意见，早在建国前就已存在。孙本文在他的《当代中国社会学》一书开头就申明："本书认为唯物史观的著作不属于纯正的社会学，故凡以此种观点所编的书籍，概从割爱。"① 相反，马克思主义社会学也不承认学院派社会学。胡绳在1986年4月26日举行的中国社会学会常务理事扩大会议上说："解放前，马克思主义者是不讲社会学的。……这是因为，那时从西方传入中国的社会学，总的说来，是在保持原有社会制度的前提下，研究如何解决社会问题，如何稳定社会秩序。"这种互不承认的偏激，发展到极端，就演出50年代以后中国索性取消了社会学。但是作为历史的回顾，

---

① 孙本文：《当代中国社会学》。

实事求是地看待历史，我们就不能只承认学院派的社会学或者相反。其实，这个问题在解放前也已经很明确。费孝通说："一直到第二次世界大战的发生，中国社会学依旧分离经院理论、实验区的调查和社会主义者教条性的实践的三条碰不上的平行线上。"① 当时燕京大学社会学系系主任赵承信说："中国社会学主要的有'两大主流'，即'文化学派'和'辩证唯物论派'。"② 虽然费孝通把当时的马克思主义社会学不恰当地称为"社会主义者教条性的实践"，但却肯定了经院理论、实验区的调查和社会主义的实践这三条平行线。虽然赵承信认为"被唯物论者目为布尔乔亚社会学的才是中国社会学的正宗"，但仍肯定了辩证唯物论是两大主流的一派，"对于青年学生影响很大。"③ 因此，说成长期的中国社会学可以分为三条枝干是符合历史事实的。

三条枝干中，一条被人们认为最普通的枝干，就是高等院校和科学研究系统的社会学。在这个系统中，前已言之，至解放前夕，已有22所学校设置了有关的学系。在这些学系中担负教学任务的讲师以上的教师约有140人。在学制、课程设置上已逐步完备和定型化。学会、教材、杂志出版物也都达到了一定的水平。学科分支也逐步齐全。但就整个学科水平说，尚未出现过一个令人倾倒的理论思想体系或独树一帜的学派。学者们的学术研究不过是各有侧重。其中较突出的并有代表性的，我认为应该推文化和心理论者孙本文、生物论者潘光旦、人口论者陈达、社区论者费孝通四人。

孙本文是那个时代社会学者中"穷经皓首"的代表，他博览中外社会学群书，著作最丰。其代表作是《社会学原理》和《社

---

① 费孝通：《中国社会学的成长——为日本社会学年会报写》，《社会研究》第7期，天津《益世报》1947年10月。

② 赵承信：《中国社会学的两大派》，《社会研究》第23期，天津《益世报》，1948年1月。

③ 赵承信：《中国社会学的两大派》，《社会研究》第23期，天津《益世报》，1948年1月。

会心理学》。他的著作理论体系较完整，但资料和论点属于自己的很少。潘光旦一生致力于优生学、儒家社会思想和家庭问题，其主要贡献是对中国古代社会思想的整理和挖掘，晚年对土家族和畲族进行研究并作出重大贡献。陈达则一生主要进行人口和劳动问题的实际调查研究，是解放前中国人口研究的权威，也是人口普查实验研究的开拓者。他最重视数据，著作中充分体现"靠资料立论，用数字说话"的精神。在人口问题上提出生存竞争与成绩竞争并重的理论，和"对等的更替"的计划生育原则。费孝通的贡献是把文化人类学的调查研究方法，用自己的实践移植到社会学中来，实现了社区研究的具体化，并创了"社会学的中国学派"的先声。社区研究的理论与实践，在80年代社会学恢复以来，得到了空前的发展。他的"小城镇发展模式"理论与"中华民族多元一体格局"的形成论，是目前中国社会学在学术上领先的成就。

成长期的第二条枝干是马克思主义社会学的发展。这主要包括解放区的社会调查研究的发展和1927年至1937年间中国思想学术界掀起的中国社会性质问题论战、中国社会史论战和中国农村社会性质论战，以及在学院系统中持马克思主义观点的社会学者，如李达、许德珩等的教学科研活动。解放区的社会调查是在革命战争的艰难岁月里进行，为制定党的路线、方针、政策服务的。以毛泽东同志为首的解放区的社会调查，充实和发展了马克思主义社会学研究的世界观、方法论，并提供了一套社会调查研究的理论和具体方法。三次论战的社会学意义是弄清中国究竟是什么性质的社会，而中国的前途究竟应往何处去的问题。在学院系统中持马克思主义观点的社会学者，如李达，他的著作和活动对中国社会学中马克思主义观点的建立，起到了一定的推动作用。李达出版的《社会学大纲》，据说毛泽东同志曾阅读了十遍，并作了详细的眉批，向延安哲学研究会和抗日军政大学推荐，指出这是中国人写的第一部马克思主义的教科书，并称李达是"真正的人"。

第三条枝干是30年代火热进行的乡村建设运动。它是企图以农村复兴来取代农村土地革命的农村改良运动。参加的先后约有600多个团体,其中主要有梁漱溟领导的山东乡村建设实验区、晏阳初领导的定县平民教育实验区、江苏全省的民众教育实验区和陶行知领导的乡村教育运动。他们各有一套乡村建设理论和实际做法。这些活动并不全部等于社会学的活动,有的近于欧洲空想社会主义者的活动。但无论是从他们的理论还是影响看,都显示出中国社会学当时的时代特色,并丰富了中国社会学成长期中,特别是在应用方面的内容。例如梁漱溟的"中国的建设必走乡村建设之路,必走振兴农业,以引发工业之路",乡村建设的目的是要建设一个以伦理为本位的社会等等,都是中国农村社会学当时深入探讨的主题。因而,乡村建设的理论与活动,实际上是促进了中国农村社会学的发展。

五、社会学之被取消并非咎由自取

建国后从1951年至1952年,高等学校进行了全面的院系调整,各校社会学系两年内逐步被撤销。至此,教学与科学研究活动被迫完全停止了。至1957年,人口学者陈达教授应中央宣传部和中科院哲学社会科学部邀请,两次组织社会学家座谈关于建立人口问题研究机构问题。可是不久反右运动开始,这些活动被认为是从人口问题上"打开向党进攻的缺口",是反党反社会主义的复辟活动,因此所有参加人口问题座谈会的人,都被划成了右派。从此,人口问题、社会学成了危险的禁区。但社会学之被取消,目前有一种看法认为是咎由自取。比如有一本社会学概论教科书中说:"社会学自身在学科理论研究方面的不足,不能不说是导致它被取消的原因之一。"这种说法,至少是混淆了学术与政治的界限,并歪曲了当时的史实。在这个问题上,1979年3月的一次社会学座谈会上,胡乔木同志的讲话是正确的。他说:"否认社会学是一门科学,用非常粗暴的方法禁止它存在、发展、传播,无论从科学的还是政治的观点来说,都是错误的,是违背社会主义的根本原则的,是同中国共产党和毛泽东同志的思想背道而驰的。"胡乔木同志说出了问题的实质。

社会学在它被取消的二十余年中，虽然它的活动基本上是停滞了，但事实上也并非百分之百的中断。社会学的一些研究领域，在某些新的土壤中还是在那里生长繁殖，并得到不少发展的。最显著的就是民族学的研究。民族学事实上是在社会学和人类学的基础上于解放以后重新形成的学科。一些社会学的教学和科研人员转到这方面来。中国社会科学院民族研究所、中央和地方的民族学院里，许多业务领导和骨干研究人员，都是原来学社会学的。

当然，说社会学之被取消并非咎由自取，并不能理解为社会学的理论研究已经很够了。社会学自己永远要勉励它的专业人员寻求自己的不足。作为一个中国社会学的专业人员更要把过去的坎坷引以为戒，在新的征途上多作努力，永不灰心。

六、中国社会学重建后十六年来的发展

中国社会学自1979年3月恢复以来已走过16年的路程。16年对于一个人说，他还是一个孩子，那么对于一个倍受劫难的学科说，更说不上成熟。因此，真正说来，过去16年还是一个打基础的阶段，好比一个剧团，还是在组建、选角儿、搭戏台的阶段，而今后才是挂牌唱戏的，并且要唱大戏的阶段。

用什么样的标准来衡量社会学的发展呢？用什么样的标志来记录社会学学科发展的成就呢？我们不妨借用费孝通的"五脏六腑"说，来比较形象地回答这一问题。

所谓五脏六腑，是借用中医学的理论。中医学以心、肝、脾、肺、肾为五脏，以胃、胆、三焦、膀胱、大肠、小肠为六腑。五脏六腑说用到社会学上只是个比喻的说法。费孝通说："一个学科的建立，至少要包括五个部分，即：学会组织、专业研究机构、各大学的社会学系、图书资料中心、出版物。这五个部分建设起来后，

这个学科就初具规模了。"① 我们姑且以这五个方面的情况,来检阅一下社会学学科建设的成绩。可以名之曰社会学学科的"五脏":

（一）学会组织 它是学科的群众性组织。它的成员,最初不仅包括学科的专业人员,也包括支持这门学科的人。特别是在社会学重建恢复时期,更需要社会上的支持力量。全国性的学会有中国社会学会、中国社会心理学会、中国青少年犯罪研究会、中国婚姻家庭研究会。中国社会学会下两级学会有乡村社会学会、教育社会学会等。全国（不包括台湾,下同）已有23个省、自治区、直辖市,6个计划单列市建立了社会学会。

（二）专业研究机构 除中国社会科学院社会学研究所外,有26个省、自治区和直辖市的社会科学院建立了社会学研究所（室）,9所大学建立了社会学研究所,还有民间的社会调查研究所两个,接受机关或企业委托的社会调查研究项目。专业研究机构在社会学的研究上起着带头、协调、交流和组织的作用,承担国家或地方分配的科研课题,直接为国家建设服务。

（三）各大学社会学系 全国有15所高等学校设置了社会学系（或专业）,在校博士、硕士和研究生班的学生约160人,本科生约900人,已为国家和社会输送研究生约150人,本科生约300人。在专业设置上,除社会学专业外,北京大学和吉林大学还设置了社会工作与社会管理专业。这是为适应我国现代化发展提出的新需要而设置的。

（四）图书资料中心 这项工作还没有很好地开始。各研究部门、各大学社会学系都有自己的小型图书资料中心,但都很不完备且互不通信息。在管理、运作手段上也较落后。因此,创造条件建设一个现代化的图书资料中心还是必要的。这所中心在对外交流中

---

① 费孝通:《社会学的探索》,载《费孝通社会学文集》,天津人民出版社,1985年,第27页。

也会起到积极的作用。

（五）出版物　包括刊物、丛书、教材和通俗读物，目前有公开出版的社会学刊物6种，内部不定期出版物10种。社会学丛书有天津、浙江、山东3家人民出版社的3套丛书。另外在一些其他丛书中，也还有一定比例的社会学书籍。

根据《中国社会学年鉴》1979—1989和1989—1993年两本书的统计，十四年来发表的有关社会学论文至少已有3600篇，出版的书籍已有500余种（包括翻译的书籍在内）。就论文说，综论与理论两项合起来的比重要占全部论文的四分之一，而婚姻与家庭，青年、老年和妇女方面的占到36％，其他的如城乡社会学、社会心理学也是研究的重点。就书籍说，理论同样占到总数的四分之一，其次为婚姻家庭，再次则为社会学方法、城乡社会学、社会心理学。但可以一提的是社会学辞书也出版了17种，"辞书热"过去在出版界曾盛行一时，社会学也适逢时令。

现在再谈六腑。所谓六腑，是说一个社会学系应当能开出六门基础课程。它们是：社会学概论、社会调查研究方法、社会心理学、城乡社会学、社会人类学、国外社会学说。社会学概论和社会调查研究方法是基本的基本，经过多年来的努力，加上原来较有基础，可说基本上已经初具规模，即教材、大纲、参考文献等已较完备。其次是社会心理学，已有比较适合中国学生学习的教材。城乡社会学可以分成城市和乡村两方面考虑，目前仍缺乏具有中国城乡特点的教材。社会人类学的教材，目前可说仍处于空白状态。最后，关于国外社会学说，资料和书籍已经不少，但理想的观点正确、资料全面的教材尚付缺如。就培养一个符合要求的社会学专业人才说，这六腑还要作较大的努力。

五脏六腑的说法，不过是从学科和学系发展的条件，提供一种衡量的方法，既不全面，也看不出质量。因此有必要从学科的学术成就来进一步说明16年来社会学发展的情况。按学科分类说，我们大致在社会学理论、社会调查研究方法、城乡社会学、婚姻家庭问题、社会发展与社会现代化研究五个方面作出了较大的成就，获得了较多的成果。此外我们在社会心理学、社会工作和社会保障、部门（或曰分支）社会学三个多环节的领域中获得了较多的发展。为篇幅计，我们只好割爱，不能把这16年来的突出成就，一一作出说明。现在结合前述一百年来不同阶段的情况，可以概括看到中国社会学的历史发展具有一些明显的特征。这些特征是：

（一）为国为民，为建设社会主义的主体性

中国社会学从它萌芽、襁褓时期起就强调独立自主，强调学术思想的主体性。这种主体性是中华民族悠久的传统文化与一百多年来饱受外国侵略产生的反抗情绪结合起来自然而然的学术上的反映。社会学虽然是从国外引进的，但中国学者一直强调自身发展的主体性，强调社会学中国化、本土化，强调"建设具有中国特色的，社会主义的社会学。"

（二）基于传统哲学观点的应用性

受中国传统哲学观点的影响，中国知识分子思想主流不尚空谈。早期的社会学，康有为把它归之为"经世之学"；中期的社会学，具有强烈的反帝反封建、救国救民的精神，可以名之曰"拯救中国之学"；恢复以来的社会学，可以名之曰"建设社会主义之学"。

（三）研究工作的群体性

科研体制与工作方法在一定程度上体现了社会制度的特征。16年来社会学研究充分体现了群体性。例如雷洁琼教授领导的"中国五城市家庭研究"是组织了京、津、沪、宁、蓉五城市所属许多单位的专业人员完成的。费孝通教授领导的"小城镇研究"，自1983年开始，得到江苏等十余省市专业队伍的分工合作，集体研究，协同攻关，取得空前成就。

（四）社会学知识和观点的扩散性与普及性

社会学恢复时间不长，但已广泛影响到各个学科，产生了诸如医学社会学、军事社会学、文艺社会学、历史社会学等。各校社会学概论的听讲人数都在几千人次。广播、电视各种所谓"热线"节目，大都用社会学的观点和材料来解答人们社会生活中的疑难问题。

（五）以马克思主义、毛泽东思想为指导的科学性、创造性

中国社会学的研究和发展如果有什么优势的话，那首先就是我们有了马克思主义。许多学者都在自觉不自觉地吸取马克思主义的阳光雨露，解放思想，独立思考。目前中国社会正在急遽地巨变过程中，也是中国社会学者深入实际，调查研究，施展才能的最好时机。这是中国社会学发展的黄金时代。时代呼唤着中国社会学兴旺发达，走向世界。

（1996年第1期）

中国各族群之间的结构性差异

马　戎

在本文中我们将主要讨论和分析当前中国各族群集团①之间存在的结构性差异。在西方的种族和族群研究中,对各个族群进行"社会分层"方面的结构性比较是最重要的研究专题之一。通过族群间的结构性比较,我们有可能分析在族群矛盾中有多大程度属于在文化与认同方面的真正意义上的族群冲突,又有多大程度上应当属于"社会分层"带来的贫富矛盾,即弱势群体与强势群体之间的矛盾。西方国家的社会学家们在这一方面开展了大量的研究,有力地推动了族群关系的深层剖析,并有助于政府制定改善族群关系的政策和预测族群关系的发展前景。我国对于族群关系的社会学研究起步较晚,对于我国"族群分层"的实证研究也十分缺乏,本文是使用普查资料来进行"族群分层"比较研究的一个尝试。

在对中国的"族群分层"进行分析时,我们首先面临着资料严重缺乏的困难。与美国等西方国家的统计制度不同,我国政府统计部门每年公布的各项社会与经济统计数字都以行政区划为单位,没有各个地区分族群的统计资料,同时以族群为对象的历史统计资料也很少,过去学术界开展的族群调查也很少搜集系统的量化数

---

① 长期以来,中国把族群(ethnic groups)都称为"民族"(nationalities 或 nation),从严格学术意义上来看,中国的56个"民族"实质上是西方学术话语中的"族群"(ethnic groups)而不是西方政治术语中的"民族"(nation)。而我们日常所说的"中华民族"和"民族主义"则十分接近于西方的"Chinese nation"和"nationalism"(马戎,2001a:149)。根据这一观点,本文在相关的地方将主要使用"族群"一词。

据，惟一能够向研究者提供以族群为单元的系统的统计数据的是全国人口普查。由于人口普查每10年开展一次，普查表的内容也有限，所以人口普查也仅能提供最基本、最宏观的反映中国族群人口结构分层的资料。

本文的分析和讨论所使用的主要是1982年、1990年和2000年全国人口普查结果和统计数字，力图通过对这些有限的数据的分析使我们对中国当前各个族群的社会经济结构特征得到一个宏观的了解。这些族群间的结构性差异和特征所反映出来的，实际上是各族群对于现代社会和经济生活的适应能力，这一适应能力无疑会影响当前各族群对于中国现代化发展进程的参与程度以及对改革成果所能分享的程度，而这种参与程度和分享程度无疑会对当前和未来中国的族群关系带来重要影响。

由于公布的人口普查资料中以族群分类的统计指标很少，所以我们只能从现有的几个指标来进行最初步的考察。我们讨论的主要指标是：（1）人口的教育水平；（2）劳动力的行业结构；（3）劳动力的职业结构；（4）人口的城市化水平。与此同时，我们可以把1982年、1990年的数据与2000年数据进行比较，以分析在这一期间里所发生的变化，并讨论这些变化可能给我们理解中国族群发展和族群关系演变特点提供的线索。

在本文最后的部分里，我们也将结合北京大学近十几年来在少数族群地区开展的社会调查所得到的与族群分层有关的数据来进行局部地区族群结构性差异的讨论，作为对于全国性人口普查资料分析的补充。在中国960万平方公里的土地上，各地区在自然环境、人口密度、族群构成、社会与经济发展水平等方面存在着巨大的差异，因此我们在对中国的族群分层进行研究时，必须注意到这种区域性差异，需要对各个局部地区族群之间的结构性差异进行具体的比较。如沿海地区汉族人口的社会经济结构就与生活在西部边疆地区的汉族人口的社会经济结构之间存在着显著的差别。例如当我们研究西部某地区的族群分层时，我们应当使用当地汉族的具体数据而不是全国汉族的整体性结构资料来与当地少数族群进行比较，避免在比较的对象确定方法上出现偏差。各省和各地区的人口普查资料和其他统计资料在这方面可以提供部分数据，以帮助我们确定区域性人口和劳动力的社会经济特征。但是最实用和最可靠的资料，还是调查者根据自己的研究专题、自行设计问卷并在实地调查所得到的调查资料。

一、全国人口普查资料提供的中国各族群结构性差异

在公布的各次全国人口普查资料中，我们可以了解到反映各个族群教育、行业、职业以及城市化结构这4个方面的基本数据。由于有的族群在地理上分布比较集中（如藏族），这些数据所反映出来的这些族群的结构性特征，与当地的区域性社会特征（如高原、山区、边疆等地区的经济社会特征）密切相关。有的族群不但人口规模大而且地理分布比较分散（如回族），这些整体性结构就很难用来说明某个具体区域性的族群人口特征，因为同一个族群内部居住在不同地区的人口之间的差距可能会比较大，如居住在沿海大城市的回族与居住在甘肃、宁夏的回族在教育结构、职业结构和收入结构方面就有着明显的差距。所以全国性普查数据仅仅能够提供一个整体性的宏观图画，无法勾画和表现各地基层社区层次上的族群结构性差异。而普通民众每日每时所感受到的，恰恰是以周围的人群为对象进行族群之间的比较，正是居民们这种日常生活中的切身感受，影响着当地的族群关系。所以当我们需要做一些细致的区域性研究时，就需要对省级和地区级的人口普查资料进行更深入的分析与比较，或者在当地组织户访问卷调查，以取得地方性的资料数据。

下面我们使用1982年、1990年和2000年全国普查资料来依次分析各族群在教育、产业、职业、城市化水平这4个方面在全国层面上的宏观结构差异。

（一）教育

在现代社会当中，正规学校教育是青少年系统学习和掌握知识、技能、价值观念、行为规范和实现社会化的不可替代的必经渠道，也是他们达到就业年龄之后是否能够从事自己理想的工作、在个人事业上能否取得成功的重要保证。一般而言，一个人所接受的教育程度越高，他选择工作的范围就越广阔、个人发展的机会越多，也更容易迈上事业成功的台阶。而一个族群所拥有的具有高学历的人员越多，这个族群成员中在社会和经济活动中取得成功者的比例也就越大，族群作为一个整体在社会和经济事务中的发言权和影响力也就越大。美国的犹太人在总人口中的比例并不高（约580万人，占总人口的2.3%），但是由于犹太人非常重视孩子的教育，所以整体的教育水平明显高于其他族群，因而担任行政官员、法官、律师、大学教师的人数较多，从而在美国的各级选举、社会事务甚至外交事务上具有相当的影响力，这也是美国长期向以色列提供强有力支持的主要原因。正因为教育在现代社会中的重要性，所以对于族群整体教育结构的分析通常是族群分层研究的一个基础部分。

由于中国有56个族群，如果我们对每个族群的数据都进行分析，相关表格就会很大而且具体的讨论也很琐碎，所以我们主要选择一些人口规模较大的族群或者变化较明显的族群来进行分析与讨论。

在我国政府部门所公布的历次人口普查数据当中，有些指标的统计标准是前后不一致的，这就给研究者在进行比较分析时带来一定的困难。例如关于文盲率的统计数字，1982年人口普查资料提供的是"12岁及12岁以上人口中文盲、半文盲的数字及比重"，同时也提供了6岁及以上人口的文盲数字；1990年普查资料提供的是"15岁及15岁以上人口中文盲、半文盲的数字及比重"，2000年人口普查资料提供的是"6岁及以上人口中'未上过学'和'扫盲班'的数字"。

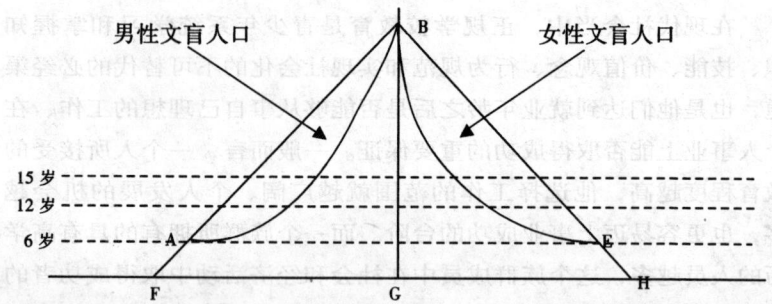

一般来说,如果一个人口的年龄结构不变,而且我们确切知道教育事业在过去几十年里得到显著的发展即年轻人比年纪大的人有更多的受教育机会,那么统计标准选择的年龄越低,文盲率也就应当越低。这可以通过图1来进行分析。图1中的FBH表示一个人口金字塔,水平坐标线FH表示人口规模,垂直坐标线BG表示年龄,FBG这个三角形的面积表示男性人口,BGH表示女性人口,曲线AB和EB以上的部分分别表示男性和女性的文盲数字,由于我们假设女性受教育机会少于男性,所以曲线AB以上部分的面积小于EB以上部分的面积。三条横虚线表示三种统计文盲率的年龄标准线(6岁、12岁、15岁)。从这个示意图来看,如统计标准选择的年龄为6岁,计算出来的文盲率应当低于12岁和15岁。

但从实际统计数字的结果来看,并不一定如此。以蒙古族为例,1982年文盲半文盲占12岁及以上人口的百分比为28.46%,同年文盲半文盲占6岁及以上人口的百分比为29.81%。1982年在55个少数族群中,只有畲族、土族、羌族和门巴族这4个族群的6岁以上人口文盲率低于12岁人口文盲率。同时全国6岁以上人口文盲率为31.88%,12岁以上人口文盲率为31.87%,汉族6岁以上人口文盲率为31.03%,12岁以上文盲率为31.16%。可见至少可以说明在1970—1976年期间(也就是1982年统计时的6—12岁年龄组),汉族的普及教育工作比大多数少数族群地区发展得要好一些。为了与2000年同样统计标准(6岁及以上人口)进行比较,也为了更准确表现1982年少数族群人口的文盲情况,我们在表1

中使用的是6岁及以上人口的文盲率。表中显示出，1990年普查以15岁为标准统计的各族文盲率，都明显低于1982年以6岁为标准统计的文盲率，证明在此之前的一个时期内，全国农村的基础教育普遍得到了较快的发展。2000年以6岁为标准统计的文盲率，其数值大大低于1990年统计的文盲率，如果我们把降低统计年龄的因素考虑进去，在进行两个年代的比较时需要打一个折扣。

表1 中国一些主要族群"文盲率"的变化

	1982	1990	2000	1982—2000*
壮族	33.72	21.17	7.7	22.8
满族	18.48	11.41	5.1	27.6
回族	42.34	33.11	18.3	43.2
苗族	59.67	41.85	20.5	34.4
白族	41.62	30.15	12.3	29.6
维吾尔族	43.57	26.58	11.6	26.6
彝族	63.19	49.71	26.0	41.1
土家族	33.70	25.24	11.2	33.2
蒙古族	29.81	17.82	7.9	26.5
藏族	74.96	69.39	45.5	60.7
布依族	56.44	42.81	20.3	36.0
侗族	45.26	28.53	12.1	26.7
瑶族	48.19	29.92	10.7	22.2
朝鲜族	11.54	7.00	3.3	28.6
哈尼族	71.29	60.45	33.0	46.3
黎族	45.69	28.51	12.6	27.6
哈萨克族	28.06	12.34	3.9	13.9
傣族	57.60	42.21	19.2	33.3
汉族	31.03	21.53	9.0	29.0
全国	31.88	22.21	9.5	29.8

资料来源：人口普查办公室，1985：244—245；1993a：380—459；2002a：563—564。

*本栏的数字是2000年文盲率为1982年文盲率的百分数，被100减去，即为下降的幅度。

在表1中，我们选择了在2000年人口达到100万人的18个少数族群作为比较的对象，考察它们在这3次人口普查中"文盲率"

的变化。整体来说，自政府于1982年实行"改革开放"以来，中国各个族群的教育水平得到了显著的提高，其中有些族群的文盲率降低得很快，如哈萨克族的文盲率在18年里从28%降低到3.9%，下降的幅度为86%。同期全国文盲率下降了30%，在这18个少数族群中，有8个族群文盲率下降的幅度低于全国平均下降水平，10个快于全国平均水平。

在察看我国各族群教育程度结构性差异的统计表时，我们可以注意到在"文盲率"这个统计项目上，各个族群之间的差距相当明显。如1990年15岁及以上人口中的文盲率在10%以下的有8个族群，同时有17个族群的文盲率在50%以上，另外彝族的文盲率在49.7%，也接近50%。占全国总人口92%的汉族，文盲率为21.53%，居于各族的"中游"水平，略低于全国总人口的文盲率（22.21%）。2000年汉族6岁以上人口文盲率为9%，略低于全国整体文盲率水平（9.5%）。就整体而言，汉族的受教育水平在56个族群中并不属于"先进"族群，但是在不同省份，由于当地汉族的行业职业结构的差异可能导致教育水平的差异。

以中国社会目前的教育状况来看，受过大学本科或专科教育的人可以被视为"知识阶层"。从6岁及以上人口中受过大学本科或专科教育的比例当中，我们可以分析各族人口中这一"知识阶层"的相对比例和绝对数字。在56个族群当中，1990年这一比例低于1%的有33个族群，高于或接近5%的只有6个族群，其余17个族群的"知识阶层"只占其人口的1%—5%。2000年这一比例低于1%的只剩下10个，高于5%的有11个族群。2000年汉族的这一比例为3.9%，稍高于全国平均水平（3.8%），在56个族群中处于中等水平，但因其绝对规模超过1 500万人，所以汉族在中国社会的各项政治和经济活动中的作用比较显著。

受到高等教育的人数在同年龄组中的比例（大学、大专入学率）是国际通用的衡量教育水平的指标，包含在世界银行的年度发展报告中。1993年全世界平均水平为18%，美国为81%，而中国仅为4%（世界银行，1996：202）。与其他国家相比，我国发展高等教育的道路还很漫长，国民的整体素质还是很低的。对于中国社会（无论是汉族和少数族群）来说，高等教育仍然处在起步阶段。

中国高等教育这十几年来的发展速度是比较快的，全国高校连续多年扩大招生规模，大学年招生数从1980年的28.1万增加到2001年的268.3万人，研究生招生数从1980年的3 616人增加到2001年的16.5万（国家统计局，2003：674—675）。这样的发展速度也体现在1982—2000年受高等教育人数比例的变化，从表2中我们可以看到在1982—2000年期间，全国6岁以上人口中大学生的比例增加了5.6倍，在18个人口超过百万的族群中，大学生比例增加了10倍以上有5个，低于全国平均水平的也只有5个。

表2　中国一些主要族群6岁以上人口获"大学及以上"学历的比例

	1982**	1990	2000	1982—2000*
壮族	0.26	0.65	2.0	7.7
满族	0.94	1.91	4.8	5.1
回族	0.80	1.77	4.1	5.1
苗族	0.14	0.46	1.4	10.0
维吾尔族	0.39	1.10	2.7	6.9
哈尼族	0.05	0.20	0.7	14.0
彝族	0.10	0.30	1.1	11.0
土家族	0.18	0.82	2.3	12.8
蒙古族	0.95	2.19	5.2	5.5
藏族	0.24	0.52	1.3	5.4
布依族	0.16	0.45	1.3	8.1
侗族	0.24	0.70	2.1	8.8
瑶族	0.17	0.60	1.9	11.2
朝鲜族	2.18	4.82	8.6	3.9
白族	0.48	1.23	2.9	6.0
黎族	0.19	0.56	1.3	6.8
哈萨克族	0.56	1.52	4.1	7.3
傣族	0.12	0.34	1.0	8.3
汉族	0.69	1.63	3.9	5.7
全国	0.68	1.58	3.8	5.6

资料来源：人口普查办公室，1985：240—243；1993a：380—459；2002a：566—567。

* 本栏的数字是2000年为1982年数据的百分数，为上升的倍数。

** 1982年数字包括"大学毕业"和"大学肄业或在校"两项。

"中专"教育是一个国家学校教育体系中的重要组成部分，与本国生产力发展水平和就业系统结构密切相关，日本和德国的中专教育非常发达，有效地提高了这两个国家产业基本劳动力的素质，体现了其教育体系的基本思路与发展特点。传统上我国政府与普通民众比较重视大学教育和与大学衔接的高中教育，特别是具有悠久"科举"传统的汉族，普遍重视文理科大学而轻视教授应用性技能的中专。

1990年我国6岁及以上人口中高中毕业人数与中专毕业人数的比例是1：0.24，2000年这一比例为1：0.4，标志着我国的中专教育的发展。这一发展也体现在各少数族群当中。在大多数族群人口中，"普通高中"毕业生比例都明显高于"中专"毕业生。1990年在藏族、普米族、门巴族、珞巴族、独龙族、怒族这6个族群的人口中，"中专"毕业生比例高于"普通高中"毕业生比例。2000年除了这6个族群之外，另外8个族群（柯尔克孜族、塔吉克族、基诺族、布依族、阿昌族、水族、布朗族、傈僳族）的"中专"毕业生也高于"普通高中"毕业生，这14个族群中有3个集中居住于西藏自治区，9个集中居住于云南省，2个集中居住在新疆西部地区，这一现象很可能反映出这些族群所在地区教育结构的特点，需要给予特别的关注。一方面我们注意到，这些族群都不是受汉族文化和"科举"观念影响的族群，同时也要调查研究这种教育结构对于这些族群未来的发展所产生的各种影响。

（二）产业

产业结构反映的是一个社会中各经济部门所占用劳动力的比例，农业、畜牧业等通常被称为"第一产业"，是传统农业社会的最主要的经济活动；制造业、建筑业、运输业、采矿业等通常被称为"第二产业"，是近代工业化的产物；而商业、金融保险、文化教育科研、卫生医疗和服务业等则通常被称为"第三产业"，自工业化后期以来得到迅速的发展。如经济发达的美国,在20世纪80年代初从事农业活动的劳动力仅占劳动力总数的1.8%,而从事第三产业的劳动力占到劳动力总数的约70%(何博传,1989:80)。所以农业劳动力比例高和第三产业劳动力比例低,可以大致作为一个国家经济不发达的标志。

这里需要注意的是,"产业"与"职业"的含义并不一致,在一个产业(如农业)中,可能包含许多从事不同职业的人员(如管理人员、技术人员、运输工人、农民等)。而属于一个职业(如专业技术人员)的劳动者,可能分布在许多行业(如农业、工业、运输业、商业、金融保险、服务业、医疗文教等)中工作。当产业与职业之间比例相差悬殊时,通常反映出这些职业的"社会专业化"程度比较低。如果在"工业"行业的人员中包括了大量的"商业人员"、"服务业人员"、"卫生医疗人员"、"文化教育人员",可以说明这些工业企业是一些相对独立于社会服务部门的"小社会",在本单位内部经营以自己职工为服务对象的商业、服务业机构、学校、医院(马戎,1988:90)。所以我们在分析各族群劳动力结构特征时,既要理解二者之间的差别,同时也需要把行业和职业这两方面结合起来思考。

下面我们来看看表3中各族群劳动力的产业结构。在这个表中,为节省篇幅,我们同样选取了2000年人口超过百万的18个少数族群和汉族,以避免对56个族群的全面分析。在我国的人口普查中,"行业"的统计分为15大类,为了简化起见,我们只讨论三个产业各自的比例,而不讨论各个具体行业。为了分析自实行"改革开放"政策以来中国社会所发生的变化,在表中包括了1982、1990和2000年三次普查的数据。

表3 我国一些主要族群就业人口的行业结构变迁

	第一产业（%）			第二产业（%）			第三产业（%）			1982—2000
	1982	1990	2000	1982	1990	2000	1982	1990	2000	一产变化*
壮族	91.1	88.9	80.1	4.1	4.8	9.9	4.8	6.3	9.8	87.9
满族	61.7	68.1	66.0	25.0	18.3	16.3	13.3	13.6	17.5	107.0
回族	61.8	62.3	59.6	25.2	21.8	18.0	13.0	15.9	22.0	96.4
苗族	95.1	93.0	86.9	1.9	2.7	6.6	3.0	4.3	6.4	91.4
维吾尔族	86.1	85.2	80.4	6.3	5.9	6.7	7.6	8.9	12.4	93.4
彝族	94.6	93.7	90.6	1.5	2.5	3.8	3.9	3.8	5.7	95.8
土家族	93.0	89.1	80.2	2.7	4.4	9.8	4.3	6.5	9.9	86.2
蒙古族	74.4	71.9	71.1	9.6	10.6	10.2	16.0	17.3	18.4	95.0
藏族	90.9	86.7	86.4	3.2	3.4	3.6	5.9	9.9	9.9	95.0
布依族	94.5	93.1	87.8	2.0	2.7	5.6	3.4	4.2	6.5	92.9
侗族	93.5	90.4	81.7	2.5	3.8	9.3	4.0	5.8	8.9	87.4
瑶族	95.2	92.1	85.2	1.8	4.6	7.1	3.0	3.3	7.5	89.5
朝鲜族	59.2	52.7	47.2	24.7	24.4	20.2	16.1	22.4	32.0	79.7
白族	85.9	88.5	79.3	7.8	9.1	8.8	6.3	7.9	11.7	92.3
哈尼族	95.7	94.4	90.6	1.6	3.6	3.8	2.7	3.4	5.5	94.7
黎族	94.0	91.8	88.8	1.8	2.1	3.1	4.2	6.1	7.9	94.5
哈萨克族	82.6	82.5	77.9	4.2	4.2	5.4	13.2	14.6	16.4	94.3
傣族	95.2	93.5	89.1	1.6	2.2	3.2	3.2	4.3	7.6	93.6
汉族	72.9	71.3	63.0	18.4	17.8	20.5	8.7	10.7	16.3	86.4
全国	73.7	72.2	64.4	17.7	17.1	19.5	8.6	10.7	15.9	97.4

备注："第一产业"包括普查项目的"农林牧渔业"，"第二产业"包括"制造、运输、建筑、采矿、勘探、电力"项目，"第三产业"包括"商饮、服务、公共事业、文教卫生、科研、金融"和"国家机关"。

* 2000年第一产业百分比占1982年第一产业百分比的比重，表示这个期间的变化。

资料来源：人口普查办公室，1985：248—255；1993a：752—763；2002b：815—820。

首先，我们注意到我国直至2000年，全国从事农业的劳动力占总数的64.4%，所以中国仍然是一个以农业为基础的发展中国家。而作为全国人口绝大多数的汉族，农业劳动力占总数的63%。因此少数族群作为一个整体而言，农业劳动力的比例略高于汉族。在人口较多的族群当中，只有1个族群（朝鲜族）的农业劳动力比例低于50%（47.2%）。在2000年，还有8个人口较少族群的农业劳动力比例在50%左右或以下（达斡尔族53.3%、鄂温克族57.3%、乌孜别克族34.7%、俄罗斯族21.2%、鄂伦春族40%、塔塔尔族32.6%、赫哲族39.4%、高山族40.4%）。我们仔细分析这8个族群，4个集中在东北的传统畜牧业和林业地区，3个集中在新疆地区，而且这8个族群都具有较高的城市化水平。1990年我国有41个族群的农业劳动力比例在80%以上，其中20个族群的比例在90%以上。相比之下，工业劳动力比例在15%以上的大族群只有朝鲜族和回族这两个族群，汉族、满族的比例为14%。另外4个人口较少族群（锡伯族、乌孜别克族、俄罗斯族、高山族）的工业劳动力比例在15%之上。

对比表3中1982年和2000年的产业人员比重，我们可以看到在这18个主要少数族群当中，在1982—2000年期间第一产业劳动力比例增加的只有满族，其他族群均有程度不等的减少；第二产业比例减少的只有满族、回族和朝鲜族，其他族群都有所增加。导致回族和满族劳动力中第二产业比重减少的原因，可能主要是城市国有企业改革的结果。第三产业的比例除了藏族在1990—2000年没有变化之外，其他各族群均有明显的增加，有8个族群的比例翻了一番，汉族的三产比例也增加了87%，这充分地反映出近年来我国各地区商业、服务业等产业的迅速发展。以上的粗略分析可以大致地勾画出我国各个族群劳动力的行业整体结构与近20年来的变化。总的来说，中国大多数族群目前仍然是以农业劳动者为主体，在今后一个很长的发展时期内，农业将一直是中国经济中涉及就业人员最多的基础行业。与此同时，在中国现代化的进程中，我们也会密切注意今后在许多族群中第二产业和第三产业人员比例的增

(三) 职业

职业是指劳动者所从事的具体工作的性质，我国前几次人口普查统计把职业分为8大类①，2000年普查分为7大类，合并了"商业人员"和"服务业人员"。表4里是2000年人口普查得到的各族群劳动力的职业结构。下面我们对这6类分别进行讨论。

1. 各类专业、技术人员：1990年在总劳动力中的比例在5%以上的有25个族群，其中高于10%的有10个族群，而不足3%的有16个族群。2000年比例在5%以上的有29个族群，其中高于10%的有9个族群，不足3%的有13个。应当说各族之间的比例是相当悬殊的，特别是西南地区的族群明显落后于其他族群。汉族的比例为5.8%，略高于全国平均水平（5.7%）。随着高等教育事业的发展，可以预期到一些族群的专业技术人员将会增加。

2. 国家机关、党群组织、企事业单位负责人：这个职业通常被称为"干部"。一般来说，拥有专业技术人员较多的族群，其就业人员中干部的比例也比较高。在2000年，汉族的比例（1.72%）与全国平均比例（1.67%）相近。在1990年，干部比例高于2%的有18个族群，低于1%的有23个族群。在2000年，干部比例高于2%的有17个族群（珞巴族数字暂缺），低于1%的有26个族群。在1990—2000年期间有一些族群干部比例的下降，很可能是由于这些族群人口增长速度快于干部数量的增长速度。由于干部的比例在一定程度上表示一个族群在当地政府中的影响力，所以在族群关系分析中也是一个引人注意的重要指标。

---

① 国际劳工局的《国际标准职业分类》（ISCO）把284种具体职业归纳为8大类，我国1982年和1990年人口普查所使用的8类职业划分法，与国际劳工局的分类方法是相同的（陈婴婴，1995：67）。

表4　中国各族群就业人口的职业结构（2000）

	负责人	专业人员	办事人员	商业服务业	农业人员	生产运输	其他	总计
合计	1.67	5.70	3.10	9.18	64.46	15.83	0.07	100.0
汉族	1.72	5.80	3.19	9.52	63.09	16.61	0.07	100.0
蒙古族	2.22	8.29	3.66	6.77	70.75	8.26	0.05	100.0
回族	2.23	6.28	3.88	13.81	59.59	14.13	0.08	100.0
藏族	1.00	5.29	1.82	2.51	86.74	2.57	0.07	100.0
维吾尔族	0.84	5.36	1.94	5.49	80.35	5.89	0.13	100.0
苗族	0.54	2.67	1.14	2.91	86.84	5.86	0.05	100.0
彝族	0.58	2.52	1.09	2.23	90.54	3.02	0.01	100.0
壮族	0.62	3.91	1.63	5.05	79.96	8.71	0.13	100.0
布依族	0.63	2.80	1.25	2.57	87.77	4.95	0.03	100.0
朝鲜族	3.67	11.98	5.34	17.05	46.94	14.81	0.22	100.0
满族	2.12	6.84	3.24	8.63	65.86	13.28	0.04	100.0
侗族	0.79	3.88	1.50	3.97	81.61	8.20	0.05	100.0
瑶族	0.70	3.32	1.42	3.13	85.29	6.05	0.10	100.0
白族	1.07	5.18	2.18	5.44	79.25	6.85	0.04	100.0
土家族	0.81	3.96	1.76	4.83	80.09	8.51	0.03	100.0
哈尼族	0.50	2.30	0.90	2.60	90.51	3.18	0.01	100.0
哈萨克族	1.87	9.67	3.15	3.36	77.12	4.79	0.04	100.0
傣族	0.63	2.94	1.14	3.75	88.96	2.56	0.02	100.0

资料来源：人口普查办公室，2002b：821—824。

干部比例最高的是居住于东北和西北地区的几个人口很少的族群：鄂伦春族（2000年为5.3%）、赫哲族（6%）、达斡尔族（5.1%）、俄罗斯族（5.6%）和乌孜别克族（4.4%）。① 这些族群人口较少，有自己的区域自治地方，按照政府有关政策，这些自治地方的行政机构必须选拔当地族群担任干部，这是这些族群就业人员中"干部"比例较大的原因。干部比例最低的10个族群中，布朗族（0.37%）、拉祜族（0.39%）、傈僳族（0.39%）、水族

---

① 高山族就业人口中的干部比例高达8.9%，但是这应当属于特殊情况。

（0.47%）、哈尼族（0.5%）、苗族（0.54%）、黎族（0.56%）、佤族（0.57%）、彝族（0.58%）这9个族群当中大多居住在西南的云南省，另外一个是东乡族（0.47%），主要居住在甘肃，他们居住的这些地区比较偏僻，交通不发达，社会经济和各项事业的发展相对较慢。但是这些族群都已经建立了自己的自治地方，如果今后年轻人的教育水平（大学、中专）提高之后，干部在就业人口中的比例将有可能增加。

3. 办事人员和有关人员：在中国的人事制度里，除了党政系统和国有企事业单位的负责人之外，许多行政工作人员在工资体制里也属于"干部"系列。在建国后设置的国有部门和企事业单位里，大致有几个"工资系列"：干部系列（23级）、工人系列（8级）、教师系列、医生护士系列等等。凡是大学毕业生，即使分配到工厂工作后，也会纳入"干部系列"而不是"工人系列"。普查中的"办事人员和有关人员"就是这些非"单位负责人"但属于"干部系列"的职工。在一个族群就业人员中这一职业人数所占的比例，大致代表着这个族群参与社会各项事业和管理工作的程度。

在2000年，汉族劳动力中这一职业的比例（3.19%）稍高于全国平均水平（3.1%），而且这一比例高于1990年的百分比（1.8%和1.7%），说明社会中"非体力劳动者"的管理和办公室人员的比例在增加。在1990年这一比例低于或等于0.5%的有4个族群：东乡族、拉祜族、傈僳族和德昂族，到了2000年仅剩下德昂族仍低于0.5%。办事人员比例的分布与"干部"比例的分布情况相似，社会经济与教育发展较慢的族群，干部和办事人员的比例都比较低。1990年这一比例高于2%的有16个族群，在2000年则增加到25个，有10个族群这一比例甚至超过了5%，都属于教育水平较高的族群。

4. 商业服务业人员：汉族的比例（9.52%）略高于全国平均水平（9.18%）。在1990年及以前的历次人口普查，"商业工作人员"与"服务性工作人员"是分开统计的，但是随着近年来各项社会事业与服务行业的蓬勃发展,这两类职业之间的界限越来越难以划清,所以在2000年普查时就合为一类统计。

在2000年,有31个族群在这类职业就业的比例低于5%,除汉族外,另有11个族群的比例高于10%,所以各个族群从事商业和服务业活动的程度也是很不一样的。第三产业在许多少数族群地区还是很不发达的,而且这些地区的有限的商业和服务业在相当的程度上是由汉族或其他人口较多族群的人员在经营。我们可以发现,有几个具有经商传统的族群在这类职业中的就业人员比例特别高,如回族从事这类职业的高达13.8%,朝鲜族高达17.1%,西北地区的乌孜别克族(19.3%)、俄罗斯族(19.7%)、塔塔尔族(16%)的比例都在10%以上,居住在中越边境一带的京族也到达19.3%。而居住在云南边境山区的傈僳族、佤族、独龙族、德昂族、拉祜族、水族、布朗族的比例低于2%。在各地区发展市场经济的进程中,缺乏经商传统和拥有很少商业服务业人员的族群很可能处于不利地位。

5. 农、林、牧、渔劳动者:2000年汉族的比例(63.1%)略低于全国平均水平(64.5%)。有11个族群的比例在90%以上,这些族群主要居住在云南。农业劳动者比例在50%以下的仅有6个总人口在10万人以下的小族群。族群中的这一结构与前面讨论过的农业行业劳动者的比例一样,这进一步说明在我国农业行业中从事活动的绝大多数是普通农民,只有极少的技术人员或其他人员,我国绝大多数地区的农业仍然采用传统的耕作方式,凭靠人力畜力和少量机械,在经营规模上仍然是各个农户耕作自己的小面积"承包地",我国的农业生产与"现代化农业"在各方面看都有非常大的距离。

6. 生产工人、运输工人和有关人员:在2000年,汉族的比例(16.6%)略高于全国平均水平(15.8%),这一比例高于15%的只有3个人口很少的族群(高山族、俄罗斯族和赫哲族)。在1990年低于1%的多达25个族群,2000年低于1%的只有独龙族和珞巴族，此外低于2%的仍有其他7个族群。目前在中国尚有这么多族群基本上没有进入工业化进程，从现代化的标准来看，我国大多数少数族群的社会经济发展大致还处于初级阶段。

我们在讨论中可以发现在以上指标之间存在着明显的相关性，一个族群如果农业职业劳动者比例较高，"农业"行业就业者的比例也一定很高。而在专业技术人员、干部、商业人员、服务业人员、工人这几个"非农业职业"的比例之间，存在着某种正相关关系。行业结构和职业结构交叉起来分析，可以帮助我们理解我国少数族群的社会与经济结构。

（四）城市化

在人口普查数据中，居民被划分为"市"、"镇"和"县"三类。由于过去的人口统计以行政建制的管辖区为单位，所以在"市管县"体制下，"市"所管辖的乡村人口也被统计为"市人口"，这样对于我国人口城市化真实水平的统计造成了困难。所以在1990年第四次全国人口普查时，特别设计了两种口径来统计城镇人口①。表5中使用的是代表城镇化真实水平的第二种口径统计的数字。在人类社会发展历史中，城市化与工业化是密切相关的，城市人口具有与乡村人口不同的经济活动、社会组织和生活方式，人口的城市化水平可以在一定程度上反映各个族群的社会整体发展情况。

表5中介绍了18个人口超过百万的少数族群的城市人口比重，汉族与全国的数字被用来作为参考系。

在1990年，全国"市人口"的比例为18.7%，共有9个族群

---

① 第一种口径的"市人口"包含市管辖区的11.2全部人口（含市辖镇，但不含市辖县，这样市辖镇所属的农业人口仍然包括在内），"镇人口"包含县辖镇的全部人口（也包含镇所属的农业人口），"县人口"包含县辖乡的人口。第二种口径的"市人口"包含"设区的市所辖的区人口和不设区的市所辖的街道人口"，"镇人口"包含"不设区的市所辖镇的居民委员会人口和县辖镇的居民委员会人口"，"县人口"包括除上述两种人口以外的全部人口（人口普查办公室，1993a：2）。

的"市人口"的比例在25%以上，具有较高的城市化水平，其中除了回族和朝鲜族之外，都是人口在10万人以下的族群。2000年全国"市人口"的比例为23.5%，这一比例在25%以上的族群仍为9个，但是达斡尔族换成了京族，这有可能是一个京族聚居的建制镇改为城市所造成的。1990年"市人口"比例在1%以下的有12个族群，都居住在云南省。2000年已经没有一个族群在1%以下，但在2%以下的还有6个族群，都在云南省，所以云南的城市化今后还需大力发展。

1990年汉族的"市人口"比例为19.5%，略高于全国平均水平（18.7%），2000年汉族比例为24.6%，仍略高于全国平均水平（23.5%）。所以汉族的整体城市化水平并不高，但居住在不同地区的汉族人口可能具有不同的城市人口比例，沿海地区大城市和农村的主要人口都是汉族，中部地区城市化水平较低，而西部的汉族人口又比较集中地居住在城镇。如1990年沿海的浙江省汉族人口有15.9%属于"市人口"，中部河南省汉族人口的"市人口"比例仅为10.1%，而在西藏的汉族居民中有53.6%属于"市人口"，新疆自治区汉族居民的48.6%属于"市人口"。人口普查统计的"镇"指的是由民政部正式批准的"建制镇"，而不是人们一般印象中的集镇。由于许多县城虽然属于"建制镇"，但在各方面已经具有小城市的特点，所以有时也把"市人口"和"镇人口"之和即"城镇人口"作为一个城市化的综合性指标。1990年"市镇人口"比例在40%以上的有9个族群，在10%以下的有30个族群。2000年"市镇人口"比例在40%以上的族群增加到了12个，在10%以下的减少到9个。所以各族群的城镇化水平之间确实是十分悬殊的，同时我们也要承认，在1990—2000年这10年期间，少数族群地区的城镇化确实得到了显著的发展。

表5 中国各族群的城市化水平（1990年，2000年）

族群	市		镇		市镇合计		县（农村）		总计
	1990	2000	1990	2000	1990	2000	1990	2000	(%)
壮族	4.0	8.8	5.8	13.6	9.8	22.4	90.2	77.6	100.0
满族	18.0	20.7	10.1	14.6	28.1	35.2	71.9	64.8	100.0
回族	28.7	31.5	10.4	13.8	39.1	45.3	60.9	54.7	100.0
苗族	4.1	5.7	3.9	8.4	8.0	14.1	92.0	85.9	100.0
彝族	4.9	4.0	3.3	6.4	8.2	10.4	91.8	89.6	100.0
维吾尔族	8.6	10.3	7.0	9.1	15.6	19.4	84.4	80.6	100.0
土家族	7.2	7.4	4.7	10.9	11.9	18.4	88.1	81.6	100.0
藏族	3.3	4.1	3.8	8.7	7.1	12.8	92.9	87.2	100.0
蒙古族	13.0	15.8	11.5	16.9	24.5	32.7	75.5	67.3	100.0
布依族	7.1	7.4	3.1	9.7	10.2	17.1	89.8	82.9	100.0
侗族	2.3	5.2	6.1	12.7	8.4	17.9	91.6	82.1	100.0
瑶族	1.5	4.4	3.9	10.1	5.4	14.5	94.6	85.5	100.0
朝鲜族	34.6	45.9	15.6	16.1	50.2	62.0	49.8	38.0	100.0
白族	6.6	8.9	6.8	11.7	13.4	20.5	86.6	79.5	100.0
哈尼族	0.3	3.0	3.1	6.6	3.4	9.6	96.6	90.4	100.0
黎族	16.1	10.2	5.0	9.7	21.1	19.9	78.9	80.1	100.0
哈萨克族	6.7	6.4	7.3	8.8	14.0	15.3	86.0	84.7	100.0
傣族	0.7	7.4	6.6	21.4	7.3	28.8	92.7	71.2	100.0
汉族	19.5	24.6	7.6	13.4	27.1	36.9	72.9	63.1	100.0
全国	18.7	23.5	7.5	13.4	26.2	36.9	73.8	63.1	100.0

*市、镇、县人口的划分根据普查的第二种口径。

资料来源：人口普查办公室，1993a：320—359；2002a：47—133。

在今后的社会经济发展中，城镇化水平"超低"的这9个族群要努力改变目前的不利地位，既需要自身的不断努力，有更多的人口通过上学和迁移进入城镇社会，同时也需要政府对于这些地区的城镇建设与发展提供更多的资金与政策支持。

前面我们提到，由于历史上人口聚集和迁移的特点，汉族人口在不同地区可能具有明显不同的城镇化水平，我们在表6中可以清楚地看到这一点。东北三省作为传统工业区，汉族人口约一半居住在城镇，在其他几个农业大省（如河北、河南、湖南、安徽、云南、广西），汉族人口的80%以上居住在乡村。而在西部西藏、新疆、青海、宁夏等省区，汉族人口中的农村居民比例都在70%以下。特别是西藏和新疆，农民的主体是少数族群。1990年和2000

年普查数据都证明了这个族群城乡分布的基本格局。族群的地理与城乡分布的这些特点对有关地区的族群关系大格局也是有一定影响的。

表6 各省、市、自治区汉族人口的城乡分布（1990年）

地区	汉族人口的市、镇、县比例（%）				汉族人口	
	市人口	镇人口	县人口	合计	总人数	占总人口%
总计	19.5	7.6	72.9	100.0	1 039 187 548	92.0
北京市	67.8	5.4	26.9	100.0	10 405 351	96.2
天津市	66.3	2.9	30.8	100.0	8 582 761	97.7
河北省	14.3	5.0	80.7	100.0	58 673 662	96.1
山西省	22.0	6.6	71.4	100.0	28 676 551	99.7
内蒙古自治区	24.8	13.0	62.2	100.0	17 289 995	80.6
辽宁省	46.8	8.1	44.9	100.0	33 293 782	84.4
吉林省	29.6	12.8	57.6	100.0	22 134 425	89.8
黑龙江省	33.1	15.3	51.6	100.0	33 217 300	94.3
上海市	61.4	4.7	33.9	100.0	13 279 617	99.5
江苏省	15.3	6.1	78.6	100.0	66 903 469	99.8
浙江省	15.9	15.3	68.8	100.0	41 233 263	99.5
安徽省	12.2	5.5	82.3	100.0	55 856 653	99.4
福建省	13.3	8.2	78.5	100.0	29 581 475	98.4
江西省	13.9	6.4	79.7	100.0	37 608 889	99.7
山东省	19.6	7.6	72.8	100.0	83 886 204	99.4
河南省	10.1	4.8	85.1	100.0	84 524 679	98.8
湖北省	22.4	7.2	70.4	100.0	51 829 931	96.0
湖南省	13.0	5.4	81.6	100.0	55 834 155	92.0
广东省	24.9	11.9	63.2	100.0	62 474 424	99.4
广西壮族自治区	10.0	8.3	81.7	100.0	25 667 118	60.8
海南省	11.8	12.7	75.5	100.0	5 441 494	83.0
四川省	15.1	5.8	79.1	100.0	102 328 069	95.4
贵州省	17.3	6.6	76.5	100.0	21 148 756	67.6
云南省	8.5	10.2	81.3	100.0	24 614 533	66.6
西藏自治区	53.6	22.3	24.1	100.0	80 837	3.8
陕西省	14.9	6.3	78.8	100.0	32 725 850	99.5
甘肃省	18.1	4.6	77.3	100.0	20 513 607	91.7
青海省	26.9	10.0	63.5	100.0	2 578 912	57.9
宁夏回族自治区	21.3	10.4	68.3	100.0	3 106 377	66.3
新疆维吾尔自治区	48.6	9.8	41.6	100.0	5 695 x409	37.6

* 市、镇、县人口的划分根据普查的第二种口径。

资料来源：人口普查办公室，1993a：320—359。

二、近年社会学调查中反映出的我国"族群分层"现象

我国在 1949 年以前开展的少数民族调查大多集中于语言、宗教、传统文化、社会组织等领域,由于当时的调查条件与数据来源的限制,这些调查对族群之间结构性差异的分析很少而且缺乏量化数据的搜集。上世纪 50 年代虽然在政府的统一组织下开展了全国性的民族社会历史调查,各地的调查报告也在 80 年代通过整理后系统出版,但是这些调查报告主要集中于每个族群的情况调查,较少注意各族群之间的比较研究。在 80 年代社会学重新恢复之后,族群社会学作为社会学的一个分支起步很晚,因此通过社会学调查方法来进行有关"族群分层"研究的科研项目和已经发表的研究成果也很少。同时目前中央和地方政府所公布的社会经济统计数据多以行政区划而不是以族群作为统计单位,无法用以进行族群之间的结构比较,这对"族群分层"的研究也带来了资料方面的困难。

近十几年来,北京大学社会学人类学研究所先后承担了一些有关民族地区社会经济发展的科研项目,在进行有关项目的实地调查时,我们尝试着了解当地族群之间在教育、收入等方面的结构性差异。虽然这些资料与数据仅仅是对于一些基层社区的调查,无法代表各个人口众多的族群,但是对于我们了解农村、牧区基层社区中的族群关系,仍然是有帮助的。下面介绍我们在这些实地调查中得到的一些具体调查数据。

(一) 1985 年内蒙古赤峰地区 41 村调查

1985 年夏天,我们在内蒙古赤峰市农村的蒙汉混居地区进行了一次包括了 41 个自然村、两千余户居民的户访问卷调查,在我们设计的问卷中除了包括户主族群身份以及其他个人情况之外,也询问了各被访户的经济收入及支出的情况。表 7 介绍了这次调查得到的有关蒙古族与汉族居民之间一些基本情况的比较。

表7　1985年赤峰市农村牧区户访调查对象中蒙汉家庭的比较

调查结果	蒙古族	汉族
调查户数	825	1 264
户主平均年龄（岁）	42.8	43.7
每户平均人口数（人）	5.6	4.9
户主平均上学年数（年）	4.1	3.8
户主中文盲比例（%）	30.2	33.0
从事农业劳动户主与从事牧业劳动户主比例	23：77	79：21
1980年户人均收入均值（元）	232	212
1984年户人均收入均值（元）	441	386
农业区1984年户人均收入均值（元）	322	378
牧业区1984年户人均收入均值（元）	478	418

资料来源：马戎、潘乃谷，1988：77。

我们从这张表中可以看到，在80年代中期，内蒙古农村地区的蒙古族家庭与汉族家庭在收入上存在着差别，蒙古族家庭1984年户人均收入均值比汉族家庭要高55元（或高14%）。1982—1983年是这个地区开始普遍推行家庭承包制的时期，在1980—1984年期间蒙古族家庭户人均收入均值提高了209元，而同期汉族家庭也提高了174元，使两族之间的差别从1980年的20元提高到55元。我们可以通过这两个数字的比较而得出结论说，从农村体制改革中获益较多的当地族群是蒙古族。但是根据我们实地调查了解到，收入的提高具有一定的规律性。造成收入增长幅度差别的主要原因是在农村体制改革和开放农村贸易之后，牧业产品（肉、毛）的价格比农业产品（粮食、棉花）的价格增长得要快，从而使蒙古族为主体的牧民收入明显得到提高。

从这张表中我们还可以看到，两个族群的收入差别在农耕地区和草原畜牧业地区呈现不同的模式。在农业地区，由于汉族农民具有农业生产经验，汉族农民的收入比蒙古族农民要高56元。而在草原畜牧业地区，蒙古族牧民的收入比汉族牧民要高。造成牧区蒙古族的收入较高的主要原因有两个：一是由于蒙古族牧民多为本地居民，而当地的汉族绝大多数为50年代以后的移民，所以在实行承包制时，本地牧民分到的人均牲畜数量一般高于汉族移民。我们在锡林郭勒盟和赤峰下属的几个旗县进行调查时都发现了分配标准的差别，而牲畜的数量决定了收入的水平；二是蒙古族牧民具有丰富的畜牧业生产经验，而汉族在畜病防治、接羔配种等方面缺乏经验，容易导致牲畜的损失。这两个原因导致牧区的蒙古族牧民的收入高于汉族牧民。所以在赤峰地区调查中所表现出来的收入方面的族群差异，并不是族群之间分配不平等的问题，实际上是居民们在本地经济活动中是否具有本族群经济活动的传统优势之间的差异的问题，凡是在本地区的经济活动中具有传统优势的，不论哪个族群都能够得到较高的收入。

(二) 1992—1993年西部5省区社会经济发展问卷调查

1992年至1993年期间，在费孝通教授主持下，北京大学社会学人类学所承担了国家社科基金"八五"期间的重点课题"中华民族凝聚力的形成与发展"。作为这个课题的一个组成部分，社会学人类学所组织了本所研究人员在西部5个省区的少数族群农业社区开展了户访问卷调查，这个系列调查的研究成果汇编成《中国民族社区发展研究》一书在2001年由北京大学出版社出版。

表8介绍了这次调查所得到的一些基本情况，反映出在不同地区族群之间存在的教育、收入、消费方面的差异。在其中4个社区（内蒙古的翁牛特旗、喀喇沁旗和兴和县，湖南省的龙山县）里汉族占当地总户数的50%以上，所以这4个社区的数据可以大致代表当地汉族农民的基本情况。内蒙古自治区的两个收入较高的地区（锡林浩特、巴林右旗）属于牧业比较发达的旗县，同时也是汉族人口最少的草原地区，可以大致代表蒙古族牧民的情况。从表中可以看出，这两个牧业社区牧民的当年消费明显比收入要少，这体现出牧民的消费模式与农民不同，牧民一方面需要购买粮食，同时由于草原上自然灾害（旱灾、雪灾）频繁，他们每年收入中会有较

大的部分没有在当年支出,而是留下作为今后灾年的储备。

在青海调查的两个土族自治县,属于自然条件比较恶劣的贫困地区,互助县被调查户主平均只上了两年半的小学,教育水平是这些被调查族群中最低的,而且问卷调查数据显示这两个县被调查农户的年收入状况为"入不敷出",支出超过收入。

其他调查村庄在收入水平上的差别,大致可以反映出所在地区社会经济发展的基本水平,应当说居住在不同地区的各族农民之间,收入的差别还是比较显著的。从这张表中我们也可以注意到,除了青海互助县的土族之外,其他被调查村庄农民户主的上学年数平均都在4年以上,如果考虑到部分老年户主过去的上学条件,可以说在这些少数族群聚居的边远地区,小学教育基本上得到普及。农村教育的发展是这些边远地区未来经济发展的希望。

在我们进行族群之间的比较时,会出现两类比较。第一类是共同居住在同一个地区的不同族群成员之间的比较,我们在前面内蒙古赤峰地区调查所进行的族群比较研究,就属于这一类。这些族群由于居住在同一个地区,处在同样的自然资源环境和经济发展条件之下,如果出现族群之间的收入差异,就需要深入分析造成这些差异的原因,是自身的知识技能与生产经验,还是当地在制度和政策上存在族群歧视。这类差别在社区成员中就可以清楚地被观察到,在竞争中处于优势地位的族群和处在劣势地位的族群都很容易意识到彼此的差距。在如何认识与理解这一差距方面,可以进一步区分为两种情况:(1)如果这一差距是由于个人素质(如教育水平、努力程度等)所造成,由于某个族群整体上处于劣势,存在着"族群分层"的结构,但是并没有制度或政策的歧视,即族群之间在法律上是平等的,这种情况劣势族群比较容易接受,但也有迅速改变这一态势以达到"事实上平等"的迫切愿望;(2)如果这一差距是由于制度或政策性歧视所造成的,如种族的隔离制度或就业歧视政策等,存在着以族群为单位的"法律上的不平等",那么劣势族群必然非常反感,认为不可接受并要求改变这些不平等的制度与政策，族群关系就会十分紧张。

表8 1992—1993年北京大学课题组各少数族群地区被调查户基本情况

调查地区	调查户数	主要少数族群	汉族户主%	户主平均上学年数	户年收入（元）	户年支出（元）	农牧生产支出（元）	消费支出（元）	收入支出差别（元）
1. 内蒙古锡林浩特	89	蒙古族	7.9	5.01	14 490	5 682	278	5 139	8 809
2. 内蒙古巴林右旗	54	蒙古族	0.0	5.22	6 394	4 721	702	2 177	1 672
3. 内蒙古镶黄旗	89	蒙古族	16.9	6.00	3 791	934	0	802	2 857
4. 内蒙古翁牛特旗	75	蒙古族	73.3	4.85	3 350	3 006	264	681	346
5. 内蒙古喀喇沁旗	88	蒙古族	56.8	5.02	1 774	1 395	247	580	379
6. 内蒙古兴和县	186	蒙古族	78.0	5.35	2 254	1 966	564	880	282
7. 内蒙古商都县	30	蒙古族	26.7	4.36	5 450	3 441	1 527	1 483	2 009
8. 青海省互助县	273	土族	20.5	2.53	2 804	2 944	708	1 473	−141
9. 青海省民和县	240	土族	3.8	4.76	2 441	2 608	233	1 169	−167
10. 云南省元江县	601	彝族	28.5	4.86	7 412	5 648	749	2 919	1 811
11. 云南省丽江县	642	纳西族	9.2	4.25	5 190	4 519	1 042	2 191	1 122
12. 湖北省来凤县	214	土家族	8.9	5.05	2 857	2 320	436	1 234	497
13. 湖南省龙山县	253	土家族	55.3	6.76	4 150	2 917	608	1 790	1 193

资料来源，马戎，2001b：500，503，505。

第二类情况是对分别居住在不同的地区的不同族群之间进行比较，北京大学社会学人类学所在"八五"课题中的调查结果，主要反映的是第二类。在分析各地统计数据或实地调查中，我们也可能发现这些族群在收入等方面存在差距。这类比较中发现的族群差距，也可以被区分为两种情况：（1）由于各自所居住的地区在自然资源环境、经济发展基础等方面很不相同，存在于族群之间的这种差距在很大程度上是由这些客观条件和历史原因带来的，但是这些差别造成了各族群之间在收入等方面的现实差距。这种情况下出现的在收入方面的族群差异，实质上反映的是地区差异，但以跨地区的族群差异的形式表现出来。人们仍然会以族群差别或族群间的

"事实上的不平等"来看待这一差距;(2)政府对于不同地区实行不同的制度与政策,对一些族群聚居区采取歧视的态度并使其在发展中处于不利的地位,存在着以地区为单位的"法律上的不平等",在这种政策下族群关系必然比较紧张,而且被歧视的族群必然怀着改变这一格局的强烈愿望。

结束语

本文主要讨论和分析当前中国各族群集团之间存在的结构性差异。所使用的主要是1982年、1990年和2000年全国人口普查结果和统计数字,力图通过对这些有限的数据的分析使我们对中国当前各个族群的社会经济结构特征得到一个宏观的了解。通过对教育、产业、职业和城市化这4个核心指标的讨论,分析我国各主要族群在社会结构上的差异。

本文同时也对北京大学社会学人类学研究所近十几年来在我国族群分层方面所开展的社会调查的研究成果做了介绍。讨论了一个地区内族群结构性差异和不同地区之间族群差异的社会意义以及这些差异对于我国族群关系所产生的影响。

族群之间的关系究竟都是由哪些条件所制约,又由哪些因素所影响,一直是学术界关注的问题。人们一方面承认传统文化和意识形态方面的因素是导致族群分野、族群隔阂的重要因素,另一方面也十分重视在一个不平等的社会中"族群分层"的因素对于族群交往和族群冲突的影响。存在决定意识,族群之间在社会地位、经济地位方面的差异无疑对于其成员之间的相互交往是有一定影响的。写作本文的目的,就是希望通过对于我国各个族群之间的结构性差异的初步分析,推动我国学术界对于"族群分层"的研究。

参考文献

陈婴婴:《职业结构与流动》,东方出版社,1995年版。
国家统计局:《中国统计年鉴》(2003),中国统计出版社,2003年版。

何博传:《山坳上的中国》,贵州人民出版社,1989年版。

马戎:《中国行业与职业结构城乡差异的分析》,《中国人口问题思考》编写组编《中国人口问题思考》,西南财经大学出版社,1988年版。

马戎:《评安东尼·史密斯关于"nation"(民族)的论述》,《中国社会科学》2001年第1期,第141—151页。

马戎:《北京大学民族社区调查户访问卷综合分析》,收入马戎、潘乃谷、周星主编:《中国民族社区发展研究》,北京大学出版社,2001年版。

马戎、潘乃谷:《赤峰农村牧区蒙汉通婚的研究》,《北京大学学报》,1988年第3期。

人口普查办公室编:《中国1982年人口普查资料》(电子计算机汇总),中国统计出版社,1989年版。

人口普查办公室编:《中国1990年人口普查资料》(第1卷),中国统计出版社,1993年版。

人口普查办公室编:《中国2000年人口普查资料》(上卷)(中卷),中国统计出版社,2002年版。

世界银行编:《1996年世界发展报告》,中国财政经济出版社,1996年版。

(2003年第4期)

从义务本位到权利本位是法的发展规律

张文显

法是以权利为本位,还是以义务为本位,是现代法理学的基本论题之一,也是民主和法制建设面临的一个重大实际问题。自从1988年6月全国首次法学基本范畴研讨会提出这个论题以来,它已成为我国法理学以至整个法学的热点和争论的焦点之一。本文力图以马克思主义为指导,在理论与实践的结合上对此论题略作探索。

一、"权利本位"之所指

"权利本位"是个语义和意义丰富的概念组合。以下六点是它的要义:

(一)"权利本位"简明地表达了"法是(应当是)以权利为本位"的观念。"权利本位"和"义务本位"是在讨论"法的本位"的过程中引出的概念组合。"法的本位"是关于在法这一定型化的权利和义务体系中,权利和义务何者为起点、轴心或重心的问题。"权利本位"是"法以(应当以)权利为其起点、轴心或重心"的简明说法,"义务本位"是"法以(应当以)义务为其起点、轴心或重心"的简明说法。"权利本位"观念的具体表述是各种各样的。此处摘引几段论述为例。"在商品经济和民主政治发达的现代社会,法是以权利为本位的,从宪法、民法到其他法律,权利规定都处于主导地位,并领先于义务,即使是刑法,其逻辑前提也是公民、社会或国家的权利。"① "权利构成法律体系的核心。法律体系的许多因素是由权利派生出来的，由它决定，受它制约。权利在法律体系中起关键作用。在对法律体系进行广泛解释时，权利处于起始的位置：权利是法律体系的主要的和中心的环节，是规范的基础和基因。"② "权利是在一定社会生活条件下人们行为的可能性，是个体的自主性、独立性的表现，是人们行为的自由。……权利是国家创制规范的客观界限，是国家在创制规范时进行分配的客体。法的真谛在于对权利的认可和保护。"③

（二）"权利本位"概括地表达了以权利为本位的法律制度的特征。凡是以权利为本位的法律制度都有如下特征：（1）社会成员皆为权利主体，没有人因为性别、种族、语言、宗教信仰等特殊情况而被剥夺权利主体的资格，或在基本权利的分配上受歧视。（2）在权利和义务的关系上，权利是目的，义务是手段，法律设定义务的目的在于保障权利的实现；权利是第一性的因素，义务是第二性的因素，权利是义务存在的依据和意义。（3）权利主体在行使其权利时，只受法律所规定的限制，这种限制的惟一目的在于保证对他人的权利给予应有的承认、尊重和保护。（4）在法律没有明确禁止或强制的情况下，可以（应当）作出权利推定，即推定为公民有权利（自由）去作为或不作为。

（三）"权利本位"体现了权利和义务的特殊联系：一方面，权利是义务的逻辑前提，决定着义务的内容和作用；另一方面，权利的主导地位和作用存在于权利和义务的相关性之中，离开义务，权利就成了一个绝对的、单纯的"异己"，也就失去了本位的性

---

① 张光博、张文显：《以权利和义务为基本范畴重构法学理论》，《求是》1989年第10期，第24页。

② 马图佐夫：《发展中的社会主义法律体系》，《苏维埃国家与法》1983年第1期，第21页。

③ 孙国华：《法的真谛在于对权利的认可和保护》，《时代论评》1983年创刊号，第79页。

质。权利和义务也是互为参照系的：只有以义务作为权利的参照，才能把握权利的内容和界限；同理，只有以权利作为义务的参照，才能把握义务的内容和限度。

（四）"权利本位"所揭示的，是在某个国家的法律规则整体中、即在法定权利和义务的系统中权利的起点、轴心或重心位置，而不是或主要不是在一个具体的法律规范或法律关系中权利和义务的关系。法律规范的核心是权利和义务的规定。根据规定权利和义务的情况，法律规范分为授权性规范和义务性规范两大类。人们不能根据一个法律规范是授予权利还是设定义务，而说这个法律规范是以义务为本位或是以权利为本位。这是因为在立法中通常为了保障和实现一项法定权利而用法律规定一系列义务，这些义务性规范是以授权性规范为中轴的。相反的情况（若干权利由一项义务保障）也时常存在。法律关系是以权利和义务为内容的社会联系。依权利和义务构成的情况，分为对等的法律关系和不对等的法律关系两大类。在对等的法律关系中，法律关系的主体既享有权利又承担相应的义务。在不对等的法律关系中，一方主体享有权利或享有较多权利，另一方主体承担义务或承担较多义务。因此，就某个具体法律关系为例来谈论法的本位，是不适当的。特别是有些法律关系是以往的权利和义务联系的延伸或派生，有些法律关系是未来的权利和义务联系形成的前提，更不能脱离整个权利和义务体系而判断其本位。

（五）"权利本位"反映了人们之间的平向利益关系。权利是国家通过法律予以承认和保护的利益及权利主体根据法律作出选择以实现其利益的一种能动手段。与权利相对的是义务。义务是国家通过法律规定的、权利相对人应当适应权利主体的合法要求而作为或不作为的约束。主体的权利通常是通过权利相对人履行义务而实现的。权利相对人之所以履行义务则是因为他相信与之相对的权利主体已经或以后会履行同样的义务，自信作为法律关系另一极的主体，他有正当和合法的资格要求对方履行与自己的权利相适应的义务。在这个意义上，权利本位是对抗以自上而下的绝对支配权为标志的"权力本位"，反对封建特权的一面旗帜。有的学者误把权力本位与权利本位混同，从而改变了权利本位的真谛，是我们不能接受的。

（六）"权利本位"表达了一种价值主张和法律需要：从义务本位到权利本位是法的历史性进步；为了适应社会主义商品经济和社会主义民主政治的需要，我国的法律制度和国家的法律活动应以权利为本位，各级各类法律工作者和全体人民应当普遍地树立权利本位的观念。

近年来，我国一些学者对"权利本位"观念和主张提出了批评。这些批评基本上是"误"的放矢，即是基于对权利本位观念和主张的误解发出的，或者是误把个别学者关于权利本位的个别论点作为一般权利本位理论而造成的。因此，很有必要针对这些批评，进一步阐明"权利本位"之所指。

对权利本位说的批评之一是：权利本位就是资产阶级的"天赋人权"或"自然权利"。这种批评在"权利本位"和"天赋人权"（"自然权利"）之间画等号，是没有根据的。"天赋人权"（"自然权利"）最初是由英国新教徒为了反抗传统势力的迫害而提出的概念和主张。后来，在英、法等国资产阶级启蒙思想家的著作中得到系统的理论发展，在美国《独立宣言》（1776 年）、法国《人权宣言》（1789 年）等资产阶级法律文件和政治宣言中得到正式的确认和解释。在这些著作和文献中，"天赋人权"（"自然权利"）指人生而有之、不可被剥夺或转让的权利，包括人身自由、生存权、财产权、反抗权等。在我国学者有关权利本位的专门论著中，还没有把权利本位中的"权利"等同于"天赋人权"或"自然权利"。我们反倒一贯认为："所谓'自然权利'、'自然义务'、'天赋人权'、'特权'之类说法，都没有法的根据和法的意义。离开法的规定去主张权利或享受特权，或强迫别人作出一定行为，禁止别人作出一定行为的做法，都不能也不应得到法的支持。"①

对权利本位说的批评之二是：权利本位说宣扬"以抽象的、绝对的个人权利为中心"，鼓吹"个人权利本位"、"个人利益至上。"这种批评显然是以批评者自己的主观设定为靶子的。首先，当我们提出权利本位时，我们所说的"权利"不限于个人权利，而包括了个体权利、集体权利、社会权利和国家权利等，个体权利只是权利体系中的一种。而且我们所说的"个体"也不是绝对的自我，而是普遍的"一个个具体的个体"，是体现着个人、集体和社会统一的个体。② 其次，我们提出权利本位说的同时，强调指出："权利本位（至少我们所主张的权利本位）并不是个人利益至上"。鉴于"长期以来，个人利益的独立地位没有受到应有的肯定，因而在这种特定社会背景下，权利本位的呼声确实包含着强调保护个人利益的蕴意。但是，个人并不是惟一的权利主体和利益主体。它所要求的仅仅是，任何权利主体的正当利益，无论是个人利益、团体利益还是公共利益，都必须受到社会的尊重和法律的保护。任何主体以非法形式侵害了其他主体的正当利益，都必须承担起相应的法律责任。"③

对权利本位说的批评之三是：主张权利本位意味着割裂权利和义务的相关性和一致性，只要权利，不要义务。其实不然。权利本位说是在"权利和义务是法的核心内容"的思想基础上形成的。权利本位论者有一个共识：全部法的问题都可归结于权利和义务（权利和义务是法的公分母）。权利和义务既构成了从法律规范到法律关系再到法律责任的逻辑联系的纽带，又统贯法的一切部门和法运作的全部过程。权利和义务不可分割，没有无义务的权利，也没有无权利的义务。在这个肯定权利和义务的要素性和相关性的前

---

① 张文显主编：《法的一般理论》，辽宁大学出版社，1988年版，第168页。
② 参见张文显：《改革和发展呼唤着法学的更新》，《现代法学》1988年第5期，第6页。
③ 郑成良：《权利本位说》，《政治与法律》1989年第4期，第5页。

提下，我们进一步提出权利和义务之间何者为本位的问题，并试图以辩证唯物主义和历史唯物主义为指导加以解决。非常明显，从权利本位提出和讨论的过程看，我们丝毫没有否定权利和义务的相关性，而恰恰是以权利和义务的相互联系和相互制约为前提的。那么，权利本位说是否会导致只要权利，不要义务呢？当然不会。权利本位说所坚持的权利观念有两个基本点：第一，权利是有界限的。一方面，权利所体现的利益以及为追求这种利益所采取的行动方式和幅度，是被限制在社会普遍利益之中的，是受社会的经济结构和文化发展水平制约的，亦即以统治阶级所代表的社会的承受能力为限度的；另一方面，权利是以权利相对人的法定义务范围和实际履行能力为限度的。权利本位说鼓励人们主动地追求和行使自己的权利，勇于捍卫自己的权利，同时提醒人们注意法定的权利界限，敦促人们承担和履行相应的法律义务。第二，权利是平等和制衡的。权利的分配只能与基于德行和才智的职位相连，而职位是对一切适格人开放的。在社会主义社会，无论在法律上还是在事实上都不容许存在只享受权利而不承担义务的特殊人物和特权阶层。任何主体在行使权利时，都会受到其他主体的权利的制衡。权利本位说要求人们寻求使自己的权利、同时也使别人的权利得以共同实现的方法。

对权利本位说的批评之四是：权利本位就是个人本位，而当代社会应以社会为本位或以社会和个人为双重本位。在这里，批评者犯了一个混淆概念的错误。"权利本位"与"义务本位"相对，"个人本位"与"社会本位"相对。它们是内涵和外延均不相同的两对范畴。在法学中，个人本位假定社会是由彼此独立和处境平等的个人所组成的共同体，因而强调法应当以维护个人的利益为基点。社会本位假定人是作为社会的一员彼此联系的，并以社会的存在为前提，因而强调法应当以维护社会的利益为基点。个人本位与社会本位问题突出地反映在民法领域。近代民法曾经是以个人为本位，集中表现为私有财产的绝对权、契约自由、无过错不负损害赔偿责任。个人本位立法曾经有效地保护了私人财产权和商品、劳务交换的自由,推动了资本主义经济的飞跃。但是,极端的个人本位也加剧了资本主义社会各种利益的冲突和对抗,造成了严重的社会问题。所以,进入20世纪以后,资产阶级国家开始对个人与社会的关系加以局部调整,并在民法中推行所谓"个人——社会本位"原则或"社会本位"原则,即在维护私有财产权、契约自由和坚持过错责任的同时,根据资产阶级的普遍利益和长远利益,对这些原则加以适当限制(不是取消!)。这些调整和限制只是缓和资产阶级内外矛盾,维护资本主义长治久安的改良措施。实际上,资产阶级国家是不可能真正实行社会本位或个人——社会本位的。权利本位和义务本位与个人本位与社会本位是并行的概念。以个人为本位的立法可以是权利本位法,以社会为本位的立法亦可以是权利本位法,因为权利本位涉及的主要是权利和义务的关系,而不是权利主体本身。

对权利本位说的批评之五是:在权利和义务之间没有必要区分出"本位",不提"本位"并不会危及对法的研究。这一批评提示我们回答:法的本位问题究竟是主观上的偏好,还是客观的存在。我们的回答是:正如法律上的权利和义务是个客观存在一样,法以何者为本位也是一个客观存在。马克思主义的辩证唯物论教导我们,任何事物都是对立(矛盾)的两个方面的统一。在这个对立统一体中,又存在着矛盾的主导方面和非主导方面,其中矛盾的主导方面处于支配地位,起着主导作用。矛盾的双方在一定条件下可以互相转化。事物的性质主要是由矛盾的主导方面所决定的。因此,我们在分析任何一个事物时,都一定要分清矛盾的主导方面和非主导方面,并认识双方互相转化的规律和条件。抓住矛盾的主导方面,才能真正认识事物的性质,把握矛盾着的两方面的转化,才能理解事物的发展。把这一具有法学认识论和方法论意义的原理适用于法学研究,并把它与对法制史的实证考察结合起来,谁都会看到(至少不会否认),自从人类的原始社会解体,出现权利和义务的对立（区别）以来，始终存在着法以权利或义务为本位的问题。这是不依人的主观偏好为转移的客观现实，在权利和义务之间区分出"本位"（矛盾的主导方面），不仅符合权利和义务联系的本来逻辑，而且是深入认识法律现象所必需的。如果仅承认权利和义务的对立统一关系，而否认它们之间存在着主导与非主导之分，以及在一定条件下的相互转化，就是没有把唯物辩证法贯彻到底。

值得指出的是，有些不同意在权利和义务之间区分出本位的学者自己的权利和义务定义就蕴含着权利本位的观念。他们说：所谓权利，就是法律规定的人们追求自己利益的可行性，所谓义务，则是国家以法规定人们适应权利要求而必须作出或抑制个人行为所承担的责任。这个义务定义中的"适应权利要求而……"不就表明了权利的主导地位吗？

二、前资本主义法是义务本位法

在关于法的本位的讨论中，有两种截然对立的观点。一种把权利本位说成是一般法的本体价值，另一种则把义务本位说成是法制史上的普遍现象。前者的主要论据是：法是对在生产力和交换关系发展的基础上形成的一定社会权利和自由的确认与实现。这就是法的本体价值，是法的本质属性中最深层次的规定。法与权利是处在同等序列上的概念。法就体现在社会主体的权利之中，权利是法的重要渊源。[①] 后者的主要论据是：人类社会是个有序系统。这个有序系统是通过对社会个体成员赋加义务、限制其行为自由而实现的；权利是允许人们有行为选择的自由，法律一般不必对人们可作什么去操心，而只要指明不可作什么和必须作什么即可，其他行为只须留待人们自行选择；法律从其一开始产生，强调的重心就是确认义务，而不是宣告权利；最初的法律主要是以义务性规范构成

[①] 公丕祥：《法的价值与社会主体的权利观念》，《中国法学》1988年第1期，第11页。

的，即使现代的法律（包括美国宪法在内）也多以提出禁止性义务的方式来表达人们的权利。①

上述两种观点的对立根源于对法的价值的不同理解和追求。前者把人的意志自由、选择自由、个体生动全面的独立发展、社会效率等"积极意义"作为法的"本体价值"或"内在价值"，可被称为"自由价值观"。后者则把社会秩序（有序化）作为法的最高价值或本体价值，并且强调从无序状态到有序状态依靠对社会个体成员赋加义务，限制其基本行为的自由，可被称为"秩序价值观"。自由价值观把现代社会法的本体价值泛化为一般法的内在价值，秩序价值观把古代社会法的最高价值（或本体价值）泛化为一般法的最高价值甚至惟一价值，都是不符合历史事实的。考察法的历史，权利和义务何者为法的本位是受特定社会的生产方式、政治结构和文化环境等因素所决定的，因而是历史地变化着的。总的说来，前资本主义社会的法是以义务为本位的，资本主义社会的法是以权利为本位的，社会主义社会的法则是最新类型的权利本位法。从义务本位法到权利本位法的转变是历史的进步和必然。

从典型的意义上说，前资本主义社会的法是以自然经济、宗法家庭关系和专制独裁为其经济基础、伦理基础和政治基础的。

自然经济是直接从大自然获得生活资料并直接满足劳动者本人及其亲属需要的经济形态，其典型的形式是一家一户、男耕女织、自给自足。与这种经济关系相适应，人际关系表现为长幼等差、男女有别的宗法关系和血缘等级，表现为人身依附和屈从，父系家长、族长在生产和消费中处于绝对支配地位，其他成员则是作为附庸或权力支配的对象而存在，表现在家规和宗法中，就是要求子从父、妻从夫、家从族。人们只是在履行子——父、妻——夫、家——族的单方面（方向）义务中才得到微不足道的利益。

---

① 张恒山：《法的重心何在？——评"权利本位"说》，《政治和法律》1989年第1期，第6—9页。

自然经济是一种封闭经济。在自然经济条件下,人们做着差不多同样的事情,产品几乎不离开他们的手。由此造成生产者之间互相隔离,而不是互相依赖和互相交往,使他们不能形成一股有组织的政治力量。"他们不能代表自己,一定要别人来代表他们。他们的代表一定要同时是他们的主宰,是高高站在他们上面的权威,是不受限制的政府权力,这种权力保护他们不受其他阶级侵犯,并从上面赐给他们雨水和阳光。所以,归根到底,小农的政治影响表现为行政权力支配社会。"① 人们既盲目又被迫地服从长官,而最高的长官莫过于皇帝。皇帝握有无限制的权力,居于至高无上的地位,口含天宪,言出法随。皇帝的这种地位和权力由于"家国合一"、"君权神授"、"真龙天子"等观念的传播而得到进一步加强。在皇帝面前,所有的臣民等于零,即都只有义务而无权利,只有服从而无权力。

上述经济关系、宗法关系和政治关系反映到法律上,就是义务本位。其表现是多方面的:

第一,法的主要作用是社会控制,即严格控制上层向下流动和下层向上流动。法通过把奴隶主、封建主的世袭特权神圣化和固定化,维护社会的等级结构,从而巩固奴隶主阶级、封建地主阶级在经济领域、政治领域和精神领域的全面统治地位。因此,在法律规范体系中,禁令(义务性规范)大大多于准许(授权性规范)并构成体系的基础。

第二,法律道德化或宗教化。古代社会是重伦理轻法理的社会。大量的道德规范或宗教规范被统治阶级的国家化为法律规范,道德原则和宗教信条亦被奉为法的精神。在中国,法产生之始就是礼法合一。自汉代统治阶级实施"罢黜百家,独尊儒术"以后,历代都以儒家的伦理道德作为法的指导思想和断案依据。"道德义

---

① 《马克思恩格斯选集》第1卷,第693页。

务的本身就是法律、规律、命令的规定。"① 在西方,"政治和法律都掌握在僧侣手中,也和其他科学一样,成了神学的分支,一切按照神学中通行的原则来处理。教会教条同时就是政治信条,圣经词句在各法庭中都有法律的效力。"② 法律的道德化和宗教化使法在基调和调节方式上呈现出义务本位,因为道德和宗教主要是以规定人的义务(人对人的义务和人对神的义务)来调控社会关系的。在古代社会的法律中,即使统治者的权力(包括皇权在内)也往往以对神明("上帝"、"天")或社稷的义务的名义出现。

第三,少数人(剥削阶级)的习惯权利成为人格化的、几乎完全被垄断和通过世袭而获得的特权,而他们应当担负的义务和责任却转嫁给别人(劳动人民)。广大劳动人民被剥夺或半剥夺了权利主体的资格,痛苦地承受着无限制的义务。

第四,法的体系是诸法合一,以刑为主,甚至"法""刑"同义。因而,对官吏来说,法就意味着定罪判刑;对老百姓来说,法就意味着监禁和杀头。官员们依仗法律,滥施淫威,百姓们则千方百计远离法律,以避罪免罚。

三、资本主义法是权利本位法

资本主义法是以资本主义商品经济和资产阶级民主政治为其经济基础和政治基础的。商品经济是与社会分工相联系的、为交换而进行生产的经济形态。商品经济的前提有两个:一、商品生产者必须是独立的、自主的和平等的,能够以自己的名义让渡和购买商品,这就需要确立商品生产经营者的人权和权能。二、商品交换者对所要交换的物品有明确的、专一的、可以自由处置的所有权。这就需要明确商品生产经营者对物品的占有、使用或转让的权利和防止他人非法侵害的补救权利。这两个商品经济的前提也把资本主义

---

① 黑格尔:《哲学史讲演录》第1卷,商务印书馆,1981年版,第125页。
② 《马克思恩格斯全集》第7卷,第400页。

法带进了权利本位的时代。

在人类历史上，古罗马曾经有过比较发达的简单商品经济。与之相适应，调整商品经济关系的私法比较发达。在私法领域，权利构成了本位，以至于当时的人们用同一个词"ius"表示"法"、"权利"、"公平"等意思。但就当时的整个法律制度来说，特别是就法把占人口四分之三以上的奴隶宣布为"会说话的工具"来考虑，不能断言古罗马的法确立了权利本位。罗马帝国的崩溃使经济倒退到自然经济状态，理性文化沦为宗教文化。随之，私法领域的权利本位也被义务本位所吞没。中世纪欧洲的法律主要通过给农民（农奴）规定繁重的义务而维护大小封建主和教会的特权，使社会等级和贫富悬殊固定化和永恒化。到了封建社会后期，随着生产力的发展，一方面农业中出现了许多新部门，另一方面更多的家庭手工业从农业中分离出来成为专门性行业，因而发展了社会分工。特别是15世纪末伟大的地理发现和随之而来的国际贸易的扩大，大大促进了社会分工。社会分工的扩大为商品经济的进一步发展提供了基础，并促进了封建社会结构向资本主义社会结构的转变。资本主义制度确立后，随着工业化的发展，新的生产部门和行业不断涌现，工业、农业、商业内部的分工迅速发展，商品经济也就在这一基础上取代自然经济而成为社会经济的基本形态。商品经济的发展既确立了权利在财产法和债法中的主导地位，又促进了权利主体的普遍化，连一贫如洗的工人也成为自己劳动力商品的所有者。商品经济的发展还否定了血缘、门弟、地域、宗教、语言之间的差别所造成的权利不平等，促进了资产阶级民主政治的生成。

资产阶级民主政治形式上是一种市场政治或多元政治（这是由资产阶级内部不同阶层、集团之间利益上的尖锐对立和讨价还价所决定的）、权利决定权力的政治（公民的政治权利决定着国家权力的配置和运作，影响和决定着国家的政策和法律）、权力制约权力的政治（国家权力被划分为立法权、执法权、司法权等不同部分，分别授予国会、政府、法院等国家机关，各权力之间互相分立，互相制约）。在资产阶级民主政治的结构内，国家权力被分解为公民的各种政治权利，国家机构的建立、国家核心官吏的产生是公民行使政治权利的结果。

在资本主义商品经济和民主政治基础上建立的法律制度必然是以权利为逻辑起点、轴心、重点。具体标志是：

第一，以人权（人身自由、人格尊严等）、物权（财产的占有权、使用权、处分权、补救权等）、参政权（选举权、被选举权、创制权、复决权等）、平等权（法律面前人人平等）、诉讼权（民事的、刑事的、行政的、国事的诉讼权利）等权利为基本构成的权利体系在法中占居起始和主导地位，义务是与这些权利相适应、并且是从这些权利中派生出来的。

第二，以确认和保护人们的正当利益，为社会成员的生活、生产和交换提供平等的便利和机会为基点的民法取代刑法成为法律体系的主导部分，并且构成了包括宪法在内的其他法律部门的真正的法律文化源泉。

第三，实行以保护公民权利为目的的法律推理。例如，罪刑法定——法无明文规定不为罪；无罪推定——被告在未被依照法律和事实确定有罪之前，应被视为无罪的人；即权利不受剥夺的人，权利推定——凡是法律没有禁止的，都是准许的，可作的。

第四，公民的基本权利被奉为"天赋人权"或"自然权利"。与此相适应，权利观念成为公民法律意识的核心要素，把权利看作"天赋的、不可转让的、不可剥夺的利益"的观念深入人心和司法过程。

资本主义的权利本位法取代奴隶制和封建制社会的义务本位法，是在"自由"、"平等"、"民主"、"文明"的道路上迈进了具有世界历史意义的一步。它在社会结构上摧毁了封建的等级制度，使人解脱了人身占有和人身依附的状态，实现了法律上的平等。它在经济上焕发了人类固有的、但长期被压抑的利益动机和效益观念，并使人类有可能在机会均等和法律保障的条件下尽其所能地创造财富。它在政治上体现了"人民主权"原则，培育了公民的主体意识和参政意识，使人的政治社会化程度空前提高。它在客观上促进了无产阶级和其他被剥削、被压迫阶级的觉醒，并使他们有可能团结起来，利用"资产阶级用来推翻封建制度的武器"同资产阶级开展广泛的斗争。资本主义权利本位也曾对处于前资本主义发展阶段的国家产生了巨大的冲击，推动了这些国家的民主革命。我国新文化运动的先驱、民主、科学和法治的启蒙思想家就曾接过这面旗帜，发出了要"以权利本位主义，易家族本位主义"、"以民权取代君权"的响亮口号。

我们在承认资本主义权利本位的历史进步作用和世界意义的同时，又必须看到它的阶级本质和历史局限性。资产阶级法之所以确立权利本位，从根本上说是为了保障资产阶级的利益。资产阶级作为商品经济的代表，迫切要求自己成为身份独立、人格独立、意志独立、利益独立的商品所有者，以能够进行平等、自由的交换，同时需要劳动者摆脱封建贵族的人身依附，成为自由劳动者，以供他们雇佣和剥削。他们也要求私有财产神圣不可侵犯并可以自由地使用和交换，要求劳动者成为自己劳动力商品的所有者，并能够"自由地"在市场上出卖劳动力。这一系列要求被法律确认为人权和物权之后，构成了资本生存和生殖的法律条件。通过把它们确认为资本主义法的轴心，资本家的利益便可得到保障和没有限量的扩大。

资产阶级法的权利本位是狭隘的和残缺不全的。资产阶级没有良知和勇气把权利主体资格普及于全社会，落实到每个居民的头上，不仅少数民族、种族长期被排除在权利主体之外，而且广大的工人、农民、甚至属于他们那个阶级的妇女也被视为"消极公民"，长期被剥夺完全主体的资格。对于无产阶级来说，资本主义权利本位在某些根本方面是虚伪的，例如，它把劳动者出卖劳动力，接受奴役和剥削这种痛苦的义务称为"权利"和"自由"。

资本主义的权利本位在资本主义世界各国是很不平衡的。老牌的靠掠夺殖民地而暴发的资本主义国家，法定的权利体系相对完备，实现的程度较高、范围较宽，而那些后起的、不发达的资本主义国家的权利体系及其实现的程度和范围，是相当糟糕的。如果说资产阶级可以以少数发达的资本主义国家为例去炫耀他们的权利、自由、民主的话，那么，对于其他多数资本主义国家的情况，他们是无话可说的。

四、社会主义法是新型的权利本位法

社会主义法是继资本主义法之后出现的最新类型的法。它没有否定权利本位，而是把它与社会主义原则相结合，使之跨入新的阶段，即社会主义权利本位的阶段。权利本位作为社会主义民主和法制的要素已经并将继续显示出巨大的社会价值。

社会主义权利本位是无产阶级革命（在中国是共产党领导的新民主主义革命和社会主义革命）胜利的成果。从奴隶制社会和封建制社会的义务本位到资本主义社会的权利本位，具有伟大的历史意义。但是，在商品化的资本主义国家。权利属于商品所有者，主体资格的真实程度，主体享有权利的多少，取决于商品占有量。由于无产阶级除了自己的劳动力商品外一无所有，而且在劳动力市场上出卖劳动力之后，等待他的只是受剥削和受压迫，所以，从实质上进，从前资本主义社会的义务本位到资本主义社会的权利本位，不过意味着从贵族的特权到金钱的特权，从奴隶主和封建主的本位到资本家的本位。劳动人民作为无限制的义务的承担者的地位并没有根本改变。因此，在资产阶级最终夺得政权之前，无产阶级就向资产阶级展开了争取平等权利的斗争，在资产阶级国家建立之后，发展成为向资产阶级夺取国家政权，建立社会主义民主和法制的革命。苏联十月革命的胜利实现了权利本位与社会主义原则的结合，使法的本位进入新型权利本位的阶段。1918年1月全俄苏维埃第三次代表大会通过的由列宁亲自起草的《被剥削劳动人民权利宣言》和同年7月通过的《俄罗斯苏维埃社会主义共和国宪法》

是这一历史性变革的标志。此后，经过数十年的革命斗争，一批社会主义国家相继建立，尤其是中国共产党领导的新民主主义革命和社会主义革命取得了伟大胜利，使地球上的三分之一的居民成为完全适格的权利主体并享有普遍、平等、真实和不断充实的权利。

社会主义法以权利为本位，是由社会主义国家的生产资料公有制和无产阶级专政（人民民主专政）的性质所决定的。生产资料公有制和无产阶级专政是社会主义法的经济基础和政治基础。生产资料的社会主义公有制的建立，使社会成员平等地成了生产资料的主人。在公有制的基础上，生产过程中形成了全新的人与人之间的关系，人们只有分工不同，无高低贵贱之别。与此同时，实现了"各尽所能，按劳分配"的社会主义原则，在劳动这一分配尺度面前，只有富裕程度的差异。一部分人利用经济上的优势和相应的政治上的优势，奴役和压迫另一部分人的现象已不复存在。这就为公民在法律面前皆为权利主体提供了根本的前提。无产阶级专政是工人阶级领导的、以工农联盟为基础的国家政权，是对人民实行民主、对阶级敌人实行专政的新型民主和新型专政的国家。由于在社会主义国家，人民的范围十分广泛，而阶级敌人只占人口的极少数，并日趋减少，[①] 而且由于对属于专政对象的阶级敌人，仅仅限于剥夺他们的部分政治权利，而保留了其他广泛的公民权利。这就为社会主义法把权利主体资格普及于全社会并以权利为本位提供了政治上的依据。

社会主义法以权利为本位，有其巨大的社会作用和价值。首先，社会主义权利本位是保护和开发社会生产力，发展社会主义经济的法律保障。社会生产力有两个基本因素：劳动者（人）和生产资料（物）。只有这两个因素得到保护，并且能够有机地结合起来，生产力才能被开发出来。在资本主义社会，这两个因素是分别

---

① 据1981年全国普选时统计，具有选举权的公民占18周岁以上公民人数的99.97%。

通过法定的"人权"和"物权"而得到保护的。法律对人和物的保护，使资本主义社会创造了比前资本主义社会高出成千上万倍的财富。在社会主义社会，宪法和其他法律明确而肯定地宣布公民享有广泛的人权（公民权），同时宣布社会主义经济制度的基础是生产资料的社会主义公有制，即全民所有制和劳动群众的集体所有制，公共财产神圣不可侵犯，公民合法的收入和私人财产受法律保护。这就肯定了人权和物权，并把两者直接地有机地结合起来了，从而消除了生产资料与劳动者的分离以及劳动成果与劳动者的脱节，更能有效地保护劳动人民的积极性、创造性、主人翁精神，保证生产力的发展和经济的持续增长。

其次，社会主义权利本位是实现社会主义民主政治的保证。民主政治就是一切权力属于人民，人民当家作主。它"在形式上承认公民一律平等，承认大家都有决定国家制度和管理国家的平等权利。"① 为此，国家的政治权力被分解（转化）为公民的政治权利。把国家的政治权力分解（转化）为公民的政治权利，是民主政治的基本方法和优势所在。民主政治是与专制政治对立的。专制政治把政治权力变成以君主为首的少数人的世袭特权，并由君主总揽其成。这种政治体制一方面扼杀了人民群众（他们是社会的真正主体）的政治动机、政治热情、政治责任和政治能力，使政治失去了社会基础，政治权力变成社会的对立物；另一方面又使少数人滋生狂热的权力欲望和野心，并为争权夺位铤而走险，导致周而复始的政治动荡和社会灾难。社会主义民主政治则把国家政治权力分解为公民的基本政治权利，赋予公民参政的资格和机会，实现了国家权力的回归，把政治变成了绝大多数人可以参与的事情，从而克服了专制政治的弊端。在社会主义民主制度下，公民享有法定的政治权利并承担着相应的政治义务，国家权力的和平转移，政权机关的组建和权力的配置，都是公民按照既定的法律程序行使政治权利的

---

① 《列宁选集》第3卷，第257页。

结果；国家权力是在公民的直接参与或制约下依法运行和操作的；公民与国家机关工作人员的关系是主仆关系（公民本位）。这样，政权与社会融为一体，公民以政治主体的身份参与政治过程，影响、支持政治决策和政治秩序，极大地减少了政治阻力和政治动荡，增加了政治的效能和政治体制的承受能力、应变能力、同化能力、自我完善能力。

最后，同样重要的是，社会主义权利本位是培养和弘扬公民意识的法律环境，社会主义经济的发展，社会主义民主政治的推进，社会主义其他事业的顺利进行，都要通过公民的积极而负责的参与来实现。因此，培养和弘扬公民意识，塑造公民人格，就至关重要。社会主义公民意识包括主体意识、权利意识、参与意识、平等观念、法治观念、宽容态度、责任观念等要素。主体意识，即明确地认识到自己是一个公民，而不是一个臣民；是社会政治生活和公共生活的主体，而不是无足轻重的客体；自己是作为一个有独立意志和独立地位的政治权利的主体加入社会政治关系和政治程序的。权利意识，即意识到自己享有各种经济权利、政治权利、社会权利，并能明确地认识到自己权利的正当性、可行性，对一切合法的利益和权利给予应有的尊重。参与意识，即意识到公民的本质在于参与，参与社会公共生活既是自己的权利，又是自己的角色责任，并以实际行动热情而理智地参与政治活动以求对政治决策产生影响，参与社会主义建设，以对经济和文化发展作出贡献。平等观念，即意识到他人与自己一样，都是主权权威的平等参加者，享有平等的权利，承担平等的义务。任何人（包括自己在内）没有任何理由享有特权，更不应当利用自己的职权谋取私利。法治观念，即意识到法治优于人治，尊重和遵守经由合法程序产生的、旨在维护秩序和正义、保障自由和效率的法律规则，按照法定界限和程序行使政治权利和其他权利，抵制和监督一切违法行为。宽容态度，即承认别人有权利作出与自己不同的选择，发表不同的见解。只要没有违背一个中心、两个基本点、社会公德和国家的法律，就应该对那些与自己不同的政治主张、价值观念、生活方式给予必要的理解。责任观念,即意识到自己对别人、社会和国家负有公民的责任。这是个人权利和自由的必然要求。上述公民意识的培养和弘扬,只有在权利本位的法律环境中才是可能的。义务本位法只会导致臣民意识——消极地接受现行的政策、法律和支配力量的意识和惯性。正是因为社会主义权利本位有上述巨大的社会价值,我们才满腔热情地主张和推进权利本位。

社会主义权利本位与资本主义权利本位之间存在着原则界限和某些不同的特征。这些界限和特征表明社会主义权利本位是无比优越和完全新型的。(1)两者的阶级属性和服务方向不同。如同"自由"、"平等"、"效率"、"正义"等观念和价值一样,"权利本位"可以是"资产阶级的"(与资本主义原则结合),也可以是"无产阶级的"(与社会主义原则结合);与资本主义原则结合,构成资产阶级民主和法制的要素,服务于资产阶级剥削和役使劳动人民的私利,与社会主义原则结合,构成社会主义民主和法制的要素,服务于无产阶级和广大劳动人民建设社会主义、解放全人类的伟大事业。(2)在权利主体的广泛性和彻底性方面,社会主义权利本位优越于资本主义权利本位。资产阶级是以无产阶级的存在为生存条件的,因而它不可能真正希望无产阶级在经济上和政治上获得彻底解放,享有与他们同等的权利和自由。无产阶级则要消灭一切剥削和压迫。任何类型(形式)的剥削和压迫的存在,都意味着无产阶级自身没有获得彻底解放,因而它大公无私,以解放全人类为自己的历史使命。所以,无产阶级革命胜利之日,就以法律或具有法律效力的政治宣言(政治纲领),把权利主体资格普及于全体社会成员。正如马克思在《国际工人协会共同章程》中所写的:"工人阶级的解放斗争不是要争取阶级特权和垄断权,而是要争取平等的权利和义务,并消灭任何阶级统治。"[①](3)社会主义法的

---

① 《马克思恩格斯选集》第2卷,第136页。

权利本位原则与权利和义务一致性原则是统一的。权利本位原则肯定并确立了权利的主导地位和主导作用以及义务对权利的从属性和保障作用。权利和义务一致性原则排除了一部分人享有权利、另一部分人尽义务的不公平现象，是对权利本位原则的必不可少的补充和救济。由于这两个原则的有机结合，权利本位成为所有公民的权利本位，从而使权利本位在语言上、法律上和事实上都不再有资产阶级的含义和资本主义的性质。

当然，我们也必须承认，社会主义社会从确立法的权利本位原则到完善权利本位立法，需要一个过程。特别是在中国，旧社会生产力长期发展缓慢，社会分工不发达，商品经济从未得到蓬勃发展，自然经济始终占主导地位。这造成行政权力支配社会，自上而下的权力观念和自下而上的依从观念较重，平向的权利义务观念和自下而上的权利要求几乎没有，因而君权至上、官为民本的封建专制制度和义务本位得以长期存在。由于自然经济的封闭性、单一性、自足性，人们习惯于把家庭、家族内部的伦理规范泛化为经济、政治和社会生活的一般规范，用以处理人与人之间、个人与国家之间的关系。如同处理家庭、家族内部的关系一样，他们不要求什么权利（甚至不知道权利为何物），要的只是和睦相处，息事宁人，对于自己的基本利益被剥夺、被蹂躏的事实很少从权利和法的角度去考虑是非。近代中国商品经济虽然有过发展，但始终没有成为占主导的经济形态，没有产生出足以摧毁封建社会制度和意识形态的力量。中华人民共和国的成立，终于结束了长达数千年之久的封建制度，结束了半封建、半殖民地的义务本位法，开始了中国社会主义权利本位法的时代。但是，由于"旧中国留给我们的，封建专制传统比较多，民主法制传统很少"，又由于我国城乡的自然经济和半自然经济结构没有冲破，特别是50年代后期实行高度集权的、由国家全面直接支配生产、分配和消费的产品经济体制，致使封建的义务本位在许多方面得以延存，有时候（如在"文革"中）甚至重新泛起，严重地冲击以至取消了社会主义权利本位，使我国各阶层人民都吃了不少苦头。

中国共产党十一届三中全会后，我们党从对历史（特别是对"文革"）的反思中终于认识到：必须发扬社会主义民主，健全社会主义法制，并根据这一认识，领导全国人民（通过全国人民代表大会）修改了宪法，制定了刑法、民法、经济法、诉讼法等基本法律，突出地强调了公民的基本权利，使我国宪法和以宪法为核心的法律体系在内容和形式上重新显示出权利本位的鲜明特征。我们党还认识到商品经济是我国社会不可逾越的阶段，把发展社会主义商品经济作为我国经济体制改革的主题和社会发展的目标。商品经济的发展以及有关商品经济的立法，有力地冲击了过去以罪和罚为核心的法律体系、法律组织和法律观念，而以权利和义务为内容、以权利为本位的法律体系、法律组织和法律观念正在进一步发展。在社会主义民主政治、商品经济和法制建设中受到重视的权利本位，反过来又极大地激发了中国人民为社会主义事业而奋斗的热情、责任和信心。这是当代中国社会主义法制的特征和价值。作为法学理论工作者，我们应当考察法从义务本位到权利本位的规律，探索社会主义权利本位的价值，不断完善权利理论，为社会主义民主和法制建设，为社会主义现代化的宏伟事业服务。

(1990年第3期)

拉德勃鲁赫的相对主义法学及其后期转变

沈宗灵

古斯塔夫·拉德勃鲁赫（Gustav Radbruch，1878—1949），德国法学家、政治家，曾任教于柯尼斯堡、基尔和海德堡大学；在1920—1924年作为德国社会民主党人，出任魏玛共和国国会议员和司法部长。1933年纳粹党上台后，他被免去教职，1945年才重返海德堡大学任教。他的主要著作有《法学导论》（1907年）、《法律哲学》（1932年第3版）等。

他的法学思想在第二次世界大战前后有很大变化：战前，他是西方相对主义法学或新康德主义法学的主要代表之一；战后，他公开批评相对主义和实证主义法学，转向自然法学。这一转变有力地促进了战后新自然法学的流行。他的相对主义法学的主要思想渊源是康德的哲学以及新康德主义法学家施塔姆勒（R·Stammler，1856—1938）和拉斯克（E·Lask，1875—1915）的法律思想。

一、二元论和相对主义

（一）现实和价值

拉德勃鲁赫的法学是以二元论和相对主义作为哲学基础的。他声称，他的哲学在方法论上有两个特征：二元论和相对主义。①

---

① 拉德勃鲁赫著：《法律哲学》，见《二十世纪法律哲学丛书之一：拉斯克、拉德勃鲁赫和达班的法律哲学》，K·维尔克译英文本，哈佛大学出版社，1950年版，第53页。

哲学上的二元论一般主张世界有物质和精神两个独立来源。康德哲学就是二元论的代表。拉德勃鲁赫的相对主义法学就是从论述康德关于现实（reality）和价值（value）之分的学说开始的。他说，康德哲学认为，从实际是什么（what is）中不可能得出什么是有价值的、正确的或"应当是这样的"（ought to be）。价值和存在（existence）这两种观点，像两个截然不同的、封闭的圆圈放在一起，这就是方法论上的二元论的实质。"① 换一句话说，关于"应然"（ought）的陈述只能来自其他"应然"陈述，而不能来自对存在事实的归纳。但在我们的直接经验中，事实和价值之分是模糊不明的。原始人将暴风雨看作神的警告；现代人则认为它是对自己外出打球或野餐计划的干扰。对我们来说，事情都是具有个人评价色彩的。只有通过精神的力量才能使现实和价值分开。我们体验到的人和事是受价值即有无价值的影响的，而没有想到这种有价值和无价值都来自我们自己，来自观察者，而不是来自那个人和事本身。

人们对价值会有四种态度。第一种是价值盲（value—blind），即不问价值，也即自然科学家研究自然界所采取的态度。第二种是评价（evalua ting），即有意识地品评态度，也即价值哲学及其三个分支：逻辑学、伦理学和美学的特征。第三种是与价值有关的（Valuerelating）态度，也即文化科学的态度，包括人文学、史学、社会科学等。第四种是克服价值（Value—conquering）的态度，即宗教，它要求对人仁慈而不问其有何价值。第三、四种态度可以说是介乎第一、二种态度之间的，或者说是对它们的补充。与以上四种态度相应，有四个领域，即：存在（existence）、价值（value）、含义（meaning，即指价值的具体内容）和实质（essence，即指宗教已超脱价值和现实之分）。

这里还应注意的是，价值不能得自现实，仅指逻辑关系而不是

---

① 《法律哲学》，第53页。

指因果关系。二元论并不是说现存事实对评价或判断不发生影响。评价行为无疑是现存事实,如评价人的社会环境,对意识形态上层建筑发生影响的结果。但我们这里讲的并不是讲现存事实和价值判断之间的因果关系而是讲存在和价值之间的逻辑联系。

(二) 法律科学、法律哲学和法律的宗教哲学

拉德勃鲁赫又认为,从以上四种态度可以看出,有关法律的研究有法律科学、法律哲学和法律的宗教哲学三种。

法律是人的创造物,只能根据人的理念,也即这种创造的目的或价值来理解。所以对任何法律现象不可采取价值盲的观点。法律又是一种文化现象,即与价值有关的事实,所以对法律可以有三种观点:一种是关于价值的观点,即将法律看作一种文化事实,这是法律科学的特征;第二种是评价的观点,即将法律看作是文化价值,这是法律哲学的特征;或者克服价值的观点,这是法律的宗教哲学(例如早期基督教、天主教、新教的法律哲学)的特征。①

(三) 相对主义

拉德勃鲁赫从价值与现实之分的二元论出发,阐述了他的相对主义。哲学上的相对主义通常指片面夸大事物和认识的相对性,从而排斥绝对性,抹煞事物的质的规定性,否认客观的是非标准,陷入不可知论。

他说,正因为应然的陈述只能由其他应然陈述来加以确认或证明,所以,"关于应然的最终陈述是不可能被证明的或作为公理的。人们不可能辩明而只能自称知道关于应然的最终陈述。因而在关于应然的最终陈述的相互对立的辩论中,在关于价值和世界的相互对立的观点之间,不可能有在科学上毫不含糊的决定。"② 相对主义法律哲学无法使个人在相互对立的最终假设中系统地提出的法律观点避免作出选择。它只能限于向他充分提供各种可能的决定,

---

① 《法律哲学》,第52页。
② 《法律哲学》,第55页。

但决定本身仍留待他本人的决心,诉诸他的良心。它之所以如此,就因为在他看来,对最终价值判断的回答一定是 ignorabimus(我们不知道)。但即使回答是"不知道",相对主义仍坚持它的方法的重要性,相信它至少由于系统地探讨了各种世界观的可能性,已为人们有朝一日作出的选择作了有用的准备工作。这也就是说,相对主义法律哲学虽然不能提供最终价值判断,但它可以确认为实现应当实现的目的的手段;可以澄清世界观的最终假设;可以系统地发挥可以设想的最终假设。

所以,他的结论是相对主义的任务是:在特定的价值观和世界观的范围内,就特定的最高价值判断而论,来决定任何价值判断是否正确而不是这种价值判断和这种价值观和世界观本身是否正确。同时,他也特别指出,相对主义属于理论理性而不是实践理性。它意味着对科学地确认最终决定的放弃,但并不放弃决定本身。①

二、正义、功利和法律确定性

(一)法律的理念和概念

拉德勃鲁赫认为,事物的最终价值是无法被证明的,但法律哲学和法律科学都应研究价值问题。在这里,他接受了新康德主义法学首创人施塔姆勒的学说,划分出法律的理念(idea)和法律的概念。法律的理念,即法律的价值。法律概念是一个文化概念,即与价值有关的现实的概念。这一现实的含义就是为法律价值也即法律理念服务。所以,"法律概念是以法律理念为定向的。"②

法律概念既是为法律理念服务的一个现实,所以它具有评价和要求的心理学性质。从而也就代表了一种特殊的现实,即处于理念和其他现实之间的媒介物。它属于现实本身,但同时又高于其他现实。属于这类特殊现实的有良心,这是与道德理念相联系的文比现

---

① 《法律哲学》,第57—58页。
② 《法律哲学》,第73页。

象,感觉(taste),与美学理念相联系;理性,与逻辑理念相联系。与法律理念相联系的现实现象是律令(Precept)。这种律令既有实在性又有规范性;应与法律理念即正义有关,也就涉及人与人的关系,具有社会性;它与平等有关,因而具有一般性。总之,"法律律令的实质可概括为既是实在的又是规范的;既是社会的又是一般的。在这一意义上,法律的定义是人类共同生活的一般律令的总和。"①

(二)正义

他认为,法律理念,即法律的价值,首先是指正义(justice)。正如罗马法学所指出的,"法律来自正义就像来自它的母亲,所以正义先于法律。"② 正义是一种绝对价值,是一种不可能来自任何其他价值的价值。这里讲的正义是指衡量实在法的正义而不是指由实在法来衡量正义。从这一意义上讲,正义的意思是平等,但平等本身又有不同含义。亚里士多德曾区分出交换正义和分配正义。交换正义是事物之间的绝对平等,如劳动和报酬、损害和赔偿等。分配正义是指对待不同人之间的相对平等。例如按能力纳税、按需救济等。交换正义至少需要二人,相互关系是平等的,处于相互协调的关系。分配正义至少需要三人,其中一人高于其他二人之上,向他们授予利益或设定负担,处于上下属的关系。这也可以说,交换正义是私法正义,分配正义是公法正义。交换正义必须先要有分配正义的行为,所以分配正义是正义的原型。

(三)功利

正义是法律的理念,但这并不是说,只要以正义为基础就可以将法律讲清楚。因为第一,仅靠正义不足以说明法律规则的具体内容。第二,正义要求平等的人平等对待;不同的人按照他们的不同不同地对待,但它并未表明谁应平等或不同以及如何对待他们。总

---

① 《法律哲学》,第76页。
② 《学说汇纂》第Ⅰ,Ⅰ,转引自《法律哲学》,第73页

之,正义仅规定了法律的形式而未决定内容。为了说明法律的内容,必须要加上法律理念的第二个因素,即功利(exPediency),① 指的是对任何目的的合适性。

拉德勃鲁赫在这里强调,讲法律的目的必须讲国家的目的。"因为法律或法律的主要部分是国家意志,而国家或国家的主要部分是法律的一种制度。所以法律目的和国家目的是不可分的。"② 同时,这里讲的法律目的并不是指以经验为主的陈述,而是指用以衡量法律的、法律目的的先验理念。因而我们必须考虑像正义那样的绝对价值,也即法律必须为其服务的正义以外的伦理价值。

这种价值有三种:个人价值、集体价值和创造价值(work values)。与这三种价值相适应,有三种观点:个人主义的(iudividualistic)观点、超个人主义的(transindividualistic)观点和超人格的(transpersonal)观点。

从个人主义观点来看,创造价值和集体价值服从人格价值。文化仅仅是培养人的手段,国家和法律仅仅是保护和促进个人的制度,是各个人之间的、类似合同的关系。但这里讲的合同并不是一个现实,而只是一个像康德所讲的理性观念。从超个人主义观点来看,人格价值和创造价值都服从集体价值。道德和文化服从国家和法律。因为国家和法律是高于个人之上的整体,类似有机体。在良好的国家中,整体并不是为成员存在的,而成员是为整体存在的。从超人格的观点来看,人格价值和集体价值都服从创造价值,道德、国家和法律都服从文化。国家和法律是个人对自我之外,共同劳动、共同创造的关系,并以创造者所造的建筑物来作为类比。这些创造者之所以合在一起既不是由于包括他们自己在内的整体,也不是由于使他们连结的直接关系,而是由于他们所表现的共同劳动以及从中产生的共同创造物。以上三种观点可以分别用三个口号来

---

① 此词在 W·弗里特曼著《法律理论》1967 年版译为 utility,第 193 页。
② 《法律哲学》,第 91 页。

概括：自由（个人主义观点）、国家（超个人主义观点）和文化（超人格主义）。①

（四）政党的意识形态和法律哲学

他认为，关于法律的价值，我们还可以从各政党的意识形态来加以分析。

首先是个人主义（出发点是个人）。无政府主义从"单一的个人"（single one），即具体的自我出发的个人主义，它否认任何国家和法律。开明专制主义是另一种形式的个人主义。它企图用强力为各个人服务，即使违反他们的意志，它是以各个人的道德和理性为直接强制对象的个人主义。

自由主义和民主对个人的看法不同于无政府主义和开明专制的看法。但自由主义和民主二者本身对个人的评价也有区别。从它们各自的最极端形式的对立来看，不仅程度不同，而且在类别上也不同。民主要求无条件服从多数意志；但自由主义要求在某些情况下有可能即使违反多数意志而仍保持个人意志。对自由主义来说，政治哲学思想的出发点是人权，基本权利，个人的自由权利，也就是在国家以前就已存在的自然自由。它们是随同应受无条件尊重的要求而被带入国家的，因为国家的任务及其根据就在于对它们的保护。"任何政治结合的目的都在于保存人的自然的和不可动摇的权利。"② 与此相反，根据民主观点，先于国家的个人自由已由他完全交由国家意志，即多数派意见支配，因为他有机会参与多数派意志的形成并作为对这种机会的交换。正是由于这种基本观点的不同，从而导致自由主义和民主在政治组织上的极为不同的原则。这也涉及到对孟德斯鸠和卢梭之间的长期存在的被误解了的对立。自由主义敬重孟德斯鸠的分权学说，它想使君主和多数派（即议会）这两个专制主义追求者相互对抗以有利于个人自由的不受侵犯的权

---

① 《法律哲学》，第94页。
② 1789年的《人和公民的权利宣言》。

利。民主则根据卢梭学说否认分权，因为分权反对民主的目标本身即多数派的专制。结果就民主而论，个人价值是可以增加的，多数个人意志的价值超过少数个人的。但自由主义则主张无限的个人价值，不论多么大的多数派意志也不能加以超越。

除了自由和民主这两种个人主义外，还应加上社会个人主义或社会主义。社会主义起源于对政治、公民的平等和社会、经济不平等之间的对立状态的批判，而这种对立正是民主、自由、个人主义的实质。社会主义要求消灭产生社会不平等的根源，即生产资料私有制。社会主义，从经济学观点看是反对个人主义的，因为社会主义要求经济生活服从超个人的调节。但从法律哲学观点看，社会主义仍是个人主义的，因为这些超个人的调节最终还是服务于个人的。

保守主义政党的意识形态代表了超个人主义的观点。它同以上所讲的个人主义政党意识形态是对立的。个人主义是进攻性的意识形态，是理性的，想改造现实，而保守主义是防御性的，支持现实的、非理性的（历史的或宗教的）。从个人主义看，国家像一架机器一样，由许多部分组成，而从保守主义观点看，国家像一个有机体一样，由一种神秘的、巨大的力量所构成。

天主教政党的意识形态处于个人主义和超个人主义两种观点之间。

（五）法律确定性

他认为，法律理念，即价值，首先在于正义，正义的实质在于平等，即对平等的平等对待，不平等的不平等对待。为了进一步确定平等和不平等，就必须加上法律理念的第二个因素即功利。但对功利的分析也仅能归结为不同政党的意识形态以及对国家和法律的不同观点。这些又都是相对的，仍然不能得出法律哲学的最终结论。可是"法律代表一起生活的秩序，不能把法律交付给意见分歧。必须要有驾于一切意见之上的一种秩序。"① 因此我们就见到法律理念的第三个因素——法律确定性（legal certainty）：法律确定性要求法律是实在的。如果对什么是正确的定不下来，那么就必须规定什么是应当正确的，而且一定要由一个能将规定的事加以贯彻的机构来实行。所以，很奇怪，法律本身的实在性（Positivity）成为法律正确性的一个前提。总之，在法律理念的三个因素中，功利因素是适用相对主义的，其他两个，即正义和法律确定性，高于关于国家和法律不同观点的冲突以及不同政党的争论之上。法律观点争论的结束要比正当地和有效地决定更为重要。"法律秩序的存在要比法律的正义和功利更为重要；正义和功利构成法律的第二位主要任务，而所有人平等同意的第一位任务则是法律确定性，即秩序与和平。"②

（六）三种因素之间的矛盾

法律理念的三种因素相互要求又相互矛盾。首先是正义和功利的矛盾。正义代表平等，法律上平等要求法律规则的一般性。正义在某种程度上是一般的，但平等在实际上是没有的。从一定意义上讲，平等始终是实际不平等的一个抽象。从功利角度看，每一种不平等仍是重要的。功利必须尽可能适应个别情况的需要。这就导致正义和功利之间的矛盾。行政部门和行政法院之间的矛盾、刑法中正义和功利两种倾向间冲突就是例证。其次是正义、功利一方和另一方法律确定性之间的矛盾。例如法律确定性必须要有稳定的规则，但正义和功利却要求法律适应新的社会和经济条件。总之，一个因素的充分实现就要牺牲或不顾其他两个因素，而且也没有什么绝对标准可以用来满意地决定这三者之间的比例关系。

三、从相对主义法学向自然法学的转变

拉德勃鲁赫在第二次世界大战前是一个相对主义法学家。同时

---

① 《法律哲学》，第108页。
② 《法律哲学》，第108页。

就他主张法律的确定性与正义发生冲突时应服从法律的确定性这一点而论，他又是一个实证主义法学家。

随着德意法西斯政权的覆灭和第二次世界大战的结束，他的法律思想发生了急剧变化。他批判了相对主义和实证主义法学，迅速地转向自然法学。根据他的新观点，法律必须有绝对的价值准则；完全否认个人权利的法律是"绝对错误的法律"；法律实证主义有利于法西斯政权对权力的滥用；在实在法和正义的关系上，如果一种法律规则对正义的侵犯已达到不能容忍的程度时，这种法律规则已成为"非法的法律"，人们必须服从正义；当然，废除法西斯政权的完全违反正义的法律应由法院或立法机关来加以决定。[1]

他的这些观点散见于一些论文中，而且他也并未象他以前的相对主义法学那样系统地论述。尽管如此，他的转变对西方法学以及司法实践，特别是联邦德国在战后对法西斯政权下所犯罪行的审判上，具有重大影响。

正如新分析法学家哈特所指出的，"战后，德国法院将拉德勃鲁赫的含有人道主义的重大道德原则的法律概念适用于有些案件的实践中。纳粹政权下的国内战犯、间谍、密报者受到了惩罚。这些案件的特殊重要意义在于，有这些罪行的人辩称，他们过去的行为按照他们从事这些行为时实施的法律来说并不是非法的。当时对这种申辩的回答是：这些人所根据的法律是违反基本道德原则的，因而是无效的。"[2] 这也就是说，联邦德国司法部门在处理纳粹政权垮台后所遗留的尖锐的社会问题时，"就在这种形式下复活了自然法的论据。"[3] 1949年7月27日班贝格上诉法院对一个告密者案件

---

[1] 参见 E·博登海默著：《法理学》，1974年版，第141—142页；w·弗里特曼著：《法律理论》，第351页；H·霍梅斯著：《法律哲学史主要思潮》，1979年北荷兰出版公司版英译本，第250—251页

[2] 哈特：《实证主义和法律与道德之分》，载《哈佛法律评论》1958年第171卷，第618页。

[3] 哈特著：《法律的概念》，第204页。

的判决就是一个例证。案件的大体内容是：被告是一个妇女，1944年，为了陷害其当时正在服役的丈夫，向纳粹当局密告后者休假在家时曾讲过有损希特勒的言论。结果根据1934年纳粹政府的法令（规定发表不利于第三帝国的言论是非法的），其夫被判死刑，但未被执行。1949年，该妇女在联邦德国法院被控犯有1871年刑法典规定的非法剥夺他人自由的罪行。以后上诉法院的终审判决是：被告犯有罪行，纵然其丈夫是按照纳粹政府的一项法令被判刑的，但该法令本身"违反了一切正直人的正当良知和正义感。"①

另一个例证是1951年联邦德国最高法院对一个案件的判决，被告是纳粹党人的中级官员，1945年3月被任命为"与失败主义进行斗争并提高抵抗意志"的特别专员。他从情报中了解到原告及其丈夫在自己家中藏了一个有半犹太血统的妇女，以保护她不被盖世太保（纳粹党秘密国家警察）逮捕。同时原告及其丈夫还正在为盟国军队（即美英军队）准备纳粹党官员名单，被告迅速地逮捕了原告及其丈夫。在原告丈夫企图逃跑时，被告开枪将其击死。但第二天被告作证说原告丈夫死于心脏病急性发作。这一案件中的一个法理学上的问题也是：被告能否以执行国社党命令而逃避自己罪责。法院否认以执行1945年3月国社党紧急命令作为辩解的合法性。该命令规定德国所有武装人员负有不经审讯击毙逃跑者的义务。法院特别支持拉德勃鲁赫的这一观点：一个完全否认平等原则的实在法丧失了法律性质。它还否认有些国社党法学家的一个观点：希特勒的任何有关法律宣告都可以被认为具有法律效力的规范。法院认为这种观点是"法律界成员的自甘堕落以献媚于一个专制者。从法治观点来看，这种观点是不值一驳的。"②

拉德勃鲁赫的转变以及战后联邦德国司法部门对国内战犯等案

---

① 据《法律的概念》一书中第254—255页上注解，上述判决说明原见于《哈佛法律评论》1951年第64卷，第1005页。但佩珀（H·Pappe）在1960年的《现代法律评论》中发表的文章，对该判决的说明有所改正。

② 转引自W·弗里特曼著：《法律理论》，1967年版，第352页。

件的审判在西方法学家中曾引起了长期的论战。

四、简短的评论

拉德勃鲁赫的相对主义法学是以新康德主义哲学作为思想基础的。相对主义片面地夸大了事物的相对性，从而否认了人的认识能力，否认了客观的是非标准。"拉德勃鲁赫在法律哲学中清楚地表明相对主义怎样来自新康德主义。基本立场是关于发现真理的怀疑态度。具体到法律来说，就是这样的命题：对法律的绝对判断是不能发现的，也即是无法证明的。"[①]

在分析拉德勃鲁赫的学说时，我们必须分清他讲的相对主义和辩证唯物主义关于真理的相对性之间的原则区别。拉德勃鲁赫的相对主义否认客观真理，是一种"不可知论"。用他自己的话来说："对最终价值判断的回答一定是'我们不知道'。"[②] 但辩证唯物主义认为，就真理符合客观实际来说，任何真理都具有绝对的意义；就真理反映客观实际的程度总要受历史条件的限制来说，任何真理又都只有相对的意义。人的认识只能不断地通过相对真理日益接近绝对真理。否定真理的绝对性就走向相对主义和不可知论；否认真理的相对性，会成为思想僵化，陷入绝对主义。

拉德勃鲁赫在其《法律哲学》一书1932年版序言中还特别强调相对主义代表民主。"相对主义是民主概念的先决条件。民主拒绝使自己与特定的政治观点相等同。它准备将国家的领导权让给能获得多数票的任何政治观点，因为它并不知道什么是判断政治观点正确性的毫不含糊的标准，它也不承认还有什么驾于各政党之上的立场。相对主义教导说没有一种政治观点是可以证明的，也没有一

[①] L·T·弗里德里希著：《法律哲学的历史观察》，芝加哥大学出版社，1963年版，第166页。
[②] 《法律哲学》，第57页。

种政治观点是可以驳倒的……"① 这是一种将抽象的民主同相对主义结合起来的理论。然而，对拉特勃鲁赫来说，具有莫大讽刺意义的是，就在他写的这一序言发表后不久，即1933年初，魏玛共和国覆灭，希特勒上台。也就在这一年拉德勃鲁赫被免去教职。

对"不可知论"的最有力的驳斥是实践。纳粹党人的上台，它的暴行及其对全世界人民（包括德国人民自己在内）所带来的巨大灾难，以及拉德勃鲁赫本人在大战后对相对主义、实证主义法学的批判，——所有这一切可以说都是对他的相对主义法学本身的驳斥。当然，这里讲的"驳斥"是指拉德勃鲁赫在战后承认的一个客观事实讲的，即他的相对主义、实证主义法学至少在客观上是有利于法西斯政权的，而不是指他后来所转向的自然法学就一定代表客观真理。

拉德勃鲁赫在论述法律理念的第二个因素（功利）时涉及到个人、集体和创造三种价值以及与此相应的个人主义、超个人主义和超人格主义三种观点的问题，这种划分是否科学，这里暂且不论，但应指出他对个人主义和集体主义（也即他讲的超个人主义）的错误解释。他认为，社会主义也可被认为是一种个人主义，因为社会主义要求经济生活服从超个人的调节，因而从经济学观点看，社会主义是反对个人主义的；但从法律哲学看，这些超个人的调节还是服务于个人的，因而社会主义仍是个人主义的。在这里他显然曲解了社会主义——共产主义道德思想的核心——集体主义。集体主义是与个人主义根本对立的，它以集体利益作为根本出发点，在个人利益与集体利益发生矛盾时，个人利益服从集体利益，它是建立在公有制基础上的一种意识形态。相反地，个人主义以个人利益作为根本出发点，其他利益都应服从个人利益，这是建立在生产资料私有制基础上的一种意识形态。他在论述自由主义和民主的对立时，也将民主和自由看作是抽象的，而且也从个人主义出发将自由

---

① 《法律哲学》，第48页。

理解为个人的绝对自由,从而与少数服从多数的民主原则对立起来。

拉德勃鲁赫的学说中将对法律的研究分为法律科学、法律哲学和法律的宗教哲学三种;同时又划分法律概念和法律理念,这些划分法是比较繁琐的。前一种划分看来是适应他对四种价值态度的分析;后一种划分则显然仿照了新康德主义法学创始人施塔默勒的学说。在战后西方法律哲学中,他的这两种划分法已不多见了。

拉德勃鲁赫的不可知论当然是错误的,但他的学说也有助于我们思考法律哲学中的一些重要问题,如法律的价值是什么?法律价值之间的矛盾如何认识和解决?法律价值的相对性和绝对性之间的关系如何理解?

(1990年第4期)

合法性问题：权利概念的法哲学思考

公丕祥

一、引言——一个令人困惑的理论难题

给权利下定义就如同一切概念一样，是一件颇费心力、复杂而困难很大的事情。从辩证逻辑角度来看，定义乃是对客观事物某一方面属性的理性式的概念反观。而客观事物的属性是多侧面多层次的，由此定义的局限性也就可见一斑了。因此，我们对权利现象加以逻辑的规定，不可能企望它会对该现象的所有方面都能给予概括地反映，因为不同的研究者往往是从某一特定的角度提出不同的权利定义。现在的问题是：在权利概念中，是否要考虑合法性这一要素？

打开当代中国的法学文献，就会看到，几乎所有的权利定义都是同法律基础或合法性联系在一起。比如，《中国大百科全书》法学卷给权利下了如下的定义：权利"指法律对法律关系主体能够作出或者不作出一定行为，以及其要求他人相应作出或不作出一定行为的许可和保障。"① 显然，在这样的定义中，主体的意志自由以及决定主体意志自由的人的自主性被完全忽视了，权利成了法律意义上的限制主体自主性和自由的标准。这是一个形式上的法律上的权利定义。有的著作把权利规定为"法律所确认和保护的法律

---

① 参见《中国大百科全书》法学卷，中国大百科全书出版社，1984年版，第485页。

关系主体所具有的某种权能。"① 这种权能说同样没有注意到主体的意志自由以及自主性问题，同样把权利视为法律上的权利。

随着现代商品经济和民主政治的蓬勃发展，当代中国的法理学或法哲学正处于深刻的嬗变过程之中。越来越多的有识之士呼吁把权利作为法理学的中心概念，这反映了当代人的法律观念的重大变迁，也是现代法律意识觉醒的标志之一。然而，究竟什么是权利，这仍然是一个未解之谜，学者们的论析依旧囿于法律意义上的权利概念的传统之中。有的学者试图给权利作出新的规定，认为"实际上任何权利首先都是一种法上的规定。也就是从客观上看，是由法所规定的具体权利，可以说就是法的规范。或者法本身，这是一个方面；还有一个方面，从享有权利者即权利主体上看，则是要通过自己的行为实现法的规定，使法上规定的权利变成自己的生活现实，这样才能达到使法上的规定同权利主体的行为统一实现出来，形成为具体的法的关系。因此，我们在提到权利的时候。必须同时注意到这两个方面的情况"。② 这里所说的权利，尽管包含两个方面的规定性，但它在本质上仍然是法律权利的概念，没有脱离合法性这一要素。此外，一些力图给权利概念给出新的诠释的观点，亦基本上没有突破传统的权利概念的樊篱。③

可见，在我国法学界，长期以来一个根深蒂固的权利观念，就是强调权利与法律的不可分割性，仅仅承认法律意义上的权利（即现有权利），而忽视或者不承认应有权利。权利现象是否必然地同法律联系在一起？这是一个令人困惑且又十分重要的理论课

---

① 北京大学法律系法学理论教研室编：《法学基础理论》（新编本），北京大学出版社，1984年版，第386页。

② 张光博：《法论》，吉林大学出版社，1986年版，第94页。

③ 参见杨春堂、李敏：《建立与商品经济与民主政治相适应的权利观》，载于《法学》1988年第10期；张文显：《关于权利和义务的思考》，载于《当代法学》1988年第3期；葛洪义：《论法律权利的本质》，载于《当代法学》1988年第3期；张贵成：《论权利》，载于《政法论坛》1988年第1期，等等。

题。倘若我们对这个课题的解决持肯定的态度,我们不仅始终难以确立科学的权利概念,导致对权利现象作出表面化的狭义的理解,更为重要的是影响我们深刻地洞察权利现象的内在底蕴,滞阻我们揭示权利的价值意义的理论道路。

值得欣慰的是,当今有的学者发现不能把权利仅仅视为法律意义上的权利,因而区分了社会学意义上的权利和法学意义上的权利。① 有的学者指出,在权利的实然与应然之间,正是法哲学可以大有作为的天地。这些见解无疑是很有益的。但是,这些见解尚处于笼统的一般的描述或呼吁的状态之中,而缺乏更为系统、缜密、富有逻辑力量的理论分析,也就是说还缺乏理论上的证明。在我看来,存在着一个并不以法律为惟一根据的权利的问题。权利的合法性问题,不具有必然性的性质。在权利问题上,存在着应有与现有的基本区别,这是科学的权利观念的一个重要特征。正确认识应有权利与现有权利的关系,深入揭示应有权利在权利系统中的突出主导地位,努力把握现有权利对于实现应有权利的价值意义,这些是我们考察权利现象所不能回避而且也无法回避的重大问题。本文的主旨即在于此。

二、应有权利的存在根据

应有权利是人的价值的集中体现或载体,是人作为社会主体的价值确证方式,是主体资格的权能表现。它反映了主体的不可遏止的权利需要和权利本能感。这即是说,应有权利是人的生存和发展的基本价值需要。从本质意义上讲,应有权利就是人的自由权,以及人与人之间在尊严和权利上的平等。它包括生命权、人格权、人身自由权、人身安全权、婚姻权、劳动权、财产权以及思想和信仰自由,等等。一句话,应有权利就是使人成其为人的那些权利。体

---

① 参见孙国华主编:《法学基础理论》,中国人民大学出版社,1987年版,第449—450页。

现在应有权利中的行为标准，意味着社会主体的自主性，意味着主体自由选择行为方式的能力。作为主体的人，是自己本质的创造者，是创造性的存在。人按其本质来说，是一个创造者；人类存在的方式的本质就在于这种创造积极性，这种积极性主动性是人在世界中的一种自我活动和自我肯定。人确证自己价值的活动，是创造性的自主性的活动。① 离开了人的主体性，就无法把握应有权利现象的内在底蕴。对此，黑格尔论述道："人实质上不同于主体，因为主体只是人格的可能性，所有的生物一般来说都是主体。所以人是意识到这种主体性的主体，因为在人里面我完全意识到自己，人就是意识到他的纯自为存在的那种自由的单一性。作为这样一个人，我知道自己在我自身中是自由的，而且能从一切中抽象出来的，因为在我的面前除了纯人格以外什么都不存在"。②

这就是说，人作为主体。首先在于他能够在思维中把握住自己的存在，认识到自身的主体性价值，即具备自我确证的自我意识或人类意识。这种人类意识在人的理性生活中的表现，充分证明了人的主体性或自主性。它意味着人的活动是自由的活动，意味着作为主体的人的意志内部潜藏着由主观向客观转化的可能性。从人的自我意识的角度而言，人的主体性，实际上就是指人的意志由主观向客观的转化。当存留于主体自我意识中的目的表现出来的时候，意志本身就获得了客观性。在这里，促进这一转化的契机或中介，乃是人的自由自觉的活动。而人的类特性的重要表现之一，就在于人

---

① 恩斯特·卡西尔认为，人具有创造"理想世界"的能力，人的本质就是人的无限的创造活动。人只有在创造文化的活动中，才成为真正意义上的人；也只有在文化活动中，人才能获得真正的自由。真正的人性就是人的无限的创造性活动（参见《人论》，上海译文出版社，1985年版，第86—87、288页。

② 黑格尔：《法哲学原理》。商务印书馆，1961年版，第46页；这段引文中有关文字下面的着重号，是引者所加。

的活动是自由自觉的。① 正是人的自由自觉的活动。使个人内在的精神世界，主体的独立性以及个人选择上的兴趣对人的行为产生重要的影响。从而，在同一个具体情况下，人具有选择自己行为的能力，作出反映自己内在精神意愿的行为。而主体自由自觉的活动离不开主体的人类意识。因为人类意识是人把自己的生命活动本身变成自己意识对象的一种思维活动和精神把握。正是由于这个缘故，确证了人是类的存在物。也正是在这种类意识的活动中，作为主体的人确证了自己的内在价值，从而在改造客体的过程中充分考虑自我本身的完善和发展。这种关于主体自身价值地位的人类意识，通过实现主体价值的社会活动的中介，凝结为主体的应有权利。因之，我们可以说，应有权利是主体自由自觉活动的必然表现。是人类意识的载体形式，是人的价值和类本质的集中表现，是人的价值的确证。离开了主体自由自觉的活动。离开了人类意识。人的价值尊严和类本质，一句话，离开了人的主体性，来谈论应有权利的问题。那是不可思议的。所以，黑格尔精辟地指出："法的命令是：'成为一个人，并尊敬他人为人'。"②

正是从确证和实现人的价值的意义上，马克思充分肯定了人权即应有权利存在的合理意义。在《论犹太人问题》一书中，针对青年黑格尔分子布·鲍威尔关于"人要获得一般人权，就必须牺牲'信仰的特权'"的观点，马克思指出，人权是由北美人和法国人在反封建斗争中发现的。在人权中间，"有信仰自由，即信奉任何一种宗教的权利。信仰的特权或者被公认为一种人权。或者被公认为人权之一种——自由——的结果"。③ 接着，马克思列举了法

---

① 马克思指出："有意识的生命活动把人同动物的生命活动直接区别开来。正是由于这一点，人才是类存在物。或者说，正因为人是类存在物，他才是有意识的存在物。……仅仅由于这一点，他的活动才是自由的活动"（参见《马克思恩格斯全集》第42卷，第96—97页）。

② 黑格尔：《法哲学原理》，第46页。

③ 《马克思恩格斯全集》第1卷，第436页。

国1791年《人权宣言》和宪法、1793年《人权宣言》、美国宾夕法尼亚宪法、新罕普什尔宪法等有关条款中关于作为人权体现的"信教自由"的规定,并且强调:"从人权这一概念决不能得出宗教和人权毫不相容的结论。相反地,在这些权利中间,直接提出了信奉宗教、用任何方式信奉宗教,举行自己特殊宗教的仪式的权利。信仰特权是一般人权"。① 因此,马克思高度重视作为应有权利的人权在确证和实现人的价值过程中的重要地位。他明确表示,要为一切国家的穷人要求他们所固有的习惯权利。在他看来,整个贫民阶级不仅本能地要求满足生活的需要,而且也感到需要满足自己权利的要求。贫民正是在自己的活动中发现了自己的权利。"在贫民阶级的这些习惯中存在着本能的权利感。这些习惯的根源是肯定和合法的,而习惯权利的形式在这里更是自然的"。② 在这里习惯权利显然属于应有权利的范畴。不仅如此,马克思还明确地指出了人权与公民权的区别(这实际上就是应有权利与现有权利的区别)。按照他的分析,人权就是作为市民社会成员的权利,它与人们生活的社会和经济条件相联系;而公民权利则是政治权利,这是"只有同别人一起才能行使的权利。这种权利的内容就是参加这个共同体,而且是参加政治共同体,参加国家。这些权利属于政治自由的范畴,属于公民权利的范畴"。③ 公民权反映了公民在国家政治生活中的地位,具有形式的法律性质。公民权总是法律确定的权利。马克思关于人权与公民权相区别的思想,对于我们把握应有权利与现有权利的相互关系,具有重要的方法论意义。不过,马克思清醒地看到,在资本主义社会里,存在着人权与公民权、人与公民的尖锐对立。而这种对立正是政治国家和市民社会相分离的结果,是个人的异化的结果和象征。因此,要改变人类本质二重化的状

---

① 《马克思恩格斯全集》第1卷,第437页。
② 《马克思恩格斯全集》第1卷,第147页。
③ 《马克思恩格斯全集》第1卷,第436页。

况，就必然超越"政治解放"的狭隘性，真正使人得到解放。如果说旧世界的特征是蔑视人。那么新世界的特征则是提高人的地位，因为"人的根本就是人本身"。① 所以，马克思满怀深情地呼吁。要建立一个扬弃人的异化，树立人的尊严的社会制度——"共产主义是私有财产即人的自我异化的积极的扬弃，因而是通过人并且为了人而对人的本质的真正占有；因此，它是人向自身、向社会的（即人的）人的复归"。② 在这个社会中，人以一种全面的方式，即作为一个完整的人，占有自己的全面的本质，并且创造着使人的本质的全部丰富性得到发展的条件。

现在的问题：决定人的主体性的因素是什么？引起主体进行自主性活动的动力是什么？一般来说，人的应有权利总是同人所生活的一定社会条件相联系而存在。这是因为，人类历史的基本前提是"一些现实的个人，是他们的活动和他们的物质生活条件"。③ 离开这个基本前提去考察人的应有权利，只能是一种虚幻的考察。人作为社会主体与一切动物的区别，就在于自己的价值需要是无限的，并且有无限的能力扩大自己的价值需要。需要意味着社会主体对一定价值体系的一种特定状态，构成了主体意志的自然的和现存的内容。"人有权把他的需要作为他的目的"。④ 需要是社会主体积极性的动力。主体的需要得到满足的过程。实际上是主体的主动性、积极性充分发挥的过程，是主体的行为获得较大的选择自由的过程，也是主体通过行使权利而显示其相对独立性的过程。正是在满足需要的过程中，主体认识到自身价值存在的意义。应当看到，社会主体从事满足一定需要的活动或行为这一事实，必须通过一定的形式固定下来，成为定在的东西，具有客观性。这种形式就是主体的应有权利。这个提升的过程，是一个需要的外化过程。在这一过

---

① 《马克思恩格斯全集》第1卷，第460页。
② 《马克思恩格斯全集》第42卷，第120页。
③ 《马克思恩格斯全集》第3卷，第23页。
④ 黑格尔：《法哲学原理》，第126页。

程中。主体追求满足自身需要的活动，取得了一般的明确的固定形式。主体借助了应有的权利。使他的需要成为现实的意志。从而给他的意志以定在。

因此，我们所要探讨的引起社会主体自主性活动的动力因素，乃是自我实现的需要。这种需要实际上是一种高级的超越性的需要。它诱导着主体通过自己的积极的有意义的行为，追求崇高的价值目标。捍卫人之所以成为人的应有的尊严和价值，塑造理想人格。承认这一需要以及满足这一需要的合理性，就好像承认人有权成为人一样，是不言而喻的，是天经地义的。实际上，那些属于生存、生理一类性质的需要以及高级的精神需要本身，就是人的不可剥夺的应有权利。当然，需要本身不取决于个人的意志的意识，而取决于个人的社会性，取决于个人在生产关系体系中的地位，因而归根到底是由一定社会的物质生活条件所决定的。

在一定条件的作用下，社会主体的一定需要就会形成一定的利益。利益是需要的具体社会形式，它表现了主体对客体的一种主动关系。在社会主体的心理结构中，利益表现为动机。表现为调节人们行为的意识冲动。因此，利益也意味着主体对一定客观需要的认识以及在此基础上所进行的具有一定意志、追求一定目的的活动。"人们奋斗所争取的一切，都同他们的利益有关"。[①] 对于主体的权利要求来说，利益是第一性的，主体的自由意志选择行为是由利益决定的，利益是主体自由活动的内在推动力。离开一定利益追求的主体行为自由，只不过是空气震荡而已。比如，在商品经济关系中，交换当事人的一定权利的运用。总是同一定的利益追求联系在一起。当事人对权利的享用，必然要求在经济上实现自己和增殖自己。当事人占有某物，都是为了在物之上获取某种经济利益以满足自己的需要。只有当这种利益得以实现，所有人的权利才是现实的。因之，利益是社会主体的行为目标和内在动力，也是主体的应

---

① 《马克思恩格斯全集》第1卷，第82页。

有权利赖以存在和实现的最深厚的根源。

显然，应有权利是人的价值的载体或确证方式，是人的主体性的证明；它反映了人的生存和发展的基本价值需要，是使人成其为人的那些权利，因而是同人的"类本质"、人类意识紧密联系在一起的；它也是主体利益的固定化形式。总之一句话，应有权利是在法律形式之前存在的，是先于法律上的权利（现有权利）而存在的。

三、应有权利的优先性问题

如果说应有权利是同人的主体性原生地联系在一起，那么，现有权利则与一定的法律形式或规范相联系而存在。现有权利，实际上就是法定权利，即法律意义上的权利或有法律根据的权利。法律性因素是现有权利区别于应有权利的重要之点。可以说，离开了现行法律的规定，就不存在现有权利。不过，现有权利作为统治阶级意志的集中体现。总是要以一定的法律形式或多或少地反映主体的直接社会权利要求（即应有权利），以便把社会生活纳入符合统治者需要的既定轨道上来。对于主体的应有权利来说，只有经过国家意志的中介、才能上升为法律权利体系，才能成为人的实际权利，即成为现实的有法律根据的权利。在这个意义上。我们可以一般地认为，只要有法律，就有法律上的权利。现有权利是应有权利的制度化、规范化形态。

一部法律文明史，在很大程度上可以认为是应有权利的制度化的历史。这个历史，是野蛮向文明发展的历史，是低级文明向高级文明发展的历史。这个历史充分展示了人的主体性规律。反映了人的价值日益受到重视、弘扬、确证的客观进程。然而，并不是人的全部应有权利都能上升为法定权利，这个上升过程是有选择的。从主体事实上的应有权利转化为法律权利，总是要经过一番过滤、蒸馏的过程。经过这个过程，主体的事实上的应有权利得到了法律的支持。当然，如果应有权利不能转化为现有权利，缺乏制度化、规范化的形态。那么就会妨碍应有权利自身的现实化。妨碍人的价值的充分实现。可见，确认主体的应有权利并使之上升为法律上的现有权利，具有十分重要的价值意义。不能被确认的应有权利，乃是不能得到法律保障的权利。

但是，应当看到，应有权利对于现有权利具有优先性。那种认为只有法律上所确认的权利才是真实的观点，是缺乏说服力的。关于优先性问题，罗尔斯曾经作过精辟的分析。在他假设的原初状态中，每个成员都要求明确承认自我尊重和所有公民公平相待的原则。这些权利的获取无需一种互补条件，它们承认每一个人的价值。这些应有权利成为人类尊严的不可分割的组成部分。这些权利也不是恩赐品。所以人们可以无偿地接受它们。特别是罗尔斯在关于正义的两个原则的论述中，提出了自由优先性原理。按照他的看法，在正义的两个原则中，存在着一个孰先孰后的优先性问题。这就是所谓"一种词典式的序列"。这是一种要求我们在转到第二个原则之前必须充分满足第一个原则的序列。在这里，平等的自由的原则排在调节经济和社会不平等的原则之前来显示这样一种排列。这一次序意味着：对第一个原则所要求的平等自由制度的违反。不可能用较大的社会经济利益而得到辩护或补偿。财富和收入的分配及权利的等级制，必须同时符合平等公民的自由和机会的自由。① 这就是自由优先性原理的基本涵义。由于自由是人的尊严与价值的表现，是应有权利的核心要素，因此罗尔斯关于自由优先性的思想。实际上也就突出了应有权利对社会基本结构及其现有权利体系的优先地位。

在我看来，应有权利之所以具有优先性，这不仅是因为应有权利是客观存在的，它是人的价值和尊严的确证和表现，而且因为应有权利构成了现有权利的基础。并且是评价现有权利的基本价值尺

---

① 参见罗尔斯：《正义论》，中国社会科学出版社，1988年版，第39—40页。此外，罗尔斯也讨论过正当对善的优先性以及公平机会对差别原则的优先性问题。

度。这就是说,现有权利固然总是法律所确定的权利,它实际上是在政治上、经济上占统治地位的那个阶级意志的集中法权表现。但是,这丝毫不意味着实在的现有权利的内容可以忽视应有权利的基本要求。作为应有权利基本价值表现的自由、平等和正义。应当构成现有权利的价值根据。因为自由、平等和正义恰恰是来源于深厚的社会经济生活关系,来源于人的尊严的神圣性和不可侵犯性。来源于主体利益的理性要求。反映应有权利的自由、平等和正义观念的改变,常常是现有权利更新的先兆。

应有权利的优先性,首先表现为它是现有权利的基本评价尺度。当应有权利通过国家意志的中介转化为现有权利时,以法律形式表现出来的应有权利,就成了现有权利,即法定权利。如果现有权利与应有权利发生了分裂,现有权利丧失了应有权利的本来的价值意义,那么这种法律化的应有权利(即现有权利),就成为实际的作为渊源的应有权利的异己力量或异化物。这就是说,从应然意义上讲,现有权利应当是应有权利的制度化、体系化的形态;但是,从实然意义上看,这却是一个十分复杂的问题,现有权利与应有权利之间常常存在着某种不一致、矛盾、甚至对立和冲突。这是一个深刻的矛盾。

如何看待应有权利与现有权利之间的矛盾性?不同的学派有着不同的见解。自然法学家们设定一个体现道德正义要求的自然法,并将实在法与之相观映,评价其善恶,把具有邪恶目的的法律排除在法律的范围之外。[①] 法律实证主义者把法学研究限定在"纯粹必然的应有世界"之中,否定将正义、道德性等范畴引入法律概念,

---

[①] 比如,富勒认为,具有邪恶目的的法律,缺乏道德准则,不体现正义的要求,因而不能称之为法律(参见《实证主义和忠于法律——答哈特教授》,载于《哈佛法律评论》1958年第71卷)。

肯定"恶法亦法"。① 社会法学派虽然没有明确肯定"恶法亦法"。但由于它以实用主义哲学作为指导原则,把是否有用、有效作为评价法律的准绳,所以恶法也好,善法也好,只要便于成为社会控制的工具,就都在肯定之列,从而与法律实证主义殊途同归。②

我认为,上述诸学派对于法律本身价值判断的思考。恰恰从不同侧面揭示了应有权利与现有权利之间的关系。当然,由于他们不注重考察社会经济生活条件对权利现象的影响程度,因而其理论分析难以成立。特别是法律实证主义者排斥对现有权利体系进行价值判断的基本尺度。因此不可避免地走向法律价值虚无主义,这就更不足取。实际上,考察应有权利与现有权利相冲突的情形,是不能忽视对现有权利体系的价值评价的。这就是说,在确认人的应有权利并使之上升为现有权利的过程中,不应当排斥人类关于正义与非正义、真伪、善恶的基本标准。现有权利应当充分体现人的尊严和主体性,否则,我们就有理由说现有权利丧失了本身的价值根据和价值内涵。马克思认为,在私有制社会中,法律上的权利体系具有利己主义的性质。"在这种权利中,人绝不是类存在物,相反地,类生活本身即社会却是个人的外部界限,却是他们原有的独立性的限制"。③ 这里需要指出的是,立法者能不能把人的直接社会权利要求(应有权利)上升为法律上的权利,一个重要的因素取决于他们对人的价值及其应有权利的态度,取决于他们是否尊重人的价

---

① 奥斯丁公开宣扬"恶法亦法"论,认为凡是体现主权者意志的法律,就是正义的;即使是不正义的法律,只要是主权者的命令,那也不能认为是违法的(参见《法理学大纲》,引自《西方法律思想史资料选编》,北京大学出版社,1983年版,第523页)。

② 庞德说,在法理学研究中,"我们考虑的是利害关系,要求和需要,而不是权利;考虑的是我们必须加以保护或予以满足的是什么,而不仅仅限于我们一直设法加以保护或予以满足的那些制度,好像那些制度高于一切,它们本身的存在就是最终目的"(《法律史的意义》,第152页;引自 H. S. 康马杰的《美国精神》,光明日报出版社,1988年版,第558页)。

③ 参见《马克思恩格斯全集》第1卷,第436—439页。

值及其他应有权利。尊重人的价值和应有权利，首先具有价值的本质，它反映在立法者的实际活动之中，反映在以相信人的价值和应有权利为基础的必然性的行为目标之中。支持和保证这些行为准则实现的。首先是立法者的这样一种内在信念，即确信人的应有权利本身价值的合理性和必然性，确信人的应有权利本身价值的合理性和必然性，确信人的应有权利对于实现人的价值和推动社会进步的有益性、有用性。这种尊重人的价值和应有权利的基本态度，在权利的确认过程中发挥着"起动机制"的功能，它对于保证应有权利向现有权利的转化具有重要的作用。反之，如果立法者缺乏尊重人的价值和应有权利的态度，那么他们就不会在法律上确认主体的直接社会权利要求，也就不会使应有权利上升为现有权利体系。换言之，如果法律制度并不是着眼于确认和保障公民的权利（如希特勒统治德国时期的国家立法活动及其法律制度），那么从这样的法律规范体系中，也可以反观立法者对人的价值和应有权利的蔑视的基本倾向。

应有权利的优先性还表现在现有权利的限制方面。毋庸置疑，权利本身是有限度的，而不是无限的。但是问题在于：对权利的限制，究竟是出于维护社会利益，还是为了扩大主体的权利，抑或其他？我的初步看法是：从直接的现实意义上讲，为了防止滥用权利而对权利的实现作出某种限制，主要是出于对社会秩序的维护。但是，如果限制权利的行使范围，仅仅是出于功利上的考虑，仅仅是为了维护社会利益，那么这种限制本身的价值就大可怀疑了。从人类学的本体论角度出发。我认为，对权利本身的限制，应当树立崇高的人类意识，即把限制权利看作是防止权利遭到更大的侵害的重要环节或条件，看作是使权利的运用获得更有益性的基本方式，也看作是进一步确证人的价值的可靠途径。这似乎是一个悖论，但其实不然。

这就是说，在人类学本体论意义上，权利的限制问题更多地应当表现为内在的限制，而不应简单地归之于外在限制。并且，这种权利的内在限制，也不仅仅来自于处于一定生产方式内的权利受到自己赖以存在的生活条件的限制，而且也来自于社会主体自身的道德要求。这是因为，对权利的限制往往同主体的社会责任感或义务感内在地联系在一起。权利本身内在地包含着责任的要素。康德说："责任的原则是理性绝对地，并且客观地和普遍地以命令的形式向个人提出的关于他应该如何行事的号令。"① 自由意志决不意味着不从属于任何规律，而是表现意志的"自律"。因之，从来就不存在拒绝一定社会责任的抽象的主体权利。只有当人的实际行为表明人不再服从自由的自然规律时，法律才强制人成为自由的人，从而把责任施加于主体身上。即便在这一情况下，施行责任的目的，也同样表现了人的自由的天性。因此，限制权利的目的不是废除或绝对地限制主体权利，而是为了保护和扩大权利。

最后，应有权利的优越性还表现为它本身也是目的。固然，应有权利具有工具或手段的性质，但在更深刻的意义上，它却是社会主体的一种价值目标，或者说它首先是主体行为的一种目的，它表现为主体的权利要求。这是因为，人的活动是有目的有意志的自觉活动。在权利现象世界中进行活动的，全是具有意识的，经过思虑或凭激情行动的、追求某种目的的人。对于社会主体来说，应有权利本身构成了人所追求的价值目标。主体把应有权利的获得看作是自身价值的确证。如同实际创造一个对象世界乃是人作为有意识的类存在物的自我确证一样，人的创造性活动的最高目的。就是要创造促进人的全面发展的条件。真正把人变成人。"人就是人的世界"，②"人是人的最高本质"。③ 应有权利作为主体满足自己需要和利益的固定形式，完全是人所独有的，是推动人自身发展和完善的巨大动力，因而成为人的价值和尊严的基础，成为人所追求的价

---

① 康德：《道德形而上学》，引自《西方法律思想史资料选编》，第398页。
② 《马克思恩格斯全集》第1卷，第452页。
③ 《马克思恩格斯全集》第1卷，第461页。

值目标。此外，应有权利本身作为主体追求的一种目的，表明主体不满足于眼前现存的某种无权利或权利被剥夺的现实，而要争取新的权利现实，从而满足自己的权利要求。

四、结语——应有权利与现有权利之区别

总上所述，权利的合法性并不具有必然的性质。确乎存在着一个不以法律为惟一根据或先决条件的权利。这就是应有权利。应有权利有着深沉的人类学基础和道德意味。尽管从总体性质上看，应有权利和现有权利都属于社会发展的主观方面。都是上层建筑、思想的社会关系的表现形式，都是通过人们的意识而形成的关系。都是人的有目的活动的产物，都是对不依人们的意志和意识为转移的物质关系即社会存在的反映，也都是人们维持自身生存的活动的形式。但是，应有权利和现有权利还是有区别的。这种区别主要在于：

第一，应有权利是社会主体的一种习惯，它表现为社会主体在一定社会条件的作用下所形成的直接社会权利要求，这种权利要求是人的价值和尊严的确证和映现，因而它具有原生性；而现有权利则是国家意志的表现，是应有权利在国家的中介下以法律形式表现出来的权利体系，因此具有派生性。

第二，一般来说，应有权利对一定社会经济关系的反映是直接的，它离财产和交换关系更紧密，因此它与社会经济条件的联系具有客观必然性的性质；尽管现有权利也要反映一定社会的物质生活条件，但这种反映通常需要以掌握国家政权的统治阶级作为媒介，因而这种反映是间接的，具有偶然性的性质。

第三，正因为应有权利与社会生活的联系具有直接性，所以社会生活的每一个发展变化，都会引起应有权利的运动变化，改变应有权利的内容和存在形态，并且这种变化愈深刻，应有权利就愈能反映时代精神，推动社会的进步，因此动态性是应有权利的一个基本特性；但是，相对而言。现有权利则具有抗动态的惰性，因为现

有权利一经确立，它就要为形成一定的稳定有秩序的社会生活而努力，特别是由于它的确立要以国家政权为中介环节，而国家政权适应社会生活变化的功能并不是很强的，有时甚至表现出对变化了的社会生活条件的"反感"或抵触。因此，现有权利就不可避免地具有时滞性或相对静态性。

第四，应有权利体现了社会主体的人类意识，反映了主体的"类的存在物"的特性，并且以正义为出发点和归宿。它是人类普遍的正义准则和价值观念的载体。这就是说正义构成了应有权利的实体，因而应有权利就具有伦理性的品格；而现有权利是以实在法律规范形式表现出来的权利体系，它的适用范围是广泛而普遍的，它是以国家强制力为后盾的即得到了国家权力的保护和支持（起码从法律形式上来说是如此）。因此，实证性便成为现有权利的特性之一。

(1992年第4期)

论 礼

张晋藩

一、礼的产生

礼是古老中国的一种社会现象。礼不仅起源早,而且贯穿于整个中国古代社会。有关礼的观念与学说是中国传统文化的核心,它影响到社会生活的各个领域,调整着人与人,人与天地宇宙的关系。礼与法的相互渗透与结合,又构成了中华法系最本质的特征和特有的中华法文化。

古籍中说"礼事起于燧皇,礼名起于黄帝"①,表明礼最初是原始社会祭神祈福的一种宗教仪式。所谓"礼,履也,所以事神致福也"。② 由于殷人尊神敬祖,力图通过频繁而又庄严的祭祀仪式,得到上天的赐福与祖宗的庇祐,因此礼字在甲骨文中屡屡出现。《礼记·礼运篇》对于礼产生于祭祀有以下具体描述:"夫礼之初,起诸饮食,其燔黍捭豚,汙尊而杯饮,蒉桴而土鼓,犹若可以致其敬于鬼神",这种充满宗教性的原始习俗,就是礼的原型。

由于礼具有因俗制宜的功能和精神威慑力量,因此进入阶级社会以后便受到了统治者的重视。以"服天命"自诩的夏商统治者,极力通过"致孝于鬼神",③ 把礼改造成为代表其阶级意志,符合

---

① 《礼记·标题疏》。
② 许慎:《说文解字》。
③ 《论语·泰伯》。

国家统治需要的行为规范,于是礼由祀神进而"引申为凡礼仪之称"。① 并把祭祀天地祖宗鬼神的"祀",与对外征掠的"戎",都看作是国家最重要的活动,所谓"国之大事,惟祀与戎"。不仅如此,殷人还制造了上帝与祖宗神合二而一的宗教政治观,从而将天上与地下,现在与未来,国王与上帝沟通起来,使礼与神权政治紧密结合,为专制王权与贵族政治服务,这就使得"起诸饮食"、"祀神祈福"的礼发生了质变。礼的内容也由单纯的习俗仪式,发展成规范婚姻、血统、亲续、君臣的行为规则,并逐渐制度化、法律化。

礼作为一种社会现象和文化内涵,在其发展中不断地改造旧习俗,适应新秩序,因而是一个充满新旧斗争的过程,也是一个文化渐进、因袭变革的过程。孔子曾说:"殷因于夏礼,所损益可知也;周因于殷礼,所损益可知也"。② 传说中的夏礼,是以"上事天,下事地,酋先祖而隆君"③ 为主要内容的,体现了神权、族权与君权的统一性。但夏礼的具体内容早已淹没失传,孔子便坦称他虽能言夏殷之礼,却不能"征之",以"文献不足故也"。④

礼的系统化、规范化,始于西周的周公制礼。《左传·文公十八年》所载"先君周公制周礼"为这一重大的历史性活动提供了难得的史证。周公姬旦是中国三千多年前最杰出的政治家、思想家,他鉴于周代商以后,社会关系的复杂化,政治变动与改革的激烈,文化上的尖锐冲突,使得固有的国家观念形态不足以适应周人以德治国的方略和宗法等级分封制度的建置,也难以调整新的权利义务关系和统一广大疆域内各族各部的思想与行为,因此,他继承了已有的尊礼传统,着手将分散零乱的礼,进行整理、补充、修订,并给予充分的论证,使之礼典化。经过周公制礼,礼的规范进

---

① 徐灏:《说文解字·笺》。
② 《论语·为政》。
③ 《史记·礼书》。
④ 《论语·八佾》。

一步系统化、规范化、制度化,成为"法度之通名"。据《尚书·大传》:"周公摄政,一年救乱,二年克殷,三年践奄,四年建侯卫,五年营成周,六年制礼作乐,七年致政成王。"可见制礼是周公摄政初期精心筹划的具有政治与文化双重意义的重大活动,其影响不限于周,更及于久远。

周公制礼的出发点和归宿是"尊尊"和"亲亲",尊尊为忠,亲亲为孝,前者旨在维护君权,所谓"国无二君";后者旨在维护父权,所谓"家无二尊",这种政治与伦理相统一的理论,就是礼的思想基础。

周公制礼涉及的范围相当广泛,简言之,包括国家的典章制度,以及吉、凶、军、宾、嘉五礼的礼仪和制度。

周公制礼的实质,是确立贵贱尊卑的等级秩序和制度,《史记·礼书》明白地表述了礼所追求的定制就是上自"君臣朝廷尊卑贵贱之序,下及黎庶车舆衣服宫室饮食嫁娶丧祭之分",并需严格遵守,不得逾越。对于以礼为表现形式的差别性行为规范,古人是作过充分论述的。荀子说:"礼者,贵贱有等,长幼有差,贫富轻重皆有称者也。"[①]《礼记》说:"礼者,所以定亲疏,决嫌疑,别同异,明是非也"。在以礼区别尊卑贵贱这一点上,儒法两家是殊途同归的。韩非便说:"礼者,……君臣父子之交也,贵贱贤不肖之所以别也。"[②] 总之,经过周公制礼使得君臣有位,尊卑有等,贵贱有别,长幼有序,一整套的等级制度法律化、制度化了,因此,周内史过说:"礼,国之干也,……礼不行,则上下昏,何以长世。"[③] 孔子也说:"为政先礼,礼其政之本也。"[④] 周朝成康之治的出现,未尝不是礼所推动的结果。

正是由于礼的主要功能在于"别贵贱","序尊卑",确定"尊

---

① 《荀子·富国》。
② 《韩非子·解老》。
③ 《左传·僖公十一年》。
④ 《礼记·哀公问》。

尊、亲亲、男女有别"的宗法等级制度，因此在中国的传统观点中，大都用定分止争来解释礼的起源。荀子说："礼起于何也，曰：人生而有欲，欲而不得，则不能无求，求而无度量分界，则不能不争。争则乱，乱者穷，先王恶其乱也，故制礼义以分之，以养人之欲，给人之求，使欲必不穷乎物，物必不屈于欲，两者相持而长，是礼之所起也。"① 又说："人道莫不有辨，辨莫大于分，分莫大于礼"，"故先王亲为之制礼义以分之，使贵贱之等，长幼之差，知贤愚能不能之分，皆使人载其事而各得其宜"。荀子在《富国》篇中还表达了礼的特权性，他说："由士以上则必以礼乐节之，众庶百姓则必以法数制之"。《礼记·曲礼》也说："各位不同，礼亦异数"。显然这是对"礼不下庶人，刑不上大夫"的原则作出的具体注解。

在宗法等级制占统治地位的古代中国，亲与贵合一，家与国相通，宗法上的等级和政治上的等级是一致的，无论是命官、封邦建国，都依宗法血缘为标准，周公制礼的契机和主要成就，就是以礼典的形式全面确立宗法等级制度，使国家的各种活动都受到礼的规范，所谓"君子无物而不在礼矣"。并将人与人之间的关系与各种行为纳入礼所调整的轨道，不得越礼、悖礼，这就是"礼者……以为民坊者也"② 的真意所在。正因为如此，礼得到了国家与法律的支持和强制性的保障。

为了渲染礼的神秘色彩，增加礼的威慑作用，儒家还把礼与高深不可测的天地相联，以天来解释礼的发生的超社会性，以天来辩护以礼治国、整民的符合天道。《礼记·礼运》篇中多次提到"夫礼，必本于天，动而之地……"，"夫礼，先王承天之道，以治人之道"，"礼者，天地之常也"。孔颖达在《礼记正义》序中也指出："夫礼者，经天纬地。"不仅如此，儒家还把礼推崇为天地万

---

① 《荀子·礼论》。
② 《礼记·曲礼》。

物运行法则的具体化。《礼记·丧服四制》说："凡礼之大体，体天地，法四时，则阴阳，顺人情，故谓之礼"，"礼者，则天地之体，因人情而为之节文也。"班固说："故曰，先王立礼，则天之明，因地之性也。"①特别是《左传·昭公二十五年》关于"则天行礼"的议论最为充实，摘录如下："夫礼，天之经也，地之义也，民之行也。天地之经，民实则之。则天之明，因地之性，生其六气，用其五行，……淫则昏乱，民失其性，是故为礼以奉之。……为君臣上下，以则地义……为刑罚威狱，使民畏忌，以类其震曜杀戮，为温慈惠和，以效天之生殖长育……哀乐不失，乃能协于天地之性，是以长久。"

由于天是不变的，因此，为天地所生成，则天地以行之礼，也是永恒的，违礼即违天，违天即应受到国法的制裁，这种制裁就是天之罚，可见礼的学说是有鲜明的政治目的的。

至宋明理学、心学兴起，又将礼与"天理"、"心性"、"良知"联系在一起，以性来解释礼的产生。程颐说："礼经三百，威仪三千，皆出于性"。朱熹和王阳明进而将性、理与礼等同起来。朱熹说："性，即理也。"② 王阳明说："礼也者，理也，理也者，性也……而其在于人也，谓之性，其粲然而条理谓之礼。"③ 经过理学家和心学家对礼的理论抒发，一方面赋予礼以强烈的思辨哲学的色彩；另一方面，更使礼的作用深入到人心之隐微，使人们经过内省而安贫、知命，在思想行动上都无违于礼的规矩，从而把礼变成戕人生命与心灵的毒素。清中叶反理学大师戴震曾尖锐地抨击说："酷吏以法杀人，后儒以理杀人，浸浸然舍法而论理，死矣，更无可救矣"，"人死于法，就有怜之者，死于礼，其谁怜之。"④由此可见，为什么明礼、行礼会成为贯通中国古代三千多年的治国

---

① 《汉书·刑法志》。
② 《朱子语类》卷四，《性理》。
③ 《王文成公全书》卷七，《礼记纂言序》。
④ 《孟子字义疏证》。

方针；为什么每当变乱兴起之时，或变乱平息以后，统治者都要大肆宣扬"隆礼"的原因。

综括上述，礼由体现原始社会习俗的带有宗教性质的仪式，发展成为以国家权力为后盾的、由法律强制实施的行为规范，是氏族原始民主制解体、阶级社会形成的产物，它反映了人类社会文明的进步。老子说："大道废，有仁义"，是符合历史的真实进程的。儒家关于礼起源于"节欲"、"定分"的种种理论，也反映了纯为祭祀仪式的礼向着"法度之通名"的礼的演变。随着礼的政治作用的不断强化，礼的原始含义已经湮灭。后人论礼的思路不外"经国家，定社稷"，"明贵贱，序尊卑"。

作为体现氏族社会习俗与宗教观的原始的礼，也带有某种强制性，不容亵渎轻慢，但这种强制不是阶级的强制。礼由"祀神"被改造成"奉人"，并赋予它以阶级的强制，归根结底是私有制形成与农业生产发展的结果。汉代思想家王充说："谷足食多，礼义之心生。"① 王符也说："礼义生于富足，"② 这些是朴素唯物主义的科学总结。

此外，礼的产生又是和父权制的一夫一妻制家庭的建立攸关的。家庭形态的变化，影响着亲族关系乃至社会关系的变化，宗法血缘纽带在古代中国，起着维系社会，组建国家的重要作用。宗法与农业经济结构的结合，是中国古代社会稳固的基础。专制主义的统治制度矗立于其上，以礼为核心的传统文化笼罩于其中，它们之间互相促进，互相渗透，成为一个十分协调的、"永恒不变"的整体。清人龚自珍说："礼莫初于宗，惟农为初有宗，……农之始，仁孝悌义之极；礼之备，皆智之所出，宗之为也。"③ 按照龚自珍的说法，礼是在农业生产发展的基础上维护宗法制度的手段，这是

---

① 《论衡·制期》。
② 《潜夫论·爱日》。
③ 《龚自珍全集·农宗》。

接近于历史的真实的。

原始的礼是为氏族社会所接纳,并为氏族民主制服务的。进入阶级社会以后,把过去的习俗统治变为"礼义以为纪"。过去的选贤与能也为"大人世及以为礼"所代替,这一切都体现了社会在前进中的质的飞跃。夏商周三代集中制的王朝的建立,为统一推行阶级的礼制提供了不可缺少的条件。从此,礼逐渐取得了作为国家意志的重要价值。

二、礼的作用

礼形成以后,经过夏商至西周始获得大发展,这不是偶然的,是和天道观、政治观的变化分不开的。夏商两朝的统治者自以上帝子孙的身份君临天下,因而积极宣扬天命鬼神。尤其是商朝奉行神权政治,笃信天命。古籍中说:"殷人尊神,率民以事神。"① 由于推重神权,势必限制了礼的发展。周武王灭商以后,殷人的天命说和他们推行的神权政治,都发生了动摇。以"监于有夏","监于有殷"自警、自励的周朝统治者,从历史的反思中,认识到"天命靡常",② "民之所欲,天必从之",③ 因此,他们虽然继受了"昊天有命"的传统观念,但侧重点却放在"皇天无亲,惟德是辅"上。他们高举敬德、明德的大旗,把注意力由天上转向人间,由凛仰天庭,转而面对社会,这就推动了礼向社会生活各个领域扩展。而德的政治概念的提出,也为礼的发展注入了新思想、新内容。郭沫若说:"礼是由德的客观方面的节文蜕化下来的,古代有德者的一切正当行为的方式汇集下来,便成为后代的礼。"④ 周公制礼就是在这样的历史背景下进行的。从此,礼的社会价值和政治

---

① 《礼记·表记》。
② 《诗经·大雅·文王》。
③ 《左传·襄公三十一年》。
④ 郭沫若:《青铜时代》,第20页。

功用得到人们的公认，它的规范力一天天加强，成为一个神圣的笼罩一切的网罗，所谓"礼义以为纪，以正君臣，以笃父子，以睦兄弟，以和夫妇。"① "以（礼）奉宗庙则敬，以入朝庭则贵贱有位，以处室家则父子亲，兄弟和，以处乡里则长幼有序……故朝觐之礼，所以明君臣之义也，聘问之礼，所以使诸侯相尊敬也，丧祭之礼，所以明臣子之恩也，乡饮酒之礼，所以明长幼之序也，婚姻之礼，所以明男女之别也，……故婚姻之礼废，则夫妇之道苦而淫辟之罪多矣，乡饮酒之礼废，则长幼之序失而争斗之狱繁矣，丧祭之礼废，则臣子之恩薄而倍死忘生者众矣，聘觐之礼废，则君臣之位失，诸侯之行恶，而倍畔侵陵之败起矣。故礼之教化也微，其止邪也于未形，使人日徙善远罪而不自知也。"②

从以上的具体阐述中，可以看出礼所调整的范围从个人到家庭，从乡里到朝堂，无所不包。其次，违礼则入罪，礼是防民的长堤，可以止邪于未形。最后，礼的教化如同"润物细无声"的春雨，于潜移默化之中，使人徙善远罪。

关于礼的作用，综括古人的论述与历史的实际，可以归纳为以下几点：

（一）人与禽兽，文明与野蛮的分异点

古人认为，人之所以为人而与禽兽相区别，就在于人知礼义。管子说："辨明礼义，人之所长，而蜾蠃之所短也。"③ 孔子也说："今之孝者，是谓能养，至于犬马，皆能有养，不敬，何以别乎"。④ 正是由于人接受礼义，才有尊卑之辨，父子之亲，长幼之序，夫妇之别。所以荀子特别重视"有辨"，把它看作是"人之所以为人者"的主要特征。禽兽"由于不知辨"，所以虽有父子，但无父子之亲，虽有牝牡，而无男女之别。人之所以有辨的关键是

---

① 《礼记·礼运》。
② 《礼记·经解》。
③ 《管子·形势解》。
④ 《论语·为政》。

礼，如同《礼记·曲礼》所说："鹦鹉能言，不离飞鸟，猩猩能言，不离禽兽。今人而无礼，虽能言，不亦禽兽之心乎？夫呕禽兽无礼，故父子聚麀，是故圣人作，为礼以教人，使人以有礼，知自别于禽兽。"正因为"辨明礼义"是人之道也，所以礼又被看作是"人之干也。无礼无以立。"①

礼作为人与禽兽的分异点，随着法文化的进步，也在法律规定上得到体现。按汉律：常人通奸，"耐为鬼薪"，即三年徒刑，但亲属相奸，特别是以卑犯尊，则为"禽兽行"，处重刑。汉时，琅邪王刘泽之孙"定国，与父康王姬奸，生子男一人。……诏下公卿，皆议曰：'定国禽兽行，乱人伦，逆天，当诛'，上许之。"②北齐以后，凡属紊乱人伦，捐弃礼义，亏损名教的行为，均属"十恶"中的"恶逆"、"不孝"、"不义"、"不睦"、"内乱"，列为"常赦所不原"的大罪，从而表现了"礼之所去，刑之所取，出礼则入刑"③的中华法系的特点。

此外，礼也是区别文明与野蛮，华夏与"夷狄"的重要标志。华夏族是以"郁郁乎文哉"④的礼义之邦而自傲于世的。对于不遵礼义的"夷狄"，则贬之为"若禽兽然"。⑤春秋战国之际，霸于西戎的强秦，只是由于居处无度，内外无别，不事礼义，而受到"天下卑之"的待遇。在中国历史的长河中，曾经出现过的"以夏变夷"、或"以夷变夏"的不同政策，主要就在于是否以礼义为出发点和着眼点。1644年满洲贵族入关以后，汉族士大夫之所以积极投身于抗清斗争，就在于他们不仅伤悼朱明社稷的沦亡，而更震惊于衣冠扫地，把这视为"天崩地解"。可见抗清斗争的目的不限于重建朱明社稷，而在于匡复汉家的礼制，如同顾炎武所说："意

---

① 《左传·成公十三年》。
② 《汉书·衡山王刘赐传》。
③ 《后汉书·陈宠传》。
④ 《论语·八佾》。
⑤ 《国语·周语中》。

在拨乱涤污，法古用夏。"① 有的思想家，把攘夷狄救中国一事看得重于君臣纲纪之上。吕用晦说："君臣之义固重，而更有大于此者……以其攘夷狄救中国于被发左衽也。"②

晚清时期，面对西方文化的冲击，清朝统治者也祭起"夷夏之辨"的旗帜，进行抵御，表示恪守数千年相传之国粹，维持传统的礼教纲常。有趣的是资产阶级民主革命派，在开展推翻清朝的革命斗争中，也以"驱逐鞑虏"为号召。在清朝既倒，孙中山就任南京临时政府大总统以后所发布的禁止刑讯文中，也还使用"前清起自草昧之族"等语，可见夷夏之辨，亦即礼与非礼影响的深远。

由此可见，礼不仅是华夏族的精神支柱，而且也是整个中华民族文明与进步的象征。

（二）别贵贱，序尊卑

如前所述，礼与天地通，是天之经，地之义的社会化、人伦化。礼所具有的别贵贱，序尊卑的功能，也是以天为解释的。《礼记·乐记》说："礼者，天地之序也……序，故群物皆别。"又说："天地尊卑，君臣定矣，卑高以陈，贵贱位矣。动静有常，大小殊矣，方以类聚，物以群分，则性命不同矣。在天成象，在地成形，如此则礼者天地之别矣。"荀子也认为"贱事贵，不肖事贤"是"天下之通义"。③

奉周礼为理想王国的孔子，则从等级名分制度上论证礼的价值。他强调"必也正名乎……名不正则言不顺，言不顺则事不成。"④ 正名的具体要求就是"君君，臣臣，父父，子子"，坚持严格的名分，人类社会才可能运行有序，国家制度与父系家庭才得以建立。

---

① 《亭林文集》，卷六，《与杨雪臣书》。
② 《吕用晦文集》。
③ 《荀子·仲尼》。
④ 《论语·子路》。

由于礼所确认的是"别"、"异"、"差等",因此,"名位不同,礼亦异数"。① 在周朝,自天子,诸侯,大夫,士至庶人,各有与其等级身份相对应的礼。不仅仅是权利义务关系上的不同,也表现为服饰器用上的差异,而且必须严格遵守,不许僭越,僭越者治罪。鲁大夫季氏不依周礼规定,用八佾乐舞并封禅泰山,尽管当时已经是礼崩乐坏的大动荡时代,孔子仍然发出"是可忍,孰不可忍"的抨击。

　　根据礼的要求,在国,则君臣贵贱等级森严,上下有节。在家,则父子兄弟夫妇尊卑有序。《礼记·礼运》篇所说"礼义以为纪",不仅表现为"以正君臣",也表现为"以笃父子,以睦兄弟,以和夫妇",借以树立父权与夫权的统治地位。中国古代重人伦,重血缘,提倡"君子笃于亲",但在这温情脉脉的面纱背后,却是使伦理等级与政治等级相通,宗法名分与政治名分相合,入则父子有亲,出则君臣有义,形成有利于统治阶级的社会秩序。孟子说:"人人亲其亲,长其长,而天下平",② 反映了中国古代重人伦的政治意义。同时也给修身、齐家、治国、平天下作了具体的说明。由此,不难看出《礼记》所说:"凡治人之道莫急于礼"③ 的真谛。

　　为了使社会各阶级、阶层安于遵礼、奉礼、行礼,各尽其应尽的权利义务,不作非分之想,不行非分之事,还用礼来节制人欲的贪求,所谓"礼节民心","礼者,因人之情而为之节文,以为民坊者也,故圣人之制富贵也,使民富不足以骄,贫不至于约,贵不慊于上,故乱益亡。"④ 显然,这是礼的又一功能。荀子从性恶论出发,认为上古之时"欲多而物寡",为了消弥由此而发生的争斗,使"两者相持而长,是礼之所起也",⑤ 也就是说以礼来确定

---

① 《左传·庄公十八年》。
② 《孟子·离娄上》。
③ 《礼记·祭统》。
④ 《礼记·孔子闲居》。
⑤ 《荀子·礼论》。

各人所应分得的物质利益,即所谓"度量分界",以使之各有所养。因此,礼又被说成是"礼者,养也"。但礼所认定的养,决不是平均主义的,而是以"别"作为实际操作的指导原则。《礼记》说得非常清楚:"曷谓别?曰:贵贱有等,长幼有差,贫富轻重皆有称者也。"由此可见,节民也好,养民也好,归根结底,是为了建筑"尊尊"的金字塔式的政治结构。

综上所述,礼是区分贵贱、尊卑、亲疏的标准,它是以因人而异的等差性,或特权性为特征的,它的作用就是论证等差的秩序和结构的合理性,并使之固定化,永久化。于是礼的政治哲学的色彩更加浓厚了。不仅如此,源于宗法伦理关系的礼,又促进了新的伦理道德观念的形成和新的父子、夫妻关系的建立。礼所肯定的伦理纲常,体现了中国古代民族的心理状态与思维方式,成为一种理想的价值取向。但也不可避免地桎梏了人们的自然本性,甚至心甘情愿地为礼而牺牲。

(三) 经国家,定社稷

礼的作用除正人伦、明尊卑、辨是非外,最为重要的是经国家,定社稷。由于礼是安上治民,体国立政的根本指导原则,是调整社会关系和国家生活的思想基础,也是维护王权专制的理论教条,因此从周公制礼以后,礼便被视为"国之干也"①、"国之常也"②、"王之大经也"。③ 在中国古代的思想家、政治家看来,礼是国家施政的标准,有礼则国家政治有正轨可循,无礼则施政无准,势将导致昏乱,以"吾从周"自誓的孔子便力求"为国以礼",认为"礼之所兴,众之所治也;礼之所废,众之所乱也"。④ 汉时,贾谊在所著《新书》中对于以礼施政作了全面的描述:"道德仁义,非礼不成;教训正俗,非礼不备;分争辨讼,非礼不决;

---

① 《左传·僖公十一年》。
② 《国语·晋语》。
③ 《左传·昭公十五年》。
④ 《礼记·仲尼燕居》。

君臣上下，父子兄弟，非礼不定；宦学事师，非礼不亲；班朝治事，莅官行法，非礼威严不行；祷祠祭祀，供给鬼神，非礼不诚不庄。"

礼既是国家施政的原则，也是国无失其民，王无失其臣，贵无失其贱，尊无失其卑的强大精神支柱，从而显示了礼是经国家，定社稷，长治久安的根本。由于以礼治民，可以使民安分、自爱、无怨，逆来顺受，所以孔子说："上好礼，则民易使也。"① 中国古代的历史雄辩地证明了国家的治乱，社会的兴衰，都与礼的实施有着密切的关系。

周公制礼，就当时而言，对西周奴隶主贵族统治的建立和等级分封体制的形成，都发挥了巨大的作用。在周以后的整个古代中国，礼同样地起着十分重要的作用，这不仅是被中国的国情所决定，而且还须看到周礼所建立的体系是包括礼乐政刑在内的一整套严密的制度。是在礼的统帅下互相依存，互相推动，紧密联系在一起的国家上层建筑。就礼与乐的关系而言，如果说礼的辨异，旨在区分贵贱；那么乐则求同，即通过内在的和顺，缓和上下的矛盾，实现和谐。礼与乐配合，可以厚父子之亲，明长幼之序，定贵贱之别；可以使"暴民不作，诸侯宾服，兵革不试，五刑不用，百姓无患，天子不怒，……"②

至于礼与刑是统治阶级实现统治的两种手段。周公制礼，强调明德慎罚，把礼的教化的功能与刑的强制的效果，巧妙地结合起来。礼是积极的规矩，"禁于将然之前"；刑是消极的惩罚，"禁于已然之后。"③ 礼教为本，刑罚为用，互为表里，相辅相成，这是中国古代经国家，定社稷的基本国策。

在礼与政的关系上，如前所述，礼是"政之本欤"。④ 从最早

---

① 《论语·宪问》。
② 《礼记·乐记》。
③ 贾谊：《治安策》。
④ 《礼记·哀公问》。

的周公立政到末代的封建清朝,一切典章制度都以礼为指导思想,有些礼典,就是国家的大经大法。此外,历代政权的构建和君位的承袭,都依礼定之。凡是以礼行政的朝代,被称颂为盛世,反之,以法行政,则被贬斥为衰世。礼是正国的客观标准。《礼记·经解》说:"礼之于正国也,犹衡之于轻重也,绳墨之于曲直也,规矩之于方圆也。故衡诚县,不可欺以轻重,绳墨诚陈,不可欺以曲直,规矩诚设,不可欺以方圆,君子审礼,不可诬以奸诈。是故隆礼由礼谓之有方之士,不隆礼不由礼谓之无方之民……。"

经上所述,礼的功能的发挥,不限于礼的规范本身,还在于它同各种统治手段,如乐——精神文明建设,刑——法律,政——政权的互相联系,综合为治。《礼记·乐记》篇说得好:"礼以道其志,乐以和其声,政以一其行,刑以防其奸,礼、乐、刑、政,其极一也,所以同民心而出治道也。"这就是周公所建立的周礼的体系与内涵,这就是周礼延续几千年的基本原因。后世的礼主刑辅,明礼隆记,都导源于此。由此可见,周公是伟大的,周礼是杰出的。

(四)规范行为的指南,评判是非的准绳

礼不仅设定了父子有亲,君臣有义,贵贱有等,长幼有序的最高行为的和道德的标准,也为社会各阶级、阶层规制了一般的行为规范和是非观念。例如,为尊者讳,父子相隐,于法是有悖的,但于礼却是允许的,甚至被赞颂为美德。春秋战国之际,孔子奔走呼号"克己复礼",并且坦诚地表示"如有用我者,吾其为东周乎"。[①] 所谓复礼,就是要恢复周礼的制度。他要求人们不违礼获取富贵,不违礼舍弃贫贱,真正做到"非礼勿视,非礼勿听,非礼勿言,非礼勿动"。[②]《左传·昭公二十九年》载,晋铸刑鼎公布成文法,对此,孔子极力反对,理由就是破坏了"贵贱不愆"的

---

① 《论语·阳货》。
② 《论语·颜渊》。

所谓"度",也就是破坏了传统的礼,使得"贵贱无序",这是孔子所深恶痛绝的。由此也可窥见礼的实质之一斑。

在礼的生生不息的漫长演进过程中,已经内化为民族的精神,支配着人们的视听言行,以致僭礼踰训之事,非但不能为,而且惮于想。梁启超曾经评论说:"若对于经文之一字一句稍涉拟议,便自觉陷于非圣无法,蹙然不安于良心,非恃畏法网惮清议而已。"①

由礼所培育起来的中国古代的道德政治观,常常把一个王朝的兴衰存亡,归结为道德的是否净化;人心的是否浇漓。从周公提出"惟德是辅"以后,明德、敬德、成德的声浪越高,它的政治色彩也越浓厚。孔子便说:"为政以德,譬如北辰,居其所而众星共之。"② 孟子更把德教与仁政相结合,并以此区分暴君与贤君。正是由于对道德教化的过分推重,导致了对于法律的某种轻视。孔子所说:"导之以政,齐之以刑,民免而无耻;导之以德,齐之以礼,有耻且格"③,可以为代表。历代奉行的"德主刑辅"、"大德小刑"的国策,其源头,就在于传统的道德政治观。

至于以礼节欲之说,经过宋儒的异化,发展成人欲与天理的对抗论,否定了人们物欲追求的合理性,鼓吹"革尽人欲"才能"复于礼"、"尽复天理"。由此而引发了礼教杀人的行径,加强了重义轻利的义利观,视工商为俗务,以"罕言利"为高雅,这对古代中国工商业的长期停滞和经济的封闭状态有着一定的影响。

此外,礼的长期统治造成了中华民族崇古尚祖的保守心态,使得礼制文化成为巨大的历史惰性,严重阻碍了社会改革,即使是勇敢的有作为的改革家,也被迫借祖宗先王之名,以减少改革的阻力。晚清康有为便曾借托古改制为变法维新作掩护。

总之,礼孕育了中国古代文明,形成了在世界文明史上少有的

---

① 梁启超:《清代学术概论》。
② 《论语·为政》。
③ 《论语·为政》。

文化传统。礼的影响不限于古代社会，也向着现代社会和现代生活辐射。礼的内容既蕴有民主性的精华，也杂以封建性的糟粕。礼是属于历史的，但某些部分也属于中国的今天和未来。

三、引礼入法

礼与法虽然各自独立，但礼所具有的规范人们行为规则，调整社会秩序的特殊功能，使得礼入于法不仅是必要的，也是可能的，但这是一个历史发展的过程，不是一蹴而就的。

首先，从儒法对立到儒法合流

先秦儒家以孔丘、孟轲、荀况为代表，他们崇尚礼治与明德慎罚的为政之道。虽然孔子面对的是礼崩乐坏的大动荡、大变革的时代，但他们倡导"为国以礼"，"为政以德"，并以"复礼"为奋斗目标。由于礼是以别贵贱，序尊卑为特征的，因此孔子主张"正名"，即严格遵守君君、臣臣、父父、子子的等级名分，不得犯上僭越。孟轲也以君臣父子为"人之大伦也"，决不可以悖离。荀况更把贵贱尊卑差等视为"与天地同理，与万世同久"的永恒现象。先秦儒家既然重礼治、德治、人治，因而必然轻视法治，他们认为"为政在人"，"有治人，无治法"。他们批评与礼治对立的"不别亲疏，不殊贵贱，一断于法"的法治理论，斥之为"亲亲尊尊之恩绝矣"，"可以行一时之计而不可长用也"，同时指责法家"严而少恩"，"不务德而务法"。[①]

以上可见，儒法两家的对立，是明礼差等与奉法齐一的对立。经过战国、秦，至两汉，作为差别性行为规范的礼，逐渐与公允性行为规则的法交融渗透，以至合流。礼法合流有其深刻的社会原因。其一，封建大一统国家的需要。强盛的专制主义中央集权的两汉建立以后，需要一种统一的学说作为国家的指导思想，以纳全国民众的思想行为于一轨，不允许战国时期百家并起，诸说纷呈的状

---

① 《史记·太史公自序》。

态再继续下去，因此汉武帝罢黜百家，独尊儒术，表现了驾驭历史潮流的高超见解和伟大的魄力。其二，经过100多年的统治，使统治者有可能立足现实，认真总结历史的经验，"外儒内法"就是汉初统治者综合儒法两家之长的精彩概括。如前所述，儒家以礼、德、仁政、爱人为其学说支撑点。法家以一断于法，君主独治，术势并重为其学说特征。外儒即以儒家学说的作为外饰，这是因为儒家的理论符合中国的传统国情，有着极深厚的文化底蕴，可以赢得民心，妆饰仁政，稳定社会，便于统治。以法家学说为内涵，有利于皇帝的专制统治和发挥法律的治世功能，可以收到急功近利之效。外儒佯宽，内法实猛，外儒内法就是宽猛相济的一种表现形式。其三，儒法两家学说不仅同源，在为现存政权服务的政治目的上也是相通的。例如，儒家讲尊尊，旨在确立君主、皇帝的最高权威。法家不仅同样尊尊，而且是极端专制主义的鼓吹者，主张皇帝的谋略权机应该深不可测，不仅不为百姓所知，也不应为君臣所知。司马迁在《史记·太史公自序》中说："儒者……然其序君臣父子之礼、列夫妇长幼之别，不可易也。"又说："法家……然其正君臣上下之分，不可改矣……若尊主卑臣，明分职不得相逾越，虽百家弗能改也。"从太史公对儒法两家的分析中，可以看出在维护君臣上下长幼的等级制度上，二者是完全一致的。儒家虽然重视礼禁，但也同样主张以法惩乱止恶。管子所说"法出于礼"的着眼点，就是在二者作用的相合上。

以上可见，从儒法对立到儒法合流具有历史的必然性和主客观的基础。当儒法对立的障碍被排除以后，引礼入法的门户便自然洞开了。

其次，引礼入法的途径

引礼入法作为一个过程，是逐渐深化的，从以儒家经典学说指导立法，解释法律起，到春秋决狱，直接以儒家经典作为司法的根据，在这个过程中礼不断法律化，法也不断道德化，特别是"三纲"的确立使礼跃上一个新阶次，也赋予法以最基本的内容。

第一，从总结秦亡的教训中为引礼入法制造舆论。汉初，著名思想家贾谊鉴于秦朝任法任刑之弊，认为只有礼才是"固国家，定社稷，使君无失其民也"① 的根本。但也不应废弃法律，因为"缘法循理谓之轨"，② 否则治国、理政、驭民都无轨可循。但礼与法应有所侧重，他说："夫礼者禁于将然之前，而法者禁于已然之后，是故法之所用易见，而礼之所为至难知也。若夫庆赏以劝善，刑罚以惩恶。"③ 他认为礼与法的结合是维持国家长治久安的"经典"。贾谊的主张，是在徒法为治，蔑礼用强的秦朝灭亡以后，提出以礼为治之本、以法为治之用的第一人，从而为引礼入法制造了最初的舆论。

刘向在《说苑》中对于德化的地位以及德与刑的关系也进行了论述，他说："治国有二机，刑德是也。王者尚其德而布其刑，霸者刑德并凑，强国先其刑而后德。夫刑德者，化之所由兴也。德者，养善而进阙者也；刑者，惩恶而禁后者也。故德化之崇者至于赏，刑法之甚者至于诛"。至董仲舒，用阴阳五行之说来论证"刑者，德之辅也"，"大德而小刑"，"厚其德而简其刑"。④

上述理论是针对如何建立长治久安的新王朝而提出的，这只有在汉高祖听从儒生陆贾关于"马上而得之（天下——作者注），宁可以马上治之乎"⑤ 的建议以后，转变了对儒家的态度，才可能受到重视。特别是董仲舒提出"春秋大一统"论，鼓吹"唯天子受命于天，天下受命于天子"，适应了汉武帝为建立大一统的专制主义王朝的政治抱负，使他认识到儒家学说的价值，因而提出一项震古烁今的"罢黜百家，独尊儒术"的政策。这是以国家最高权威确认了儒家思想为统治思想，法家由显学而逐渐湮没无闻。

---

① 《新书·礼》。
② 《新书·道术》。
③ 《新书·治安策》。
④ 《春秋繁露·基义》。
⑤ 《史记·郦生陆贾列传》。

关于三纲之说，董仲舒用天尊地卑，阳尊阴卑的观点，论证了君臣父子夫妇的主从关系。并提出"王道之三纲可求于天"，使三纲神圣化，神秘化。既然三纲可求于天，因此，违背三纲必将受到天的谴责。从此，以维护君权为核心的三纲便成了礼的最本质的概括和国家立法必须遵循的原则。《白虎通义·三纲六纪》进一步明白表述："三纲者，何谓也？君臣，父子，夫妇也"。孔颖达在为《礼记·乐记》"然后圣人作为父子君臣以为纪纲"作疏时，曾引《礼纬·含文嘉》所说："君为臣纲，父为子纲，夫为妻纲"为三纲。

第二，通过参与立法和注释现行法律，输入儒家礼的精神。汉初，丞相肖何"捃摭秦法，取其宜于时者，作律九章"。① 九章律虽然兼蓄诸法，但基本上是以御奸为目的的刑法典。随着国家事务的增加，与皇权的膨胀，需要制定关于行政与礼仪的法律，于是汉高祖刘邦命儒生叔孙通制定有关朝仪的专律——傍章律十八篇。据《晋书·刑法志》："叔孙通益律所不及，'傍章'十八篇。'傍章'即汉仪也。"另据《汉书·礼乐志》："叔孙通所撰礼仪，与律令同录，藏于理官，故曰'傍章'。"惠帝时，叔孙通再次受命制定宗庙礼仪的法规。制定傍章律是为了确立"正君臣之位"的礼仪制度，由于儒家是以礼自奉的，所以命叔孙通为起草人，可以想见经他制定的礼仪之法，必然贯穿了儒家礼的精神。傍章律是礼典，也是行之于朝堂之上的行政法典，是汉代早期引礼入法的产物。

汉武帝确立儒家思想为国家统治思想以后，经学迅速发展。但同时本着外儒内法的国策，也重视立法，特别是律学在打破了"学在官府，以吏为师"以后，取得了长足的进步。以至父子相承，聚徒传授，一时称盛。例如，杜周出身于刀笔小吏，因通晓律令，位至三公。其子杜延年，也以精通律令著称于世，人称大小杜。东汉时，颖川郭氏三代明法习律。沛国陈氏，河南吴氏也都是

---

① 《汉书·刑法志》。

三代传习法律。律学已成为一门专门的学问。

在汉代，一个值得注意的现象就是经学与律学互相渗透，有些经学家同时又是律学家，一身而二任。例如，郑弘与郑昌兄弟"皆明经，通法律政事"。① 东汉时，一些经学大师，也注释现行法律，形成了具有法律效力的大量著作。据《晋书·刑法志》所载："若此之比，错糅无常，后人生意，各为章句。叔孙通，郭令卿，马融，郑玄诸儒章句，十有余家，家数十万言。凡断罪所当由用者，合二万六千二百七十二条，七百七十三万二千二百余言。"《唐六典》卷六注也说："至后汉马融、郑玄诸儒十有余家，律令章句，数十万言，定断罪所用者合二万六千余条"。后因"言数益繁，览者益难"，于是由天子下诏："但用郑氏章句，不得杂用余家。"② 所谓章句就是成文的现行法律的解释。诸家章句并存，说明私家注律的盛行和章句的法律价值。由经学大师撰写章句，必然地输入礼的精神与原则。而汉代国家承认章句的合法性及其实际效力，无疑是对儒家学说的认定和引礼入法的鼓励。例如，郑玄根据《周礼》对"自诉"的含义注释如下："若今时辞讼有券书者为治之"。汉律据此划分公诉与私诉两种方式。

第三，春秋决狱。汉代断狱不仅以律、令、科、比、章句为根据，而且还盛行春秋决狱。《春秋》一书，蕴含遏止礼崩乐坏，维护君臣之道，父子之道，夫妇之道的微言大义。根据《春秋》的精神，解释现行法律，指导断罪量刑，始自董仲舒。由于《春秋》的精神符合国家认可的法律意识，体现了维护三纲的要求，因而得到皇帝的肯定和倡导，成为事实上的审判根据。于是春秋决狱之风甚嚣尘上。董仲舒撰写的《春秋决事》受到当时执法者的普遍欢迎，以至董仲舒老病致仕，朝廷还"数遣廷尉张汤亲至陋巷，问

---

① 《汉书·郑弘传》。
② 《晋书·刑法志》。

其得失,于是作春秋决狱二百三十二事,动以经对,言之详矣"。①在董仲舒的影响下,儿宽、隽不疑等人。也"以古法义决疑狱"。②汉昭帝曾就隽不疑根据《春秋》决一大狱赞叹说:"公卿大夫,当用经术,明于大谊。"③

《春秋决事》早已失传,从现存的三四例中,可以看出礼对于法的突出影响。譬如,根据《春秋》所认定的"原情定过,赦事诛意",而确立了"论心定罪"的法律原则,凡"志善而违于法者,免;志恶而合于法者,诛",以致断罪"时有出入于律之外者"。④

又如,根据尊尊、亲亲的礼制精神,法律允许"为尊者讳","为亲者讳",非重大反逆案一律不为罪。

春秋决狱将礼的精神与原则引入司法领域。成为断罪的根据,不仅仅是引礼入法,而且是以礼代法,使儒家经典法典化了。引经决狱从两汉始,经过七百余年,至唐朝才逐渐衰落。引经决狱只有在儒家思想被确认为统治思想,而法制又不完备的情况下,才是可能的,它反映了引礼入法的深化。在实践中,法无明文规定者,以礼为准绳;法与礼抵触者,依礼处断。随着法制的不断完备和礼的规范的全面法律化,春秋决狱之风才最后终止。

四、礼法结合

两汉所开辟的引礼入法的多种渠道,为礼入于法,礼法结合创造了有利的条件。魏晋至唐沿着这条路线终于完成历史性的礼法结合,将中国法律史推向一个新的阶段。

魏晋南北朝处于分裂割据的形势,统治者为了自存和进取,都

---

① 《后汉书·应邵传》。
② 《汉书·儿宽传》。
③ 《汉书·隽不疑传》。
④ 《盐铁论·刑德》。

加强了立法活动，注意发挥法律的治国之柄的作用。从保留下来的片断的律学著作中，可以看出当时一些律学家的着眼点在于研究立法技术、刑名原理概念与科罪量刑的原则。但从指导思想而言，依然坚持礼德为主，刑罚为辅，并不断推进儒家化的进程。例如，魏律的制定者陈群、刘劭都是以儒学为宗，提倡礼治的，他们在起草新律时，自觉地渗入儒家礼的精神。譬如根据尊尊亲亲之义而在新律中规定"谋反大逆，临时捕之，或汙潴，或枭菹，夷其三族，不在律令，所以严绝恶迹也"。① 又"除异子之料，使父子无异财也。殴兄姊加至五岁刑，以明教化也"。② 此外，还将《周礼》中的"八辟"，分别纳于律条，使礼所强调的等级特权法律化。为了使法律解释统一，以便于司法援引，魏文帝下诏："但用郑玄章句，不得杂用余家"。③

晋朝是由东汉末年儒学大族司马氏创建的，因此在法律建设上尤其致力于儒家化。晋律的起草者和解释者杜预、张斐，都是兼通经法的大家。杜预在上《律表》的奏章中以"格之以名分"④ 为晋律的基本精神，强调"远遵古礼，近因时制"。⑤ 张斐针对《晋律》以"刑名"始、"诸侯"终的篇章体例，解释说："王政布于上，诸侯奉于下，礼乐抚于中。"⑥ 对于晋律中的有些概念如"谩"、"不敬"、"不道"、"恶逆"等都给予了礼的解释。

晋律所体现的礼法结合还表现为"准五服以制罪"，即根据服制明血缘亲疏，定罪行轻重，以"峻礼教之防"。⑦ 准五服制罪，始于晋律，直到晚清修律才予以废除。此外，改周之"八辟"为

---

① 《晋书·刑法志》引魏律序。
② 《晋书·刑法志》引魏律序。
③ 《晋书·刑法志》。
④ 《晋书·杜预传》。
⑤ 《晋书·礼志中》。
⑥ 《晋书·刑法志》。
⑦ 《晋书·刑法志》。

"八议",直接入律,"诸侯应八议以上,请得减收留赎,勿髡钳笞"。① 有些行为不见于律,则以礼为据断之,如"异姓相养,礼律所不许"。②"凡断正臧否,宜先稽之以礼"③。

北朝政权虽以少数民族为主体,但进入中原以后,接受汉族先进文化的熏陶,在法制上也体现了礼法结合的潮流。例如,北魏律的"留养",是将儒家的孝养观念入律。北齐律更以不孝为重罪十条之一。

经过魏晋南北朝至唐,中国封建社会进入兴盛时期。唐律无论结构、内容均已蔚为大观。礼与法的结合也臻于成熟和定型,可以说一整套体现封建宗法等级思想与制度的礼,基本上法律化了。以至"一准乎礼"成为对唐律的评价。透过唐律可以发现礼与法的内在联系,可以体验礼是怎样融化于法的,可以印证礼是唐律的灵魂,唐律是礼的法律表现,二者互补而不可分的关系。如同《唐律疏议·名例》中所说:"德礼为政教之本,刑罚为政教之用,犹昏晓阳秋相须而成者也"。唐律是中国古代礼法结合的典范,剖析唐律是有助于鉴古明今的。

唐律所反映的礼法结合的鲜明特征,连同它对周边国家的影响,成为中华法系赖以确立的重要因素。

综括唐律所表现的礼法关系概述如下:

(一)礼指导着法律的制定。譬如纲常之礼便是唐律最基本的内容。十恶大罪之所以"为常赦所不原",也就在于它的行为触犯了君为臣纲,父为子纲,夫为妻纲。唐律的制订从武德朝起,历经贞观,永徽,开元诸朝始最后定型。在这个过程中,以礼改律之处甚多,例如,贞观前《贼盗律》"谋反大逆"条规定:谋反大逆人父子、兄弟皆处死,祖孙配没。贞观修律时改为谋反大逆人父子处

---

① 《晋书·刑法志》。
② 《晋书·殷仲堪传》。
③ 《晋书·庚纯传》。

绞，祖孙、兄弟皆配没。这个改动主要是依祖孙兄弟的血缘亲疏关系而调整处死的范围。按《礼记·祭统》："孙为王父尸"，祭祖可以孙列，说明了祖孙关系重于兄弟关系，如果祖孙配没，兄弟处死，显然于亲情不合。因此贞观修律时房玄龄据礼作如上改动。

又如，户婚律"同姓不得为婚"条，只禁止同姓及外姻有服属尊卑为婚，对外姻无服是否属尊卑为婚没有规定。永徽修律时，增补了"父母之姑舅两姨姊妹及姨若堂姨、母之姑，堂姑，己之堂姨及再从姨、堂外甥女、女婿姊妹，并不得为婚姻。违者杖一百，并离之。"按礼，堂姑、堂姨等为父党母党，且有尊卑名分，如许为婚，岂非污损名教，蔑弃人伦？所以据礼加以禁止。魏征曾经指出："礼义以为纲纪，……明刑以为助。"① 既然明刑是为了助礼，因此唐律的制定与修撰，自然要以礼为指导。

清朝在关外时期，存在着同族间不同辈分的婚姻关系。至皇太极即位，下令严禁："自今以后，凡人不许娶庶母及族中伯母、婶母、嫂子、媳妇……若不遵法，族中相聚者，与奸淫之事，一律问罪"②。另据朱璘《明纪辑略》：天聪三年下令："凡娶继母、伯母、弟妇、侄媳永行禁止……同族婚娶，男女以奸论。"这段记载充分说明了礼对于以满洲族为主体的清朝立法的重大影响。

（二）礼典、礼文直接入律。唐律的制定除在总的方面接受礼的指导外，有些律文几乎是礼典的翻版。譬如《名例律》"八议"是《周礼·秋官·小司寇》"八辟"的照搬。《户婚律》"七出三不去"是《大戴礼记·本命》"七去三不去"的移植。也有的律文是礼的原则的演绎。譬如，《名例律》关于"矜老小及疾"的具体规定如下："诸年七十以上、十五年以下及废疾，犯流罪以下收赎；八十以上、十岁以下及笃疾，犯反逆、杀人应死者上请；盗及伤人者亦收赎；九十以上、七岁以下，虽有死罪，不加刑。"显而

---

① 《新唐书·刑法志》。
② 《清太宗实录稿本》第6—7页。

易见，这是从《周礼》"三赦之法"："一赦曰幼弱，二赦曰老耄，三赦曰蠢愚。"和《礼记》"悼耄不刑"，"八十、九十曰耄，七年曰悼。悼与耄虽有罪，不加刑焉"演绎而来的。

此外，唐律关于不孝罪之一的"诸祖父母父母在，而子孙别籍、异财者，徒三年"，"诸子孙违犯教令及供养有缺者，徒二年"是《礼记·内则》"孝子之养老也，乐其心，不违其志，乐其耳目，安其寝处，以其饮食忠养之"和《礼记·曲礼》："父母存，不有私财"的法律化。类似的例子在唐律中是随处可见的。

（三）定罪量刑"于礼以为出入"。这是唐以后，人们评价唐律的主要着眼点。而从唐律的规定和审判实践是可以得到证实的。以斗殴为例，一般"斗殴人者笞四十"。但"诸殴缌麻兄姊，杖一百。小功、大功，各递加一等。尊属者，又各加一等。诸殴兄姊者，徒二年半。伯叔父母、姑、外祖父母，各加一等。诸殴祖父母父母者，斩。"① 由于亲属之间亲疏有别，长幼有序，所以以卑犯尊根据亲等，处以不同刑罚，这是礼所要求的。

从审判实践中，也可发现以礼折狱、弃律从礼的案例。例如，长庆年间，某姑鞭打其媳至死，京兆府断以偿死，刑部尚书柳公绰以礼改判。《册府元龟》记载其事如下："柳公绰，长庆中为刑部尚书。京兆府有姑以小过鞭其妇至死，府上其狱，郎中窦某断以偿死，公绰曰：'尊殴卑，非斗也；且其子在，以妻而戮其母，非教也。'竟从公绰所议。"②

又如，敦煌卷子伯2593号记载冯甲在亲丧期间"朝祥暮歌"，司法官以礼科断的判词如下："父母之丧，三年服制；孝子之志，万古增悲。朝祥暮歌，是亵于礼，以哭止乐，其慰所怀。诉词既款服终，言讼情依科断。"

以上可见，凡是违礼之罪都要加重处刑。由于"于礼以为出

---

① 以上均见《唐律·斗讼律》。
② 《册府元龟》卷六一六，《刑法部议谳门》。

人"是公认的道德高于法律的司法原则,并受到国家的保护,因此司法官宁可不依律,也不可以不循礼。不依律所责者是职务,不循礼所责者是人格。由于唐代科举取士的重要内容是儒家经典,因此唐代官员明礼者多于明法,以礼断案对他们是并不陌生的。

（四）礼法互补,共同维护社会的稳定和国家的长治久安。其具体表现,第一,礼侧重于预防犯罪,即导民向善,所谓"禁于将然之前";法侧重于惩罚犯罪,即禁人为非,所谓"禁于已然之后"。① 第二,以礼的规范弥补法律条文的不足。除前述已经例举者外,还须指出律疏对补充律文、指导司法的作用。在唐代凡是律无明文的行为,可以参考律疏处理。律疏是以礼为理论基础的,律疏代律,实际是以礼代律。律疏在疏解律意时,或"依礼",或"援礼",使礼进一步渗透于律文当中。律疏是中国古代法理学、刑法学和诉讼法学的集其大成,也是礼法结合的重要结晶。第三,礼主刑辅,综合为治。礼与法具有共同的社会根源,本质上又都是统治阶级意志与利益的体现,但礼所包括的内容更广泛,对社会的调整作用更深入,对群众的精神束缚更严格,并且被赋予礼教、德化的外貌,又与重宗法伦理的国情相合,因此易于被接受。历代凡专任刑罚者被视为致乱之源,而推行"礼主刑辅"者被誉为"治世之端"。明初,朱元璋以严法酷刑治天下,虽收到一时之效,却并未能杜绝犯罪。至洪武三十年大明律成,他积三十年的统治经验总结出"朕仿古为治,明礼以导民,定律以绳顽"②的道理,强调"礼乐者治平之膏粱,刑政者救弊之药石",惟有"以德化天下",兼"明刑制具以齐之",③才能使国家长治久安。

综上所述,可见礼的等差性与法的特权性是一致的,礼法互补,以礼为主导,以法为准绳;以礼为内涵,以法为外貌;以礼移

---

① 贾谊:《治安策》。
② 《明史·刑法志》。
③ 《明太祖实录》卷162。

民心于隐微，以法彰善恶于明显；以礼夸张恤民的仁政，以法渲染治世的公平；以礼行法减少推行法律的阻力，以法明礼使礼具有凛人的权威；以礼入法，使法律道德化，法由止恶而兼劝善；以法附礼使道德法律化，出礼而入于刑。凡此种种，都说明了礼法互补可以推动国家机器有效地运转，是中国古代法律最主要的传统，也是中华法系最鲜明的特征。

（1998年第3期）

论中国早期教育现代化的艰难探索

黄书光

与外发性现代化相一致，中国教育是在"西学东渐"影响下逐渐迈向现代化。尽管我们至今还没有真正实现现代化教育，还在走向现代化教育的过程之中；但是，我们不能不了解中国教育现代化尤其是早期教育现代化的艰难探索历程。它是伴随着传统教育的不断解构而兴起，其过程十分曲折，需要进行反思性的理论总结，以便为当代中国教育现代化建设提供历史借鉴。

一、"西学东渐"与中国传统教育思想的松动

中国近代是在中西文化的撞击交融下向前推进的。作为异质文化，西学实际上充当了中国教育从传统走向现代化的催化剂。

最先来华的西方传教士方济各·沙忽略曾到达广东沿海的上川岛，真正进入中国内地进行传教，当从1582年利玛窦、罗明坚等传教士抵达澳门算起。在其后的两百年期间，先后有500名传教士陆续来华传教。顾名思义，传教士是以传教为目的，他要"做耶稣的勇兵，替他上阵作战，来征讨这崇拜偶像的中国"。[①] 为了更好地达到这个目的，他们十分善于把握中国文化的特点，注意迎合中国士人的传统习惯心理，确立了"学术传教"的行动计划，从而客观上导致了西学在中国的最初传播。一方面，他们将耶教中的"天主"与儒经中的"上帝"相比附，称赞孔子是"伟大的哲学

---

① 裴化行：《利玛窦司铎与当代中国社会》，转引冯天瑜：《明清文化史散论》，华中工学院出版社，1984年版，第155页。

家"，甚至身披儒服，四处活动，迎合中国固有的儒学文化精神。另一方面，他们善于窥探中国人的封闭自大的隐秘心理。由于缺少对外面世界的了解和接触，当时中国人常常认为中国是世界的中央，习惯于"把自己的国家夸耀成整个世界，并把它叫做天下"。对这种夜郎自大的封闭心理定势，利玛窦深知非一日所能扭转，故他特意将其绘制的世界地图，"抹去了福岛的第一条子午线，在地图两边各留下一道边，使中国正好出现在中央"。① 利玛窦承认，这样做实属荒唐，但他又补充说："在当时那种特殊环境中，再也找不到别的法子更适合于使这个民族信教的了。"②

不过，真正能打动中国士人心扉的则是西方的独特器物文明和学术文化，它满足了中国知识分子实用理性的精神传统。他们不仅将三棱镜、自鸣钟等西方器物文明带到东方，而且热心于学术文化的研究和传播活动，积极与中国学者合作，把西方的数学、物理学、地理学、天文学以及某些器艺技术介绍到中国来。其中，《几何原本》、《同文算指》、《泰西水法》、《远西奇器图说》、《坤舆全图》、《职方外纪》、《西方问答》等重要著作，均在当时中国社会产生了深远影响。有人统计，从利玛窦来华到康熙禁教和耶稣会解散的200年间，耶稣传教士在中国译著西书共437种。其中，宗教书籍251种，占总数57%；人文科学55种，占13%；自然科学131种，占30%。③ 可以看出，西方传教士已注意到人文和自然科学的传播；但宗教书籍占去大多数，也从一个侧面反映了其远征中国的传教旨趣。

但不管怎么说，传教士裹挟而来的西学毕竟为封闭的中国社会打开了一扇瞭望世界的窗口，一些开明士大夫得以扩大视野，开始有意识地将中西两种异质文化进行初步的比较会通。其中，徐光启

---

① 《利玛窦中国札记》，中华书局，1983年版，第180—181页。
② 《利玛窦中国札记》，中华书局，1983年版，第181页。
③ 参见熊月之：《西学东渐与晚清社会》，上海人民出版社，1994年版，第39页。

的汇通工作最为突出。他通过与利玛窦的交往,深知西学的器艺之实和腐儒的名理之虚,并对西方《几何原本》及其形式逻辑方法推崇备至。对待中西差异,徐光启的态度十分明确:"欲求超胜,必须会通;会通之前,先须翻译。"① 即是说,中国文化的出路必须在对西学的翻译基础上,吸收西学的精神并与中学汇合融通,以达到超胜西学的目的。正是凭借这一根本原则,徐光启颇能以博大胸怀吸纳西学长处,并实际应用到自己的科学研究之中。他主持修订的《崇祯历书》就充分体现了这一点,被赞誉为"熔西人精算,入大统之型模;正朔闰月,从中不从西;完气态度,从西不从中"。② 应该肯定,明清之际的科学家李之藻、梅文鼎等人,哲学家方以智、王夫之、黄宗羲、颜元、戴震等人,都不同程度地受到西学的影响。

也许由于历史的误会,由徐光启首倡的"中学会通"说,后来渐渐变成"西学中源"说,认为西学的真正源头在中国。企图通过复古以求超胜,这样一来,西学反而沦为中学的附庸和注解。如:乾嘉学派的代表人物戴震,就把西学的"借根方"当作"天元术",将"正切"改为"矩分",进行许多庸俗化比附。这种情形正如有的学者所说,"在'西学中源'说的背后,有夷夏传统在作祟"。③

与开明士大夫不同,正统士大夫始终站在"华夏中心"论上,奢谈"夷夏之辩"。他们认为,西方传教士来华是"以夷变夏"、"以邪压正",别有用心。主张固守"德上艺下"的传统观念,称"纵巧何益于身心?""宁可使中夏无好历法,不可使中夏有西洋人"。④ 诚然,中国封建帝国的最高统治者并没有完全迷信正统士

---

① 《历书总书表》,载《徐光启集》卷八。
② 《畴人传》卷四十二。
③ 陈卫平:《第一页与胚胎——明清之际的中西文化比较》,上海人民出版社,1992年版,第134页。
④ 《日食天象验》,载《不得已》卷下,黄山书社,2000年版,第79页。

大夫的言论，而是以皇朝的实用价值来取舍西学。有些传教士如汤若望，因其出色的历法工作，受到皇帝的特别表彰，被授予光禄大夫，享受一品顶带。但是，封建帝王绝不允许传教士活动危害帝国的安宁与秩序。当后来传教士主动挑起"礼仪之争"，视中国传统的祭祀、祭祖、祭天等礼仪为异端，主张严格恪守天主教教义传教，康熙等皇帝纷纷向"夷夏大防"回归，并于1720年颁行禁教令。此后的一百多年，雍正、乾隆、嘉庆、道光诸帝纷纷效法，西学的传播中断了，中国与世界渐次隔绝，并悄然落后于世界文明。与此同时，中国封建专制主义制度进一步强化，文化政策和教育制度也日益腐朽堕落。

直到1840年鸦片战争前后数十年，龚自珍（1792－1841）、魏源（1794－1857）等一部分先进中国人首先愤然而起，站在时代发展的前沿，对现实社会和传统观念进行深刻批判和反思，提出了"师夷长技以制夷"这一颇具时代气息的教育哲学命题；崇尚主体精神，追求个性人格；肯定功利意识，并努力建立"经世致用"的教义价值观。毫无疑问，以龚、魏为代表的经世派所进行的现实批判和文化反思，代表了那个时代中国教育哲学发展的最高水平，是传统教育向现代化教育转折的过渡环节。

作为中国早期现代化的先驱者，龚自珍、魏源最早认识到衰世的症候，并给予无情的批判。龚自珍指出，当时中国是"生齿日益繁，气象日益隘，黄河日益为患。"[①] 但上层统治者非但不能体谅老百姓的苦处，反而巧立苛税，榨取民财，唯知满足自己的个人私欲。龚氏把这种情况叫做"割臀以肥脑"的自虐，它必然导致官逼民反的变局。作为新时代的先驱者，龚自珍确有一种"日之将息，悲风将至"的危机感。与龚自珍同调，魏源同样具有强烈的忧患意识，并在现实批判的基础上，提出了"师夷长技以制夷"这一划时代口号，从而拉开了近代意义上的中西文化教育融通的序

---

① 《西域置行议》，载《龚自珍全集》，上海人民出版社，1975年版，第106页。

幕，成为中国早期现代化的思想先导。依魏源之见，"夷之长技"包括三方面内容："一战舰，二火器，三养兵练兵之法。"① 学习"夷技"是直接服务于"制夷"这一军事防御目的；尽管如此，它毕竟松动了"夷夏大防"的传统观念。

与"夷夏大防"的观念松动相呼应，传统的天命论也遭到否定，人的主体精神和个性独立开始得到肯定。孔子素"畏天命"，后儒更进而把这一神秘的未知领域与伦理教育结合起来，形成了以天命为终极、以心性为基石、以人伦为核心、以成圣为理想的儒家教育哲学体系。《中庸》作者概括为："天命之谓性，率性之谓道，修道之谓教。"教育被说成是"人性"对"天命"的顺化，从而剥夺了人的独立和自由，否定了个性存在的意义。与之相反，龚自珍认为，自然和社会的一切事物都不是"天命"派生，而是人类自己的创造。他说："众人之宰，非道非极，自名曰我。我光造日月，我力造山川，我变造毛羽肖翘，我理造文字言语，我气造天地，我天地又造人，我分别造伦纪。"② 在这里，人的主体性和创造性得到了极大的肯定。作为龚自珍的同道者，魏源更尖锐指出，世上有三种人：一是恃命小人，二是立命君子，三是造命君子。主张要以"造命君子"为人格理想，强调"贫贱夭"通过自我造命的主观努力能够向"贵富寿"转化。

与天命论一样，传统的主流价值观念——非功利思想也受到排斥，功利意识逐渐觉醒，重新树立了"经世致用"的教育价值观。龚自珍公开批评当时儒士："生不荷耘锄，长不习吏事，……上不与君处，下不与民处。"③ 魏源更进而指斥封建王道无视民瘼，要求"以实事程实功，以实功程实事"。④ 毫无疑问，功利实学思想对空谈玄理的理学思想乃至中国传统教育理论而言，不能不说是一

---

① 《筹海篇三·议战》，载《海国图志》卷二。
② 《壬癸之际箸胎观第一》，载《龚自珍全集》，第12—13页。
③ 《乙丙之际箸议第六》，载《龚自珍全集》，第5页。
④ 《海国图志叙》，载《魏源集》上册，中华书局，1976年版，第208页。

个剧烈的撞击。

二、"中体西用"与中国早期教育现代化的启动

通过器物变革以谋求自强的最初自觉,固然可溯源至魏源的"师夷长技以制夷",但在理论上形成相对共识则迟至1860年的庚申之变:"庚申之衅,创钜痛深,……人人有自强之心,亦人人为自强之言。"①

李鸿章对英法联军的坚船利炮更有极形象的描述:"轮船电报之速,瞬息千里;军器机事之精,工力百倍;炮弹所到,无坚不摧,水陆关隘,不足限制。"② 面对这"数千年未有之变局"和"数千年未有之强敌",一部分头脑清醒的封建士大夫开始了旨在"剿贼"(指镇压太平天国革命)和"御夷"(指抵御外国侵略者)的洋务自强运动,简称"洋务运动"。与之配合,他们办起了洋务教育事业,以寻找既恪守封建道德,又兼具西方器物技艺的洋务人才。他们先是办理洋务学校,如:京师同文馆(1862)、上海广方言馆(1863)、福建船政学堂(1866)等;继而派遣留学生(留美与留欧);并要求变通科举制度,另设"洋学局"。所有这些改革都或多或少地触动了中国传统教育的僵化板块,因此每前进一步都引起了保守派的激烈反对。

随着洋务教育实践和洋务运动本身的步步推进,许多有识之士开始注意西学引进之后的中西学关系,并逐渐形成"中体西用"的教育哲学观。该命题可溯源至冯桂芬,他在《校邠庐抗议·采西学议》中明确提出:"以中国之伦常名教为原本,辅之诸国富强之术。"虽然冯桂芬在这里并没有使用"体"、"用"术语,而是"本"、"辅"相对待,但确实表达了"中体西用"的思想意蕴。其后,李鸿章、郭嵩焘、沈寿康、郑观应、张之洞等人也都以近似

---

① 《筹办夷务始末》同治朝卷98。
② 《李文忠公全书·奏稿》卷24。

方式表达了这一学术宗旨。其后,较早一字不差地表达这一概念是沈寿康,而最乐道之则是张之洞。梁启超说,至甲午战后,"其流行语,则有所谓'中学为体,西学为用'者,张之洞最乐道之,而举国以为至言。"①

按张之洞之见,所谓"中学",又称"旧学",包括"四书五经、中国史事、政书、地图",主要指以中国纲常名教为根本的圣教孔学。他说:"五伦之要,百行之原,相传数千年,更无疑义。圣人所以为圣人,中国所以为中国,实在于此。"②所谓"西学",又称"新学",包括西政、西艺、西史诸领域。但其"西政"乃特指"学校、地理、度支、赋税、武备、律例、劝工、通商",并不包括设议院与兴民权。这一点,与维新派的"西政"有根本区别。

洋务派"中体西用"给人最直观的感觉是"以新卫旧",突出了"中体",把变革圈定在器物层面,体现了文化保守主义精神旨趣。从这个意义上说,该命题无疑是对现代化的抗拒。但另一方面,该命题又客观上导致了中国教育现代化的启动。这是因为通过这一命题,西学毕竟被堂而皇之地引进中国。虽然洋务派把西学定位在器物层面,但是"制器之器"的引入必然波及"制器之人"的培养,而"制器之人"的培养又必然导致对传统教育制度和科举制度的变革需求。随着变革需求的进一步强烈,又必然促使人们去进一步探讨并加深对西学的认识。这一系列连锁反应,固然是洋务派始料未及,但它又确确实实发生了:"'西用'的范围日益扩大,'中体'的内涵不断紧缩,中国前现代社会的整体性发生溃败,早期现代化进程步步向纵深推进。"③

诚然,从19世纪60年代到90年代,人们对"中体西用"的

---

① 载《梁启超论清学史两种·清代学术概论》,复旦大学出版社,1985年版,第79页。

② 张之洞:《劝学篇》,中州古籍出版社,1998年版,第70页。

③ 周积明:《最初的纪元——中国早期现代化研究》,高等教育出版社,1996年版,第150—151页。

认识绝不可能一成不变。陈旭麓先生说:"'中体'和'西用'不会互不侵犯,'用'在'体'中会发酵,势必不断促进事物的新陈代谢。"① 就教育而言,洋务派最初只是要求在京师同文馆增设天文算学馆,聘请几个外籍教师;但后来渐渐不满足了,遂有实业学堂的创设、译局的开张、留学生的派遣、科举的变通等,"西学"的发酵过程以及对中学的价值冲突确实不可避免。至洋务运动后期,张之洞心目中的"西学"已扩大至西政、西艺和西史,虽然开议院、兴民权被排斥在外,但"西学"范围的日益拓展已是势所必然。中国早期教育现代化正是借助于"中体西用"的命题而缓缓推进,它赋予西学以合法地位,促使洋务教育活动全面展开,从而在客观上导致了传统教育向现代化教育的逐渐过渡。晚清一系列教育改革,包括科举的废止和学制的初建等,无疑都是在"中体西用"原则下悄然发生。

三、制度变革下的教育现代化求索

甲午战争前,一批具有资产阶级维新思想的早期改良派(王韬、郑观应、郭嵩焘、薛福成等)已经兴起,他们在一定程度上突破了洋务派器物变革的界限,加深了对西学的认识;但总体而言,他们的维新变法呼声还十分微弱,其思维方式还不能从根本上跳出"中体西用"模式,多主张"西学中源"说。甲午战争后,中国民族危机愈益严重,列强急欲效法日本而分裂中国。面对这一"世变之亟"(严复语),中国资产阶级维新思潮迅速发展成为爱国的维新变法运动。他们对腐朽的封建主义文化教育思想提出尖锐批评,企图依靠皇帝的力量进行自上而下的政治体制改革;同时,利用西方先进思想对中国传统文化教育进行创造性的汇通改造,以配合变法运动,渐进地发展中国资本主义。很显然,维新派实现了从

---

① 陈旭麓:《近代中国社会的新陈代谢》,上海人民出版社,1992年版,第119页。

器物变革向制度变革的转变，超越了洋务派和早期维新派"中体西用"的思维范式。虽然他们有时仍在利用这一范式，但其"貌孔心夷"的思想旨趣已是路人皆知，意欲把封建主义旧教育改造成适合新兴资产阶级利益和需要的新教育。

其一，传统教育的批判与人道主义教育精神之求索。针对"穷天理，灭人欲"的封建主义教育纲领，康有为指出，从来就没有什么天理，而人的自然欲望、血气心知倒是天之所赐，这叫做"天欲而人理。"① 与这一自然人性论相一致，康有为认为，"去苦求乐"乃人性的内在需求，主张去"九界"之苦，求人生大乐。他说："能令生人乐益加乐，苦益少苦者，是进化也，其道善；其于生人乐无所加而苦尤甚者，是退化也，其道不善。"② 与康有为相比，维新派的另一代表人物谭嗣同对封建主义教育进行了更为猛烈的批判。他说："今中外皆侈谈变法，而五伦不变，则举凡至理要道，悉无从起点，又况于三纲哉！"③ 为此，他主张要冲决封建主义文化的种种网罗，称："初当冲决利禄之网罗，次冲决俗学若考据、若词章之网罗，次冲决全球群学之网罗，次冲决君主之网罗，次冲决伦常之网罗，次冲决天之网罗，次冲决全球群教之网罗，终将冲决佛法之网罗。"④ 在这些网罗之中，专制君主和名教伦常之网罗无疑首当其冲。在批判旧学的基础上，维新派极力推崇博爱、自由、平等、乐利等资产阶级人道主义教育思想，并注意结合中国儒学传统进行类比阐释。如：康有为把"仁"说成"博爱"，称"博爱之谓仁"；谭嗣同则把"仁"诠释为"通"，谓"仁以通为第一义"，"通之象为平等"；而严复更是匠心独运，把"自由"译为"群己权界"。虽然这些类比乍看之下不免"不中不

---

① 《康子内外篇·理气篇》，载《康有为全集》第一集，上海古籍出版社，1987年版，第197页。
② 《大同书》，古籍出版社，1956年版，第293页。
③ 《仁学》，载《谭嗣同全集》下册，中华书局，1981年版，第351页。
④ 《仁学》，载《谭嗣同全集》下册，中华书局，1981年版，第290页。

西，即中即西"，但其反封建的启蒙教育思想已壁立其中了。

其二，追求新人格理想与中西汇合的新教育实验。欲求变法维新而没有变法人才，等于空谈玄思，这一点康有为深有体会。早在1888年，康有为就上书皇帝，要求"变成法，通下情，慎左右"；但他的上书实际上并未"上达天听"，遭到冷遇。为此，他决定回广东亲自办学，积蓄力量，培养"异乎常纬"的变法人才。在他看来，没有"异乎常纬"的精神和气概，要想对千百年习惯势力和权威思想对抗，无异于白日做梦。为此，他创办了著名的万木草堂进行实验探索，开设了义理之学、经世之学、考据之学和词章之学，将传统国学与西方实学结合起来，旨在造就中西融通的变法人才。与之相应，梁启超、严复认为，不仅要培养变法人才，更要注意开发民智，重建国民素质，培养具有近代意义的德智体全面发展的新国民。

其三，引进西方教育制度，进行整体改革。早期改良派固然已觉察到引进西方资本主义教育制度的必要性，但维新派的阐发无疑更加深入精微，极具战略眼光。如康有为就明确指出："泰西之所以富强，不在炮械军兵，而在穷理劝学。"① 主张以德国和日本学制为蓝本进行系统的教育改革，要求朝廷"远法德国，近采日本，以定学制，乞下明诏，遍令省府县乡兴学。乡立小学，令民七岁以上皆入学，县立中学，其省府能立专门高等学大学，各量其力皆立图书仪器馆……若其设师范、分科学、撰课本、定章程，其事至繁，非专立学部，妙选人才，不能致效也。"② 在这里，康有为勾画了小学、中学、大学的三级学制，并兼顾师范学、分科以及统筹全国学校的学部机构。此外，他还就派遣留学生、翻译西书等方面提出了许多具体改革措施。凡此种种，都在百日维新期间得到了充

---

① 《上清帝第二书》，载《康有为政论集》上册，中华书局，1981年版，第130页。

② 《请开学校折》，载《康有为政论集》上册，第306—307页。

分表现，从而极大地冲击了封建主义教育体系，并对后世改革产生深远影响。

其四，批评"中体西用"，倡导中西汇合。毋庸置疑，"中体西用"论曾发生过重要的历史作用，它是中国教育现代化的元命题。但严复看来，它违背了社会有机体原则，与"体用一源"的中国传统思维方式亦格格不入。他说："有牛之体，则有负重之用；有马之体，则有致远之用。未闻以牛为体，以马为用者也。……故中学有中学之体用，西学有西学之体用，分之则并立，合之则两亡。"① 即是说，中西学各有其本身之体用，不可分割套用；强调学习西方一定要体用并学，讽刺"中体西用"如同"牛体马用"一样可笑，是生吞活剥式的文化阉割。严复认为，中西学的最大差异乃是自由与不自由的不同。他说："自由既异，于是群异丛然以生。粗举一二言之：则如中国最重三纲，而西人首明平等；中国亲亲，而西人尚贤；中国以孝治天下，而西人以公治天下；中国尊主，而西人隆民；中国贵一道而同风，而西人喜党居而州处；中国多忌讳，而西人众讥评。其于财用也，中国重节流，而西人重开源；中国追淳朴，而西人乐简易。其接物也，中国美谦屈，而西人务发舒；中国尚节文，而西人乐简易。其于为学也，中国夸多识，而西人尊新知。其于祸灾也，中国委天数，而西人恃人力。"② 在这里，严复和盘托出了中西文化的多方面差异，从而把东西方文化的本质特点和整体画面勾绘得有声有色。既然严复对西方的自由、民主和科学如此推崇，他是否就走向全盘反传统而否定中国文化的一切价值呢？回答是否定的。他认为，中国文化教育必然深藏着民族特性之"善者"，称："世界天演，虽极离奇，而不孝、不慈、负君、卖友一切无义男子之所为，终为复载所不容，神人所共

---

① 《与〈外交报〉主人书》，载《严复集》第三册，中华书局，1986年版，第558—559页。

② 《论世变之亟》，载《严复集》第一册，第3页。

疾，此则百世不惑者也。"① 职是之故，严复隆重推出其中西文化汇合说："统新故而视其通，苞中外而计其全，而后得之。"② 应该肯定，这一融古今中外文化于一炉的新文化战略构想完全摒弃了"中体西用"的保守主义狭隘心理，是海禁开通以来"体用"、"本末"之争的初步总结。

不难发现，维新派在否定封建统治和提倡资本主义制度的前提下，将中国教育现代化大大推进了一步。但遗憾的是，维新派并没有最终完成制度变革，其"自上而下"的改良主义性质决定了失败的不可避免。最终完成制度变革则不得不归功于资产阶级革命派领袖孙中山先生的不懈努力，而维新派反而在革命到来之前纷纷向传统文化回归，有的甚至堕落为保皇派。

四、观念心理变革与中国教育现代化的深层思考

孙中山领导的辛亥革命推翻了长达两千多年的封建制度，建立了资产阶级的民主政体，完成了人们梦寐以求的制度变革。但遗憾的是，革命果实很快为新军阀袁世凯所窃取，并公然进行帝制复辟。倒袁之后，又有黎元洪、段祺瑞、张勋等人次第登场，演示了一出又一出的政治闹剧。何以推翻封建主义旧制度，而资本主义新制度又不能真正建立起来呢？这其中必有更加深层的观念心理缘故。有鉴于此，以陈独秀、李大钊、胡适、鲁迅等人为代表的文化激进主义者在"五四"新文化运动期间均热衷于观念心理变革，要求对根深蒂固的中国传统思想观念展开激烈批判；与此同时，他们极力主张引进西方的科学民主精神，改造国民性，培养具有现代意义的个性独立人格。

其一，观念变革与传统思想的激烈批判。诚然，"共和"招牌

---

① 《论教育与国家之关系》，载《严复集》第一册，第169页。
② 《与〈外交报〉主人书》，载《严复集》第三册，中华书局，1986年版，第560页。

已挂了出来,但政府文官考试仍然以旧学说为考题,国会议员则疾呼"尊重孔教",学士文人依旧推崇"汉赋"之类的高雅文学,而"乡里人家厅堂上,照例贴一张'天地君亲师'的红纸条,讲究的还有一座'天地君亲师'的牌位。"① 种种迹象表明,旧的观念并没有被驱除,人们还是拿民国前的旧心理来运作民国后的新事物。为此,陈独秀公开指斥孔教礼法不合现代生活,视伦理觉悟为"吾人最后觉悟之最后觉悟"。他在著名的《〈新青年〉罪案之答辩书》中明确宣称:"本志同人本来无罪,只因为拥护那德莫克拉西(Democracy)和赛因斯(Science)两位先生,才犯了这几条滔天的大罪,要拥护那德先生,便不得不反对旧艺术、旧宗教;要拥护德先生,便不得不反对国粹和旧文学。……西洋人因为拥护德、赛两先生,闹了多少事,流了多少血,德、赛两先生才渐渐从黑暗中把他们救出,引到光明世界。我们现在认定只有这两位先生,可以救治中国政治上道德上学术上思想上一切的黑暗。若因为拥护这两位先生,一切政府的压迫,社会的攻击笑骂,就是断头流血,都不推辞。"② 从这一激情喷涌的宣言书中,我们不难体会出以陈独秀为代表的启蒙思想家之巨大决心与革命精神。只要能够把德、赛两先生引入中国,实现新文化和新教育的启蒙理想,哪怕是"断头流血"也在所不辞。毫无疑问,一批以陈独秀、李大钊、胡适、鲁迅等为代表的启蒙思想家已理性认识到,没有观念心理变革的根本自觉,任何形式的现代化制度变革都只能流于虚妄。不过,启蒙思想家大都犯下了"化约主义"错误,把中国传统思想文化化约为儒家思想,又把儒家思想化约为礼教思想,着力于传统文化的负面批判,从而在一定程度上忽视了对传统文化的正面考察和分析。

其二,中西文化教育差异的比较探索。"五四"新文化运动时

---

① 《旧思想与国体问题》,载《陈独秀著作选》第一卷,上海人民出版社,1993年版,第297页。
② 《陈独秀著作选》第一卷,第442-443页。

期，启蒙思想家之所以对中国传统思想观念进行激烈批判，乃是建基于中西文化教育差异的比较研究上。在陈独秀看来，西方文化是以战争、个人、法治、实利为本位，东方文化是以安息、家族、感情、虚文为本位。与之相应，中西教育亦适成对比：西方教育是自动的启发的，中国教育是被动的灌输的；西方教育强调科学实证，中国教育崇尚幻想玄思；西方教育注重德智体全面发展，"中国教育大部分重在后脑的记忆，小部分在前脑的思索，训练全身的教育，从来不大讲究。"① 长此以往，中国教育所培养出来的人，多半是"手无缚鸡之力，心无一夫之雄，白面纤腰，妩媚若处子，畏寒怯热，柔弱若病夫。"② 有鉴于此，陈独秀愤激之余干脆提倡兽性主义教育，意在以兽性般的"顽狠"、"善斗"之强力，去破除手脑分离的传统教育，养成健全人格，抵御帝国主义侵略。除陈独秀外，李大钊、胡适、鲁迅等启蒙思想家也都不同程度地对东西方文化教育的差异作了剖析，突出了以科学、民主和个性独立为旨趣的西方新教育精神，从而为当时中国教育改革指明了前进的方向。

其三，国民性改造与个性独立人格之追求。无论是中国传统思想的激烈批判，还是中西文化教育差异的比较探索，都是指向人的现代化，并通过人自身素质的现代觉醒，去进一步促进整个社会的现代化进程。正是在这个意义上，"五四"新文化运动时期的启蒙思想家都不同程度地注目于国民性改造和个性独立人格之追求，且理所当然地视之为自己的神圣使命。近代国民性问题的提出并不始于"五四"新文化时期，严复的"开民智"和梁启超的《新民说》实倡先声；但这一问题真正成为社会学术焦点，则不能不归功于陈独秀、李大钊、鲁迅等一批启蒙思想家的共同努力。在陈独秀看来，国家兴亡是"随着国民性质的好坏为转移"的，苟安之

---

① 《近代西洋教育》，载《陈独秀著作选》第一卷，第325页。
② 《今日之教育方针》，载《陈独秀著作选》第一卷，第146页。

民族必腾笑于万国。李大钊进而指出："哀莫大于心死，痛莫深于亡群。一群之人心死，则其群必亡。"① 胡适则极力提倡"易卜生主义"，希望人们能从专制和奴性中解放出来，要多吃一点"硬骨药"，对丑恶社会发一点善意的批评。而鲁迅对国民性的批评更是入木三分，他所塑造的自大而无知的阿Q形象，即是中国传统奴性人格的典型写照，是长期专制主义统治所造成的人性变形。

概言之，陈独秀、李大钊、胡适、鲁迅等人都不同程度地分析了中西文化教育差异，提倡国民性改造和个性独立人格，都注意到人的现代化素质提高的独特价值，从而逾越了制度变革范域，把中国教育现代化推进至观念心理变革层面。可以断言，没有观念心理的根本变革，以科学、民主、个性为核心的现代教育就不可能得到真正的落实，人的现代化乃至整个中国现代化事业势将成为一句空话。

五、启迪与借鉴

据上所述，中国教育从传统迈向现代化进程中进行了许多可贵的艰难探索，这些探索在近代中国不同历史时期表现出风格迥异的学术丰采，可谓新见迭出，观点纷呈。"五四"以后特别是"十月革命"以后又出现中国教育发展的道路分歧，彼此争鸣十分激烈。但不管怎么说，各家各派都无法回避西方文化冲击下的"教育现代化"这一时代主题，都不能不对"古今"、"中外"教育的汇合融通问题提出自己的独立见解，给今人以深刻启迪。相对于以儒家伦理本位为核心的古代教育，中国近代教育在理论发展上确有新的推进：

其一，体现"古今汇合"，注重开掘中华民族的文化教育资源。在对待中国传统文化教育的问题上，近代以来不乏严厉的批判

---

① 《风俗》，载《向着新的理想——李大钊文选》，上海远东出版社，1995年版，第5页。

者，从经世派龚自珍、魏源对中国传统儒家教育价值观的公开反叛，到维新派康有为的"貌孔心夷"和"托古改制"，再到"五四"新文化运动领袖们的激烈反传统的继续抨击，中国传统文化教育弊病确实得到了相当充分的批判性清算。但另一方面，我们更应该看到，绝大多数近代教育家在解构传统教育时都不是简单化的否定一切，而是在批判的基础上进行"建树性思考"①，坚持"古今汇合"的理性主义立场。在魏源看来，"执古以绳今，是为诬今；执今以律古，是为诬古"②，二者均失之偏颇。关键是要在"古"、"今"之间找到最佳的学术结合点，这一结合点曾被严复形象地表述为："统新故而视其通"。③ 事实上，进入20世纪之后的许多大教育家如王国维、蔡元培、胡适、李大钊、毛泽东、陶行知、陈鹤琴等，他们对中国传统文化教育均有过不同程度的深刻批判，但是同时都十分注意开掘其合理的内在资源。其中，毛泽东所指出的"从孔夫子到孙中山"应当给予科学地总结和批判地接收，做到"古为今用"，无疑代表了近代中国教育家在"古今汇合"问题上的基本立场，至今仍闪耀着真理的光芒。

其二，突出"中外融通"，努力探索教育的科学化、民族化和国际化。在对待外国特别是西方文化教育的问题上，中国近代教育家的认识可谓逐步深入，由表及里。起初，经世派和洋务派只是在器物层面上承认西学的价值，这就注定他们只能在"用"的意义上引进西学，认可其在军事技术和科学知识方面可补"中学"之不足，遂有"中体西用"为指导思想的洋务教育运动。随着历史的推移，维新派已深入到制度层面去反省"中学"的过失，要求引进西方的文化教育制度乃至政治经济制度，并进而深入至西方思

---

① 雅克·德里达语，转见尚杰：《解构的文本——读书札记》，中国社会科学出版社，1999年版，第42页。
② 《默觚下·治篇五》，载《魏源集》上册，第48页。
③ 《与〈外交报〉主人书》，载《严复集》第三册，中华书局，1986年版，第560页。

想学术领域进行大胆探索。康有为不仅公开推崇自由、平等、博爱等西方近代人道主义思想，而且善于与中国传统文化教育思想进行所谓"不中不西，即中即西"式的调和比较。严复更进一步，指出西学本身是一个博大精深、体用兼备的有机整体，不允许有所谓"中体西用"的文化阉割，强调要大力引进西方文化的自由、民主和科学精神，但同时须注意与中国传统文化进行比较融通，做到"苞中外而计其全"。① 进入20世纪以后，特别是在"五四"新文化运动激励下，绝大多数中国教育家都能够自觉地高举"科学"、"民主"旗帜，努力探索教育的科学化、民主化和国际化；但需要指出的是，这种科学化、民主化和国际化并非单纯的"洋化"，而是"洋为中用"，以"不违背国情为惟一的条件"，②"中国的和外国的要有机结合，而不是套用外国的东西。"③

其三，反映"时代精神"，致力于形式多样的中国化教育实践。诚然，近代以来许多教育家大都赞同并热衷于中外教育之融通，但其"融通"的程度与水平则与各自的政治哲学观及其独立的社会教育实践密不可分。这是因为，一种外来文化教育思想是否适合本国国情，不能靠主观臆断，而应该通过中国化的教育实践或实验再检验，那种脱离本土化的外国教育理论绝不可能产生深刻的实际影响。这一点，也一再为中国近代教育发展历史所证明，值得认真反思。

(2001年第6期)

---

① 《与〈外交报〉主人书》，载《严复集》第三册，中华书局，1986年版，第560页。
② 《我们的主张》，载《陈鹤琴全集》第二卷，第111页。
③ 《同音乐工作者的谈话》，载《毛泽东论教育工作》，人民教育出版社，1992年版，第241页。

教育交流与教育现代化

田正平　肖　朗

教育交流是人类文化交流的重要内容,是促进各民族、国家和地区教育发展的强大动力。从一定意义上可以说,一部世界教育史,就是一部各民族教育相互交流、碰撞、融合和不断创新的历史。20世纪80年代以来,随着改革开放政策的逐步深入和社会经济的迅速发展,我国与世界各国之间的教育交流在各个层面相继展开,人们愈来愈深刻地感受到这种交流对加快我国教育现代化步伐所产生的深远影响。在这种形势下,如何从更高的层面和更广阔的视野中认识教育交流的意义和规律,科学地总结在历史和现实的教育交流中所积累的经验和教训,坚定开展教育交流的信念,提高我们的自觉性,说到底,是一个关系到我国的教育能否真正走向世界、能否在一个不太长的时期内实现现代化的重大问题。

一

众所周知,西欧各国是在14至16世纪开始向近代社会过渡的。从世界范围看,传统教育向现代教育的转化,也大致是14世纪首先从欧洲拉开序幕的。14世纪在意大利由彼特拉克(F. Petrarch)开始的文艺复兴,使教育界立刻感受到了影响。使人文主义教育思想在欧洲蔚为大观。人文主义者提倡人道反对神道,歌颂赞扬人的价值和尊严,重视教育在个人发展中的作用,主张培养多方面和谐发展的新人,强调用心理学的方法理解教育问题等等,开启了教育现代化的先河。

16世纪由马丁·路德(M. Luther)在德国发起的宗教改革运

动迅速传遍全欧洲，使"教育进入了一个对未来世界影响重大的新阶段。其最大的结果，是在西欧相当大的区域内为社会各阶层创立了一系列的学校，实现了教育权力由教会到国家的转移。"① 宗教改革使教育权力由教会转移到国家的同时，也使普及教育的思想和实践在欧洲传播开来。教育现代化的重要主题政教分离（国家化）、强调实用（世俗化）与普及教育（民主化）由此而提出并逐渐确立。发端于17世纪的启蒙运动最初在英国兴起，从18世纪开始，中心转移到法国，法国启蒙思想家关于教育的言论和著作，其影响在当时就远远超出了法国本土，也超出了欧洲。美国《独立宣言》的起草人杰弗逊（T. Jefferson）在1784至1789年间出任美国驻法公使。他广泛地与法国文化学术界人士交往，亲身感受到启蒙运动的思想魅力，杰弗逊的教育思想明显地打上了法国影响的印记。美国教育史学家威金（G. A. Wiggin）说："杰弗逊的教育思想是坚定地建立在法国启蒙运动的哲学之上的。"② 1817年，杰弗逊参照法国教育为弗吉尼亚制定了一份教育计划；晚年又为弗吉尼亚大学制定了一份完整的计划。正如有的研究者所指出的："正是通过法国启蒙哲学家的著作的传播，通过法国大革命年代体现启蒙教育思想的教育改革方案，通过以杰弗逊为代表的美国教育思想家，法国启蒙运动的思想——政治和教育的，深深地影响了建国初期美国教育的发展。"③ 启蒙运动所提倡的自然主义、理性主义、科学教育、国民教育以及男女智力平等等教育观，对西方近代教育的发展产生了深远的影响。就其源头而言，"毫不夸张地说，所有

---

① [英]博伊德、金合：《西方教育史》，人民教育出版社，1985年版，第182页。

② 贺国庆：《近代欧洲对美国教育的影响》，河北大学出版社，2000年版，第64页。

③ 贺国庆：《近代欧洲对美国教育的影响》，河北大学出版社，2000年版，第65页。

指导教育新发展的基本思想都是从沸腾的法国生活中产生出来的。"①

19世纪初在德国开展的教育改革运动,使德国的教育很快在欧洲乃至世界处于领先地位。"德国的大学已成为全世界公认的科学研究中心。举世的学者不断到德国走访或留学;各国的大学,特别是美国的大学,力图仿效德国的大学。在初等教育和科技教育方面,德国也成了欧洲各国的师表。"② 以美国为例,据统计,在1814年以后的100年中,共有约1万名美国青年和学者到德国的大学学习或访问。与此同时,有大批的德国学者到美国大学任教,传播德国的教育思想和制度。③ 美国学者沃尔兹在1936年出版的《德国对美国教育和文化的影响》一书中说:"今日美国学术所拥有的较高地位以及它在某些分支领域所拥有的主导地位,直接和间接归于许多在德国大学接受先进训练和吸取灵感的美国人。"④

如果说,19世纪以前发生在欧美各国之间的教育交流是在一种彼此国力大致相同、总体文化水平大体相近的背景下以和平的手段进行,并有力地推动了以世俗化、民主化、科学化和专业化等为主要特征的教育现代化的历程;那么,在19世纪中期以后欧美各国与亚洲诸国的教育交流,则是建立在不平等条约的保护之下、在两种不同生产力发展水平和社会形态之间进行的交流,这种交流饱含着被侵略者的屈辱和殖民主义者的蛮横,但从世界教育现代化的角度看,仍然是加快这个历史进程。中国、日本和印度是19世纪与西方各国开展教育交流、接受影响最为显著的三个东方国家。日本于1868年开始的明治维新,"求知识于世界",主动在教育上向西方学习。在大量聘请欧美专家和起用有"洋学知识"的学者

---

① [英]博伊德、金合:《西方教育史》,人民教育出版社,1985年版,第282页。
② [德]弗·鲍尔生:《德国教育史》,人民教育出版社,1985年版,第121页。
③ 贺国庆:《近代欧洲对美国教育的影响》,第114页。
④ 贺国庆:《近代欧洲对美国教育的影响》,第114页。

的同时，多次派遣留学生和政府官员到欧美各国留学和考察，广泛吸取教育新知。据统计，1870年派出留学生115名，1871年增至181名，1872年更激增至356名。① 在聘请外籍教师方面，从1868年至1889年期间，共聘请外籍教师达2 299人。② 与西方各国积极开展教育交流的结果，使日本在不到半个世纪的时间里实现了从传统封建教育到现代教育的初步转化。至20世纪初，日本的义务教育就学率已达到97.8%，一个完整的现代教育体系已经确立。

印度是另外一种情况。出于对印度殖民地统治的需要，1853年，英国政府设立了一个特别委员会，调查印度的教育状况。1854年该委员会拟订了一份发展印度教育的建议，由于这个建议是由英国爵士查尔斯·伍德（Wood）牵头形成的，因而也被称为"伍德教育文告"。"伍德教育文告"认为英国政府有责任在印度发展现代教育；要求在印度孟加拉、孟买、马德拉斯等5省设置国民教育局负责管理地方教育；强调在印度建立从小学到大学的正规学校系统，并在加尔各答等地创办三所大学；建议制定教育财政补助拨款制度。此外，还提出用英语教学、开办师范学校、设立职业学校和关注妇女教育等问题。英国政府采纳了这份文告并把它作为政府在印度的教育政策强制推行。毫无疑问，"伍德教育文告"所要强加给印度的是19世纪英国的教育理念和模式，这种"交流"也几乎使接受的一方没有任何选择的余地；但是，实施的结果却对印度现代教育的形成和发展产生了极为重要的影响，以至于有的学者将"伍德教育文告"说成是"印度教育史上的转折点"，更有人评论它是"印度教育的基石，它为印度近代教育奠定了基础。"③

进入20世纪，世界各国之间的教育交流更加频繁，而分别兴起于欧洲和美国的"新教育运动"和"进步主义教育运动"，可以

---

① ［日］渡边实：《近代日本海外留学史》，日本讲谈社，1977年版，第251－253页。
② 戴本博主编：《外国教育史》（中），人民教育出版社，1990年版，第508页。
③ 滕大春主编：《外国近代教育史》，人民教育出版社，1989年版，第625页。

说是世界各国教育交流在新时代的典型。在欧洲，新教育运动的倡导者们积极创办新式学校，作为开展教育的"实验室"，提倡尊重学生个人兴趣，注重手工劳动、近代语言和农业工艺课程的教学，致力于学校教育的改革。以后，新教育联谊会在整个欧洲、亚洲和非洲的一些国家以及英语世界的大部分地区建立了分会，有力地促进了这些国家和地区的教育改革，它的活动一直延续到20世纪60年代。"进步教育"是指产生于19世纪末并持续到20世纪50年代的美国的一种教育革新思潮，亦称"进步主义教育运动"。进步主义教育运动的理论来源于卢梭、裴斯泰洛齐和赫胥黎等欧洲思想家，而基于对美国现实社会和教育实践的深刻认识，以杜威为代表的进步主义教育运动的理论家们"一方面强调教育改革应与社会改革相协调，并成为社会改革的有机组成部分，另一方面则始终坚持以人的解放为核心的教育改革哲学。"① 进步主义教育运动适应了美国社会从农业时代向工业时代的转化，制约和规定了20世纪前半叶美国教育的发展方向，"进步主义教育家们曾经大力提倡的重视儿童的需要和个性差异、强调为儿童提供更多的活动空间、鼓励探究和创造性的发展、对儿童权利的尊重，等等，（在美国）都已成为普遍的现实。"② 从教育交流的角度看，进步主义教育运动对20世纪前半叶世界各国教育的发展曾产生过巨大的影响，其在世界范围的传播主要通过三种途径：一是著名进步主义教育理论家到世界各地讲学宣传。从1919年至1929年的10年间，杜威、基尔帕特里克（W. H. Kilpatrick）、帕克赫斯特（H. H. Parkhurst）等人先后访问了四大洲近20个国家。到处宣传他们的理论、学说。二是吸引各国学者和留学生。20世纪二三十年代的美国哥伦比亚大学师范学院，由于聚集了一大批进步主义教育运动的大家、巨擘而成为世界各国有志于教育革新的青年学子和教育界

---

① 张斌贤：《社会转型与教育变革》，湖南教育出版社，1997年版，第233页。
② 张斌贤：《社会转型与教育变革》，湖南教育出版社，1997年版，第235页。

人士的"朝圣"之地,他们不远万里、远涉重洋,从欧洲、亚洲各地来到这里,吸纳有关进步主义教育的理论与方法,然后像种子一样,撒向世界各地。三是有关著作的译介。据有关专家的研究,杜威的著作先后被译成36种文字,基尔帕特里克的著作被译成13种文字,通过上述途径,进步主义教育的理论和实验在世界范围内广泛传播。在欧洲,它为方兴未艾的新教育运动提供了有力的支持,在亚洲,进步主义教育运动是20世纪二三十年代中国教育改革的重要理论源泉,这一点我们将在后面展开。在日本也引起了巨大的反响,杜威、基尔帕特里克、帕克赫斯特、华虚朋等人的思想促成了日本的"新教育运动"的兴起,分团教学法、设计教学法、文纳特卡制,尤其是道尔顿制,被广泛地应用于日本的中小学教育。① 新教育运动和进步主义教育运动在20世纪五六十年代先后偃旗息鼓了,但是,它们对世界许多国家和地区教育发展的影响却是深远而长久的。它们所促成的世界范围内的各国之间的教育交流,由于20世纪科学技术的迅猛发展和运动本身的特点而使之超越意识形态和政治制度的阻隔,达到了空前广泛、空前深入的规模。

上面,我们简略地回顾了文艺复兴运动至20世纪的400年间,教育现代化进程中世界各国教育交流的大致情况。从中我们可以看出,在教育现代化的不同发展阶段,各国之间的交流是如何把先进的思想、观念、制度和方法从一个国家或地区传播扩展到更多的国家和地区,从而促进教育现代化的历史步伐的;也可以说,通过不同国家和地区之间的教育交流、碰撞、融合,并进而实现创新,是现代教育发展的一条重要规律。

二

中国教育现代化是在19世纪40年代拉开序幕的。殖民主义者

---

① 张斌贤:《社会转型与教育变革》,湖南教育出版社,1997年版,第143—145页。

的兵舰和大炮轰开了中国的国门，反映资本主义文明的西方文化教育伴随着殖民主义者的入侵纷至沓来，正在走向衰败的中国传统封建教育，面临"数千年来未有之变局"，开始了艰难而曲折的早期现代化历程。作为一个在现代化进程中的"后发外生型"国家，中国教育的现代化，从一开始就注定了与外来影响结下不解之缘。在1840至1860年的20年间，清政府在挽救传统封建教育的颓势中曾经试图置外来影响于不顾，把历代封建王朝整顿官学、书院，整饬教风、学风和严禁科场积弊等等过时的"古方"当作灵丹妙药，结果当然是事与愿违。第二次鸦片战争，殖民主义者长驱直入，震撼从广东一隅推及至中国社会的中枢，咸丰皇帝"车驾北狩"，圆明园在烈焰升腾中化作废墟，而西方传教士在中国沿海、沿江口岸城市所设立的各类教会学校却已经在清政府的不屑一顾中悄然发展至50余所。于是有19世纪60年代早期教育现代化的启动。[1]

19世纪60至90年代中日甲午战争前的30余年是中国教育现代化的起步时期。从宏观上看，教育上的重大变革主要有如下几个方面：第一，创办了以京师同文馆和福建船政学堂为代表的30余所语言、军事和技术学堂。这些学堂既为清政府的外交、海防、军工、电报、医学、矿山、铁路等新式事业培养了一批急需的人才；同时，它们本身的出现和发展又为中国新式教育的成长在观念、模式和制度上提供了新的价值取向。第二，先后有200名左右的青年学子走出国门，漂洋过海到美国、英国、法国、德国等欧美国家留学，亲身感受西方文化教育的熏陶，求新知于世界。第三，陆续出现了一批以书院命名，而在教学内容、办学指导思想、甚至办学主体上与传统书院有别的新式教育机构，如上海的求志书院、正蒙书院和格致书院等。第四，传统教育体制内部的变革，包括在科举考

---

[1] 田正平主编：《中国教育史研究·近代卷》，华东师范大学出版社，2001年版，第4—31页。

试中增设"算学"(严格地说,称作"西学"更准确些)一科,它开启了维新运动时期、20世纪初年全面改革以至于废除科举取士制度的先河;此外,数学、天文、地舆、政学等西学内容开始成为部分旧式书院的课业。上述变革,分别地看,"30几所新式学堂与一千七八百所府、州、县的各类官学,数千所大大小小的书院以及为数更多的义学、社学、私塾相比较;几百名受过新式教育熏陶的学子与几十万名仍在孜孜矻矻于词章、考据、义理、八股的封建士子们相比较,犹如飘浮在茫茫大海之中的几颗闪忽不定的灯光,就数量方面而言,实在是微不足道的。"[①] 但是,把这些事实联系起来看,它们却明白无误地体现出传统封建教育变革中从未有过的现代性,表征着传统封建教育在观念、制度、内容和培养训练方式等各个层面终于出现了具有现代意义的变革。而所有这些变革,毫无例外地都与这一时期的外来教育影响有着密切的联系,都与在不平等条约保护下所开展的中外教育交流分不开。且不说京师同文馆和福建船政学堂聘请的众多的外籍教师是此类学堂得以开办的重要支撑;也不说此类学堂所采用的分班授课等现代教学制度本身就是从"泰西"移植而来;更不必说当时大多数新式学堂的讲义教材直接译自域外。仅就京师同文馆增设天文算学馆和留美幼童的是否中途撤回这两件事在朝野上下所引发的轩然大波及其最后结果,就足以说明这种交流对于促进传统教育的变革有着多么重要的意义;同时也说明,对于一个有着数千年文明历史而又处于落后挨打地位的民族和国家而言,放下包袱、勇于同"高明"的敌人交流并向其学习,是一个多么艰难的过程。

1894年中日甲午战争的失败和《马关条约》的签订,给中国社会带来了深重的灾难和巨大的冲击,人才问题和教育问题受到了

---

① 田正平主编:《中国教育史研究·近代卷》,华东师范大学出版社,2001年版,第73页。

空前的重视。"泰西之所以富强,不在炮械军兵,而在穷理劝学"。① "日本胜我,亦非其将相兵士能胜我也。其国遍设各学,才艺足用,实能胜我也。"② "亡而存之,废而举之,愚而智之,弱而强之,条理万端,皆归本于学校。"③ 这些从不同角度凸现教育重要性的论述,由于有刚刚过去的那场战争作注脚,所以几乎获得普遍的社会认同。于是有维新运动时期和20世纪初"新政"时期持续10多年的教育改革和兴学热潮:中国第一部现代学制得以颁布并在全国实行;一个包括初等教育、中等教育和高等教育在内的现代学校体系初具规模;全国性的现代教育行政管理机构初步建立;有1300年历史的科举取士制度被废除;普及义务教育的思想和措施在政府法令和文件中得到正式表述;数以千计的学子浮槎东渡,读教育、学师范,寻求改造中国教育的出路……。所有这些重大变革,从中国教育发展的历史进程考察,无一不是具有重大意义的事件。而从上到下指导这场"跨世纪"教育改革的价值取向却是"以日为师":《壬寅学制》、《癸卯学制》是以日本学制为蓝本而制定的;清政府的"学部"官制是以日本的文部省建制为依据而组建的;大批留日学生活跃在中国各级教育行政机构和新式学堂中,成为改造传统封建教育的主力军;数百名日本教习、顾问遍布中国的京畿和边陲;西方教育理论和教育学说通过日本这个"过滤器"蜂拥而入,第一次被中国知识界、教育界所接触和认识……。很难设想,一部中国近代教育发展史,如果缺少了19世纪末、20世纪初波澜壮阔的中日教育交流这一章,会是个什么样子;更难设想,缺少了这一章,中国教育的现代化何时才能真正走上轨道?当然,历史是既不能设想更不能改写的,发生在上个世纪之交的规模空前的中日教育交流,作为一个历史事件,自有它的不足和

---

① 汤志钧编:《康有为政论集》(上册),中华书局,1981年版,第130页。
② 汤志钧编:《康有为政论集》(上册),中华书局,1981年版,第306页。
③ 梁启超:《饮冰室合集》"文集之一",中华书局,1936年版,第19页。

缺憾。比如说，我们完全有理由指出其价值取向的单一给中国教育发展所带来的负面影响；我们也完全有理由批评其"速成"、"简易"的学习和汲取方式给中国近代教育乃至中国近代文化留下的"浮躁"病根；我们更有理由指责其模仿有余而创新不足，等等。但是，只要我们把此一时期的教育交流及其所引发的传统教育的巨大变革放在中国教育发展的历史长河中考察，放在19世纪末、20世纪初中国和世界的政治格局中考察，我们就会在给予这段历史以更多的宽容与理解的同时，对先辈那种忍辱负重、不屈不挠、"以强敌为师"的精神和胸襟表示深深的敬意。

1911年的辛亥革命推翻了清王朝，结束了2000多年的封建专制统治。民主共和政体的确立，为中外教育交流的开展拓宽了渠道，也开始了教育交流价值取向多元化的新探索。作为民国第一任教育总长的蔡元培，1907年至1911年间，在举国上下争相赴日留学的大潮中，他却以41岁的年龄自费到德国莱比锡大学学习教育。在给学部的申请出国呈文中，他谈到自己的初衷："窃职素有志教育之学，以我国现行教育之制，多仿日本，而日本教育界盛行者，为德国海尔伯脱派（赫尔巴特——引者）。且幼稚园创于德人弗罗比尔（福禄贝尔——引者）。而强迫教育之制，亦以德国行之最先。现今德国就学儿童之数，每人口千人中，占百六十一人。欧、美各国，无能媲者。爰有游学德国之志……职现拟自措资费，前往德国，专修文科之学，并研究教育原理，及彼国现行教育之状况。至少以五年为期。冀归国后，或能效壤流之助于教育界。敬请恩准。"[①] 蔡元培的呈文写于1906年，200多字的一篇短文，对20世纪初年世界教育发展大势做了简练而准确的概括。正是因为有如此明确的留学目的，3年多的留学生活，"蔡元培寝馈哲理，广稽博采，融贯新知。他的目标，似乎不在于成为某一方面的专门家，而是力图从广阔的视野和更深的层次理解和把握西方现代文明的真

---

① 高平叔编：《蔡元培全集》第1卷，中华书局，1984年版，第394页。

谛。也许正是留学期间这种超功利主义的学习态度和对哲学、美学、世界文明史的比较研究,形成了他恢宏的气度和宽厚平和的学术风格,使他始终能以平等的、不抱成见的态度对待古今中外的教育学说。从这个意义上讲,尽管留学期间没有具体地选修前面提及的赫尔巴特或福禄贝尔的教育学说,但这段生活对于以后蔡元培许多教育观点的形成、教育主张的提出,都具有重要意义。"① 蔡元培主持下的民初教育改革,时人和后人都给予高度评价。其中备受人们赞赏的,就是他力求改变清末以来形成的对外教育交流中的单一价值取向,力主加强与欧美各国、特别是与欧洲各国的交流,直接从"源头"上吸收欧美教育的理论、制度和方法,努力迎头赶上世界教育发展的潮流。由于民国初年社会现实的制约,蔡元培的理想未能全部实现,但是,他所开启的事业,他所播下的种子,历经新文化运动和五四运动的催发,得以发扬光大,而蔡元培自己,终其一生,可以说都在为扩大中外教育交流,都在为推动中国教育的现代化殚精竭虑、奔走操劳。

1915年以后,随着新文化运动的兴起和国内经济结构的变动,一场新的教育改革运动在全国范围内逐渐酝酿形成。与清末和民初两次教育改革相比较,虽然就改革所涉及的内容而言,均大致包括了教育方针、学制、课程及教学方法等层面,但是,其广度和深度却是前两次改革难以比拟的。这次改革之所以会取得重要的成就并大大推动了中国教育现代化的历史进程,原因固然是多方面的,而伴随着改革的深入,全方位开展的中外教育交流是一个重要的因素。

如前所述,20世纪20年代,正是欧洲新教育运动和美国进步主义教育运动风靡世界的年代。新教育运动和进步主义教育运动对传统教育所持的毫不妥协的批判态度,他们所提倡的尊重儿童、尊

---

① 田正平:《留学生与中国教育近代化》,广东教育出版社,1996年版,第201页。

重个性的鲜明观点,他们对学校教育所进行的各种实验研究,他们所强调的教育与生活、学校与社会的紧密联系,等等。所有这些鲜活、新颖的观点与主张,不仅与新文化运动和五四运动所标揭的"科学"、"民主"的大氛围相适应,使人们耳目一新、备感亲切;而且为中国的知识界、教育界送来了批判封建教育、重新审视清末以来各种"新教育"成败得失的思想理论武器。正如有的研究者所指出的:美国"进步主义教育对中国的影响是其传播史上最重要的事件。……进步主义教育在中国的传播和影响,无论在广度上还是深度上,都是独一无二的。在一定程度上可以说,在20年代的中国教育界,进步主义教育思想与其说是一种学说,倒不如说是一种信仰。"① 事实确实如此,一批又一批的青年学子、考察人员、在位的或下台的教育总长、次长,抱着"朝圣"般的虔诚心情,汇聚在哥伦比亚师范学院,接受"洗礼";杜威、罗素（B. A. W. Russell）、孟禄（P. Monroe）、基尔帕特里克、帕克赫斯特、麦柯尔（W. A. Mecall）等欧美教育名家连袂应邀到中国访问、讲学、调查、指导,他们的言论、行动成了万众瞩目的热点;与大量的欧美教育论著在其本国出版或发表几乎同步,在中国的刊物上就可以读到相应的译文;道尔顿制、设计教学法、文纳特卡制等新教学方法的实验在上海、北京、南京、江苏、浙江等省、市的中、小学搞得热火朝天;观察、实验、教育统计、教育调查、心理测量、智力测验等教育科学、心理科学的新名词喧腾于口、不绝于书;实用主义教育理论、职业教育思潮、科学教育思潮、美感教育思潮、平民教育思潮、工读主义教育思潮、国家主义教育思潮、人格主义之教育、勤劳主义之教育等,正如时人所评论的,所有这些此伏彼起的思潮、运动、理论、学说,"纷纷呈说,各有优异。如临百戏斗巧之场,如入万花争妍之圃。"② 即使在过去了80年后的

---

① 张斌贤:《社会转型与教育变革》,第146－147页。
② 姜琦:《何为新教育》,《新教育》第1卷第4期。

今天，我们翻检当时的教育报刊，仍然会感受到一股强烈的改革意识扑面而来，一种追赶世界教育潮流的决心和勇气仍然会使我们热血沸腾。正像国内外学术界对欧洲新教育运动和美国进步主义教育运动至今仍有不同的评价，而并不妨碍人们充分肯定其在世界范围内的教育现代化进程中所起的重要作用一样，对20世纪20年代持续了近10年的这场教育改革，人们在看法上尽管也存在着这样那样的分歧，但是，这场改革所体现出来的比较广泛的群众基础，它所引发的思想观念层面的震撼与反省，它对当时的教育宗旨、学制、课程、教材、教学方法所产生的全面而直接的影响，特别是作为整个改革运动所追求的教育上的民主化、科学化、实用化和专业化等主流倾向，毫无疑问，是加快了中国教育现代化的前进步伐而不是阻碍了这个步伐。事实上，正是通过这场持续10多年的改革运动，使教育现代化的一些基本内涵得以全面展现，并以前所未有的深度和广度深入人心。如果把19世纪40年代作为中国教育早期现代化的起始，那么，经过80多年的努力，至20世纪二三十年代，从一定意义上可以说，中国教育现代化进入了一个新的时期。当然，新时期面临着许多新的问题，就中外教育交流而言，大致仍然是20年代奠定的基础，即在全方位开展与欧美各国交流的多元化格局中，以中美教育交流为主旋律，这种趋势一直延续至20世纪40年代末。

三

从中华人民共和国成立到现在，又过去了半个多世纪。中国教育的现代化正在从新的起点、新的层面曲折地向前推进，伴随其间的中外教育交流也经历了几次重大的"转向"，每一次"转向"，都对当时和以后的教育发展产生了重要影响。

1949年至1956年是中华人民共和国教育的初创时期。由于特定的国际国内环境，中外教育交流的走向几乎重复了半个世纪前的路径。如果说，在19世纪末、20世纪初中国是主动地试图通过日本来吸收和获得有关西方现代教育的理论、经验，而导致了交流取向的单一，其内在动机，一是走"捷径"的功利主义心态，即所谓"路近费省，同文同种"，二是深层次的政治体制在起作用，即所谓"政教相同，习俗相近"，而客观上并没有任何外在的压力；那么，20世纪50年代初交流态势形成的原因，除去在主观上把意识形态、社会制度的认同放在首要地位之外，也受到客观因素即以美国为首的西方资本主义各国封锁的限制，其结果是"网开一面"，对外教育交流实际上主要是与以苏联为首的社会主义阵营各国之间的交流。与前此的中外教育交流显现出的不同的特点是：由于这一阶段的教育交流具有很强的政治色彩，社会主义阵营在当时成了一种包括意识形态、政治、经济和文化等各个领域在内的"联盟"，所以，在"联盟"内部，在一定程度上体现出"交流"的双向性。以留学生的派遣和接受为例，在1950年至1956年期间，我国向13个国家派出7 075名留学生，其中留苏学生就达6 570人之多；与此同时，有来自14个国家的外国留学生在我国的高等学校学习，主要是越南、朝鲜等周边国家，最多时有上千人。① 当然，这种交流还远远谈不上是对等的，比如说，苏联在这一时期总共才派了25人来中国学习中国语言和历史文化；而我们却派出六七千人到苏联。1953年至1956年我们接受了1 219名越南留学生，同一时期，我们却只有5名学生到越南学习。② 这一时期中外教育交流的另一特点是，国家对交流人员（学生、专家、顾问等）以及所有交流途径的严格控制。派出一名学生或教师，甚至翻译一本国外教材或教科书，都要有政府主管部门的批准。对外教育交流的这些特点，是由当时国际国内的大环境所决定的，而这些特点又直接对建国初期的教育产生了重要影响：第一，教育价

---

① 于富增等：《教育国际交流与合作史》，海南出版社，2001年版，第54页，第83页，第74页。

② 《教师报》，1957年11月8日。

值取向的"一边倒",主要反映在教育理论、教育观念、教育思想等方面。苏联教育著作大量翻译出版,据统计,仅人民教育出版社从1951年至1957年期间,翻译出版的苏联教育著作就有303种,发行1 262.78万册。特别要指出的是教育价值取向与政治问题、意识形态问题的混淆。凯洛夫取代了杜威,与其说是教育思想、教学理论方面的歧义,毋宁说是由于各自被作为无产阶级与资产阶级的"代表"而起的作用更大。由此导致的结果是,教育思想、教育理论领域自由探讨之风的被窒息和对国外教育的逐渐隔膜。第二,教育制度、办学模式、教育内容、教学方法等,全面学习苏联,苏联教育的影响广泛地渗透于各级各类教育的所有层面。以高等教育为例,通过对教会学校的取缔和院系调整等举措,实现了对1949年以前高等教育体制和格局的改造,新的以苏联为模式的高等教育体制初步形成;700多名苏联专家在各个高校担负着教育和教学的指导工作;620门课程采用了近1 400种从苏联翻译过来的教材,等等①。在"全心全意地学"和"先搬后化"等口号的导引下,融合与创新不见了。如果说,20世纪初年的"以日为师",从一定意义上讲,是现代教育起步阶段必不可少的一种"过渡";那么,50年后的重演却是建立在对历史的无视上。当然,我们指出这一时期教育交流所出现的一些问题,并不意味着这种交流所产生的完全是负面影响。事实上,由于中华人民共和国的成立,中国第一次建立起现代意义上的稳定、广泛的社会政治权威,新政权强大而普遍的政治权威和计划经济体制巨大的社会动员能力,既左右了对外教育交流政策的制定、贯彻和高度集中,也利用这种权威和体制在一定程度上消释了这种政策所带来的负面效应。比如说,无论是高等教育、中等教育还是初等教育,学校的规模和学生人数都大大增加,特别是强调工农子弟入学和坚持教育为工农服务的方向,使大批工农子弟和工农出身的干部获得进入学校的机会。这既

---

① 于富增等:《教育国际交流与合作史》,第45页,第84页,第88页,第90页。

与国家的根本政策有关,也与这一时期的向苏联学习有关。第二次世界大战结束后,苏联在短期内实现了普及7年制教育的经验,在当时对中国有很大的示范作用。

1957年至1977年的20年,如果从中外教育交流的角度而言,是一个曲折多难的时期。造成此种状况的原因,既有国际局势的外部因素,也有我们政策失误的主观因素。20年间大致又可以分为两个阶段,以1966年"文化大革命"的开始为分界线。

1956年以后中苏两党在意识形态方面的分歧,迅速扩展至两国关系,这从根本上动摇了前一时期中外教育交流的基石,直接影响到此一时期中外教育交流政策和实践的各个层面。首先是与苏联和社会主义阵营各国之间的人员往来(留学生、专家、教育代表团等)大幅度减少,至1966年,我国派出的留学生共4019人,①仅及前一时期的二分之一强;到1966年初,我国在国外的留学生总数仅为1 221人。其次,在十分困难的条件下开始寻求向西方国家派遣人员的可能性,如开始向法国、英国等国家派遣留学人员。第三,学习外语人员的派遣成了对外教育交流的主体,比如说,1966年在国外的1 221名留学生,分布在36个国家和地区,学习34种语言,仅有少数人从事科学技术的学习,对外教育交流的领域大大受到限制。而我国接收的外国来华人员也多以学习汉语为主。上述三个方面,可以说是1957年至1966年期间对外教育交流的特点。在教育实践中,对外交流"转向"产生的影响由潜伏而渐次明朗化:在反对教条主义和自力更生的旗帜下,苏联的教育理论、教育学说被从神坛上移开。1964年以后,随着中、苏两党政治分歧的公开化和反修斗争的深入,中国教育界开始了对凯洛夫教育学的批判。与此同时,突出强调中国共产党在民主革命时期所积累和形成的教育经验的普遍意义,并力求结合当时中国的国情,开始了构建一种新的教育理论体系和教育制度体系的试验。此外,对

---

① 于富增等:《教育国际交流与合作史》,第45页,第84页,第88页,第90页。

国外（主要是西方国家）教育的发展开始给予关注。1964年2月，教育部决定在北京大学设立外国高等教育情报资料室，清华大学设立外国技术教育情报资料室，北京师范大学适当充实教育系外国教育研究室的力量。同年3月，获准在华东师范大学设立西欧北美教育研究室，在河北大学设立日本研究室，以研究日本经济和教育现状为主，在吉林师范大学设立日本教育研究室，以研究战后日本教育思想、教育理论和教育现状为主，而北京师范大学的外国教育研究室则以研究苏联东欧和美国教育为主。①

1966年开始的"文化大革命"整整延续了10年。特别是1972年以前的6年，所有的对外教育交流的渠道全部封闭：国家在6年的时间内没有派遣1名留学生出国学习或研究，同时撤回了绝大部分已在国外的留学生；国家没有派遣一个教育代表团到外面去走走看看；6年中没有接受1名外国学生来我国学习，同时却遣返了所有已经在华的外国留学生；在反帝、反修高昂的政治氛围和"斗私批修"触及灵魂的"自我革命"中，一切外国的教育思想、理论、学说，一切外国的教育制度、教学内容、教学方法，不仅在外在形式上统统被作为批判的靶子，被列为扫荡的对象；而且要从思想、灵魂上肃清影响、划清界限。一个10亿人口的大国，断绝了与外界的任何来往，关起门来"斗、批、改"，搞自己的教育实验。

1972年以后，由于中、美建交和中国加入联合国等一系列重要国际事件的发生，也由于国内极"左"势力的受挫，对外教育交流的情况略有好转。1972年，我国恢复向国外派遣留学生，次年开始接受外国来华学生，与国外官方教育代表团的往来也开始恢复。但是，所有这些努力，在整个国家的指导思想和政治体制没有转变之前，显得非常的脆弱和无力。仅以留学生派遣为例，1972

---

① 何东昌主编：《中华人民共和国重要教育文献》，海南出版社，1998年版，第1264页。

年至1976年间一共派出1 200名左右,而且专业绝大多数是学习外国语言。至1976年,国家派出和接受留学生的人数才达到1965年的水平。

1957年至1977年的20年,从世界范围看,是一个教育改革浪潮风起云涌的时代。世界范围内的教育改革实践与教育理论探索相互激励、相互推动,蔚为大观;而我们却深闭固拒,使自己与世隔绝。我们关闭了与外部世界交往的大门,而人类的教育事业却在相互交流中继续进步。

从中国教育现代化的历史进程考察,1957年至1977年的20年,有太多的教训需要总结,有太多的问题需要重新认识,而其中的一个重要问题即是:惨重的代价使我们清醒地认识到闭关自守的危害性,认识到各国之间相互交流的重要性。把20年间我国教育的发展放在世界教育发展的大背景下比较,一个无情的事实是,我们与世界教育先进国家之间的差距不是缩小了而是拉大了。对于一个国家、一个民族的发展而言,20世纪的20年,可不是一个短暂的时间,中国教育的现代化,总共也才只有100年的历史。历史再次警示我们:中外教育交流对中国教育现代化所具有的无可替代的重要意义。

1978年召开的中国共产党第十一届三中全会及其通过的决议,做出了把工作重心转移到社会主义现代化建设的重大决策,标志着中国历史的伟大转折。在经历了闭关锁国所带来的种种灾难之后,随着改革开放基本国策的确立和深入人心,中国的教育正在重新走向世界。又一个20年过去了,对外交流给中国教育带来的勃勃生机正日益显现出来:持久而广泛的研究、译介国外教育理论、教育学说的高潮,有力地促进了思想观念和教育观念的转变;从借鉴国外的管理经验,到全面深化教育体制的改革;从九年制义务教育的基本普及,到高等教育大众化的初见端倪和终身教育的提倡;从课程、教材的翻译引进,到新教学方法的推广和教育实验的广泛开展;至2000年底,先后有38万公费、自费留学生走出国门,遍布世界103个国家和地区，求新知于域外，中国已成为世界上最大的留学生派出国；仅1999年度，我们就接受了来自164个国家和地区的45 000名国外留学生，中国也正在成为世界上接纳留学生最多的国家之一；从中央到地方，为数众多的教育代表团、考察团联袂出访；从城市到农村，到处可见外国教育专家的足迹……。可以说，自19世纪中叶中国教育现代化启动以来，在经历了一个半世纪的艰难曲折之后，一个前所未有的主动走向世界、努力争取与世界教育发展同步前进的局面终于出现了。与此同时，改革开放20年来我国教育所取得的成就，不仅是中华人民共和国成立半个多世纪以来收获最为丰硕的一个时期，而且也是100多年来中国教育现代化进程中步伐迈得最大、最为坚实的一个时期。

四

以上，我们简略地回顾了自欧洲文艺复兴以来400年间，各国之间开展的教育交流对传统教育的变革和世界范围内教育现代化的兴起、发展所发挥的巨大推动作用。一般地说，任何一个国家一个民族，只有与外界交流，从各方面吸取营养以丰富充实自己，才能使自己的教育繁荣，人才辈出；特殊地说，随着生产力的提高和科学技术的进步，各国相互之间的交流与往来愈来愈频繁，对于后发展国家和地区而言，介入和参与这种交流更是非常必要的。

首先，教育作为一种培养人的复杂的社会活动，既要受处于不同经济发展阶段、不同政治、文化背景的各个国家、地区和民族的具体国情所制约；也要受教育内在发展规律的规定和制约。前者决定了教育的民族性和差异性，不同国家、不同民族的教育总要体现出自己的民族特性，表现出发展水平的差异；后者决定了各个国家、民族之间教育交流的可能性和必要性。从世界范围看，教育的现代化大都采用两种形式：一是社会系统纵向的历史因素的积累和延续，导致教育现代性的持续增长，在这方面，英国可以说是典型。从中世纪末期开始，历经文艺复兴、宗教改革、政治革命、工业革命，每次大的社会变革都促进了传统教育的改造和教育现代性的增长。正是通过这种渐进式的积累，英国成为世界上教育现代化程度最高的国家之一。但是，这种通过历史因素的积累和延续而实现的现代化，丝毫不排斥对外来因素的吸收与利用，如前所述，事实上文艺复兴、宗教改革等，并不都是首先在英国发生的。另一种形式是不同教育之间通过横向的扩展和传播、冲撞与融合，给原有的传统注入现代因素，诱发新旧之间的冲突、矛盾，进而实现融合、创新。日本、印度、中国等在19世纪后期先后启动的教育现代化，即属此种类型。所谓不同教育之间的扩展与传播，既可以是国家与国家、民族与民族之间的正常交流，也包括诸如战争、殖民主义扩张等非正常途径。就中国教育的现代化而言，近百年来，正是在这种非正常态势下进行的，我们的前辈正是把教育上的向"敌人"学习，作为救亡图存、争取民族独立的重要途径。历史昭示我们，一个国家、一个民族在其漫长的发展过程中，无论是处在顺境抑或是处于逆境，都要勇于通过各种途径，接受和吸纳其他国家和民族的先进教育经验；这是因为，从根本上讲，任何国家和民族的兴旺发达，说到底，靠的是它的人才，而高素质人才的培养则需要先进的教育理念、教育制度、教学内容和方法的保障。

其次，教育交流作为文化交流的重要内容，它也遵循文化交流的一般规律，即总是从比较先进的国家和地区向相对而言比较落后的国家和地区辐射、传播；而后者通过与前者的交流，吸收前者的经验与成就，得以发展和创新。这里的"先进"与"落后"，主要是指教育本身，包括教育理念、制度、内容和教育发展水平，等等。一个国家和地区的教育，应该说与这个国家和地区的政治体制、经济发展水平有很大的关系，但也绝不能把二者完全等同。19世纪的德国，涌现出洪堡（F. von. K. W. Humboldt）、费希特（J. G. Fichte）、黑格尔（G. W. F. Hegel）、赫尔巴特、福禄贝尔、第斯多惠（F. A. W. Diesterweng）等一大批享誉世界的教育家、思想家，德国对高等教育、中等教育、初等教育所进行的改革及其卓有成效的结果，不仅对欧洲各国而且对大洋彼岸的美国产生了重大影响。但是，19世纪的德国，无论是政治上还是经济上，都很难说是一个先进国家。与此相反的例子是，20世纪50年代初期的苏联，几乎成为我们开展对外交流的惟一对象，并不是因为当时苏联的教育是世界上最先进的，而主要是由于两国政治体制和意识形态的认同。由此而"亲"，亦由此而"疏"。应该说，政治取向对任何一个国家和民族间的教育交流都会产生重大的影响和制约作用；但是，很难说它就是惟一的决定因素。在中国教育现代化的百年历程中，我们既有以"强敌为师"、价值取向单一的教训，也有以"朋友为师"、价值取向同样单一的教训；当然，更有立足本国，面向世界，博采各国之长的宝贵经验。历史昭示我们，政治因素并不能成为判别一个国家教育经验是否有价值的惟一标准。在中国教育走向世界的新的历史时期，我们一定要正确处理政治制度、意识形态与教育借鉴之间的关系，从民族生存与发展的根本利益出发，以广博而开放的民族心态吸收世界各国教育之长。

再次，各国之间的教育交流，既是国家与国家间的政府行为，也包括广泛的民间交流，二者相互补充，相互促进。一般而言，当一个国家、一个民族还没有形成一个现代意义上的、稳定而具有高度政治权威的中央政府的时候，民间的交流往往会发挥更大的作用。比如，19世纪末、20世纪初声势浩大的以中、日教育交流为主旋律的近代中外教育交流第一次高潮的出现，虽然与当时清政府的政策导向有很大关系，但事实上由于此时的清政府已面临"局"，因而交流活动的开展，更多的是由民间和地方促成的。像江苏教育会、直隶教育会、湖南教育会等社团组织在这方面就做了大量工作；而僻处西南一隅的四川，派出的留日学生人数遥居各省之冠，几乎占全国的十分之一，究其原因，与川督锡良个人的态度有极大的关系。正如有的研究者所指出的："锡良不仅按照他自己的方式——发展'民族主义'——去抵御外国，他还仿照西方建立了他的'文化主义'，以此使中国人保持信心。锡良中西结合最明显地体现在他的教育政策上。"① 再如，20世纪20年代轰轰烈烈的以中、美教育交流为主旋律的近代中外教育交流第二次高潮的形成，民间组织、社团发挥了更大的作用。像蔡元培主持下的北京大学，黄炎培主持下的江苏省教育会、中华职业教育社，郭秉文主持下的南高师和东南大学，还有像全国教育会联合会、中华教育改进社、中国科学社等等。正是上述民间组织和学术机构，或单独、或联名邀请了包括杜威、罗素在内的世界一流教育大家来中国访问讲学；这些社团组织同声相应、同气相求，出版书籍，发表文章，大造舆论，为中外教育交流推波助澜。众所周知，民国初年至20年代中期的北洋政府，不仅缺乏起码的政治权威，而且主政者走马灯似地换来换去，政权的稳定都谈不上，遑论在对外教育交流上的深思熟虑和强有力的政策导向，这是问题的一个方面。另一方面，当一个国家、一个民族建立了现代意义上的、稳定而具有高度政治权威的中央政府之后，政府的决策对对外教育交流就会产生重大的无可替代的影响和制约作用。它将决定对外教育交流的价值取向，对外交流的广度、深度，对外交流的内容和形式，以及对外教育交流成果的转化，等等。我们甚至可以说，越是高度集权的国家，政府在这方面的作用就越大。因为它既可以鼓励、扩大这种交流，也完全可以削弱以至扼杀这种交流。就此而言，历史的现实的、别国的我们的，已有太多太多的经验和教训。历史昭示我们，在开展对外教育交流的过程中，要努力发挥政府和民间的两个积极性。没有民间的广泛参与，没有民间的积极性、主动性，对外教育交流就很难形成大的气候；而没有政府的正确导向，没有政府政策的支持与扶植，这种交流就很难持久，更难将交流所产生的积极成果通过法律和制度的形式巩固下来、发展下去。

　　第四，教育交流是为了吸收和借鉴并进而创新，这是任何一个国家和民族开展教育交流最初的出发点和最终的归宿。教育交流中

---

① 转引自王笛：《跨出封闭的世界》，中华书局，1993年版，第469页。

的吸收、借鉴与创新，具体到一个国家或一个民族而言，就是如何正确处理外来先进教育与本国国情的关系。所谓本国的国情，既包括大的政治、经济、文化和社会的整体发展水平，也包括教育本身的发展水平和实际需要。从世界教育现代化的历史进程考察，既有成功的范例，也有不成功的教训。美国在独立前后，特别是在19世纪不同时期通过与欧洲各国的交流，有选择地吸收和借鉴英国、法国、德国和欧洲各个不同国家不同层次的教育，并在此基础上结合美国的具体需要不断发展、创新，遂使美国的教育从进入20世纪以来，几乎是在各个领域一路领先。以高等教育为例，在殖民地时期，先是仿照英国的牛津和剑桥于17、18世纪创办了哈佛与耶鲁，但在学校管理方面，又另辟新径，与英国大学的自治传统迥异，实行董事会制而加强了大学与社会的联系。南北战争以后，美国的农工业生产迅速发展，急需各种实业人才，于是有1861年《毛利法案》的通过。联邦政府向各州拨地举办农工学院，一大批农工学院的出现不仅解决了高级专业人才紧缺的急需，而且这批农工学院中涌现出诸如康乃尔、波尔杜、俄亥俄等一批著名高等学府，也带动一批综合大学设置农工专业（或学院），可以说，这是欧洲国家未曾有过的创举。几乎与此同时，美国又诞生了以霍普金斯为代表的另一类新型大学。如前所述，这是受德国柏林大学的启示，重在研究与发明，促进学术的进步，而不只是传递知识和文化。在接受德国大学新理念、新制度的同时，哈佛大学又首创选科制，并逐步在美国大学全面实行。高等教育的健康、稳步、持续发展，为美国综合国力的迅速提高，打下了坚实的基础。从17世纪初第一批英国移民登上新大陆迄今，前后不过400年，美国从一个文教落后的国家而跃居世界教育强国，固然是由诸多因素促成的，其中的一个重要原因，即是作为一个主要是由欧洲各国移民形成的新的民族国家，较少因袭传统的重负，而善于通过与其他国家的广泛交流，博采众长，与时俱进，不断创新。与此相反，不少后发展国家，急于缩短与先进国家间的教育差距，不顾本国国情和教育的实际需要，或标榜"迎头赶上"，冒进式发展，以降低质量来换取数量和规模上的扩张，事倍功半；或生搬硬套，生吞活剥，追求时髦，不求甚解，使先进的理念、制度始终难以生根、发芽，更难开花、结果，如过眼烟云，来之既速，去之亦快，丧失了宝贵的机遇。历史昭示我们，开展各国之间的教育交流是非常重要的，同样重要的是，要善于在交流中审时度势，择善而从，为我所用，有所创新。

21世纪，将是以高新科技为核心的知识经济逐步占据经济发展主导地位的时代，人力资源的重要性将远远高于以往任何时代。在这个时代，国家的综合国力和国际竞争能力越来越取决于教育发展、科技进步和知识创新的水平。21世纪，又是世界变得越来越"小"、各国的联系越来越紧密的时代。由于交通工具、通讯技术的巨大进步，人类已经进入一个更加相互依存、相互促进、相互影响和相互制约的时代。在这个时代，各国之间的教育交流，将比以往任何时代都更广泛、更深入、更势不可挡，从而更有力地推动各国教育现代化的进程。中国的教育要面向世界、面向未来、面向现代化，就一定要加强与世界各国的交流，这既是历史的昭示，更是我们自立于世界民族之林的现实需求。在这种形势下，回顾和总结别国的和我们的经验教训，对提高我们的认识、开阔我们的视野、坚定我们信念、增强我们的自觉意识，显然是一件有意义的工作。

(2003年第2期)

基础教育财政体制变革与农村义务教育发展研究:制度分析的视角

郭建如

一、历史上的义务教育财政体制与现代教育在农村的推行

(一)传统社会中乡村初等教育与教育财政

一些学者认为,中国乡村正规的初等教育的发展可追溯到明代在县以下设立的社学①。但中国传统的乡村社会实行的是"双轨政治"②,中央集权的统治权力向乡村延伸的能力受其财力的限制,历代统治者对乡村的控制主要是通过在科举中获得功名或做过政府官员的乡村士绅进行的。在明朝,政府倡导的社学控制在地方士绅手中,办学经费是多渠道的,主要来源是学田上的收入,学田主要来源于私人捐赠或集体捐献,也有政府拨给的,其他的办学经费来源还有商税收入、学生纳费等③。清朝中央集权程度更为加强,将社学纳入了国家的财政体系中,社师由官府提供生活费,政

---

① 王铭铭:《教育空间的现代性与民间观念——闽台三村初等教育的历史轨迹》,《社会学研究》1999年第6期。
② 费孝通:《乡土重建》,观察社,1937年版,第54页。
③ 李国均、王炳照总主编:《中国教育制度通史》第四卷,山东教育出版社,2000年版,第262—281页,第334—342页。

府资助和提倡为贫寒子弟举办义学①。虽然清朝有逐渐将乡村初等教育纳入政府管理的趋势,同样限于政府财力,真正意义上的全国统一普及性的义务教育并没有出现,乡村初等教育仍呈现出多种形式并存(私塾、义学和社学)、多种资金筹措渠道(官方、民办以及官民合办)并存的状态,学校管理操纵于宗族和乡村士绅手中,教育费用主要由政府机构之外的个人或组织(如宗族、社会团体等)负责,政府不在教育上进行大规模的投资,这实际上也是中国历朝政府教育理财的传统。②

(二)国家建设、现代教育的成本与现代教育的推行

清末民初是我国由中华帝国向民族国家过渡的时期,新式教育的推行是民族国家形成的重要组成部分。从1901年到1906年,清政府先后公布了多个"学堂章程",要求各地创建新式学堂,确立新的学制。清政府在推行新学制的过程中,也确立了义务教育制度,但义务教育还没有真正推广开来,清朝就灭亡了。民国政府承继了义务教育的理念,推行新式教育,开始从村庄确立起现代的教育。但在推行过程中遇到了与清政府同样的难题,即新式教育推行的成本问题。

相对于传统教育,新式教育的成本在乡村是比较高昂的。在传统社会,不少绅士居住在乡村,整个社会的知识资源在城乡分布上较为均匀,学生可以在村里的私塾或其他形式的学校上学。新式学校则建立了以城市为中心的学校管理体制和知识的传授体制,学生接受知识,必须像"朝圣"一样逐级从乡村走到城镇,从城镇走到城市中,直至到首都。这将加大求学的交通费用。同时,新式学校往往是把学生集中起来,按照统一的课本进行连续的授课,如果漏掉某些课程,则很难补上,这对作为家庭辅助劳力的乡村孩子来

---

① 李国均、王炳照总主编:《中国教育制度通史》第五卷,山东教育出版社,2000年版,第275—288页。

② 马戎等主编:《中国农村教育问题研究》,福建教育出版社,2000年版,第100页。

讲，造成了特别的困难，尤其是在农忙时节。另外，课程的内容也与乡村社会的生活实践有很大的脱节，如果这些孩子不能走完小学到大学的现代教育的历程，而在读完小学后回到乡里，所学内容的实用性还不如原来的旧式学校，这也加大了接受现代教育的机会成本，也不受农村家长的欢迎。

现代教育本身的这些问题阻碍了它在乡村的接受和传播，不少学者，如费孝通、廖泰初等人均指出过这一点①。在一些县里，私塾虽遭政府压制，但仍然受到欢迎，与新式学校争夺教育空间。要克服新式学校的弊端，就必须设法降低新式学校的教育成本，这正是民国乡村教育运动（后发展成为乡村建设运动）的领导者如晏阳初、梁漱溟等所考虑的事情。河北省兴和县为了使新式教育能够推广下去，在1920年代初成立了劝学所，进行劝学运动，新成立的学校购置校址及其他一切费用由政府解决，对"新学"的学生免交学费，还给经济补贴，甚至用轿车接送女学生上学，被讥讽为"雇人上学"②，但新式教育终在政府的大力支持下确立起来了。河北的定县、山东的邹平等地的乡村教育运动之所以能够发展起来，也是因为得到了当地县甚至更高层级（如中央和省）政府的大力支持。这些地方的实践表明，要真正吸引学生，推行新式教育，就必须要降低求学成本，而降低成本，则必须由政府给予稳定的资金支持。

虽然国家在法律上确定了义务教育制度，但在清朝末年和民国时期，国家内忧外患不断，中央政府很难拿出足够的资金推行义务教育。清末为了解决兴学中的经费问题，清朝中央及地方政府在推行新式教育过程中多采用地方政府筹措与民间捐资兴办相结合的方

---

① 费孝通：《江村经济》，江苏人民出版社，1986年版，第28—29页；廖泰初：《中国教育学研究的新途径——乡村社区的教育研究》，载燕京大学教育学会编《教育学报》1938年第3期。

② 李建东：《政府、地方社区与乡村教师——靖远县及23县比较研究》，北京大学社会学人类学所博士论文，1996年，第18页。

式。民国时期义务教育经费的筹措沿用了这样的方式，不少县实行的办法是县师范学校和少数重点学校经费主要由政府财政支出，地方基层中小学"就地自筹"，这就是民国基础教育财政的基本格局①。但是教育行政上的不独立，财政上的不独立，使得教育经费一直存在着被挤占的现象，学校因为没有固定经费，或办或停，很不稳定。这个状况一直到民国结束也没有得到很好的解决。

（三）义务教育财政不独立下的现代教育推行的路径与历史遗产

从清末和民国的实践来看，随着民族国家建设，国家权力向乡村的渗透不断加强，义务教育作为国家建设重要的组成部分纳入到了国家体系中。但现代教育与旧式教育相比，成本较高，而政府的财政匮乏，且教育财政不独立，使得义务教育经过了清末民国两个时期，并没有能够真正得到普及；同样是因为财政的问题，初等教育的兴办中存在着多渠道筹措经费和多种形式并存的情况，义务教育的基本理念、农民子女免费享受国家提供基本教育的权利的意识并没有在农村扎下根。义务教育制度并没有能够有效地将孩子从家长、宗族控制中独立出来，并没有能力使乡村学校从乡村社区的控制中独立出来，没有能够成功地将社区孩子抽离出"具体情境"，纳入到现代社会的"抽象体系"中。现代教育在农村步履维艰，传统的观念和文化在农村中不断地再生产，在一定程度上强化和维护了中国社会传统与现代并存的二元结构。历史上的义务教育在推行过程中形成的复杂的关系结构作为一种路径对建国后义务教育制度的演变产生了影响，一些做法在相当一段时间上得到了延续，在相同的经济困境下，出现了相似的制度安排，甚至是相同的结果。

二、计划体制与市场体制下基础教育财政与义务教育的发展

（一）计划体制下"义务教育"阶段的民办教育

---

① 马戎等主编：《中国农村教育问题研究》，福建教育出版社，2000年版，第101页。

根据马克思主义的理论，教育属于上层建筑的领域，因此新中国的领导者对此非常重视，在接管政权后，就迅速对原来的乡村教育机构进行接收、改造，取消了民国时期带有意识形态色彩的公民、党义、军训等课程，而代之以新的政治课，在学校教师队伍中建立起政治学习制度。在1950年代，政府统一将私立学校改变成公办学校，教育经费由国家统收统支，除收取学生学费外，不足部分由政府财政开支。

尽管政府在建国后开办了许多学校，但因为政府的财力有限，最终只能循历史的路子，发动群众办学。中央政府在1962年明确提出了"国家办学与厂矿、企业、农业合作社办学并举"、"免费教育与不免费教育并举，全党全民办教育"的"两条腿走路"的方针。实际上，在明确这样的方针之前的"教育革命"和在此之后文革期间的"教育革命"中，民办学校在各个地方都得到了极大发展。这些民办学校虽然可能会获得国家的资助，但经费主要由所在的集体供给。这成为建国后很长时间内农村民办小学的最普遍模式。

在集体制度下，总体性生存的意义得到了最大程度的强调，社会成员之间的差异降到了最小。计划体制下的人民公社制度也是一种福利制度，较穷的家庭在公社里可以得到救济，比如减免学杂费等。因为挣工分是成年人的事情，学童作为劳动力的价值并没有机会得到体现，上学的成本也比较小。在这样的制度下，义务教育得到了较大发展，尽管这个时期的发展在很多乡村地区是以牺牲质量为代价的盲目发展。

（二）改革以来农村义务教育的办学体制与教育财政体制

1970年代末，农村开始实行联产承包制，乡村社会中的市场经济得到了培育，人民公社时代的乡村工业也开始逐步发展起来。1980年代初期，乡镇财政逐步建立，并在财政包干的体制下得到了增强。随着市场经济力量的壮大，社会在逐步分化，由"总体性生存"转变成了"个体性生存"①，个人的、集团的利益和力量开始凸显。农民、村政府、乡镇政府以及更高层级的政府变成了不同的利益主体，在它们之间常常会围绕各自的利益，对制度的设计、权利的安排进行讨价还价。

在地方财力不断增强的情况下，中央政府通过放权以减轻自身的财政压力。1985年《中共中央关于教育体制改革的决议》中明确规定乡村义务教育实行三级办学、两级管理的体制，即县、乡、村三级办学，县乡两级管理，在资金渠道上确立了利用财、税、费、产、社、基等来源多渠道筹措经费等方针。在实践上一般规定，公办教师工资由政府负担，民办教师工资由村里的三提五统解决，来自政府的公用费用与从学生手中收取的学杂费维护学校的正常运转，危房改造方面，小学一般是由村里集资解决，中学由乡和村共同解决等。

有学者从制度经济学的角度探讨了这样的制度所以被接受的原因，认为这是各个利益集团（中央政府、地方政府以及农民）之间的政策博弈造成的②。地方政府之所以愿意接受这样的制度安排是因为对基础教育的财政压力估计不足以及获得财政自主支配权的方面的收益大于财政压力这两方面的因素，农民之所以接受这样的安排是因为受到当时农村发展形势的鼓舞以及对改革的良好愿望和热情所推动。但事实上，在中央政府、地方政府和农民之间，农民是缺乏组织的、很脆弱的利益群体，常常并不能够主动地参与到政策制定的游戏中，往往是被动接受已制定好的政策。而且，正如前所言，因为历史的原因，农民在教育方面并没有形成关于义务教育的意识和观念，对自己的权利以及实现权利的方式也缺乏了解。

---

① 孙立平等：《改革以来中国社会结构的变迁》，《中国社会科学》1994年第2期。

② 杜育红：《论农村基础教育财政体制创新》，载闵维方等主编：《为教育提供充足的资源——教育经济学国际研讨会论文集》，人民教育出版社，2003年版，第353—354页。

1985年前后，在新的办学体制和教育财政体制下，义务教育的投入有了显著增长。但这种增长并没有维持很长时间就因为农民来自农业的收入陷入了长期的停滞状态而放慢了。东部地区的乡镇政府（如苏南地区）因乡镇企业的发展弥补了种植农业的收入下降，支撑了乡镇财政。然而，中国乡村经济的发展是很不平衡的，并不是所有的农村地区的乡村政府的财政都可以从乡镇企业的发展中得到弥补。在比较贫困、资源又非常缺乏的地区，知识和技术储备较少、市场信息落后的农村，乡镇企业就很难发展起来。在计划经济体制下，尽管因为历史的原因，东西部区域发展的不平衡是存在的，但是这种差距得到了行政上的控制；市场经济打破了人为控制的相对平衡，东西部之间的差距在加大。

在贫困地区，对地方政府官员考核往往是使用发达地区的标准，这使得官员的兴趣集中在经济发展和投资环境的建设上，资金集中在见效快的"面子工程"上。教育在政府划分财政资源的时候往往排在后面，资金得不到保证。在领导体制上，主管教育的领导往往在同级领导的排位上是靠后的，进不了核心领导成员中，在对同级财政的分割上很少有发言权。这样的状况就使得当地的教育很难得到足够的资金保证，甚至地方政府优先项目的资金不够时，也往往会减少教育上的资源。很多贫困地区，不但谈不上加大教育投资力度，即便是按照规定给予教育的费用、以教育的名义收取的费用也得不到保证，常被截留、挪用。更为严重的是，乡村的一些学校成了村组织完成收费任务的重要工具，在河北的一些农村竟不允许没有完成"三提五统"任务的农户的子女入学[①]。学校的不独立，特别是财政上的不独立，造成了从1980年代后期一直到1990年代，在一些地区出现了大规模拖欠教师工资的情况，在贫困地区这种情况尤其严重。

---

① 郭建如：《空间、风险与社会的再生产》，北京大学社会学人类学所硕士论文，1998年。

在1990年代后期，中央政府提出科教兴国战略，各地政府相应地提出了科教兴市、兴县的口号，并在中央的带动下，加大了对义务教育的投入和对贫困地区的财政转移支付。各省的竞争和模仿使得普及义务教育成为1990年代后半期中国教育发展的重要工程，这在一定程度上促进了农村义务教育的发展。在中央的严格监督和奖惩措施下，长时间大规模拖欠教师工资的现象得到遏止。但是，在普及义务教育的过程中，一些得到项目的地方往往需要地方政府的配套，没有得到项目的地方也为了跨越式发展教育，开始大规模发动当地群众集资和向银行、企业及建筑工程队举债。

在贫困地区，确保教师工资和推进普及义务教育加重了当地政府的财政压力。不少贫困县，出现了典型的吃饭财政和教育财政的特点，教育经费的开支在县财政支出的比例非常高，常常占到一半以上；在教育财政中，吃饭财政的特点很明显，教师人员工资的支出是教育财政支出的主要部分，为了确保不断上涨的人员经费，当地政府和学校不断压缩公用经费的开支，使得学校公用经费相应地不断下降，造成生均公用经费太低，难以维持，矛盾十分突出，财政运行的目标大多定位在"保吃饭、保运转和保开门"这"三保"上。

三、税费改革、财政转移支付制度与农村义务教育的发展

（一）税费改革措施与教育财政的变化

2000年3月，安徽省率先在全国进行以省为单位的税费改革，江苏省在2001年也启动了税费改革。2002年后，税费改革开始逐渐向全国推开。各省税费改革的内容基本一致，所采取的措施也大体相同。比如对教育经费的来源有新的规定，义务教育的经费安排主要由财政预算解决，取消教育费附加、教育集资以及教育投入上的义务工等。对于农村集资实行"一事一议"，有的地方将这样的制度用在教育上。对学校教师工资、公用经费和危房解决的资金来

源分别做出规定：教师工资由县里负责，普遍的做法是把乡镇的某些财政收入控制起来，用于乡镇教师工资发放，由县里设立专户，原乡镇财政不足的部分以及教师工资中新增部分由县进行补足。教师个人持银行卡，工资由县财政通过银行直接拨付，保证教师工资发放；学校的运行费用由学杂费来保证，不足部分由县里与乡里负责，在学杂费的管理上取消"零账户"，设立银行专户；危房改造由省里专项负责，县市进行配套。为了保证税费改革的进行，各省还对学校的收入进行了严格规定，杜绝学校乱收费，对教材费用、课本费用给予明确，并要求合并乡村学校，进行布局调整，精简教师等。

税费改革对教育最大的影响是取消了来自农民、专门用于教育的农村附加费，由此引起的缺口由政府承担。在贫困地区，这个缺口是乡级财政无力承担的，甚至在一些贫困县，也是县财政很难承受的。要想使税费改革不影响到农村义务教育的正常维持和发展，就需要省及中央财政进行比在税费改革前多得多的转移支付。事实上，在安徽，这个缺口主要是靠各级政府，包括中央政府的财政转移以及挤占其他方面的经费得以解决的。在2000年，中央给安徽省用于教师工资的专项转移支付是2.88亿元，省级政府的配套是2 000万元。从2001年起，安徽省调减市、县财政1亿元，全部用于农村义务教育。在危房改造方面，2001年，中央拨给安徽省15亿元的中小学布局调整专项资金。安徽省决定从2001年起至2005年，省财政每年安排1.5亿元资金，预计筹措20亿元，专项用于农村中小学危房改造①。

（二）税费改革与政府、学校和农民三方互动框架的重新设定

安徽省的税费改革标志着农村社会在制度上的又一次重大变革，引起了广泛的关注，较多的研究者关心的是改革中出现的农村

---

① 鲍劲翔：《安徽省农村税费改革后义务教育情况调查报告》，未发表，北京大学教育学院，2002年。

义务教育经费的紧张问题。鲍劲翔等人比较了改革前后安徽省农村义务教育的经费投入总量，发现改革后投入总量不但没有减少，反而增加了，并认为农村义务教育经费紧张的问题在税费改革之前就存在，与税费改革没有必然的关系，只是因为税费改革使得原来错位使用资金（如把教育附加费、乱收取的费用用在发教师工资或维持学校的运转上）的截断而暴露出教育经费短缺的问题①。

这个解释有一定的道理，但如果仔细剖析安徽省的税费改革过程，就会发现这个解释并不很全面。在税费改革过程中教育经费紧张的问题集中出现于2000年，这个问题在此之前没有暴露，之后则被弥补。分析这个时间差以及在这个时间内出现的制度设计的变化是有意义的，因为这个变化恰恰体现出的是一个制度博弈的过程。

安徽省税费改革是从2000年3月正式启动的，但是关于确保义务教育正常运行的许多重要措施却是在2001年出台的。如教师工资统一上收到县里的政策是在2001年9月实行的，取消中小学经费零户管理、设立专用账户，对中小学杂费进行专项管理的制度是在2001年8月出台的，中小学公用经费定额和保证办法也是在2001年7月后实施的②。在税费改革开始时要求教师工资的发放以及义务教育经费的保障由乡镇负责，把取消的教育附加和集资的缺口的弥补安排在乡镇的财政预算中。在税费改革过程中，乡镇来自农民的收入大幅减少，在这时，还要求乡镇预算保证教师工资以及正常运行费用以及管理学杂费，这必然使本来就存在的乡镇挤占、挪用教育经费的现象更加严重。正是这个问题的凸现，使得安徽省从2001年起在几个月内先后出台了多个相关的规定，重新对义务教育的责任进行了明确，把这些费用的保障和管理责任上移到县

---

① 鲍劲翔：《安徽省农村税费改革后义务教育情况调查报告》，未发表，北京大学教育学院，2002年。

② 鲍劲翔：《安徽省农村税费改革后义务教育情况调查报告》，未发表，北京大学教育学院，2002年。

里，使得乡镇无法支配教育经费，从而才使教育经费紧张的问题得到缓解。

同时，更重要的是县以及县以上政府在义务教育方面加大了转移支付的力度。在2001年，安徽省的县级及省级预算内的义务教育经费大幅度增长，这种增长显然超过了本级财政的增长比例，相当大的部分则是教育挤占政府其他开支给予保证的。挤占对经济状况不同的地方政府来讲，影响是不一样的。在税费改革前，经常是教育经费被其他方面所挤占，但在税费改革过程中却出现了教育经费挤占其他方面的投资的现象。这结果可以说是来自政府各部门间的博弈。在安徽，税费改革已经上升到了政治的意义上，变成了一种政治符号，其成败直接影响着地方官员的政绩，义务教育的稳定与否成为税费改革成败的关键指标。各级政府承受的政治压力是巨大的，在学校和基层政府，也有更大的压力要求县及省政府承担更多的责任。而在这个过程中，大环境的改变在客观上也促使教育部分在预算分割的政治游戏中占据了有利位置。正是在吸取了安徽省税费改革方面的经验教训，中央政府在2001年6月确立了新的义务教育财政体制，新体制要求义务教育要在国务院领导下，地方政府负责，分级管理，以县为主，加大转移支付力度，新体制也为安徽省的教育部门争取更多的资源提供了更大的筹码。

安徽省税费改革过程中教育经费的紧张与缓解的过程体现的是各种力量在角逐和进行制度博弈的过程，由此形成的结果表明了建立相对独立的义务教育运行机制的重要性，也将对其他省的税费改革起到借鉴作用。

（三）税费改革对制度刚性与权利空间的影响

税费改革不仅仅是相关方的收入与支出结构的调整，作为一种制度安排，它通过重新划分制度相关方的权利边界，以及对违反权利的可能性和侵犯对方权利的成本的界定而改变了原来的权利安排，具体说是农民、学校、乡村政府、县政府之间的权利安排。

税费改革前，乡村社会中义务教育相关方间的权利边界比较模糊，虽然对相关方的权责有笼统的意识和划分，但操作中许多细节是模糊的。在这种模糊的状态中，学校相对于政府、学生家长相对于学校在互动中往往处于弱势，其主张权利的能力不足，不能在权利安排的过程中使制度博弈的演进趋势向自己有利的方向发展。另外，虽然学校、乡村政府和农民家长之间的互动有一定的制度框架，但如果制度是可协商的，没有足够的权威和力量保证权利的实施，弱者权利的排他能力比较弱，就很容易遭到强势方的侵犯。在这三者中，乡村政府对于学校和村民都有某种管理上的上下级关系，而学校相对于家长因为掌握着入学机会而处于强势。在这样互动框架下，乡政府挤占和挪用学校的资金，向农民进行非法摊派，学校也会通过学生向家长收取各种费用，最终是农民常常会成为牺牲对象。

税费改革对乡村社会义务教育相关方的互动框架进行了重新设计，对各方权利边界给予了清楚的划分。为了确保税费改革的进行，更高层级的政府对违反权利边界的行为给予了严格的检查和严厉的惩处。税费改革将学校很多的事务从乡村政府中摆脱出来，大大削弱了乡村政府的职能，控制了其财力，并要求对政府机关进行精简。同时，明确了学校的财力来源，使学校的经费摆脱了乡村政府的控制，获得了较大的独立性，如将教师工资上划，由县里负责，实行工资卡制度，由银行直接拨付，这就使得乡镇政府接触不到教师的人员经费。在学杂费的管理上，取消零账户，在县财政设立专门帐户，而不由乡政府管理，维持了学校的日常运转。危房资金则采用上级负责的专款形式。实行这样的制度后，学校资金基本上不经过乡政府，也不依赖乡政府，使学校与乡政府打交道的机会减少、乡政府接近其财源的可能性减少。新的制度设计也增强了对农民的保护，一方面明确征税的依据，规定了限额，使农民对自己的权利与义务比较清楚；另一方面，在制度的设计上强调了他们的意愿的重要性，比如抬高了"一事一议"的门槛。对于可能侵犯农民利益的另一强者——学校，则严格规范了其收费范围，使学校与政府从农民中筹集资金的空间大大缩小。

经过税费改革,农村学校办学经费从乡村政府的控制中摆脱出来,乡村政府接近经费的渠道被隔绝,学校赢得了相对于乡村政府的独立性。但另一方面,学校要想获得乡村两级政府的资助,其成本也会大大增大。税费改革后,农民集资或者出义务工资助教育的渠道只有通过"一事一议"这个操作成本很高的制度。税费改革促使了农村学校的布局调整,形成的结果是往往几个自然村的学生,甚至是几个行政村的学生在一个学校上学。学校与几个村的村民打交道的成本大大增加。另外,在新的办学体制中,乡镇政府成了辅助性机构,要想让乡镇政府更多地资助学校,因为责任的不明确性,难度也在增大。

(四) 转移支付制度与目前义务教育财政体制的过渡性

税费改革不但影响了乡村社会各主体之间的互动,也对政府之间的责任与权利产生了重要的影响。相对来说,税费改革划清了村民、学校和乡村政府等相关方在义务教育投入方面的权利边界,但是对政府之间的权利边界则并没有明确的划分。税费改革和新的办学体制使发展义务教育的责任在制度上转移到了县政府,却也没有完全免除乡级政府的责任,但乡的责任并没有明确。在这样的情况下,县政府会尽可能要求乡级政府多承担责任。但即便这样,对财政力量比较弱的县来说,压力仍是巨大的。因此,建立起政府间的财政转移支付制度就显得必要和迫切了。

在我国的财政体制中,转移支付制度主要有两种,一种是弥补财政缺口、平衡财政而发生的一般性转移支付,另一种是专项性的转移支付,用于某一方面的发展。专项性的转移支付除了专项补助之外,还有项目性的专项转移支付。税费改革前,弥补财政不足的一般性转移支付数量不是很大。专项补助性的转移支付也成为经常性的资金收入,往往被地方用来弥补财政的不足。项目性的转移支付存在着资金分配上的缺乏操作性和透明性等问题,使转移支付的公平性受到了损害。在项目性转移支付的过程中,往往要求项目所在地的政府进行配套，配套比例常在1:1到1:0.5之间。尽管当地政府利用项目启动的契机，通过农民的集资、附加费等吸纳了大量的资金，使当地的教育水平上了一个台阶，配套资金的制度起到了"催化剂"和"吸附剂"的作用。但是，因为"配套资金"的落实花费了当地群众与地方政府在教育上的多年积蓄，甚至是未来几年的收入，对于当地的教育的持续发展造成了影响。

税费改革和新的办学体制虽然强调了中央政府、省政府以及县政府的责任，但这几者的权利和责任究竟怎么来划分，并不是很明确的。在这样的情况下，地方政府（主要是县级政府）、省级政府和中央政府之间就产生了一个很大的博弈空间。这个空间的存在影响到了义务教育财政体制在具体实施中的稳定性，使得具体的责任划分将随各级政府之间的博弈状况而变化。因此，应当及早制定转移支付的相关法律，明确各级政府的具体职责，使政府责任的落实具有可预期性、可操作性和制度化。

四、总结与进一步的讨论

（一）义务教育的功能与发展义务教育的驱动力

从我国引进义务教育制度、推行现代教育以来，有近百年的历史。在这百年中，义务教育的普及总是被不断地提出。为什么要普及义务教育呢？基础教育为什么就不能是非义务教育呢？世界上大多数国家都实行了义务教育，义务教育已成了衡量国家现代性程度的标志，以此来解释实行义务教育虽有道理，但并不充分，因为这样的标志要付出的成本太过高昂。经济学基本上是根据社会收益率与私人收益率的比较来划分公共产品与私人产品。一般认为，基础教育的私人收益率要低于社会收益率，高等教育的私人收益率要大于社会收益率，因此，基础教育要实行义务教育，而高等教育要实行非义务教育。但这样的解释存在的问题就是如何确定基础教育的个人收益率与社会收益率的比例，在确定社会收益率时，能否仅仅考虑经济收益？这些问题是经济学难以回答的。

社会学对义务教育的兴办有不同的解释。在社会学的视角看来，人之所以成为某个社会的成员在于这个人接受了这个社会的文化，认同于这个社会，并学会了作为这个社会成员所必须的一些生活和工作的技能。基础教育时期（中小学教育）正是实现个人社会化的关键时期，如果在这个时期，未来的社会成员接受了这个社会主要的价值观念和基本的生存技能，那么在这些人长大之后，离开社会化的主要机构——学校，有资格成为社会的正式成员后，在学校学得的态度和价值就会成为维持和延续该社会的重要成分，而不至于威胁到这个社会的秩序。这也就是每个民族、部落、宗族高度重视儿童、青少年教育的重要原因。在一个社会发展到新的阶段，进行社会制度更替时，国家或民族的领导者总是要使社会成员接受新思想，以支持新的制度，因此，也非常重视对儿童的教育。实际上，现代民族国家的形成就得益于义务教育使关于国家和民族的概念能够为社会的成员广泛接受、成为社会的"集体意识"。法国社会学家涂尔干在论述社会从"机械团结"向"有机团结"转变时，更强调了重造社会"集体意识"的重要性，以防止维系社会整合的"集体意识"被各种职业、阶层所分割，使社会陷入混乱状况的重要性①。在中国的传统社会中，朝廷有儒家的四书五经所倡导、国家法律所维护的大传统，民间则有各个地方的小传统在维系着社会的"集体意识"，在其间起调和作用的则是取得功名或者做过官的士绅。在中国进入现代化的过程中，家国同构的模式被打破，二元结构出现了，传统的乡村与现代的都市之间的距离越来越大，社会的割裂程度在加深。义务教育的发展就成了执政者希望形成全体社会共同意识的主要方式。义务教育的社会化功能，尤其是政治社会化的功能就成为执政者重视与推行义务教育的基本动力。在计划体制下，整个社会的组织性程度很高，社会的政治化和

---

① 爱弥尔·涂尔干：《道德教育》，上海人民出版社，2001年版，第316—317页，第348—354页。

意识形态化比较强，社会的整合是空前的。但在市场经济下，社会分化程度加剧，全球化更加促进这样的过程，因此如何形成一种全体国民都接受的基本的价值、观念、意识，特别是在农村和民族地区，就再次成为社会需要解决的重要问题。

最近几年政府对义务教育的重视以及进行义务教育的普及，更多地是从经济价值上去考虑的。研究现代化的社会学家认为，基础教育对经济的作用在于它提供了将孩子从传统社会中解放出来，形成现代工业生产所需要的价值、观念、品性及所需要的基本技能①。现代的社会进入了信息化和知识经济的时代，知识将变得越来越重要。能否让每个人都能够进入知识社会中，提供给他们基本的教育，对于社会公平来说具有重要意义。因为未来国家的差别、地区的差别和个人的差别将主要可能是因教育造成的差别。在这样的背景下，基础教育的地位就凸现出来，教育的经济功能成为推动义务教育发展的强劲力量。在1990年代后期，中央和地方加大了义务教育的投入，不少省份也就是在这个期间完成了义务教育的普及（如江苏），一些贫困省如云南、贵州等也在2001年前后加快了"普九"和"普六"的步伐。

从全国的实践来看，并不是因为要发展义务教育才要进行税费改革，但是税费改革却带来了一系列的后果，直接影响到了义务教育的投入和对义务教育的重视。

（二）义务教育财政制度变革的博弈过程

尽管近百年来，不同时期的执政者都能从政治的高度重视义务教育的发展，在法律上确立了义务教育的地位。但从历史上看，义务教育的推行过程是相当艰难的。在现代教育推行初期围绕着新式教育的推行存在着政治利益的冲突。在政权确立和稳固后，推行义务教育过程的阻力主要在于围绕义务教育成本的分担而引起的利益冲突。

---

① 殷陆君编译：《人的现代化》，四川人民出版社，1985年版，第96—103页。

现代的新式教育包括义务教育制度是从国外移植过来的,并非本土产生的。与中国传统社会的旧式教育相比,接受这种教育的成本比较高。那么,谁来负担这样的成本呢?是农民,是地方政府,是中央政府,还是社会团体?对于一直生活在贫困边缘上的中国小农来讲,接受传统教育对于他们来讲,并不是件容易的事情。在新式教育下,他们不但要贡献出一个家庭的好帮手,还得付出远比传统教育昂贵得多的学费,这是他们无法承担的。在动荡不安的时局下,对于地方政府的官员来讲,有比教育更重要的事情,处于内忧外患之中的中央政府则是心有余而力不足。因此,乡村初等教育的实施演变成了多渠道筹资的形式,根据各地不同的情况,有政府办的,有教会办的,有宗族办的,还有大量的私塾。

建国后,中央政府在财力不足的情况下只好实施"两条腿走路",农村教育以民办学校为主。改革后,在政治激励机制下,地方官员的兴趣多集中在见效快的工程上,对需要巨资而又见效慢的义务教育则常常无暇顾及。农村义务教育经费的不足造成了义务教育发展的缓慢。税费改革明确了农民、乡村政府以及学校之间的权利边界,强化了制度的刚性和权利的排他性,使得农村学校的教育经费终于可以独立于乡村两级政府。但是,作为重要保证措施的转移支付制度仍然只有雏形,政府之间的权利边界并没有完全建立起来,这使得目前的义务教育的财政制度仍然呈现出一种不稳定的过渡性质,最终的稳固形态还需要取决于各级政府之间的博弈结果。

(三)税费改革的无意识后果

税费改革对于保证义务教育经费的投入起到了重要的作用,但税费改革带来的一系列后果中有一些并不一定是决策者和执行者所意识到的,对于决策者和执行者来说,这些后果可以称为税费改革的无意识后果,或者称为税费改革的潜功能。

1. 乡村学校脱离地域,增强独立化、公立化和标准化。

从历史上看,无论是传统社会中旧式的初等教育,或者是现代的乡村义务教育,都因为经费问题,始终没有脱离乡村社会的掌控,小学教育尤其如此。在传统社会中,主要是被宗族、乡村社会的士绅所控制。而从建国后到税费改革之前的较长时期内,基本上是由乡村政府所控制。乡村官员对学校的影响力相当大,他们可以安排自己的亲戚到学校工作,挤占学校的经费,甚至是把学校变成实现收费的工具。这些都大大地影响到了学校的独立性与正常运行。中小学的教员多是当地社区的知识分子,他们拥有丰富的地方性知识,知识的传授不可避免地带有浓厚的社区色彩。税费改革后,通过撤并,新成立的学校往往是在几个行政村或自然村的基础上建立起来的,摆脱了自然村的约束,教师来源以公办教师为主,经费上主要是来自于县政府。因此,乡村教育越发具有公办性质,越发标准化。这在学校的发展中,在学校与社区和国家的关系变化中具有非常重要的意义。

2. 为解决教育机会的不平等提供新的平台。

社会学的理论认为,学校是进行社会化的机构,也是进行社会分层的机构,学校教育起到了训练、筛选和分配社会成员的作用[1]。教育资本的分配是社会不平等的重要原因,在知识社会中,就更为突出。而在我国,因为体制上的原因,许多人无法得到义务教育的机会,或者是无法接受同样数量和同样质量的义务教育,因此而形成的不平等在市场经济下越来越突出。进行税费改革,强化转移支付力度,实现义务教育资源的均衡化,对于解决长期以来的教育资源分配的不平等提供了很好的契机。

3. 教育的同质化与多样化。

税费改革使得办学经费主要由政府承担,减少了来自农村家长对孩子上学的阻力,乡村中小学出现公立化、标准化的趋势,这种统一性的、标准性、同质性的教育在把乡村社区的学生抽离出来,纳入到现代社会中的"抽象体系"中,进入流动性的现代社会中

---

[1] (日)天野郁夫:《社会选拔与教育》,《国外教育社会学基本文选》,华东师范大学出版社,1989版,第152—165页。

将起到非常重要的作用。但是应该注意到同质化教育可能带来的弊端。现代教育之所以在很长的时间内并没有有效地推行下去，其中一个很重要的原因在于没有为学生设计好出路，在学生没有办法走出乡村社会的情况下，所讲授的内容又脱离了农村的现实。要解决这样的问题，就应当结合具体的农村情况，适当发展校本课程。在目前，如何实现标准化的教育要求与校本课程的结合，如何使学校仍然能够与当地社区相融合，而不是与当地社区相隔离，成为悬置在乡村社会中的文化"孤岛"，仍将是农村和民族地区义务教育推行中要考虑的问题。

另外，义务教育的普及和同质化也会对过去层层选拔的精英教育产生影响，并可能会进一步影响到学生的质量。因此，鼓励兴办基础教育阶段中的非义务教育，为不同阶层的学生提供多样化的教育，是非常必要的。而基础阶段非义务教育形式的存在既使乡村教育形式多样化，又能促进公立教育的发展，但前提应当是公立学校的发展能够保证乡村的每一个孩子能享受到国家所提供的义务教育的权利。

(2003年第5期)

论"民族考古学"

梁钊韬 张寿祺

一、前 言

从1979年起,美、英两国所出版的一些民族学或考古学专著中,正式通用一个新的学术名词"Ethnoarchaeology"。例如:

1979年,纽约哥伦比亚大学出版社所出一本考古论文集,便以这个名词为书名。①

1980年,美国芝加哥大学出版社出了一本专谈化石、原始生态学的论文集,名为《化石的形成:脊椎动物声带学与原始生态学》;这本书中,就有一篇文章专门论及"Ethnoarchaeology"这门新学科的作用。②

1980年,英国剑桥大学出版社出版的《剑桥考古学百科全书》第36至37页③,以及牛津城费尔唐书刊公司所出的《考古学技术与术语辞典》42至43页④对这个新词(新的学科),均各列一专

---

① 见 Carol Kramer, Editor: Ethnoarchaeology (lmplications of Ethnography for Archaeology), Columbia University Press, New York, 1979.

② 见 D. Gifford: Ethnoarchaeological Contributions to The Taphonomy of Human Sites. In Fossils In The Making: Vertebrate Taphonomy and Paleoecology, editrd by A. Behrensmeyer and A. Hill, pp. 94–107. University of Chicago Press, Chicago, 1980.

③ Andrew Sherratt, Editor: Cambridge Encyclopedia of Archaeology, pp. 36–37, Cambridge University Press, 1980.

④ Sara Champion: A Dictionary of Terms and Techniques in Archaeology, pp. 42–43, Oxford, phaidon Press Limited, 1980.

门条目,加以介绍。

这个词"Ethnoarchaeology",近年,我国一些翻译工作者有将之译为"种族考古学",我们觉得这种译法欠贴切。

考这个词的构成,乃导源于 Ethnology(民族学)或 Ethnography(民族志)跟 Archaeology(考古学)的词相结合。

我们从50年代起,为了探讨我国东南沿海新石器文化的具体内容,用以追索古代"百越"史前情况,曾将考古学、民族学、历史文献学加以结合作为印证和研究的途径。① 后来我们将这种做法名之为"民族考古"。

既然 Ethnoarchaeology 这个词,具有民族学与考古学相结合而成为新的一门学科的含意;这与我们多年所使用的"民族考古"这个词的内容与意义有其相互一致之处,我们认为与其译作"种族考古学",莫如将之译作"民族考古学"会来得更为贴切。

至于这门学科为什么会产生,它在民族学、历史学、考古学研究上能起着什么作用,以及今后的展望,笔者拟作些分析,用以就正于学术界诸先生、诸同志。

二、民族考古学形成的因素

这个问题,得从第二次世界大战说起。在大战期间无数著名文化遗址和历史建筑,遭到严重破坏。战后,文物、史迹和建筑物维修复原工作相当艰巨。在繁重的维修、复原工作进程中,为着做得准确和细致,必然牵动不少专家对文化史迹原貌的研究。本来,近一世纪以来,各国考古学家,根据出土文物的启示,已作过一些历史事物原貌的复原研究。例如:对古代人类的食物、生产技术、聚居、葬俗、季节性迁移等等情况,曾将之作出了一些初步"复原"形象。在大战以后,大规模维修与复原工作,影响所及,必然促进考古学上原有的"复原"研究更朝前发展,促使考古学者产生了

---

① 见《我国东南沿海新石器时代文化分布和年代探讨》,《考古》1959年第9期。

新的构思。要"复原",那必然要依靠几方面资料:(1)化石的和考古的资料,无庸置疑,这方面资料,仅能作为线索,仅能解决部分问题。(2)要寻觅出远古时代人类社会组织及其行为的持续和变异情况,这又要依靠另一方面资料,那便是当代世界某些地区,某些仍然过着采集与狩猎生活的独特的人群;他们适应于各自的自然环境的方式,他们的社会组织、社会行为、生存方法又相似于早期人类的;并具有某些残存的古俗,也即是所谓"活化石";为着复原遥远的史前社会面貌,所有这些资料,便被拿来跟古文物印证、类比。这便是构成"民族考古学"产生的时代背景和社会根源。

其次,科学向前发展,在一定的条件底下,每门科学必然向旁的科学,吸取一些有利于本门科学进行深入研究的理论和技术;各门科学或多门科学之间必然会出现相互补充、相互渗透的现象。

现以考古学为例:近30多年来,考古学从"物理化学"方面吸入新的测定年代的方法,从"体质人类学"方面吸入鉴定古墓葬遗骨的技术;从动物学、植物学、气候学中吸取分析古代自然环境情况的技术,分辨古动植物群的情况;从地理学中引进了"定位分析法"(Locational analysis);从地质学、土壤学里引进了辨认地层(Stratigraphy)分析堆积(Sediment)的方法。

近年,考古学与其他科学相结合,又组成了一些新的学科。

考古学与地震学合成了新的"地震考古学",70年代后期,广东地震科学工作者陈恩民等同志便是运用这种相结合的方法,并以"民俗学"为辅,发现明代万历三十三年(公元1605年)所发生的接近于8级的琼州大地震,导致滨海地区陆沉,无数村庄塌陷成海的实况。[①]

考古学与农业科学相结合又形成"农业考古学",北京农业大

---

① 详见陈恩民、黄咏茵:《1605年海南岛琼州大地震及其发震构造初步探讨》,《地震地质》1卷4期,1979年12月出版。

学畜牧专家张仲葛教授，便是运用这种方法，并加上一些"民族学"资料作为旁证，弄清我国古代良种猪的起源、演变、遗传及其向欧洲传播的情况；以及我国民间的养猪方法和技术。①

既然"地震考古""农业考古"在研究上已牵涉到使用民俗学、民族学某些资料；若单从学术职能来看"考古学"、"民族学"由于本身需要，也必然有其相互结合之处。考古工作者为要复原某些史前遗址的具体内容，以及解释某些石器工具如何制造，如何使用，这就要借助于民族学；而民族学为要弄清某一民族的历史，特别是族源，以及各族原始文化相互影响，这亦不能离开考古学。

1961年，国际著名水下考古专家乔治·弗·巴斯教授所率领的一支由土耳其学者和美国学者组成的水下考古队，在爱琴海罗得岛北部一带水域进行海底发掘，掘得从四世纪到七世纪的罗马和拜占廷的沉船木块，以及大批古代玻璃器和陶器。这些考古学家，对这批出自水下的文物，辨认出有些陶器，其样式乃模仿中国古瓷器样式而制成；又有一把古剑的剑头，其柄上纹饰，显出受到中国纹饰强烈影响的形象。② 这些水下考古学家之所以能够作出这样分析和辨认，乃跟他们所掌握的民族学知识分不开。

近三四十年，夏威夷毕斯普博物馆一些学者为要追索波利尼西亚的历史，曾在夏威夷群岛、马克萨斯群岛、社会群岛一些点进行发掘，将各群岛出土的鱼钩进行比较研究，并与今天某些波利尼西亚人原始的捕鱼技术加以对比，才得弄清古代波利尼西亚人制造鱼

---

① 参见以下的论文：
张仲葛：《我国养猪业历史》，《动物学报》1976年3月版，22卷1期。
张仲葛：《出土文物所见我国家猪品种形成和发展》，《文物》1979年第1期。
张仲葛：《我国猪种的形成及其发展》，《北京农业大学学报》1980年3期。
② 详见于美国华盛顿出版的 National Geographic, June, 1978, P. 729 "Treasure From the Aegean" 的简介，以及同期，p. 772, p. 790, 等页的简介。这一期 p. p. 768-793，并登有 George F. Bass: Glass Treasure From the Aegean 全文，详述这次水下考古情形。

钩的用材及其捕鱼技术。① 这种研究，既是太平洋考古学的研究，同时也是太平洋民族学的研究。

在我国也有这样事例，半坡遗址实况复原，需要参考云南某些民族志资料；反过来说，半坡遗址所揭露出的当年原始社会某些遗迹，与我国某些兄弟民族社会所保留的一些现象有其相似或相接近之处，这亦足以证明当前那些社会现象乃是原始社会迹象的残留。

所以民族学与考古学，互相结合互相渗透，就这两门学术本身需要来说，有其必然性。

再其次，从"人类学"本身结构来看：民族学、考古学、语言学、体质人类学，乃是组成"人类学"这门科学的四个基本内容。在人类学领域里，这四个部分，均是以"人"为主要研究对象；既研究人类过去各方面情况，也研究人类目前的状态。考古学，民族学，在"人类学"这门科学的范围中，均注意研究人类各个群体的文化起源、发展、变化和相互影响诸问题；在研究过程中，两者之间必然相互结合，并与其他两个组成部分结合为一体。

1976年，美国，洛杉矶，加利福尼亚大学考古学教授贾森·史密斯（Jason W. Smith）在他一本专著中说得非常明确："到目前为止，我们认为考古学与人类学，犹如在一块单独的科学纺织物中经线和纬线似的；同样以'人'为研究对象，很难将其两者分别开来。"② 事实就是这样。

从以上的分析，我们可以看出：近二三十年来，在社会科学中逐步形成一门新的科学"民族考古学"，这是有其社会根源、历史根源和科学根源的；有其必然性。

---

① 参阅 Yosihiko H. Sinoto: Artifacts From Excavated Sites in The Hawaiian, Marquesas, and Society Iskands: A Comparative Study. (Edited by G. A. Highand: Polynesian Culture History, pp. 341—361. Bishop Museum Press. Hawaii, 1967.)

② 见 Jason W. Smith: Foundation of Archaeology. p. 31, Glencoe Press A division of Benziger Bruce & Glencoe, Inc. Beverly Hill, California 90211. 1976.

三、民族考古学的职能问题

近几年来,一些学者对"民族考古学"在学术上所起的作用,曾提过一些看法。

英国考古学者安德鲁·谢拉思,在1980年,于其所编的专书中认为:"新近,一些考古学家感到他们自己有必要掌握民族志,用以解释考古学上一些特殊的问题,这种做法通常被称之为民族考古学。"①

按:这样措词,实际上有点抽象,考古学方面特殊的问题很多,若是碰上某一些特殊问题(如某种文化的起源,某种社会习俗的形成。)民族考古也不是一下子能将之说明,这必须以结合多种学科的方法,深入追索,深入分析,才会有所得。

美国纽约市立大学莱曼学院考古学教授卡罗尔·克雷默又认为:"民族考古学这个词的内涵,常包含着这样的一个内容,人类学家将一些从事民族志研究的人训练成为像田野考古工作者一样的;这门科学乃被设计成为适合考古学家的特殊需要,而成为考古学者在他们工作中对于文物遗迹罕见的问题能觅得一些解决的线索。"②

我们觉得这些论述,对民族考古学的职能虽然作了一定的说明;若要进一步弄清问题,这里有必要引证一些对这方面曾有过长期实践经验的研究者的感受:

第一,让我们先举出六十年代后期,美国夏威夷大学一位考古学家理查德·古尔德进入澳大利亚西部的情况;他由他的夫人陪伴着,以他自己所掌握的考古理论和技术,在吉布森沙漠(Gibson

---

① 见 Andrew Sherrath, Editor: The Cambridge Encyclopedia of Archaeology, p. 37. Cambridge University Press, 1980.

② 见 Carol Kramer: Introduction (刊于 Carol Kramer, Editor: Ethnoarchaeology, p. 4. Columbia University Press. New York. 1979.)

Desert)对一些仍使用石器、仍过着采集狩猎生活的土著群体,进行了15个月系统性的民族调查。他学会了这些土著群体的语言,并经常跟他们一起步行到四五英里以外采集食物;夜里,跟这些小群体在营地里睡在一起。12月和1月,这段时间,乃是澳大利亚极度炎热的时间。早上,太阳一升起,天气就热得使人那般难受,人们一直待到下午6时或7时,才开始出外进行找寻食物的活动;古尔德也跟着干,照样的坚持。古尔德生活在这些土著群体中,了解这些群体的狩猎组合和方法,观察人们采集的技术,调查宿营的组合、社会的组织、系统的社会行为、养育小孩的方法、宗教礼仪等等;另外,并详细审视这些土著群体所使用的石器工具和制造石器工具的技术。这些群体所用的,乃是一种片形石磅,一种粗拙的带有陡边的工具,这种工具跟史前遗址出土的刮削器极为相似;还有一种具有台面的石斧,跟一万年前的中石器时代的石斧,有较多相似之处。这些土著居民并使用兽齿作为工具。总的来说,他们的生产技术,类似于3万年前的。[1]

事后,古尔德谈到这段深入生活的体会时,称:这段调查"对我们的研究工作来说,提供出新的可能和类比,使我们在意识思维方面的局限性得以松开。"[2] 古尔德获得了大量的活资料,使他对某些史前文化遗址的说明,以及复原史前生活的面貌,有了可靠的根据。[3]

很明显,"民族考古学"确能推动民族学和考古学本身研究进一步发展。

第二,在委内瑞拉南部与巴西北部,生活着一个印第安人的族群,名为亚诺马莫族(Yanomamö)。这个族群,在四五十年前,仍

---

[1] 参阅 Frank E Poirier: In Search of Ourselves (An Introduction to Physical - Anthropology), Third Edition, P. 113-114, Bur gess Publishing Company Minneapolis, Minnesota, 1981.

[2] 见上一书 p. 114.

[3] 参阅上一书 p. 113

使用着石器；掘地用石斧，砍伐巨木也用石斧，他们过着原始性的游耕生活。这种砍倒烧光的原始农业，原是新石器时代生产的特征之一，它曾一度在全世界范围广泛地存在着。但是新石器时代，人们怎样在使用一把石斧把巨木砍倒，其具体过程是怎样的；有关这方面情况，今天我们固然不可复见，就是在十八、十九世纪时或本世纪初期，一些探险家或旅行家偶而见到的，也没有给予足够的注意，更没有作过细致的观察，因而在文献上找不到有关这方面的说明。但是原始社会史研究者、考古工作者，要凭出土的石斧，追寻出世界各地新石器时代人们的粮食生产全貌，那又必须获得以石斧砍倒巨木，清理场地这方面的具体资料。

1975年3月31日，美国自然史博物馆民族考古学家罗伯特·尔·卡尼罗便怀着这样的目的，深入到委内瑞拉南部奥里诺科河上游"阿苏博瓦特里"地段，在一条仍懂得使用原始石斧伐木经验的亚诺马莫人村庄，跟一个名为"多布拉贝瓦"的土著青年住在一起，由这个青年持着一把捆扎好的传统石斧做一次砍伐巨树的持续实验，罗伯特·尔·卡尼罗在场进行详细地观察，详细的将其过程记录下来。这次，卡尼罗获得一批非常宝贵的资料。事后，他有所体会地说："这些资料不单能帮助我们对某些族群的文化历史进行复原，并且能帮助我们对其自然环境、技术、生计、劳动和社会之间的相互关系，亦得以阐明。由于具有那样的作用，在这个通常所要研究的对象跟前，民族学工作者与考古学工作者迅速地结合在一起，是必然的；其所以要这样，原因一天乃比一天显得更为明白。"①

罗伯特·尔·卡尼罗谈出这个体会，实际上已谈出"民族考古学"基本职能所在。

---

① 见 Robert L. Carneito: Tree Felling Out Among the Yanomamö Indians of South Venezuela. （原文刊于 Carol Kramer, Editor: Ethnoarchaeology, pp. 21–58. New York, Coumbia University Press. 1979），这里所引的话，见该书54页。

第三，从1967年起，美国哈佛大学有一群科学家曾在非洲博茨瓦纳地区卡拉哈里沙漠，对居住在那里仍然过着采集狩猎生活的布须曼人作了一段长时间的调查和研究。当时，这群哈佛科学家，着重考察布须曼人的保健、营养、家庭组织、孩子抚养、群体结构、人与人之间关系、礼俗、生产技术，以及如何与当地自然环境相适应等专题。这群科学家中一些搞考古的，并研究布须曼人的居住点，发掘他们的住地，对所发现的出土文物，就地征求布须曼人的意见，征求他们的解释，用以说明这些文物的名称和用途。这些考古家，并对布须曼人生活地区所留存下的古代废物堆进行发掘，看看史前有什么文物遗留下来，观察其所埋藏的文物、其堆积的累积又体现出什么情况。①

这些考古家还研究布须曼人如何选择居住点，并在这段长长的沙漠地带侦察居住遗址的分布。对促成布须曼人从一个营地搬到另一个营地的迁移原因加以研究，分辨出布须曼群体在他们因觅食迁移，"几个星期"的宿营地类型是怎样的，"几个月"宿营地类型又是怎样的，并将之加以对比，弄清概况。②

哈佛科学家所获得这样的材料，无庸置疑，会帮助我们原始社会史家说明史前人类一些迁移情况。

第四，民族考古学研究工作，不单适用于阐明史前人类某些史实；并适用于阐明奴隶社会和封建社会某些存疑问题。

两三年前，我国史学界曾出现过一次关于我国古代究竟有无"钻木取火"之争。这个问题，当时乃以民族学资料、考古学资料以及文献上资料，互相印证，证实我国原始社会确曾有过钻木取火

---

① 参阅 Frank E Poirier: In Search of Ourselves (An Introduction to Physical Anthropology), Third Edition, p. 116. Burgess Publishing Company Minneapolis, Minnesota, 1981.

② 参阅 Frank E Poirier: In Search of Ourselves (An Introduction to Physical Anthropology), Third Edition, p. 116. Burgess Publishing Company Minneapolis, Minnesota, 1981, 116—117页。

的技术，这种技术并且在中国封建社会曾长期地被人们应用，被保留。①

这便是使用民族考古学来阐明这方面问题的一例。

近20多年来，我国南方发现了一批战国墓葬，其文物所体现出的地区民族特点（实际是古越族文化特点），有待研究和探索。随着各民族地区古墓葬不断被发现，文物不断地出土，其研究上需要民族考古学的指引，必然越来越明显。

我们认为"民族考古学"，是一门为民族学、考古学、历史学、原始社会史，其中特别是为原始文化的研究，开辟了一条新的研究途径，是一门不可缺少的新的科学。

四、关于研究方法

从1960年起，至1979年止，美、英两国所发表的有关"民族考古学"论文，据不完全的统计，约一百多篇。

综观这百多篇论文，其所提出的或体现出的研究方法，大致可以归纳为下列四个要点：（1）对相应的残存的古事物，进行直接性观察。（2）将相应或相似的残存古事物或有关的古代文物，加以对证；进而将有关的古事物内容进行类比、类推。（3）深入分析。（4）小结。

但是在西方学术界，对这种"方法"，有过论争。

持反对意见最尖锐的要算美国的弗里曼。他于1968年在一篇《一种作为阐明考古材料的理论结构》专文中，提出：以当代残存的仍过着采集狩猎生活的群体，对远古人类情况进行直接类推，是会将远古事物导入歧途。因为我们对于这种情形的研究，乃凭藉出土的文物所体现出其相适应的制度下文化行为，与当代残存的这类

---

① 详见张寿祺：《中国古代取火方法考证》，见《社会科学战线》1981年第1期。

群体的有极大的差别。①

实际上,弗里曼认为古今有别。

其次,便是马丁·沃斯特于1978年亦著文提出异议,认为:今天残留于世界上的原始氏族,其居住地乃局限于一些小地点里,其所受到的局限性,大大超过于更新世时期古人群的活动地点;以残存于当代的一些原始事物,对远古的进行类比并进行复原,极容易变成歪曲了考古的记述。②

目前仍过着采集和狩猎生活的一些原始群体,其住地不见得都是局限于一些小点里,如前所举的澳大利亚西部群体,以及非洲布须曼人,人口密度极为稀疏,回旋空间相当广阔。

对这些反对意见,西方学术界已经作过答复:(1)化石资料、考古资料、古人类行为的遗迹,今天仍能幸运的得以保留,这是可以作为我们复原过去历史的轮廓。(2)对当代某些仍着原始生活的群体,问题乃在于寻出其远源或者远源中极为相似的事物,加以类比,才能得出得体的答案。(3)某些采集狩猎群体的残存,其以自己的传统文化对各种自然环境进行适应,其生存的方法,会帮助我们弄清过去历史上人类社会行为的内容和生活的情绪。③

至于笔者对这个问题的看法:我们认为"民族考古学",既不是考古材料临时附加一点点民族学资料,作牵强性的对比和凑合;也不是民族学资料添加一点点考古资料随意进行类推。"民族考古学"之为"民族考古学",乃在于科学不断向前发展进程中,以"民族学"的方法和资料,跟"考古学"的方法和资料,与历史学

---

① L. Freeman: A Theoretical Framework for Interpreting Archaeological Materials. (In Man the Hunter, Edited by R. Lee and I. DeVote, pp. 262 – 267. Chicago Aldine, 1968.)

② H. Martin Wobst: The Archaeo – Ethnology of Hunter – Gatherers' or the Tyrany of the Ethnographic Record in Archaeology (American Antiquity, 1977. 43: pp. 303 – 309).

③ 参阅 Frank E. Poirier: In Search of Ourselves (An Introduction to physical Anthropology), Third Edition, pp. 108 – 110. Minneapolis, Minnesota, 1981.

的文献，互相印证，互相补充、互相综合，对一些历史性的事物，作出更深入更细致的说明。让我们举出一件事作为例证：

1972年，美国洛杉矶，加利福尼亚大学人类学家约瑟夫·伯塞尔出版其专著《人类的进化》①，于书中，正式提出"25"和"500"这个被他命名为"幻数"（Magicnumbers）概念。"25"，这是他研究了澳大利亚土著居民原始群体的人口生长率，注意到这里每一群体人数，乃从20人到50人不等。他选择了"25"这个数字，作为每一个仍过着采集和狩猎生活的原始群体具有代表性的人口数目。这个数字验证于非洲南部卡拉哈里沙漠的布须曼人以及印度北部的比罗尔人，他们每个群体人数与之有其极为相似之处；另从史前居住遗址所体现出的情况，亦与之有其相一致之处；这个"25"数字，虽非绝对性，但它确实代表原始群一个均衡数。另外，在黑猩猩方面，每一群体成员数目，亦有这样相近似的情形。② 至于"500"，这乃指每一个仍过着采集、狩猎生活，操同一方言的部落群体平均人数而言。这是伯塞尔了解了现存的每一个原始采集、狩猎部落，其人数是从200起，最多乃达800人；以这样的情况为基础，作了慎重的人口调查工作，而提出这个平均数的。这个数目确是反映出人类的一种真实现象，这不只在澳大利亚的土著居民以及非洲的布须曼人，印度北部的比罗尔人，每个操同一方言的原始部落群体平均人数是这样；连同美国加利福尼亚、内华

---

① Joseph Birdsell: Human Evolution, Chicago: Rand McNally, 1972.
② 著名的黑猩猩研究者珍妮·古多尔在非洲坦桑尼亚贡贝河地区所了解到的，是由四十来只黑猩猩组成一个群体。（见珍妮·古多尔：《黑猩猩在召唤》，刘后一、张锋译，第322页，科学出版社，1981年版）。
日本加纳隆至于1973年，在非洲刚果盆地所见到的每个矮小黑猩猩群体、通常拥有15—30个成员。（见加纳隆至：《矮小黑猩猩群体的双重结构》，刊于郑开琪等编《猿猴社会》21页，知识出版社，1982年版。）

达、犹他等州美国西部大平原的肖肖尼族的人数也是这样。①

这就是约塞夫·伯塞尔以"民族考古学"方法探索出每个原始群体所具有的人数情况，这样做，不见得是对"考古材料"的歪曲，相反，这正为我们对于所未理解到的原始社会采集狩猎群体的人口数量，提出了一个中肯的说明。这会使我们对原始社会的研究又深入了一步。

五、对民族考古学的前瞻

这里，准备从我国实际出发来看这个问题。

（一）研究我国原始社会史的需要。

过去，我国一些通史著作，有关原始社会史部分，概以考古资料为叙述、分析的主要依据，并旁及文献资料以及民族学资料。这种做法，已涉及到"民族考古学"在这方面的运用。

我国原始社会史，还有相当多的问题在等待我们去探索。例如：社会的结构和发展、生产情形，以及当时人类文化行为与物质基础之间相互关系，或者是各种科学知识和文化起源诸问题，我们所理解到的，均极为有限；要探索这类问题，必然要凭依考古学，同时也要凭依民族学和历史学；亦即是要凭仗"民族考古学"。已故的林惠祥教授，以民族学资料跟考古文物相结合，复原东南沿海出土的有段石锛原有的安装方式及其使用方法。② 同样，要探索浙江河姆渡遗址干栏住所情况，离开民族学资料也不成。

（二）研究各民族史所需。

目前，广大少数民族地区，有相当多的地段，民族考古工作尚未开展，有些民族地区已出土一些文物，有待进一步地研究和整

---

① 参阅 Frank E. Poirier: In Search of Ourselves, Third Edition, p. 118. Burgess Publish Company, Minneapolis Minnesota, 1981.

② 参阅林惠祥：《中国东南区新石器文化特征之一：有段石锛》，《考古学报》1958年3期。

理。故此，民族考古学在这方面大有用途。

过去，冯汉骥教授就云南晋宁石寨山出土的西汉文物，依靠民族学与考古学相结合，辨认出这些文物所反映的族属情况。① 广西贵县罗泊湾出土铜鼓，其花纹图案，所显现出的双身船，若离开民族学资料，实难将之了解清楚。②

更须说明的，目前已有一些民族学研究机构将有关"民族简史"写成，但是要把各民族简史再进一步扩展成为全史，必然需要大量的出土文物资料，同时并要把地下文物资料与地面上民族学资料相结合进行研究。民族史的描述，乃建基于历史文献资料之上，建基于民族学资料（包括现存的社会民俗资料）之上，建基于出土文物资料之上。故此，这门新的科学，必将在这项工作中，显出其重要作用。

（三）对于考古研究上所需。

不管出土的是奴隶社会的文物，还是封建社会的文物，每一件文物，乃体现出当时社会文化和风俗的某些片断，要追索出这些片断的内容，固然要借助民族学、民俗学资料；而综合研究，必然会牵涉到对社会风俗与社会功能的探索，这又要借助于民族学、民俗学的理论。

很明显，"民族考古学"既是考古学所不能缺少的；也是民族学和历史学所不能缺少的。

六、小　　结

民族考古学，从其萌芽发端到目前初步的形成，已经历了二三十个春秋。在西方，"Ethnoarchaeology"这个专用名词未被考古学

---

① 见冯汉骥：《云南晋宁石寨山出土文物的族属问题试探》，《考古》1961年9期。《云南晋宁石寨山出土铜器研究——若干主要人物活动图象试释》，《考古》1963年6期。

② 参阅：《西瓯族源初探》，《学术研究》1978年1期。

界、民族学界正式认许之前，各家曾将"民族学与考古学相溶合"这种研究上的做法，赋予各种称谓；有的名之为"生动的考古学"（Action Archaeology），有的名之为"活的考古学"（Living Archaeology），有的称为"考古民族志"（Archaeoethnography），也有称为"民族志的考古学"（Ethnographic Archaeology）。最后以"民族考古学"（Ethnoarchaeology）为考古学者、民族学者所接受，遂正式通用。

无疑，这门科学还处于初步形成阶段，不管其本体论或方法论，需要探讨的地方很多。这里，仅抛砖引玉，提出一些问题讨论，以催新枝苗壮罢了，并请批评指正。

（1983年第4期）

为了群体的永生

——我国西南各民族的丧葬文化

邓廷良

小　引

死亡无疑是一切生命最终之归宿。

但，生物出于本能，无不极力趋避这一无可改变的命运。对于高等智能生物的人而言，死亡这一现象所带来的远不仅是某一个体生命的结束。更重要的是，它使活着的人们产生了对永生无比强烈的渴求。正是这种对于永生的渴求，让人们希望有一个不死的灵魂存在。灵魂存在的思想，是一切巫术与原始宗教的培养基，也使得在自然规律前显得软弱的人类得以自慰。

从某种意义而论，宗教与哲学最根本的一点，不过是探索及解释生与死之谜；探索人与自然的关系。只不过宗教更强烈地将人主观的愿望混入其间，虔诚而又执着地去追求永生罢了。佛教的净土、道家的仙界、基督教的天堂……等等，无一不是超越死亡之谷的愿望所幻化出的一片海市蜃楼。

当人们认定灵魂存在并永生之后，对于如何去安抚死者之魂，如何求其佑福或避其祸患，自然产生出种种巫术及宗教仪式。这其中，如何处理死者灵魂所寄居过的躯壳，当然亦是极为重要的一部分。于是乎，丧葬文化也就因是而萌芽了。

由于人群所居处的地理环境各异，因此产生了形式多样的丧葬文化。但总的说来，皆不外是让死者的灵魂回到祖先——图腾物

——的世界里去，以求得到安乐的永生。自然，这不过是渺小的人类在无可抗御的自然规律之前，幻想出来的一片并不存在的、洁净自由的极乐之乡罢了。

因为人们普遍认为死者的灵魂是去到另一个世界，所以"事死如事生"遂成为了丧葬文化的另一大原则。在奴隶制鼎盛的殷商时代，普遍杀奴以殉；等级森严的两周，从天子、诸侯、卿、大夫、士以至庶民，有着极其繁琐的各类不可逾越的葬礼规范，就像现代县团级、地师级、省军级官员们各自享受的待遇一样阶级明晰；当中华封建经济进入飞速发展之世，厚葬之风愈见普及，这一现象在两汉时代达到了高潮，历代恶习相沿，余毒至今尚未被肃清，依仗兄弟部落（父王六臣）与世婚部落（母后三臣）艰苦创业的吐蕃王朝，使以赞普为首的武士们深感休戚与共的朋友之重要。所以，赞普和部落首领们都各有一批"共命之交"，他们在自己首领去世后也均欣然相从于地下；在妇女地位极其低贱的一些印度土邦中，寡妇须在丈夫的葬礼上被活活烧死，以便同去另一个世界继续受其夫役使……

也是由于"事死如事生"的原则，丧葬文化与各地之居室文化相关至密，同被打上了极为显明的地理环境之烙印。人们往往因居处环境的改变，从而使丧葬方式与内容也发生了相应的改变。

外来的宗教的传入，带来了新的文化内涵。这使接受外来宗教的居民们，在丧葬文化方面也不免受到异域文化的影响。

丧葬形式举略

火葬

在南丝干道上的几大族系——氐羌、百越、孟高棉、苗瑶及汉——之中，大约仅有后世迁入此区蒙、满等部，不曾有过火葬的丧仪。其余各大系之诸部，几无不或先或后地实施过火葬制。自然，由于族系及宗教信仰等多方面的缘故，各部虽葬制相类，但根由却或殊。源出于火神炎帝或开明氏之裔的氐羌诸部，如藏、羌、普米、么梭、纳西、傈僳等，原均火葬。他们的大本营最初是在高寒的青藏高原，而且又过着游牧无常处的生活。一方面是地理环境使他们因离不开火而崇拜火；另一方面是他们没有农耕部族入土为安的思想，但既不愿弃尸于野令死者灵魂不安，又不能携之以随畜逐水草移徙。那么，其处置死者最顺理成章的方式，自然是焚之以火，让死者魂归先祖——火神了。作为"低地之羌"的氐——即移到低湿温暖河谷，渐转入定居农耕及渔猎的那部分羌人，仍在相当长的时期内保持了火葬故习，有的甚至与火神崇拜同保留至今。

所谓"姜姓"而又"牛首龙身（蛇身）"的炎帝，历来的史学家都认定其为羌人的火宗神。实际上炎帝应是由羌至氐过渡时期之总代表。炎帝又号"烈山氏"、又号"神农氏"，足见其为羌系中粗耕农业（刀耕火种）时期的代表人物。所谓"牛首龙身"，亦正可从图腾上看出其乃是由畜牧转向农耕之部。牛是游牧部落的表记，而龙原形为大蛇，本农耕部最典型的图腾。世界各族，几无不以蛇为土地之象征。况"龙"、"农"同音相通，故以农耕立国的华夏以龙作为总图腾。对于氐羌诸部第一度火葬制，早在两千多年之前已有明确的记载了，比如《吕氏春秋·义偿篇》就说：被俘的氐羌之民，并不为他们失去自由而担心，所担心的却是怕死后不能火葬。目前，大小凉山的彝族是保留这种意义上之火葬的典型部族。

氐羌中已进入定居农耕之诸部，曾因居处的地理环境及生产方式之改变，大都曾实施过一段时期的土葬制。如在岷山、牦牛山、邛崃山脉诸山谷中的嘉戎各部，自先秦时代始，即实行石板棺土葬制；吐蕃王族则至少在隋唐之初，已有土葬之风，其先王陵墓集中于该部发祥的山南地区。这类氐羌部族再度施行火葬则出于宗教原因。自佛教传入藏区后，渐与土著原始的钵教融成喇嘛教，并在几经跌宕起伏后终于成为藏族全民的宗教。故，在藏民及其他受喇嘛教文化影响的各族——如普米、么梭等部中，又再度实施火葬制。不过，这次火葬之推行并不彻底，在一些本来实施过土葬的部族中的火葬，也说不清到底是沿袭旧制或是因出于喇嘛教的影响。另外，在不少喇嘛教势力稍薄之地的部落，尚顽强保持着各类土葬制。如金沙江畔河坡等部，至今尚有部分石板棺土葬制流行；原钵教势力根深蒂固的大渡河巴底、巴旺部落，至近代一直有立式蹲踞土葬制与喇嘛的火葬制并行，卧龙沟中及巴朗山麓的嘉戎，在近代则采用过火葬后再收灰入坛，二次葬入简制石板棺内的葬制。这显然是喇嘛教火葬文化与土著之石板葬文化互相妥协或言互相融和之结果。

在喇嘛教势力极弱的汉藏结合地区之氐羌系各部中，则大抵是仅凶死者、难产、夭亡、凶杀及其他意外死亡者，才进行火葬，这暂时还不能确定是对死者的一种惩处。如《周礼》中规定：战场上败亡无勇者投诸茔外以示罚，还是哀其不幸而直接送归先祖火神。但，有一点可以肯定的是：神圣的火能除秽驱邪。

氐羌诸部的第三度实施火葬则是现代的事，且方兴未艾，这是共和国出于卫生原因及耕地奇缺的国情所推行的。

汉民的三度推行火葬制与氐羌相类：第一次乃因土著汉民大抵为原氐羌之裔；第二次则由于佛教的盛行，其高潮乃在宋代。这亦是一种收灰于坛的二次葬式，这种不少上釉的汉式火葬罐，在牦牛道、石门道，一直至中缅边的南丝干道全程都有发现，时代则延续至明清，从宋代火葬罐（又称葬魂罐）上的陶塑可知当时的葬仪，由拿着哭丧棒的孝子在乐队及戚友的伴送下引着棺木走向火葬地。当时的棺木上有着三道铁箍，与今日的马氏岩棺制的棺木相同。

百越系的傣族及孟高棉系之佤、德昂等部的火葬，乃是由于小乘佛教的关系。信奉小乘佛教诸部，其僧侣及德高望重的老者死后举行火葬。从金沙江畔所出傣族明清火葬墓看，傣族在相当长的历史时期中，也曾普遍施行过火葬后收骨灰入罐的二次葬制。

另一种类嘉戎二次葬制的火葬墓——即骨灰罐被葬入数片石板砌的小型方墓的文葬式，一直在延自中缅边境的腾冲地区。腾（冲）龙（陵）地区，一般史家以为在汉代及其前乃滇越乘象之国所在，那么此地居民当以百越系民族为主。但另一些史家确认为腾、龙原是汉代哀牢夷发祥之地，乃氐羌系集团，至唐代，此区为氐羌中景颇、傈僳先民寻传蛮所在，其后一直为氐羌中傈僳与百越系之傣杂处之地。故上述石板方棺中之火葬罐主的族属尚难骤加断言。

在金沙江南北的彝区，尚存在着另一类特殊的二次火葬墓，其名曰"向天坟"。这类火葬墓外形有如神秘之玛雅人金字塔，只不过非方形而作圆形。由于墓顶之石板上，刻有六至十二角的图案及巫术符号，故名为向天坟。据刘尧汉考证，此类坟墓与彝族独特的十月历密切相关。

现代火葬中仪式较为独特而值得记叙的，亦不过几种类型："岷山源头的白马人与金沙江南北之普米等，均是在死尸未变硬之前，将尸捆着蹲踞式，头置于两膝之间，即所谓"作胎儿状"。焚时将尸置于滑竿之上，抬至氏族或地缘部落的公共火葬地焚烧。在送丧时，尸骨以布条系于抬尸滑竿之上。男丧九条女丧七条。九与七在氐羌系诸部中为一组突出的神密数字，尤其在婚丧祭典中无处不在。诸如在哭丧棒上缠线，亦是男九圈、女七圈；祭祀中的绕灵亦是男九匝、女七匝等等。"九"为阳数之极，本义为虬龙，自然与龙蛇团族核心之氐羌诸部关系至深；但"七"这一数字，在氐羌典仪之中的意义尚待进一步探求，似与氐羌中基干集团之黑虎七部（羌、彝）、白虎七部（巴人、板楯七姓）、牦牛七族（吐蕃王族及其父王六臣，即弃瑞已部及其三兄三弟）、以及氏族猎神——大宗神——梅山七圣等相关。

岷山黑水的黑布羌、嘉戎，大渡河西的木雅等部之火葬，是盛尸以棺，置棺于柴堆上，棺上再立木作人形架，饰以死者之衣冠而后焚之。

傣家火葬则在棺上以竹建类居室之屋，与尸共焚。若为大佛爷（高僧）之丧，则其竹丧房若宫殿，执挽送葬者以千计。

土葬

对于定居农耕民族而言，入土为安的思想来自对土地的崇拜，所以土葬之俗在南丝路沿途最为普及。崇拜土地的根源，乃是农耕之部是依仗土上的作物以生存的，所以给大地奉上了"后土"、"地母"之类的尊号。

最初各部均有聚族而葬之俗，因其时乃聚族而居也。到地缘部落取代氏族部落后，各自择地而葬的方式成为主流，但大抵均选在向阳高敞之地。汉族的土葬一直沿袭古氐羌崇"社"——植树于土主之侧以乞人与作物之丰收，故垒为坟以像山陵，并广植封树。明清以来汉族的石坟规模颇宏，且大多雕镂精良、成为一类独特的石雕艺术体系。豪门之陵或占地数十亩，并以数十百套的戏剧及神话传说的雕刻来装饰。

阿昌族之土葬是接受汉文化的结果，但在葬仪中尚保持了本族故习。其突出的特色是：尸体必须从跪着丧亲的头上抬过以送去葬地，以示整个家族奉送死者之灵前往仙界。

石棺葬

此种葬式虽属土葬系列，但由于其分部广、延续时间长、文化内涵独特丰富，故自成系统。

石棺葬式实应分石板棺、石涵（整石凿成之棺）、大石墓诸既有联系，又各具特色的三大类。

石板棺分布极广，北起川甘之交、西南抵滇西、西至金沙江畔的川藏界、东至于川黔之际，整个南丝道途中大都可觅其踪迹。石板棺之起源直可追溯到第一代蜀王蚕丛氏时代。《蜀王本纪》云："蚕丛氏始居岷山石室，其为人纵目，死葬石棺石椁，国人从之。"从这种片石镶砌而成的石板棺之葬式、地域及其内涵等诸方面情况判断，此类墓葬的主人主要应是蜀裔——今嘉戎先民戈基人一系部族之民。在南丝道上的原嘉戎土司地，近年曾多次发现数以百计的石板棺墓葬群。而在巴朗山麓，此种葬式下延至明清时代。金沙东岸的河坡地区，甚至延至现代。

大石墓主要集中在安宁河谷的古邛都文化区。有的史家根据彝族传说将其定为古濮人之墓葬，这有一定根据。但有人进一步将濮人乃至巴人统统归入百越系民族，显然缺乏论据。无论从墓葬沿革及文化内涵而论，大石墓均应属氐羌系民族之遗物，其与石板棺文化相关甚密。《华阳国志》等典籍中，都有关于古蜀王立巨石于墓前的记载。西昌新华所发现的大石墓前亦立石为表，显然为蜀人葬制的承袭者。墓前立石为表，是先民们大石崇拜与生殖器崇拜的表现，源出氐羌之祭社。而大石墓乃是在石板棺葬制之民，迁于无片石地区后因地制宜的一种变通形式。在南丝干道东线石门道所经的滇东北昭通地区，也有数量众多的大石墓存在。昭通地区是巴蜀、邛都、滇及夜郎文化的结合部，故西南大石墓应是氐羌系及受其文化影响之部的遗物。至于北方辽东地区的大石墓是否与西南同类墓葬有族系或文化上的关联，目前因缺环太多尚难妄加论叙。

石涵棺一般多为汉代墓葬所出，石门道途中之孝儿、青衣道上之芦山、牦牛道首之荥经等地均有发现。这类石涵上不少有着极精美的雕刻，尤以古青衣地方（芦山）所出的王辉石棺上所刻之青龙、白虎、玄武诸图为最，是汉石刻艺术中罕见的珍品。东汉砖石墓中所出土的大量精美之画像砖、墓前的石兽、石阙、以及汉晋崖墓及宜宾明清崖墓等等，之上的石刻绘画及浮雕书法碑刻，使丧葬文化中的艺术部分为历代所赞叹不绝。

悬棺

这是一种奇特的葬制，是人类学家尚未解开的谜。在刀切斧凿般的悬岩上凿石架木，其上置棺。或选择绝壁上的天然岩穴、凹槽放置棺木。中国的悬棺分布在东起沿海武夷山，西至甘川之交。在南丝干道东线的石门道地区分布既多且广，而又择地极险，一如三峡及巫溪、大宁河地区，望之确有惊心动魄之感。石门道一线之北段悬棺集中地区，古为僰人聚居地，故历来此区悬棺被称之为"僰人悬棺"，认为是该族的遗物。在典籍中，历来以"羌僰滇僰"连称，僰人明显为氐羌系部族，一些史家还认定其为今日白族的先民。三峡、巫溪、大宁河悬棺区，亦为古代巴人活动之域，而且至今尚实施岩槽式悬棺葬制的川甘之交的一部分白马人也与巴人同属氐羌系集团之族。但东海之滨的武夷山地区之悬棺，时代较之上叙诸地区更早，而且历来被判定为百越族系之遗物。那么悬棺到底是那一个族系的遗物呢？近年，有人在清理僰道悬棺时，发现有的尸骨有凿齿的痕迹，因此断言所谓僰人悬棺原是百越系中有凿齿习俗的僚人遗物。但这一论断仍欠有力之证据：因也有一部分悬棺主人是不凿齿的，而且凿齿之俗在古代颇为普遍，非止僚人。最麻烦的是历代典籍中所记载的僚人非止一系之称，更不可能指近代尚行悬棺葬制的川甘白马等部为百越系民族。

不但悬棺主人的族属难定，而且这种葬式本身也令人不解。在武夷山地区的悬棺虽置于高山之上，但又有船式木棺，显然为水上民族之遗物。人们为什么要将棺木置于悬岩绝壁之上呢？能资考证的史料，最有价值的要算《荆楚岁时记》上关于这种葬式来源的传说：悬棺的主人是槃弧（龙犬）的后裔。槃弧死于树上，后来才用竿挑下。所以槃弧之裔皆架木于悬岩之上以置棺，并"以先坠为吉"。所谓龙犬图腾，乃是氐羌系（龙）进入森林地区以狩猎为生之部所奉。至今西南民族中敬犬之风颇为普遍，尤其是白马人，犬死后要烧一个大饼系于犬尸之项，并将犬尸置于寨边树梢，颇与《荆楚岁时记》中所载相合。白马人对于优秀的猎犬，还要隆重地置棺葬之于土，并在犬头下放一枚绣花枕头。但是，这并不能真正解释悬棺葬制的由来：一直奉龙犬槃弧为图腾的瑶族人既未曾居住过悬棺之区，也从未施行过悬棺葬制。而且，在所谓僰人之裔的白族中，以及百越系夷、僚人之裔的仡佬等族中，也尚未发现有过悬棺葬制的遗痕及传说。有的学者推测，悬棺是一些战败远逃部族的遗物，他们将死者之棺置于人兽难达的悬崖峭壁之上，以便一旦可以返归故地将死者的尸骨带回原籍。但这种说法，尚无充分的依据，仅仅是一种推测而已。《荆楚岁时记》所说的"以先坠为吉"则更不可信，已三四千年过去了，悬棺依然高悬绝壁之上，等待人们去揭开谜底。

水葬

此种葬制一般只在奉喇嘛教诸族中才有，且主要是藏族。黑河藏仅将患麻风病死者葬入水中；另一部落则将全尸抛入水中，但白玉地方则是将尸支解后再投水。从绝大部分藏民不食鱼，以为鱼是食尸的水菩萨这点来看，水葬之俗在昔日似更加普遍。《山海经》说"氐人国，在建木西。其为人，人面而鱼身"。又说"蛇又号为鱼"，可见鱼类是氐系中之重要图腾，水葬的起源当与此有关。

天葬

藏族中不少部落都有公共的天葬台，亦有专门支解尸体之人。葬时将尸发系于葬台之柱上，首先由背部剖开，然后将尸割成小块，抛上天空以饲鹰、鹫雕及鹞。其后复用铁杵将尸骨击碎为末，拌以炒面抛饲群鸟，以食净为吉。

这种葬制亦不知源起。这与氐羌火葬，尸者之灵随烟火冲空而升天相似，只不过是仗鸟飞升而不凭烟火罢了。

当然，也有可能与鹰崇拜有关，因不天葬的藏族部落也禁猎与食鹰。在氐羌中原有不少以鸟为图腾之部，如古蜀王朝中的鱼凫、杜宇；巴人中的咸鸟与覃氏；凉山彝以鹰为祖之父族，哀牢彝则以鸟为始祖的部族等。而且，在中华西南民族中，自巴蜀以南的氐羌各族中普遍崇拜金鸡。

树葬

神树崇拜是各森林部族的共习，树葬也是森林部落中才可能有的独特现象。中华诸族中目下只有东北的鄂伦春，鄂温克才有部分架棺于树或置熊（图腾动物）骨于树间的树葬（风葬）之俗，西南则仅发现山岩藏族部落有将婴儿之尸置于桦树皮桶或木桶中悬于树上的方式。山岩的婴儿树葬，对葬地的选择尚有讲究：必须选在两水交汇之处的正对岸所长的树上，如果死婴之母仍希望生育，此树必须枝叶丰茂，如其母不欲再生，则当选择一株树梢已枯之木作葬处。而这树前交汇的两水，是母亲两支乳房的象征，若非葬于此种地方，婴尸将受饥渴之苦。

树葬与悬棺葬之间，似有某种现在尚不够明确的关系，似应均属森林狩猎部落的特有葬礼。

特 殊 葬 式

一些部落对于一些特殊死者，施行特别的葬式。如前所叙：在一些氐羌系民族中，对夭亡及凶死者行火葬，对麻风病死者行水葬，以及山岩婴尸的树葬等，均属特殊葬式。山岩部落对四世同堂的家族的老人，或年满百岁的女人及年满 97 岁的男人，均施行"室内葬"。即以木匣盛尸，置于房顶敬神祭天处或牛圈侧。山岩虽实行兄弟共妻制，但那是为了枪不分散（战斗力不减弱）而非母系制的影响。所以在山岩"戈巴"（父系家族）中，妇女地位甚低，亡后不得入家族公共墓地。

不少部落中，对未成年而夭亡者亦作特殊处理，如未行成丁礼之男童及未行穿裙（或换裙）礼的女童，不能算作部落正式成员，因而不得葬入家族或部落公共墓地。

景颇人对于死于母腹中的胎儿，要剖腹取出另葬，认为那已是另外一个灵魂，应有自己的阴宅。

河坡藏族则在幼婴的坟上，用三块石头架成桥式，其用意尚未弄清，亦是一种特殊的葬式。

崖墓

藏棺于天然或人工开凿的洞穴之中，应是穴居部族文化现象。而凹槽式悬棺又与此有近似之处，好似巢居式悬棺葬与穴居式岩墓两种文化之中介物。

最早关于岩墓之记载亦是邛都（西昌）地区的"濮人冢"所谓"望之如窗牖"的崖墓。各类凿穴于岩而葬的墓式在川内分布极广，重庆、南充及南丝干道上的乐山、雅安、宜宾等地区，皆各以万计。

人工穴岩而葬，必当在铁制工具普及之后。实际上所发现的岩墓上起汉晋，下迄明、清，与铁器在西南普及之时限正相当。史家们通常将汉晋岩墓划为"汉系岩墓",而将明清岩墓划分"民族岩墓"。其论据乃是汉晋岩墓中所出文物,与汉晋土坑墓及砖石墓内所出相类;而宜宾地区的明、清岩墓则多有少数民族人物刻像。但这实为一种谬误。四川博物馆之王家右驳此论的论说最为切中要害。王氏以为汉晋岩墓应属接受了汉文化,但保持了穴居葬式旧习的少数民族墓葬。而从华夏至汉族,已有几千年穴地为墓堆上为坟葬式的汉族,不可能骤然放弃祖先葬制,突然在某一刻在西南地区大规模改变葬制。而且,同时代的土坑与砖石墓又往往与岩墓相邻出现在当时的民族杂居地。重博表均在綦江地区发现的东汉岩墓中,丰富的石刻画像尽少数民族形象,与宜宾明清岩墓如出一辙,进一步证实了王氏之推断。巴人自发祥始,即为穴居之部,川中众多的岩墓当为巴族后裔及其他穴居之部的墓葬——其重点分部之重庆、南充均为古巴国核心地带;雅安地区之荥经是巴蜀文化的最后一个聚点;乐山为古南安地,与宜宾同为开明氏之巴西上称王于蜀之先的王朝所在。

另一种利用天然洞穴藏棺的葬式,或又被称为"幽岩葬"。有的是以棺盛尸聚族藏于某一固定山洞之中;有的则是将骨灰罐藏于洞中;有的则是将尸之头或耳割下盛以小木桶,然后藏于洞中。此俗在部分农区藏族支系中,部分彝族及仡佬、瑶等族中流行。南丝干道东线石门道之川滇之交地区,如镇雄一带之仡佬尚行此种葬制。

回到图腾的世界中去

丧葬的目的既然是要让死者之灵去到祖先灵魂所"聚居"的乐土,那末在葬仪过程中必然会充分显示对图腾物的崇敬,以及死者与图腾物间的亲密关系,以便使图腾所代表的历代先祖接纳死者之灵。

部落民族为了生存与发展,出于自觉或被迫的种种原因,不免都经过多次迁徙,远离了部落发祥与图腾"诞生"之地。如系举族移徙，常将故地山、水之名及地名连同原始信仰一齐带到新的地方。如姜姓由西部随周灭殷后，在山东地方建立了齐国，将神仙思想、大山崇拜（泰、岱）及巴蜀地名一起，"迁"入了山东半岛。但即便是如此，仍难免其故土之思，但如果只是一些支系分散或分批外迁，对于举族发祥的大本营及共同图腾的追怀与崇拜，无疑是原始部族赖以生存、发展最重要的凝聚力所在——即所谓构成民族四大因素之一的民族共同心理的基石。所以，无论任何一个民族部落或氏族，无论其有无文字，他们都极端重视本族的谱系。这使得原始葬仪中，产生了一套除追叙族史，颂赞图腾而外的"送魂"仪式，即由沟通人、神的巫师，将死者之灵引导着、溯着历代先辈迁徙的道路返归故土，以回到民族发祥，图腾诞生的世界里去。

随着氏族部落的解体，地缘部落及村寨的形成，尤其是民族杂居与通婚，一方面使图腾交融杂存，另一方面又令原始图腾的影响在生活逐渐淡化了。但在中国西南民族的丧葬文化中，仍能寻出不少踪迹。

前所叙氐羌火葬，乃是为使灵魂回归图腾宗祖火神那里去。这一点，闻一多在其《神仙考》一文中已作过充分的论述，此处不必赘言。而藏族之天葬与水葬，也当与鹰及鱼之图腾崇拜有关。以黑虎为民族总图腾的彝民，之所以必须火化，乃据其巫师毕摩们认定："彝族若不火化，就无法再变为虎了。"巴人之裔的土家族，在丧事中也必须通宵达旦地跳模仿其图腾物虎、鹰及龙的舞蹈。

由于牛、羊原是羌系总图腾，金鸡是巴、蜀最主要图腾之一，所以在南丝干道沿途之氐羌各族葬仪中，都有牛（或羊）与金鸡崇拜的表现，它先以牛、羊或鸡来向祖先（图腾）献祭，而后参与丧事者均分食其肉。这是与在祭祖大典中分食图腾物之肉（胙肉），以取得其力量及其祐福相同，也与西方基督徒在复活节领圣餐的意义完全一致的。

氐羌系诸族的大本营，原在赐支河曲（黄河曲）及西海（青海湖）一带高原。其东迁者与东夷系融和于黄土地带成为了中华主干之华夏集团。由于华夏集团不断澎胀，迫使尚未东进至中原的氐羌诸部多次大规模沿横断山民族走廊南迁。这走廊之东部，则正是南丝干道所沿袭的路线。而氐羌系诸部沿此走廊南迁的行动，自有信史以来直至近代一直未曾停止过。其后，汉族、蒙、满及其所部之族，亦沿此线而南来。故，在这一线上的氐羌诸部的葬仪中，都有送魂（或葬魂）仪式及其经典（《送魂经》）。如凉山彝族的送魂路线是向北，直到水南北流向之大雪山下；景颇是送魂到喜玛拉雅山下等等，均是向北送归。

在"国族"形成大本营所在之地，这种送魂仪式的原始形态是招魂，因这一仪式的宗旨是"魂归故里"。两千多年以前的《楚辞》中之《大招》、《招魂》诸篇，均是湜巫师葬仪中所唱的祝辞加工而成的文学名篇。其内容乃是招唤亡魂不要到有毒蛇、流沙、炎阳、寒水之四方去，要回到亲所处、先祖所居的美好家乡来。古白马氐大本营所在的南坪、平武之白马藏人，现代所唱念的召魂辞不论内容与形式，都与数千年前、数千里外的楚辞相类。可见氐羌诸部中此俗起源之早，及流传之普遍。

汉族虽来源庞杂，但如就主族源而论，乃以氐羌系为大宗。因炎帝、黄帝、夏族、周族——即华夏系核心，无不属氐羌系集团。尤其西南汉族，在血缘与文化上承继于氐羌者更多，所以，汉族中客死异乡之人，其亲友只要有可能均要千方百计将其棺木返葬祖茔。徙移之家族，亦必以营建新的族茔为大事，以便举族父子祖孙死后团聚。西南汉人之葬仪中，要请瑞公、道士唱念类族谱的《道经布》，实与彝等族的《送魂经》无异。道教的瑞公、道士为死者所做的"道场"，引道亡魂平安穿越阴司直达仙界，亦是氐羌原始宗教的送魂仪式，在规范化的大型宗教时期的变种。

蒙族的弃尸于大阴山谷之野的葬式，亦正是这苍狼图腾之部"狐死首丘"，回归图腾故土思想的体现。

事死如事生

既然有灵魂，死者仅是去到先祖聚居的另一个世界，它们自然要象生者一样生活、需要生前所需要的一切。所以在丧葬中，亲人们要为死者创造尽可能如其生前一样的环境条件，这就是事死如事生（对待死者如对待活人一样）思想产生的缘由。

因为人们最早都是聚族而居，这自然便产生了聚族而葬的思想，乃是希望族之亡魂能如生者般聚而不散、免遭异族（姓）凌辱并图在另一世界中部落或国族的发达兴旺，所以，在《周礼·春官》中记载，那时还有专掌公墓的冢人及专掌邦墓之域的墓大夫。而在西南诸族中，无论水、火、天、土葬式，都有氏族部落公共的葬处。号称世界第八奇观的秦始皇陵惊世骇俗、阵容庞大的兵马俑，以及明陵富丽堂皇的地下宫殿等，均是帝王们欲在另一个世界里继续他在人间统治的代表作。作为马背上民族的蒙古人所设置的"世界之王"成吉思汗之陵，原只是与牧人们一样的两座简陋但曾驾御过半个世界的蒙古包。包前供着天之骄子仗以践踏四方的马具与战刀，简直与一般蒙古骑士的居室无二。

从众多汉代墓葬中的出土物，我们可以见到那个时代房屋田畴等等人间生存所必需的一切陶制模形。主人为了如生前般富足安乐，连家禽六畜及田中的鱼、龟也带入坟墓，当然更少不了歌舞说唱的陶俑。直至现代，丧葬时还要焚烧纸扎的卧车、楼房以及彩电、冰箱等。

在西南少数民族的丧葬中，大约因原火葬较多，而生活用品原也极简，故除土司之墓外，殉葬品不多，但死者随身衣物、日常用品亦皆与尸同焚或同葬，尤以男人的刀妇女的手饰为必需品。

体现事死如生的另一个方面表现在棺木与墓葬形式上，如上叙汉皇的宫殿和成吉思汗陵的蒙古包。由穴居进而居于石室中的古蜀人及其后裔的戈基、嘉戎等，则葬于石板棺之中，居板屋土墙之民则行木棺土葬；居"干栏式"吊脚楼之民，其棺亦如其居室，如云南晋宁石寨山所出土的春秋战国时的干栏式铜棺，山居水处的巴人则葬以船棺；傣式墓也与其居室同形，傣僧之骨灰则葬于缅塔形墓中。

中华的丧葬文化是理性与智慧的结晶,是从哲学的高度来认识并处理生与死,个人与群体,人与自然那相剋相生、相互消涨的多元关系的。是有意识地通过对死亡个体的祭奠,促进群体意识的凝聚与群繁衍,以达到使群体永生的目的。

大自然创造了生命,抚育了生命,繁多的生命装点了自然,使之充满了活力。但自然又限制生命,毁灭生命。生与死、毁灭与创造,就像太极图中的阴阳所显示的那样循环往复。

但是,有理智的人类,不甘受制于自然,渴求探索自然的奥秘并战胜它。人不甘心仅仅经几十年就又归物化,人不愿意死亡,他们渴求永生,不甘受自然摆弄而顺从地早逝。长江、黄河的子孙——氏羌系龙蛇团族,经过数不清世代的执着追求,终于孕育出为了生者与生存的伟大宗教——原始道教。这宗教与那些追求涅槃、死入天国之类的宗教有着本质之别,它追求的是长生不死。当然,在不可战胜的自然之前,不死的追求必然归于失败。但在这光辉的失败之中,孕育出了伟大的原始医学、天文学与化学,孕育出了更伟大的、揭示自然之秘的阴阳哲学。人们未达到不死的目的,转而追求长生(寿),这仍然是在积极地进取向自然挑战。于是乎避谷食气、导引吐纳、丹鼎符箓、药石房中,全方位对延年益寿的追求产生了,也确取得了一些成效,这是在人与自然的斗争中所取得的一极端渺小的胜利,但毕竟也必然的是一种胜利。

在对自然的探索中,氏羌巫师们逐渐认识到不但阴阳替相消涨,而且阳中本有阴、阴中亦原有阳;生从一开始就包函着死,而且死的核心里又孕育着生。于是巫师们在单纯黑白互变的早期阴阳图中,再将白点加于"黑鱼"之核心、将黑点加诸"白鱼"之腹区。这便完成了自然与生命合一,即天人合一的太极图象,从而也奠定了丧葬文化中祭死祝生的哲学思想。

这一伟大认识,至少早在汉字系统完成之先。如人们以生命久长为"寿",但又称坟茔为寿宫、棺木为寿材、尸衣为寿衣等等。又,凡与死及丧葬有关之字,均从"歹旁",如"死、葬、殡、薨"；肢体的部分死之曰"残"，杀死人曰"殊"等。但生育则曰"殖"，这些均为从汉文字中可以见到"死即是寿——长生，死孕育着新生之思想"。因此，才产生了在丧葬仪式中祝生——繁殖——的具体行为。

现代重庆葬俗，继沉重哀乐后的情歌、肃穆哀悼后的酗酒调情，在不是为民族绝灭而是为人口过剩深感忧虑与恐惧的现代，自然不为多数人所理解，其形式也无甚可取之处。但是，那种祭死祝生的思想仍是伟大的。在西南氐羌系民族的葬礼中，至今还普遍不同程度地保留着这类丧仪。比如土家人的跳丧鼓，前半夜是祭祀类舞蹈，后半夜则是欢乐的"求偶类"舞蹈了。羌族的所谓"丧事锅庄"亦与之相类。在景颇在葬魂之后一连数夜通宵达旦的丧舞中，远近寨子的少男少女皆盛装而往。在舞至高潮时，相悦的情侣双双离开法相庄严的成年吊丧者，携手没入漆黑的原始森林，用具体行动表示对死者的哀悼——去为部落和民族创造新一代成员。哈尼人寨中如死了老人，附近百十里村寨的青年男女都赶来"打磨撮"，当低沉悲怆的哀歌告一段落后，挑逗或缠绵的情歌声立即取而代之。在此种气氛中结成的新欢或旧好们，相继连手退场，各自寻找适宜的地方去进行人类本身的再生产。这情况曾使得外来考察的学者瞠目结舌，并在报刊上撰文指责其"引起性关系的紊乱"，云云。但这亦是祭死祝生思想最本质的体现。

丧礼耗资巨大，尤其是家族长者、民族英雄、部落酋首之类的葬礼要耗费惊人的物力人力。但这往往是值得的，在早期有时甚至是必须的。《周礼·春官·大宗伯》云："以丧礼哀死之"。丧礼的另一大功能，是使族人姻娅在庄严时刻的一次聚会，让与事者通过死者之丧感到休戚与共的群体与戚谊的可贵。这无异是一次面对先祖（图腾）的举族誓盟，使人们因共同的命运与共同的血缘关系更加紧密地集结在一起。国家与庞大的部落联盟三年一次的祭天祭祖大典，实不过是扩大了的丧礼——共同图腾的丧礼而已。在那黑头发下的黄皮肤所裹着的躯体中，翻腾着的是同样的龙蛇之血，而不是水。通过丧仪所结成的新的姻缘，是对旧戚谊的进一步重申与加固。这一点，不论是对仅有数百人的民族或拥众数亿的大国，都同样重要。尤其当一个民族处于危亡关头之际，其产生之力量是难以估量的。当代的政治家们几无不清楚地认识到这一点，并加以充分的利用。

在延安时代，一个普通的红军战士丧生于极平凡的日常劳动之中，全党全军的统帅毛泽东亲自为之主持丧事并致悼词。毛泽东坦率地指出了丧仪对生者的巨大作用："村里死了人，开一个追悼会，寄托我们的哀思，使全体人民团结起来。"

尼基塔·赫鲁晓夫在他的《回忆录》中，对于俄罗斯后来的独裁者斯大林，在20年代如何违背政治局、死者及其家属的意愿，将列宁之尸置于水晶棺中供人朝觐及其后来在卫国战争中所起的巨大作用有详切的记叙。因为格鲁吉亚神学院的学生，是知道一位革命圣人的遗体在俄国民众心目中的份量。当纳粹铁蹄践踏苏维埃领土、红军溃不成军之际，斯大林让成千上万新穿上军装的俄罗斯人去向列宁的遗体告别，造就了无数视死如归奔赴战场的士兵，为拯救民族立下了巨大功勋，这是一场原始部落在战前敬天祭祖、誓师于图腾之前的弃旧变新的现代表演，也无疑是当代利用丧葬最为成功的范例。

不论家族或部落，通过葬仪获得新的凝聚力，与通过葬仪缔结新的姻缘一样，其目的都是为使群体昌盛——获得永生。

自然是不可战胜的。人类是终将灭亡的。但不甘受自然摆布的人类，勇敢地为了生存与发展向自然挑战，也会取得一些渺小而短暂的胜利。中华丧葬文化所显示的祭死祝生的思想，即是人类在反抗无可抗御的自然规律的斗争中之一次心灵与意识的胜利，虽是暂时的胜利。人们通过葬仪，深切地揭示了瞬息与永恒、个人与群体、死与生间那繁复而微妙的关系。人们正是通过对个体死亡的祭奠，获得了群体的永生——虽然说宇宙无尽、人类必灭的意义上而言，只是短暂的永生，但这毕竟是人力所能及的伟大胜利。

沉重的丧鼓声万世不息，悲怆的哀歌不绝如缕，焚尸的火焰在闪灼翻腾，人类的灵魂随着冲空而起的烟火升遐。只要人类还存在，丧葬文化就不会消逝，中华丧葬文化中这种通过死亡、跨越死亡、获得群体永生的思想就不会泯灭，就必然会不断以新的形式出现，去促进人类的繁荣昌盛。

(1990年第1期)

"胭脂"考释商兑

何坦野

化妆是一种历史久远的美容技术。往上可追溯至原始社会：埃及妇女在五千年前已懂得装饰及卷曲头发，又在眼睑擦油以防止被太阳炙伤；新几内亚的原始部落亦擅长化妆，把身体涂鸦得红红绿绿，所以化妆是一种身体语言，是皮肤的延伸。① 当今女性的化妆品，常见的有眼盖膏、假眼睫毛、胭脂、粉、唇膏、指甲油、香水等，其中胭脂是目前我国妇女们常用和基本的化妆用品。但是近两千年来，我国历代卷帙典籍，尤其是现今出版的各类书籍和学术界中，一直认为胭脂是我国商纣时由汉人所发明的化妆品，所用原料是"红蓝花"或"苏木"植物。下面，笔者择其要而案之：

——"以红蓝花叶凝为之，燕国所出，后人用为口。"（《正字通》）

——"燕脂，盖起自纣，以红蓝花叶凝作燕脂，以燕国所生，故曰燕脂。涂之作桃花妆。"（《中华古今注》）②

——"殷纣时已有燕支，是用燕地红蓝花叶捣汁凝作脂来饰面"。（《生活必备》）③ 就是具有权威性的《辞海》④ 等也持相同的观点和看法。对此，笔者不敢苟同；今不揣浅陋就教于大方。

---

① 熊源伟、余明扬著：《人际传播学》，湖南文艺出版社，1989年版。
② 《中华古今注》，五代·马缟著。
③ 王守勋主编：《生活必备》，对外贸易教育出版社，第1031页。
④ 《辞海》，上海辞书出版社，第1510页，"胭脂，亦作'燕支'、'燕脂'，一种红色的染料，用红蓝花叶制成。"

一

在我国历代卷帙浩繁的典籍中，有关胭脂的异名甚多，据笔者不完全统计，约有十三种之众。然使人惊疑之处在于，胭脂及其异名在先秦古籍中未曾出现，从资料考稽来看，胭脂的异名最早出现在西汉，如《史记·匈奴列传》里写成"焉支"；《汉书·司马相如传》张辑注里写成"㩆支"；《汉书·刁凿齿与燕王书》里写成"烟肢"等。

值得我们注意的是在《旧唐书》中有一段描写东汉明帝祭祀他先父的场面："后汉世祖光武皇帝葬于原陵。其孝子明帝追思不已。永平元年，乃率诸侯公卿正月朝于原陵，亲奉先后阴氏妆奁箧笥悲恸，左右侍臣莫不鸣咽。"① 永平元年即公元58年，那时的妆具叫脂盏，如《新唐书·李德裕传》："敬宗立，侈用无度，诏浙西上脂盏糚具。"从上述文字里可以表明，胭脂在汉朝时乃局限于皇亲公侯，至于流传到中原地带的豪绅地主家里，则大约是"魏兴以来始有之"（《晋·郭义恭《广志》）。

"胭脂"这一语辞，据笔者考证最早出现在唐初文献，如杜甫的《曲江对雨》里："林花着雨胭脂湿，水荇牵风翠带长"。至于人们所言的"胭脂井"，其实它原名叫景阳井，故址在今南京市内。"南朝陈后主起临春、结绮、望仙三阁，极其奢丽。后主与妃张丽华、孔贵嫔各居其一，及隋兵南下，克台城，三人坐视无计，遂俱投井，为隋人牵出"。② 这口井南北朝时叫景阳井，到了宋代才称它为胭脂井。还有把凶悍的妇女比喻为"胭脂虎"，如陶谷《清异录·女行》："朱氏女沉惨狡猾，嫁为陆慎言妻，慎言宰尉

---

① 《旧唐书·礼仪志》。
② 《韵语阳秋·五》。

氏，政不在己，吏民语曰'胭脂虎'。""胭脂井"①、"胭脂虎"均出现在宋代，说明到了宋时"胭脂"一词才在文献中广泛使用和出现。到了明代，张岱在《西湖香市》中描述到："凡胭脂、簪珥、牙尺、剪刀等，无不集。"② 表明胭脂在明代已大盛其行，成为当时我国广大城镇乡村妇女们常用和基本的化妆用品。

二

我国先秦时没有"胭脂"的化妆品，那么这时期妇女们所使用的是什么化妆用品？笔者认为：我国先秦时只有脂、粉、泽、黛等化妆品和化妆法。

"脂"，是我国文献中最早出现的化妆词语，《诗经》中："手如柔荑，肤如凝脂"和"尔之亟行，遄脂尔车"等可以印证。脂，《说文》："戴角者脂，无角者膏"。台湾版《中华大字典》释为"牛羊为戴角者，豕为无角者。"《礼记·内则》："脂膏以膏之"。孔颖达疏："凝者为脂，释者为膏。"因此，"脂"就是动物体内或油料植物种子内的油质，但不是指后来出现的红色的胭脂。

作业古代化妆品的脂，当时有唇脂和面脂之分。汉·刘熙《释名》曰："唇脂以丹，作象唇赤也。"梁·刘缓《评倾城人》："粉光犹假面，朱色不胜唇。"看来唇脂犹若今日之口红，专用以涂唇。用以涂面的为面脂，商周就已有之③；但此时的面脂无色，主要为防寒而用，如今日之雪花膏、油脂之类④。因此，《辞海》和《古汉语常用字字典》⑤ 等把"脂粉"理解为"胭脂和香粉"

---

① 元·萨都剌：《雁门集·满江红·金陵怀古》："玉树歌残秋露冷，胭脂井坏寒蛩立。"
② 张岱：《陶庵梦忆卷七·西湖香市》。
③ 陈彭年撰：《钜宋广韵》，上海古籍出版社，第22页。引"《释名》曰：'脂，砥也，著面软滑如砥石也。"
④ 余世谦编著：《中国文明大观》，江苏文艺出版社，第547页。
⑤ 《古汉语常用字字典》，商务印书馆，1979年，第325页。

是不妥的。

后来脂常常与"粉"一起使用,渐渐形成了一个固定词组,如:"不待脂粉芳泽,而性可说者,西施阳文也。"(《淮南子·修务》)"故善毛嫱、西施之美,无益吾面,用脂泽粉黛则倍其初。"(《韩非子·显学》)"孝惠时,郎、侍中皆冠鵔鸃、贝带、傅脂粉。"(《史记·佞幸列传》)那么"粉"为何物历来众说纷纭:有的说是米粉,如《释名》:"粉,分也,研米使分散也。赪粉者赤也,染粉使赤以着颊也。"《说文》小徐曰:"古傅面用米粉。"也有的说是面粉,如北魏·贾思勰《齐民要术》:"有傅面粉英"。还有的认为是铅粉,"自三代以铅为粉,秦穆公女弄玉有容,德感仙人,萧史为烧水银作粉与涂,亦名飞雪丹。"唐代诗人也多次描写到,如"学母无不为,晓妆随手抹。移时施朱铅,狼藉画眉阔。"(杜甫《北征》)"空将汉月出宫门,忆君清泪如铅水"(李贺《金铜仙人辞汉歌》)。

我国先秦时,女子的妆饰主要是粉(白)黛(黑)两种,"春秋周郑之女,粉白墨黑,立于衢间"(《国策》)。"粉白黛黑施芳泽,长袂拂面善留客。"(《楚辞》)"古时妇女之饰,率用粉黛,粉以傅面,黛以填额。"(《谷山笔麈》)换言之,用白粉傅面,用青墨颜料画眉,所以当时不盛行脸上抹红之习俗。到了魏晋,女子才重红妆。到唐代,在文学作品里屡次出现了"红粉"一词,如杜牧《代吴兴妓寄薛军事》:"雾冷侵红粉,春阳扑翠钿,"白居易《琵琶女》:"夜深勿梦少年事,梦啼妆泪红阑干。"杜牧的《兵部尚书席上作》:"偶发狂言惊满座,两行红粉一时回。"在唐代文献里,使用"红粉"的次数要大大超过"胭脂"。那么,红粉是否与燕脂同属一类?笔者认为,两者不属于同一种化妆品。红粉与白粉同属于粉类,红粉的色彩较淡,使用时通常抹涂或打底;由于粉类化妆品难以粘附脸颊,不易存久,所以当人泪流满面时,红粉会随泪水而流下。燕脂属油脂类,粘性强,擦之浸入皮层,不易退失,一般在浅红的红粉打底的基础上,再在人之颧骨处抹上少许燕脂,因此不易随泪水流下或退失。"胭脂洗出秋阶影，冰雪招来露砌魂。"① 说明胭脂只能用洗涤法才能除色消隐。文学作品里较多描写到红粉泪垂的现象，但这并不能得出胭脂在唐代人们使用不多的结论。"美人妆，面既傅粉，复以燕支晕掌中，施之两颊，浓者为酒晕妆；浅者为桃花妆；薄薄施朱，以粉罩之，为飞霞妆。"(《妆台记》) 至于古乐府《木兰诗》："阿姊闻妹来，当户理红妆"的红妆，应理解为"红装"，古时称女子着红衣裳为红装。

古人所使用的"粉"，我们认为既不是米粉、麦粉，也不可能是纯粹的铅粉或香粉。因为米粉和麦粉易潮结块，而且出现粘糊状，难以润浸皮肤；而纯铅粉内含毒素，也难以粘附面容。那么粉到底为何物？笔者认为，它是指一种叫"紫茉莉，"又名"胭脂花"植物的花粉。《草花谱》载："紫茉莉，草木。春间下子，早开午收，一名臙脂花。可以点唇，子有白粉，可傅面，亦有黄白二色者。"或许是紫茉莉的花粉掺入少许铅粉、香粉的混合型化妆品，但决不可能是纯粹的铅粉或香粉，以及麦粉和米粉之类。

三

古代胭脂所制的原料，不是所谓燕国出产的红蓝花或苏木等植物，而是"紫茉莉"植物。历代认为："燕脂起自纣，以红蓝叶汁凝作脂，以为桃花妆。盖燕国所出，故曰燕脂。"(《二仪录》) "胭脂以红蓝花叶汁凝为之，燕国所出，后人用为口。"(《正字通》) 燕(胭)，影母，先韵，因连切；脂，照母，支韵，蒸夷切。燕，本作匽、郾，又称北燕。周召公奭所封之地，战国时才把北燕之地称为燕。②

---

① 《红楼梦·第三十四回》。
② 邹晓丽编著：《基础汉字形义释源》，北京出版社，第184页。"燕，是商族的图腾，被商奉为始祖。燕地是殷商氏族的发祥地"。又《钜宋广韵》，第82页。"燕，国名，亦州，又姓，邵公奭封燕，为秦所灭，子孙以国为氏，汉有燕仓。"

笔者认为：（1）胭脂的异名在古籍文献中甚多①，有"燕脂、臙脂、烟脂、臙脂"等；也有写作"燕支、烟支、䋶赦"等；还有写成"阴氏、焉支、阏氏"等。它们的读音相同或相似，只不过取字标识不同而已，因此，断不可见其一异名中有"燕"字，而主观武定为是"燕地所出"，从而造成望"燕"释义、以讹传讹。（2）所提及的红蓝花，均不见我国古籍植物典志，所以迄今我们仍不得而知；但，若是商纣时取名或已被命名为红蓝花，而不是当时语言所惯用的"朱蓝花"或"赤蓝花"之类②，从这一点上也可以推测是商纣以后所命名的植物。至于苏木，得知是"苏方"或"苏坊"，学名为 Cae–salpinia Sappen，豆科，浸液可作红色染料③。然这种植物主要生长在热带地区，所以不太可能生长在我国北方的寒温带地域。我国明清时所使用的苏木染料，都是在与南洋群岛的外贸交易中进口的④。（3）至于国外从胭脂虫提取的胭脂，18世纪初才由法国和荷兰的冒险家从秘鲁阿亚库乔省的印加古城偷运到地中海、北非等地养殖⑤；与我国古代胭脂的来源、制作等是两条完全不同的途径和方式，因而不能混为一谈。（4）我国古代胭脂所制原料应是紫茉莉朱红艳丽的果子，除上引《草花谱》外，还可以从《春草堂花卉图》中加以佐证："此草二、三月发苗，茎蓬节则粗，如骨节状，叶长尖光绿，前锐后大。入夏开花，至深秋末已。有紫白黄三色，又有一本五色者，白花者香尤酷烈。其花见日即敛，日入后复开，亦不经久，一日即萎。结实外有包，内含青子成簇，大如豌豆，久则黑子，内有白粉。子有白粉，可傅面。"紫茉莉，又名臙脂花，全国各地都有栽种，繁殖力强。

---

① 潘允中著：《汉语词汇史概要》，上海古籍出版社，第124页。
② 王力著：《汉语史稿》（下册），中华书局，第546页。"'红'字在上古只中'浅红'的意思。朱骏声说：其色在赤白黄之间，上古'大红'叫做'朱'或'赤'"。
③ 《辞海》，上海辞书出版社。
④ 翦伯赞主编：《中国史纲要》（第三册），第24页。
⑤ 抒鸣、锐铧编：《世界万物之由来》，哈尔滨出版社，1990年1月，第324页。

它的果实内有白色的粉末，用以涂抹面容；颗粒朱红果子，掺入无色油脂，用以擦涂脸颊、口唇，作为化妆用品。

若我们把胭脂看作是由紫茉莉植物所制的原料来理解的话，那么我国古代文学作品里有关"胭脂"一词所历代争论不休的悬案都可以找到较圆满的解答，如李贺《雁门太守行》里"角声满天秋色里，塞上燕脂凝夜紫"一句。李贺的诗向来有怪谲瑰丽、想象奇特之美誉；同时也有晦涩难懂、用语艰辟之诗风，因此，他的一些诗既获得人们的喜爱，又形成了理解上的分歧。如句中的"燕脂"一词，聚讼纷纭，异说并峙①：一说是写"血"；一说系状"山"；一说为指"土"；一说属饰"城"；一说表"天色"。说天色的又有的讲"暮色"，有的乃言"曙光"，等等。

历代试析此句所颇感困惑和棘手的，主要是"夜"与"紫"两字很难同"燕脂"和"秋"粘连起来进行诠释说明，这恐怕与他们没有真正弄清"燕脂"为何物有关，因此在理解上只好各自为是、猜测拟释。这里关键之处在于，为何诗里要点明"燕脂"所凝成的是"紫色"，而非黄玫瑰或其他颜色？为何要表明"凝紫"的时间在夜晚而不是在白昼？为何说明"凝夜紫"这一景象是在秋令时节，而非阳春或冬夏？这些疑窦按上述"燕脂"的六种说法都是无法解释清楚、令人折服的。

如果我们把诗里的"燕脂"理解为紫茉莉，确切讲应是其秋天时所结果实内的皮瓤的话，那么这一疑团就涣然冰释。上引述的两段文字，清楚而有力地表明了：（1）紫茉莉，"其花见日即敛，日入后复开。"换言之，此花看到太阳初升，花瓣就收拢；到了傍晚夕阳下沉时又开出花朵，直至翌日清晨。是一种夜间开花的植物，这就表明了诗人为何在此句特意点出夜晚而不是白昼的原宥。（2）紫茉莉，临秋花谢凋零，至深秋时果皮内的青绿色颗粒果子，渐次皴裂于皮外，大如豌豆，经过漠野深秋的风吹、日晒、霜打

---

① 《古典文学名篇赞析》，上海教育出版社，第120页。

粒粒果子渐次变成了紫红色。所以诗中着意描写为"凝夜紫",说明到了深秋时令,边塞土壤(塞上,一本版作"塞土")上的紫茉莉果子,凝结成一颗颗紫红艳丽的果实。那么,李贺为何不用"红"字而用"紫"字,因为:一则为了平仄押韵(红平、紫仄);二则取"紫"字来形象指代紫茉莉植物;三则忌于下句红旗的"红"字雷同。(3)紫茉莉,"入夏开花,至深秋末已;内含青子,久则黑子。"说明在"满天秋色里"的塞北,此时把大地妆扮成深红艳丽的,不是紫茉莉的花骨朵儿,当然此时或有些稀疏、零乱迟开的花朵,而主要和基本上是粒粒紫红色的果实。"角声满天秋色里,塞上燕脂凝夜紫",描写的是月夜下催征的号角,将士们借着朦胧的月光,顾望四周野漠地上,到处都被紫茉莉那紫红艳丽的果实所涂抹、充塞和染透。

四

胭脂化妆用品不是商纣时已有的"汉宝国货",而是外来用品,是从匈奴国传入我国的,时间大约在汉朝初期。

胭脂,又名叫"阏氏"(yānzni)匈奴人对宫庭的妇女称呼为阏氏①。《史记·匈奴列传》司马贞索隐:"阏氏旧音曷氏,匈奴皇号也"。司马贞点出了"阏氏"是匈奴译语,但把它理解为皇后号也显然是误谬②。阏氏原指匈奴的贵族妇女。王昭君入匈奴后被称为"宁胡阏氏",呼韩邪单于死后,她从胡俗,再嫁给呼韩邪单于的长子复株累单于为妻。匈奴的贵族妇女大都使用"阏氏(燕脂)"化妆用品,所以久而久之他们把贵族妇女称作"阏氏"。可见,探语源得知"阏氏"为匈奴语转译而来的借词。

其次,从胭脂的异名在我国典籍中最早记录来看。据考胭脂异

---

① 《钜宋广韵》,第14页。"氏,月氏国名;又阏氏匈奴皇后也,精是二音。"又第82页,"阏氏,单于适妻子也。"

② 《民族辞典》,施正一主编,四川民族出版社,1984年。

名的最早实录见于《史记·匈奴列传》，其内"正义"引《西河旧事》中所案："匈奴失祁连、焉支二山乃歌曰：亡我祁连山，使我六畜不蕃息；失我焉支山，使我妇女无颜色。"[1] 焉支山，即今崦岐山，在甘肃天水县境内。焉支山是匈奴人按匈奴语取名、命名的山脉。这段案文在历史上，第一次把焉支（胭脂）于妇女的脸颊颜色加以联系起来描述，足见焉支就是燕脂，是胭脂的最初异名之一。

再次，西周时北方的猃狁经常入侵周疆，猃狁在春秋时称为狄，战国秦汉时才称为匈奴。汉初，武皇三次大规模的反击，匈奴右部浑邪王率众四万人归附于汉朝；汉宣帝甘露三年呼韩邪单于归降了汉朝；光武帝建业廿四年，驻牧于南边的匈奴日逐王比率众到王原塞归附，从而分裂为南北两部……。汉朝这些军事变动，无疑扩大了汉匈两族之间的交往，增加了两族之间的杂居和通婚，等等，因此汉匈的多次军事力量的厮杀、官方和民众间的交往，为汉匈两族的文化习俗的沟通与传习无疑开辟了一条新的途径。胭脂化妆品的制作、使用与推广，也正是在这种大交流、大杂居的背景下，渐渐传入汉朝宫庭和我国东北、西北与匈奴接攘的广大区域。

(1992 年第 1 期)

---

[1] 《太平御览·西河旧事》。

中国藏学现代化之路

杜永彬

一、藏学研究的反思

（一）藏学反思的必要性

藏族有关问题的研究源远流长。近代以来，中国学者在继承传统学术的基础上，借鉴和运用民族学、人类学、宗教学、社会学、考古学、地理学等现代人文学科的知识和方法研究藏族历史文化和社会现实，从而使研究西藏和藏族的学问从人文学科中分离出来，形成一门崭新的独立学科——藏学。19世纪初，匈牙利学者乔玛（Alexander Csoma de Koros）首创"藏学"（Tibetology）一词，研究西藏和藏族的学问从此有了专有名称。随着藏学在国际学术界和文化界的影响因西藏问题的特殊和敏感而日益扩大，这门年轻的学科发展成为国际"显学"。进入90年代，藏学成为人文学科中的一朵奇葩，鲜艳夺目。在世纪之交，中国藏学将以怎样的姿态迎接新世纪的到来？这是每一位藏学研究者都必须正视并加以思考的重要问题。认清世纪之交的藏学形势与中国藏学研究者的使命便是笔者撰写此文的缘起和宗旨。

中国是藏学的故乡，然而，由于藏学作为一门独立学科的历史不长，加上藏学界长期以来对藏学发展史和藏学理论研究未予足够的重视，没有对藏学发展的历程进行深刻的反思，对藏学的概念、定义、研究对象和范畴等最基本的问题不能达成共识，对藏学的特点、规律和方法论没有加以广泛而深入的探讨，致使藏学的学科理论体系迟迟不能建立，从而严重地影响了藏学研究的深化和整体水平的提高。

总之，在人类即将迈进21世纪之际，对藏学的"家底"进行彻底的清理，对源远流长的藏学研究历程进行系统的总结和认真的反思，加强藏学理论的探讨，构建现代藏学的学科理论体系，使中国藏学以更成熟的崭新姿态走向新世纪，找寻一条具有中国特色的藏学现代化之路，已成为中国藏学界最紧迫的任务和义不容辞的天职。

（二）藏学的发展阶段及其特点

笔者在1990年就曾提出："藏学学科本身亦属藏学研究的范畴。"① 随后便沿着这一思路进行了一些探讨。② 笔者认为，受中国历史和文化发展大背景与西藏历史和文化环境的影响，藏学在各个历史时期形成了各自的时代特点和规律。因此，藏学产生、形成和发展的历程可分为三个阶段。

1. 藏学的渊源（远古至18世纪），这一阶段可称为古代藏学或藏学的萌芽阶段。在这一漫长的历史时期，藏族、汉族和其他民族的学者及外国学者对藏区的考察和对藏族社会历史文化的记载与研究的成果车载斗量，所积累的藏文、汉文和外文藏学文献浩如烟海。藏族高僧大德和学者借鉴印度文化精华并加以弘扬，形成了具有藏族特色的大、小"五明"，即"十明之学"，《本教大藏经》、佛教藏文大藏经《丹珠尔》和《甘珠尔》以及《贤者喜宴》、《青史》、《红史》、《汉藏史集》、《佛教史大宝藏论》、《土观宗派源流》、《王统世系明鉴》、《西藏王臣记》、《四部医典》、《萨迦世系史》、《朗氏家族史》等等即是其中的代表。汉文藏学文献则有历朝正史中的《吐蕃传》等。外文藏学文献以外国探险家、传教士所撰写的考察记、探险录和游记为主。总之，这一时期藏族学者的

---

① 见拙文：《藏学研究概览》，《中国史研究动态》1990年第11期。
② 见拙文：《中国近十年藏学人才培养的反思》，（香港）《法言》，1990年8月号，第2卷、第4卷。《西藏研究四十年的社会影响》，《民族研究》1991年第5期。《北京的藏学研究》，《历史月刊》（台湾）第83期，1994年12月号。

成果尤为丰硕,这为藏学研究积累了大量珍贵的文献资料,奠定了传统藏学的坚实基础,标志着藏学的萌芽,使中国成为当之无愧的藏学的故乡。

2. 藏学的形成与发展(19世纪至20世纪中叶),即近代藏学阶段。这一时期,随着人文学科的各个分支学科的兴起并传入中国,中国学者在继承传统藏学的基础上,借鉴和运用新兴学科的知识和方法研究藏族历史和文化,使藏学从其他人文学科中分离出来,形成一门独立的学科。在这近一个半世纪中,涌现出了一批杰出的藏、汉民族的藏学家和外国藏学家,以更敦群培、喜饶嘉措、才旦夏茸、毛儿盖·桑木旦、多吉杰博、张怡荪、任乃强、法尊、李安宅、王森以及杜齐、伯戴克、佐藤长、石泰安等为代表;出版了一批高水平的藏学论著,如《白史》、《喜饶嘉措文集》、《藏族史·齐乐明镜》、《藏汉大辞典》、《西康图经》、《西藏民族政教史》、《藏族宗教史之实地研究》、《西藏佛教发展史略》、《藏族简史》、《西藏画卷》、《西藏的文明》、《吐蕃僧诤记》、《敦煌吐蕃历史文书》、《西藏历史地理研究》、《西藏的贵族与政府》等,使藏学的学科地位基本确立。这一时期藏、汉学者和外国学者的藏学研究各具特色,把藏学研究推进了一步,从而为现代藏学的建立创造了条件。

3. 藏学的兴盛(20世纪50年代至今),即现代藏学阶段。这一时期,中国在十年"文革"结束后迎来了学术文化的繁荣局面;国外藏学研究自19世纪以来未曾中断过,加上1959年大量藏文文献和藏族知识分子外流,给国外藏学注入了新的活力。在这样的政治和文化背景下,藏学研究出现了兴盛的局面。这一阶段的藏学研究具有如下特点:(1)中国特色的新藏学(马克思主义藏学)确立。藏学研究者运用辩证唯物主义和历史唯物主义的观点和方法剖析藏族社会、研究藏族历史,使中国的藏学研究独树一帜;(2)藏学研究与政治和社会现实紧密结合。阐明西藏地方与中央政府的关系,维护祖国统一和加强民族团结(分裂和独立与反分裂和反独立），维护西藏的社会稳定，促进藏区经济的发展，研究西藏和其他藏区的民族问题与宗教问题，成为这一时期藏学的主题；（3）藏学的整体水平有所提高，藏学研究逐步走向繁荣。这一时期，由于《西藏研究》、《中国藏学》、《中国西藏》和《西藏佛教》等刊物的创办，西藏社会科学院、中国藏学研究中心、民族出版社、西藏人民出版社、中国藏学出版社、中国藏语系高级佛学院和中国社会科学院民族研究所等机构的建立，中国藏学研究的总体水平得到很大提高，虽然国外藏学也有很大进展，但是藏学研究中心已开始东移；（4）藏学的国际学术交流日趋频繁，加强藏学的国际合作成为藏学界的共同愿望，藏学发展成为一门国际"显学"；（5）中国藏学的国际学术地位基本确立，中国作为国际藏学中心的地位逐渐成为现实。总之，新的藏学研究格局正在形成。

（三）藏学研究中存在的问题

反思藏学发展的历程，在看到已取得的成就的同时，还应有清醒的认识——世纪之交的藏学形势不容乐观，藏学研究中存在的问题已成为藏学进一步发展乃至飞跃的严重障碍。其表现在：

1. 藏学"家底"不清。从藏文创制、藏族有信史算起，藏学起源、发展，到形成一门独立的学科，至今已有约1300年。13个世纪以来，藏族、汉族和其他民族以及外国学者的藏学研究结出了累累硕果，留下了极为丰富的藏学文献、论著和宝贵的治学经验，这是一笔珍贵的藏学遗产和取之不竭的藏学源泉。然而，国内外藏学界至今仍没有对藏学发展史进行很好的梳理和彻底的清理，因而看不清藏学领域的制高点、薄弱环节和空白点，在研究工作中往往带有盲目性，常常出现选题重复和"撞车"的现象。如清代治藏，1949年前就有数部专著和多篇论文予以阐述，近十余年来，围绕这一领域又发表了数十篇论文和几部专著，可是这些论著之间的"落差"并不明显，有的甚至还没有达到1949年前的水平；吐蕃史研究也有类似情况。藏学的许多领域如思想史、哲学史、科技史、人口史、历史地理等几乎都是亟待开发的处女地，而不少研究者在选题时往往很少从藏学发展的全局着眼，避难就易，不能站在前人的肩上向前迈进，其成果很少创见，白白耗费大量精力、财力和时间，导致藏学研究的整体水平不能得到迅速提高，难以适应飞速发展的国际学术文化发展形势，也不利于中国确立其国际藏学中心的地位。

2. 藏学理论亟待建构。藏学这一名称是19世纪由匈牙利藏学家乔玛首创的，后发展成为Tibetology，意为研究西藏的学问。中国学术界长期把研究西藏、藏族和藏区称作"西藏研究"或"藏族史"，而把Tibetology译成"西藏学"。改革开放后，中国的藏学研究复兴，但是对"藏学"这一称呼并未达成共识，其间经历了一个由"西藏学"→"藏学"的发展过程，直到80年代末、90年代初，"藏学"这一名称才为中国藏学界所普遍接受。①

至今，藏学界对什么是藏学、藏学的研究对象和范围，藏学与其他人文学科的关系及藏学学科体系等藏学基本理论问题尚未展开讨论和争鸣，更谈不上达成共识。由于所处的时期不同和学者着眼点的差异，关于藏学的定义众说纷纭，而每个定义对其研究对象又有着不同的认识。有的学者认为，"藏学"近似于"汉学"，其研究对象和范围只能是藏族的历史和传统文化；而有的学者则认为，藏学的研究对象和范围包括与藏族有关的一切领域，现实政治、经济、教育、军事、民俗等当然属于藏学的范畴，这些研究也称为藏学。两种看法相去甚远。正如拉巴平措先生所说："无论在中国还是国外的藏学界，迄今对藏学的研究范围还未统一。有人认为藏学

---

① "西藏学"→"藏学"的发展过程，以藏族藏学家多杰才旦研究员（中国藏学研究中心总干事）和拉巴平措研究员（西藏社会科学院院长、西藏自治区副主席）二人的论述最具代表性。1981年，多杰才旦先生（时任西藏社会科学院院长）发表《西藏学研究刍议》（《西藏研究》1981年创刊号）；1983年，拉巴平措先生发表《西藏学研究的回顾与展望》（《西南民族研究动态》1983年第8期）。1988年，多杰才旦先生发表《回顾与展望我国的藏学研究》（《中国藏学》1988年创刊号）；1992年，拉巴平措先生发表《中国藏学今昔》（《中国西藏》1992年秋季号）。

是对藏族传统文化的研究；有人认为是对藏族一般精神文化或狭隘文化的研究；有人则认为是对藏族及其社会和文化现象及特点的研究。"他本人认为，"对于藏族本身形成和发展的研究，对其社会、文化的研究，对其过去、现状和未来的研究，对其精神文化与物质文化的研究等等，综合起来就称为藏学研究。"①《中国藏学》创刊号的《发刊词》写道："藏学是研究藏族社会历史和文化等方面的一门综合性学科。它基本上属于人文科学范畴，但也包含一部分自然、社会科学的内容。"② 多杰才旦先生给藏学下的定义是："藏学是一门体系庞大的综合性学科，它包括社会历史、哲学宗教、语言文学、音乐戏剧、建筑雕塑、医药历算、风土民俗诸学科以及藏族地区在现代化进程中提出的理论问题和实践问题等广博繁富的内容。"③ 还有学者认为藏学是一个"学科群"，这容易使人们把原本独立的学科藏学视为杂乱无序、处于较原始的阶段、尚未形成一门独立学科的一大堆知识。笔者给藏学所下的定义为："藏学是研究藏区自然环境、藏族历史文化和社会现实的科学，是用多学科的理论和方法研究藏族的一门综合性学科。藏学的研究对象即藏族，其研究范围包括全藏区，即卫藏、安多、康巴地区以及域外如印度、不丹、锡金、尼泊尔等地的藏族，藏学学科本身（如藏学的学科理论、藏族学者、汉族及其他民族的学者、国外学者的藏学研究等）亦属藏学研究的范畴。"④ 总之，藏学界至今在藏学的定义、研究对象和范围这个藏学最基本的问题上尚未达成共识，没有形成能够为藏学界所普遍接受的简明扼要、高度概括、反映藏学的实质的定论，这对藏学的发展与确立其在学术界、文化界的地位非常不利。最现实的难题之一是，学术文化界在编撰人文学科方面的辞典或百科全书时，"藏学"这一词条就很难界定，往往也就不列入辞

---

① 拉巴平措：《中国藏学今昔》，《中国西藏》1992年秋季号。
② 《中国藏学》（汉文版）1988年第1期。
③ 多杰才旦：《回顾与展望我国的藏学研究》，《中国藏学》1988年第1期。
④ 《藏学研究概览》，《中国史研究动态》1990年第11期。

书,这给宣传藏学和让学术文化界了解藏学、确立藏学在人文学科中的地位带来了困难。当然,"所有的定义都只有有条件的、相对的意义,永远也不能包括充分发展的现象的各方面联系"。①

藏学是一个大系统,是由各子系统(分支学科)构成的有机整体,其内部各领域(分支)之间存在着密切的内在联系。探索各领域之间的联系和共同规律,是建立藏学体系的前提,至今这一课题的研究几乎还是个空白。阐明藏学与其他人文学科的关系,是把握藏学的特点的另一项带有理论性的课题,藏学界尚未就此问题进行探讨。

3. 藏学方法论尚未确立。有的学者认为,藏学没有自身的研究方法,完全是借用其他学科的方法来进行研究的。现实的藏学研究中,也常借用民族学、人类学、社会学、历史学、宗教学、语言学、考古学等人文学科的方法进行研究,藏学研究方法的特色很不鲜明。同时,传统藏学的研究方法的局限性也日益明显。正如拉巴平措先生所指出的:"许多藏族老学者对于藏族的大小'五明'有深厚的根底,但由于缺乏现代科学理论,不懂新的研究手段,使藏学事业的发展受到严重影响。……国外学者通过录音、录像制作幻灯及其他手段研究藏学值得借鉴。"② 次旺俊美先生说:"外国学者用文化人类学、社会学等新学科进行藏学研究,所以能搞出相当有分量的成果。"传统的藏学研究"往往是'过去就是这种说法,不用说了',……而不探究问明,从狭小和神学史观的角度来讨论。"③ 恰白·次旦平措先生认为,在旧时代,神话传说"充斥于西藏的绝大多数王系史及宗教史中,不管是否符合实际情况,都被当成'真正的历史',谬种流传数百年。这些离奇的说法,在识字的群众当中,也以父子相传的形式广为流布,造成深远的影响。"

---

① 《列宁选集》第2卷,第808页。
② 《藏学研究通讯》1988年第3期。
③ 《藏学研究通讯》1988年第3期。

有的学者声称,"否定《柱间史》就是否定西藏的历史。""学史的目的就是为了了解以往的规矩,并在今后依照原样将其传续下去。"在旧时代,治史者"仅仅是为了治史而读史,只是见什么说什么,依葫芦画瓢,几乎没有人去辨是非,溯本求源。""即使松赞干布以来的历史,秉笔直书者亦属罕见。""须知,西藏没有经历'五四'新文化运动,西藏史学也同样如此,在上千年的时间里,形成的是一片冰雪的荒原。"① 更敦群培大师也曾指出:"一切旧的都被称作神的规法,一切新的都被认为魔的幻化,一切奇的都被想成不祥之兆。"② 这不仅揭示了传统藏学研究方法的弊端,也指出了传统藏学史观的局限。这表明,藏学的发展迫切需要建立一套具有鲜明藏学特色的现代方法论体系。

因此,建构藏学理论和方法论,从宏观和整体的角度审视藏学,奠定适应时代发展的现代藏学新格局,已成为藏学界的当务之急,这就突出了藏学现代化的必要性和紧迫性。

二、中国藏学的现代化

藏学的现代化是中国藏学走向繁荣兴旺的必由之路,探讨中国藏学现代化方案是时代赋予藏学研究者的使命。藏学现代化只能是在继承和弘扬传统藏学基础上的现代化,只有认清藏学发展的特点、规律和藏学的格局,藏学的现代化才会根深叶茂。藏学现代化应当是学科理论、学科体系、研究方法、文献信息和人才的现代化。

(一)建立现代化的学科理论体系

"体系是内容以范畴形式的逻辑展现,它属于理论内容的形式的方面。相应的内容只能体现于相应的形式之中,所以没有一种发

---

① 恰白·次旦平措:《藏史研究发展的回顾》,《西藏社科论文选》,西藏人民出版社,1991年版。
② 《更敦群培文选》(藏文版),四川民族出版社,1989年版,第417页。

展成熟的学科内容不具有一贯性的和严密的理论体系。""严密的科学体系便成为理论学科发展成熟的重要标志。"① 进入90年代，藏学的发展不但要求建立一套独立而完整的学科理论体系，而且也为建立这一理论体系准备了前提条件。阐明藏学的含义、界定藏学的概念和范畴、探寻藏学的特点和规律、建构藏学理论和学科体系的时机已经成熟。表现在：一方面，国内的藏学专家对藏学的学科特点和藏学基本理论已进行了初步探讨；② 另一方面，随着藏学走向成熟，藏学的分支学科逐渐形成。藏学是一门发展中的学科，适应藏学和藏族社会经济文化发展的需要，在其发展进程中在分化出一些子学科的同时，又不断吸收其他学科的成果，形成新的子学科，如藏族社会学、藏族人类学、藏族心理学、藏族伦理学、藏族美学等，使其研究领域不断扩大，藏学本身也渐趋成熟。

作为一门独立的学科，藏学的内涵应有三个层次，即藏、汉、外文文献资料（包括文物考古资料）及对藏学文献的整理、研究和利用；对藏区的实地调查及文献与调查材料相结合的藏学研究；对藏学这门学科的研究及指导该学科研究的理论。藏学的学科理论体系属于藏学内涵的第三个层次。20世纪末，藏学母系统和子系统均基本发育健全，藏学的学科体系已具雏形，在这种情况下，藏学研究应当明确树立一种体系意识，把藏学体系的建构视为藏学学科建设的一个重要环节。当藏学的学科知识积累到一定数量，学科内容发展到一定程度，学科理论达到一定水平时，就应当适应藏学发展的形势，抓住时机，使直观认识上升到理念，把经验知识凝炼

---

① 高清海：《时代需要我们去创新学科体系》，《社会科学战线》1995年6期。
② 近十多年来，所发表的有关论著主要有：《国外西藏研究概况》（冯蒸）、《西藏学研究刍议》（多杰才旦）、《西藏学研究的回顾与展望》（拉巴平措）、《藏族史史》（王尧、沈卫荣）、《藏史研究发展的回顾》（恰白·次旦平措）、《关于开展西藏研究的几点意见》（李有义）、《藏学建设四题》（邓锐龄）、《回顾与展望我国的藏学研究》（多杰才旦）、《中国藏学今昔》（拉巴平措》等。

为范式，使理论思想升华到新的更高境界。① 藏学研究的现实已经证明：缺乏藏学基本理论和藏学学科体系已成为藏学研究产生飞跃的重大障碍，建构藏学理论和藏学体系必须提上日程。笔者曾提出："藏学研究包括藏学的断代研究、专题研究、通史研究、地方史研究以及藏学发展史研究等。"② 现根据这一思路，将藏学体系勾划如下：

$$\text{藏学系统}\begin{cases}\text{学科研究系统}\begin{cases}\text{人文学科系统}\\\text{自然科学系统}\end{cases}\\\text{专题研究系统}\\\text{断代研究系统}\\\text{区域研究系统}\begin{cases}\text{地方研究系统}\\\text{地方藏学系统}\end{cases}\end{cases}$$

学科研究系统（举要）包括：人文学科和自然科学两个方面，其中人文学科：藏族历史学、藏族经济学、藏族政治学、藏族宗教学、藏族语言学、藏族民俗学、藏族考古学、藏族教育学、藏族伦理学、藏族体育学、藏族人口学、藏族哲学、藏族美学、藏族艺术、藏族文学；自然科学：藏族地理学、藏族天文历算学、藏族医药学；

专题研究系统（举要）包括：族源研究、本教研究、敦煌藏文写本研究、藏传佛学、藏传因明学、藏文《大藏经》研究、寺院研究、政教合一制度研究、活佛转世研究、藏汉关系研究、西藏地方与中央关系研究、西藏封建农奴制社会形态研究、藏族人物研究、藏族服饰研究、藏族民居研究、《格萨尔》研究、青藏高原研究、拉萨研究、藏学学（藏学理论、藏学史）；

断代研究系统包括：远古研究、吐蕃王朝研究、分裂割据时期研究、萨迦王朝研究、帕竹王朝研究、甘丹颇章王朝研究；

---

① 高清海：《时代需要我们去创新学科体系》，《社会科学战线》1995年6期。
② 拙文：《北京的藏学研究》，《历史月刊》（台湾）第83期，1994年12月号。

区域研究系统包括：地方研究系统和地方藏学系统两个方面，其中地方研究系统：卫藏研究、安多研究、康巴研究、域外藏人研究；地方藏学系统：西藏藏学、青海藏学、甘肃藏学、四川藏学、云南藏学、北京藏学、台港藏学、国外藏学；

上述表明，藏学体系（系统）至少可以从学科、专题、断代、区域（地方）四个既密切联系又存在区别的方面勾划和建构。藏学大系统之下的各个子系统都具有相对独立的内涵，因而每个子系统（分支）又可构成单独的一门学科。然而，藏学的大系统（母系统）并不等于其子系统的简单相加，建构藏学理论和学科体系的根本目的，在于使藏学各分支学科的研究（子系统）协调、平衡，使各个分支领域、各个专题的研究深化，使子系统健全、成熟，反过来促进母系统的完善，即使子系统相加之和大于母系统，从而提高藏学的整体水平。把握藏学的脉搏，认清藏学发展的规律，并以马克思主义作为指导思想，结合中国藏学的实际情况，确立一套具有中国特色的藏学理论体系，已成为历史的必然和时代的要求。藏学研究者应当肩负起建立结构严谨、融会贯通的现代藏学体系的使命，以对20世纪的藏学发展史有所交代。

（二）确立现代藏学方法论

科学的研究方法是任何一门学科都不可缺少的组成部分，任何一门学科都有其独特的研究方法，或者需要借助其他学科有益的研究方法。有的学者认为，藏学没有自己的研究方法，完全是借用其他学科的方法来从事研究，这种看法值得商榷。古代，藏族学者和高僧大德吸收和借鉴印度文化和佛学的知识和方法，并加以藏化，将藏族文化划分为大五明、小五明分别研究，称为"十明之学"，形成藏学特有的研究方法。自7世纪吐蕃王朝建立以来，随着青藏高原与中原文化交流的加深，藏族学者又借鉴汉族的史学方法阐释藏族历史，撰写史著。数百年来，藏族高僧和学者正是运用具有印度文化和汉文化色彩而又独具鲜明的藏族特色的校勘、注疏、译注、纪传体（如王统世系和传记）、记事本末体（如教派源流）等研究方法，写下了大量藏文名著，形成了一整套行之有效的传统藏学研究方法。近代，藏学研究者在继承传统藏学研究方法的基础上，借鉴现代科学的知识和方法，赋予传统藏学方法以现代色彩。藏族学术大师更敦群培（1903—1951）把传统和现代的研究方法有机地结合起来从事研究，写出了《白史》等藏学名著，开藏族学术研究的一代新风，对现代藏学方法论的确立具有划时代的意义。

中国特色的现代藏学方法论体系应当有三个层次，即最根本的方法论原则——唯物辩证法；一般的科学方法论（中间层次）；藏学的具体方法论。今天，中国藏学研究者应当继承传统藏学的优良学风和研究方法，克服其历史局限，积极主动地向其他学科汲取养分。藏学具有民族性、整体性和综合性、现实性及国际性的特点。作为研究与藏族有关的一切历史和现实的一门独立学科，藏学与汉学、蒙古学、满学、壮学、彝学、傣学、朝鲜学、犹太学等研究单一民族的学科有着共同的特点；作为人文学科的一个分支，藏学与民族学、人类学、社会学、宗教学、历史学、语言学、民俗学、地理学等有着交叉与边缘关系，即彼此的研究对象和研究方法交叉；作为因文献和文物被外国文化侵略者窃夺而流失海外，并在国外发展成为一个独特的研究领域和学科，藏学与敦煌学有着相似的学科命运（在旧中国，从事藏学和敦煌学研究的中国学者还要远涉重洋到欧洲去留学，藏学家于道泉和敦煌学家常书鸿即是其中的代表）。近代以来，藏学正是在不断借鉴上述学科的知识和方法的过程中走向成熟的。然而，长期以来，由于藏学界对藏学的学科特色、藏学与其他人文学科的分支的关系缺乏探讨和论证，因而难以界定藏学的研究对象、范围和方法，"学科群"之说由此产生，这就削弱了原本非常独特的藏学的特色。中国藏学惟有继承传统藏学研究方法、借鉴现代人文和自然学科的研究方法，建立一套独具特色的现代藏学研究方法，确立中国特色的现代藏学方法论，并运用于藏学实践，形成中国的藏学学派，才能得到中国学术界和国际学术文化界的认同，使藏学成为21世纪的国际"显学"。

（三）实现藏学文献、信息的现代化

中国的藏学文献非常丰富，包括藏文和汉文文献，其中藏文文献藏量巨大，主要保存于藏区各大寺庙，国内各大图书档案馆，部分大学和研究机构也有收藏。这是藏学取之不尽、用之不竭的资料源泉，也是藏学永葆生机的根本。近年来，我国藏学文献（主要是藏文文献）的收集、保存、整理和出版取得了较大成就，藏文档案部分开放，促进了中国藏学的发展。同时，由于藏文典籍较为分散，受人力、物力、财力和研究工具与手段的限制，藏文文献的整理和利用水平还很低，全国究竟保存着多少藏文文献，心中无数。有"藏族文化宝库"之称的德格印经院、拉卜楞寺、布达拉宫等的藏书编目已取得初步成果，民族出版社出版了《藏文典籍目录·文集类子目》一、二、三卷，藏文大藏经《丹珠尔》部的校勘也初见成效。但是，有"第二敦煌"之誉的萨迦寺的大量珍贵藏文典籍还原封未动，西藏档案馆的藏文档案尚未完全开放，梵文贝叶经的整理和研究进展缓慢，藏文典籍的出版还存在困难，这远远不能适应藏学发展的形势。

为了抢救正在散失的藏文典籍，使分散保存于全国各地（主要是藏区）的藏文文献得到更加有效的开发和利用，应当采取以下措施：

1. 由中央和地方有关的行政部门和文化部门组织、协调，选派精通汉、藏文的藏学研究人员对藏、青、甘、川、滇五省区的藏文文献进行全面的调查摸底，并尽可能准确地加以统计和编目，在此基础上编辑出版《中国藏文献·藏文目录》。相应地，收集、整理汉文史籍中的藏学文献，出版《中国藏学文献目录》。

2. 集中力量，发挥地方优势，有计划、有步骤地整理、出版藏、汉文藏学文献。可以分专题先出版时代急需的文献和档案，如西藏地方历史档案等（已出版了一部分）。

3. 运用照相、缩微、复制、录像等现代研究手段进行藏学文献的收集。并组织力量收集保存于国内的外文藏学文献和国外藏学文献,如伦敦印度事务部档案、英国外交部档案、美国国会图书馆藏藏学文献、日本东洋文库藏藏学文献等。然后将国内外收集的所有藏、汉文和外文藏学文献进行分类、编目,输入计算机,供国内外藏学界使用。

4. 从藏学发展和弘扬祖国文化的大局出发,加大开放藏学文献的力度,打破地区、部门界限,不搞封锁和垄断,使现存藏学文献得到充分有效的利用,从而提高中国藏学的整体水平,繁荣祖国的藏学事业。

要实现中国藏学的现代化,藏学信息的现代化是关键。在信息时代,谁能迅速有效地掌握学术信息,谁就能站在学科的前沿。在90年代,随着世界学术文化的飞速发展,国际学术交流日益频繁,作为"显学"的藏学,其学术交流对促进该学科的发展更具有至关重要的作用。藏学的信息交流主要通过以下渠道进行。国内——地区间的藏学学术交流,包括大陆藏学界与台、港、澳藏学界的学术交流;学科间的学术交流,即国内藏学界同民族学、人类学、社会学、宗教学、历史学、哲学等其他人文学科界的学术交流;藏学界与党政部门的信息交流。国际——中国藏学界与外国藏学界、学术文化界和政界之间的信息交流。传统的学术信息交流方式主要是举办学术研讨会、学术讲座、学术出版物、学术访问与合作研究等。实现藏学信息的现代化,不仅要经常保持上述信息渠道的畅通,充实信息源。而且要在继承传统信息交流方式的基础上,创造新的形式,引进现代化的通讯技术手段,如计算机国际互联网络(Internet)等,充分利用全世界的藏学资源,迅速准确地掌握国际国内藏学信息,实现藏学的现代化。

(四) 造就现代化的藏学人才

藏学研究队伍的现代化是中国藏学现代化的根本。建国40多年来,我国的藏学研究队伍已形成梯队。改革开放以来,国家非常重视藏学人才的培养,已毕业的一百余名硕士和近10名博士逐渐成为藏学骨干,中国藏学后继有人。然而,藏学研究者能否肩负起跨世纪的重任,中国藏学的现代化能否实现,取决于藏学人才的素质。而提高藏学研究者的素质,造就现代化的藏学人才,至少应当实现"三化"——知识结构的现代化、研究方法的现代化和观念的现代化。

1. 掌握现代科学知识。20世纪,科学的发展经历了从综合到分化、再从分化走向交叉与综合的历程。本世纪末,学科交叉、相互渗透的趋势加强。在这样的时代背景下,藏学研究者只掌握本学科的知识和技能已不能适应世界学术文化发展的要求。不仅要精通藏文、汉文,熟练地运用梵文和英、德、法、日等外文,谙熟藏族史、中国史、世界史和佛学、宗教学,还应当了解和掌握人类学、民族学、社会学、哲学、经济学、民俗学、语言学、考古学、人口学等人文、社会学科知识以及地理学、天文(历算)学、医学(藏医药学)等自然科学知识,只有在精通藏学的知识和技能的基础上,广泛地吸收和借鉴其他人文、社会和自然学科的知识和方法,更新知识结构,运用多学科的知识来考察藏族历史,分析藏区现实,才能开阔视野、拓展新的领域,取得具有真知灼见的研究成果。

2. 运用现代科学方法。现代科学知识和方法二者既密切相关又不能完全等同,掌握了现代科学知识并不等于就掌握了现代科学方法,最重要的是理论与实践相结合,运用所掌握的知识和理论从事藏学研究。作为社会主义中国的藏学研究者,首先必须掌握辩证唯物主义和历史唯物主义的思想和方法,并用于指导藏学研究。同时,还应当从现代人文、社会和自然学科的研究方法中汲取营养,使藏学本身的研究方法得到充实和发展。能否以马克思主义为指导思想,把传统藏学研究方法与现代藏学研究方法有机地结合起来,不断地从相邻和交叉学科的研究方法中汲取养料,运用比较研究、微观与宏观相结合、实证等方法从事研究,应当成为衡量中国现代藏学人才的标准。

3. 树立现代观念。藏学研究者更新观念，树立现代意识，是中国藏学现代化的核心。缺乏现代意识，建构现代藏学理论体系、确立现代藏学方法论、实现藏学文献信息的现代化和造就现代藏学人才皆无从谈起。由于历史和现实的原因，藏学研究中还存在迷信、教条、公式化、一言堂、投机取巧等弊端，中国藏学研究的整体水平难以有很大提高，这是重要原因之一。藏学研究者应当辩证、历史地对待传统，像藏族学术大师更敦群培那样反省传统，反对迷信和教条，藐视权威，正确处理传统文化与现代化的关系，才能解放思想；藏学界应当对重大的理论问题、现实问题和其他学术问题开展讨论和争鸣，以活跃学术气氛，使学术研究深化，形成"百花齐放"的局面，并在基本的理论和学术问题上达成共识；只有树立现代观念，才能打破学术禁区，开拓新的研究领域，运用多种研究方法，形成各种学术流派，在各个专题、各个断代和各个领域培养学科带头人，从而使中国藏学走向真正的繁荣，确立国际藏学中心的地位。

总之，在世纪之交，中国藏学研究者有必要对藏学的发展历程（尤其是 20 世纪的藏学）进行深刻的反思，认清藏学的走势，把握国内外藏学的脉搏，在此基础上建构一套具有中国特色的现代藏学理论体系和方法论，造就一支现代藏学队伍，广泛开展藏学研究和学术交流，与国际学术接轨，承担起时代赋予的学术使命，从而实现中国藏学的现代化。

(1997 年第 4 期)

对中国当代民俗学一些问题的意见

钟敬文

引　言

(一) 当前民俗学界的可喜现状

80年代以来，尤其是最近4年来，中国的民俗学有较大发展。在中国民俗学近80年的历史进程中，现在已进入了一个高峰期。从机构方面来说，1920年左右就有"歌谣研究会"，1927年底中山大学成立了民俗学会，1930年有了杭州的中国民俗学会，30年代前后还有更多的地方性民俗学会。但当时的景况远没有现在繁荣，如今全国30多个省市中，至少有20个省市级民俗学会，此外还有地区及县级学会，至于民间文艺家协会则更为普遍，所有省市皆有。

其实，民间文艺属民俗学的一部分，而且是重要部分，这也是国际上通常的认识。

但为什么现在又分民俗学和民间文学为两大块呢？这有其历史的原因。解放后，民俗学被认为是资产阶级的东西，遭到排斥，而民间文学则看作是劳动人民的口头创作而备受重视。当时的民俗学，只是在少数民族社会历史调查方面取得了一些成绩。当时参与调查的人员除民族学者外，多为语言学者及行政干部、调查所获主要是作为社会历史资料，与民俗学的主要目标并不完全一致。

1983年重建了中国民俗学会，从此，民俗学与民间文学亦分亦合，许多学者的研究同时兼顾两个方面，但也有专攻民俗学的。从力量方面来讲，历史上民俗学的队伍从未有现今这般壮大，其他学科的一些研究人员对民俗学亦予以关注；一些大学开设了民俗学课程。至于民间文学课的讲授就更为普遍，一般综合性大学的文科及师范院校大多有设置。特别在少数民族地区，这两门课更是受到重视。近年来，民俗学、民间文学方面的著述颇为丰富。专题研究也有了很大突破，关于傩戏、萨满教等方面的专著即有多种。概括性的理论著作，较早的有乌丙安教授的《中国民俗学》，后有张紫晨教授的《中国民俗与民俗学》、陶立璠教授的《民俗学概论》。最近，中山大学人类学系的陈启新教授又出版了《中国民俗学通论》。而民间文学方面的这类著作就更多了。

（二）当前民俗学界存在的问题及本讲所谈问题的意义

现在，民俗学界欣欣向荣，但随着时代的发展，研究的不断深入，问题也必然会浮现出来，有些显得极为突出。譬如，在许多国家，民俗学是一国民俗学，韩国、日本及北欧国家莫不如此，而中国有50多个少数民族，它们都有自己的固有文化和特有民俗，所以，中国的民俗学应是多民族的民俗学。中国的民俗学既是一国的民俗学，又是多民族的民俗学，或称之为比较民俗学。

又有，民俗学本为"现在学"，但任何文化都有历史。中国有大量的民俗学和民俗历史的文献资料，汉代司马迁、班固关于民俗方面的言论，王充的民俗观，应劭《风俗通义》对习俗的解释等等，都是对民俗学所作的理性思考，超越了单纯记叙、描摹的层次，属科学史的范畴，已不仅仅是民俗志方面的民俗学，所以，历史民俗学是完全可以成立的。

还有，现在注重民俗学的功利性，将民俗资料商品化，诸如建立民俗旅游景点，制造民俗工艺品，将民俗的文化价值服务于经济工作，因而民俗学方面的应用性问题就急需我们去探讨、研究。

再有，当前民俗学界及民间文学界学会一类的机构林立，中央及地方皆有。但从总体而言，尚处于各自为政的状态，研究力量分散，科研项目及课题又多有重叠。这就应有统一的规划，并统筹管理，力求步调一致。

上面四点是目前我们这个学科领域中存在的问题的一部分。由于时间有限，今天我只能集中谈谈以下四个问题。我认为，这四个问题很重要，针对性强，作为中国中青年的民俗学者，对它们没有比较清醒的认识，显然不利于中国民俗学的发展。

一、当前中国民俗学工作的侧重点问题

（一）时下学界对这一问题的一些看法

我国目前正处于经济大潮汹涌的时期，人们的生活节奏加快了。社会发生着剧烈的变动。在这种现实背景之下，民俗调查及研究的重点是放在乡村、小城镇，还是移向大都市，如上海、北京、天津、广州等地，着眼于大都市中新兴的民俗事象，诸如出租汽车、五光十色的电子广告牌、自选商场、婚姻介绍所等。有的学者认为，当前民俗学者研究的视野，应投向大城市中"耀眼"的新民俗。

日本民俗学家柳田先生认为，都市民俗为乡村民俗的延伸。此说不一定完全正确，因为新的都市必然会产生新民俗，新民俗又有其自身的传承过程。总的来说，都市的旧民俗变异快，变化较大，较之乡村的传统民俗有更强的变异性，而且会不断滋生出新的更新的民俗。这些新之又新的民俗往往渗入了新的思想观念，其外在的表现形式相对于传统民俗而言，更为光怪陆离，千姿百态，故而引起了一些民俗学者的注意，并主张将民俗学研究的重点转至都市。

另一些学者则比较"保守"，仍认为中国当前民俗学研究的重心依旧在农村及小市镇。理由是，乡村中风俗的变异远不及都市那么大，震动亦不若大都市那么剧烈，特别是距离大都市较远的偏僻地区，较多地保持了民俗文化的原貌，民俗文化的积淀更为厚实。

（二）我的主张及理由

我个人趋向赞同后一种"保守"的观点。中国作为一个大国，长期为农业社会，其传统民俗是大量的、主要的。由于中国有数千年的文明史，在漫长的历史长河中，沉淀下来的有些虽已消亡，但

仍被传承或记录于书的民俗文化极为丰富，是民俗学者们取之不尽、用之不竭的宝贵财富。而中国新兴的都市仅有一百多年的历史，其间酿就的风俗自然远不及传统的乡村及小城镇丰富。我们不能弃都市新民俗于不顾，但研究力量的分布应有所侧重。我的看法主要依据以下几点：

1. 从民俗学的性质看，传统民俗的研究应放在首位。因为民俗学本来就是研究传承文化的，而且是比较下层的文化（过去，上层文化也有传承，尤其是宫廷礼仪，有较强的稳定性，如宫廷中的大年大节及大典，就是"故事"，即按照过去的惯例行事。我们讲的主要是广大的非官方的文化传统）。对这种文化传统的注意和研究，正是民俗学之所以萌生和发展的原因。

民俗学作为一门学科，迄今有150年的历史。1846年8月12日，英国的威廉·汤姆斯用"默顿"这个笔名给《雅典娜的圣殿》杂志写了一封信，于同年8月22日发表在该刊上。信中建议用"Folk—lore"一词作为研究下层民间文化的学科名称。当时涉猎的范围为庶民古俗和庶民文学。即旧时的行为举止、风俗、仪式庆典、迷信、叙事歌、谚语等。此后，民俗学一直是以大多数人的非上层的传统文化为观照的对象。有的外国民俗学家认为，民俗事象的形成，应传袭三代以上。以30年一代论需100年左右，这当然不是绝对的。民俗学研究传承下来的，有一定演进轨迹及地域分布的下层文化。就我国而言，这种播布广而久远的下层文化植根于农村、小市镇，而都市中大多数新起的民俗沿袭之惯性并不太强。故而，我们民俗研究的目光依旧应滞留于农村。当然，这并不排斥对新形成的民俗（包括都市民俗）的关注。

2. 从国际上民俗学界的情况看。我国民俗学的起始，若从北大征集歌谣活动算起，至今已78年。日本则比我国早数年。日本国小，财力雄厚，学者较多，又得益于柳田先生的大力倡导，绝大多数的地方民俗被发掘、搜集起来了，资料的整理比较完备。然而，即便这样，日本当今大多数民俗学者仍在醉心于传统民俗，虽也有少数学者，如福田、宫田等先生，在研究都市民俗学，但势力较弱。韩国的情况据说亦大约如是。而我国民俗学研究的现状与之相比差距甚远，传统民俗资料的搜集、整理还远远没有达到应有的程度，许多领域仍是一片荒地。因此，就更有必要以传统民俗的搜集研究为主要对象。美国等国家某些学者热衷于城市民俗，如校园民俗、企业民俗、军队民俗等等，但从其民俗学的教科书看，也是以传统民俗为主要内容。美国的历史并不太长，大多数民俗学家侧重于研究印第安人的民俗，其地传统的土著民俗较之现代都市民俗更为丰富，更为深厚。

当今国际民俗学界的发展走向，无疑大致是延续了传统民俗学的发展趋势。最近，有的学者认为，研究上海、北京、广州等大城市的新民俗，在学术上才是前沿，其实并非如此。

3. 从我国当前两方面民俗量的比重看。中国新兴的都市是这样年轻，且地盘小，周围的汪洋大海是农村。两种民俗量的比重表明，传统的民俗在这个茫茫大海中占据着显要的位置。近年来，陆续出版了许多风俗志之类的著作，其绝大部分篇幅载录的是传统民俗，这也有力地证明了大量的民俗是传统的，而非新起的。

4. 从我国传统民俗的文化价值及当前所遇到的生存危机看，农村和小城镇的民俗亦应摆在第一位。有些传统民俗的历史达数千年，从周代至近代，其间中华民族同化了难以胜数的氏族、部落（或民族）。仅以南北朝为例，当时华北地区几乎为少数民族占据，长江以南为汉族统治。即便汉族的民俗文化，也是众多少数民族民俗文化不断同化、消溶、整合的结果，而绝非单一的炎黄族团的产物。因此，中国民俗所包容的文化内涵极为丰厚，有的文化价值甚高。

譬如，灰姑娘及天鹅处女型故事遍及世界各地，外国民俗学者颇为关注。19世纪末，英国的柯克女士专门写了研究灰姑娘故事的专著。我们小时候看到的灰姑娘故事，可能出自德国的《格林童话》一书。实际上，十五六世纪的意大利就有此种类型故事的记录。而早在9世纪，中国唐代段成式《酉阳杂俎》一书中，即有此故事的完整记载。一般而言，中国古代学者记录民间故事皆颇为简略，但对灰姑娘故事的记录则甚为翔实、细致，其情节、人物基本保存了口头文学的状态，只是将口语书面化了而已。更为重要的是，段成式记下了此则故事的讲述者、流传地，明确指出是在广西一带采集到的。从世界故事学上讲，这是遥遥领先的。

"天鹅处女型"的故事亦为世界性的，中国晋朝干宝《搜神记》一书中，有"豫章新喻男子"条，乃世界上极早的此型故事的文献记载。据说，一位美国著名民俗学家看了我30年代写的《中国的天鹅处女型故事》一文，为中国有这么早的故事记录而感到惊异。这是因为外国民俗学者还没有了解、认识到中国民俗资料的历史是多么悠久，数量是多么丰富。中国古代文献对风俗的记录是珍贵的，其文化史价值非常高。30年代清华大学的美籍民俗学者R. D. 詹姆森在北京出版了《中国民间传承三讲》一书，书中说道："中国是民俗学者的乐园"。中国民俗资料浩如烟海，是其他任何民族难以匹敌的。

改革开放以后，人们的物质及精神生活水平有了明显的提高，信息的流通量猛增，新的生活方式和思想意识不断出现，加之外来的一些生活习性在都市落脚后，又迅速向乡村辐射、蔓延，这些无疑会对传统民俗产生很大的冲击，加速了许多传统民俗的淡化乃至消亡的过程。另外，随着农民文化水平的明显提高，农业机械化的逐步实现，乡村企业如雨后春笋般涌现出来，乡村城市化将是一个必然的发展趋势。这同样会促使乡村和小城镇传统民俗的变异和更新。因此，中国传统的民俗资料亟待抢救，抢救工作的重点显然不是那些一般只历经了数百年乃至百余年之久的数量相对较少的都市民俗，而是广袤大地上漫山遍野的乡村和小城镇的民俗。这两种民俗的数量之比何其悬殊，更何况乡村和小城镇的古老传统民俗有些正濒临衰微，有的甚至正趋于消亡的境地。

5. 从上面几点看，我们当前的民俗学工作，理所当然应着重乡村及小城镇的传统民俗，但并不放弃对都市新民俗的兼顾，民俗学本身的性质，原本就规定了它应以传承的文化为考察对象。所以我反复强调，在学术方面，如果太现实了反而在实际上并不现实。丢弃了旧民俗，就等于失去了民俗学最根本的、最宝贵的东西。

（三）在农村、小城镇传统民俗的搜集、研究过程中应注意两点

1. 传统民俗的原来形态及其发展规律。

农村中家族的形态、生产的方式、思想观念等都是我们要弄清的内容。我们调查的着眼点和出发点在哪里？我们要探寻或解决的问题是什么？譬如，农村大家族的原来形态怎样？是如何演进的？尤其是近几年的变化情况又如何？这就应透过一系列的外在现象，揭示家族形成、发展的规律性。

还有，民俗学工作者需要了解、谙熟民俗志，倘若这方面的知识欠缺、不足，其民俗理论的研究就不可能深刻而有说服力。

民俗学者不通晓某一国家的民俗文本，也就难以正确地识别、判断这个国家学者的民俗理论思想之深浅、优劣、好坏。比如，英国的马林诺夫斯基的理论属功能学派，当然很重要，也很有影响。但他研究原始文化并不太注重它的历史。他对原始社会神话及其功用的阐释有其独到的见解，他人难以企及。然而神话本身毕竟是历史演化的产物，保存原始状态较好的民族神话皆不是其原貌，而是或多或少变异了的形态。因此，对神话的研究（当然也包括对神话功能的审视），必须持历史的观点。随着历史的发展（尽管它有迟有速），神话文本在不断地变异，神话的功能就不可能是一成不变的。所以说，假如去掉历史，对事物的考察便难以做到全面、完整。同样，假如没有历史地全面地了解国外某一民俗学者的研究所依据的民俗文本，也就不能识别其理论的精华与糟粕。

对民俗学者来说，主要应该是既要探寻研究对象的原形，又要弄清楚其发生、发展的形态及其规律性。对民俗生存及衍变规律的探寻离不开民俗的原来形态，离不开对民俗原来形态的历史观照。

民俗生成及发展的规律即包含在其原来形态之中。

2. 在传统民俗的搜集、研究过程中，怎样处理与都市新民俗的关系。

北京城有许多新民俗，更有大量的旧民俗。这些旧民俗亦存在于乡村。我们翻阅清代人所著的关于北京风俗的描述性著作，就会发现其中的一部分当时北京的风俗同样流行于乡村。如二月二龙抬头等民俗事象。随着农民的不断进城，大量的乡土风俗带入了都市，二月二龙抬头的风俗事象也就在北京流行开来，只是内涵有所变异而已。农村风俗迁移于都市后，必然会出现程度不同的变异。这种变异后的形态及变换的规律，都应纳入民俗学者的研究领域。

农村民俗与都市民俗不可舍弃其一，但又要有所偏重：当然，就某一位学者来说，他可以写某地的民俗志，完全为传统的；但若全国大多数学者都如此，又不行。上海的学者可以集中力量搞当地的新民俗，或者旧民俗在都市里的变化形态及演进的规律，不过，一个农村的民俗学者为赶时髦，摈弃了自己原有的优势，把精力投注到去调查研究上海的民俗。条件不具备，自然得不偿失，研究的成果就不会理想。

从事这两种风俗搜集、研究的民俗学者应互相协作，同心协力，以取得更圆满的成果。

二、对待外来民俗学学说理论的态度问题

（一）下面，我再谈一谈中国现代意义的民俗学在学习外国理论上走过什么道路

1. 我国古代学者对民俗事象的探索。

中国的民俗很早就发生了。在旧石器时代，人类集体在一起生活，就有共同的做法，也就有民俗。民俗可以说是生活的一种方式，在内容方面讲就是所谓文化。人类为了生存，为了发展，一定有些行为、有些思想，行为与思想表现出来就有一定形式，再传播下去就必然形成一定的模式，那就成为民俗。美国民俗学家邓迪斯

主张两个人就有民俗。两个人对于某些事物的想法或者行动、做法采取一定的共同的形式，就是民俗。我国古代学者对民俗事象的理性认识和理论探索从很早就开始了。商周以来有了文字，后来有了许多学者的著作，著作里面就有着人们对于民俗的记录、见解，这就是萌芽状态的民俗学的学说理论。像《诗经》的《国风》部分，就是民间文学方面的作品，是那时人们民俗活动的表现。再比如"三礼"中有很多关于古代仪礼方面的，关于人对神、人对人的关系的民俗的记载。这些礼俗主要是作为上层社会的一种礼仪来记载的，但是它们大多本自民间来，往往是民间先有了这个礼，这个风俗，又被上层、官方提炼了，吸取了；另有一种情况，上面的礼下坠到民间来，成为民间的俗。在汉代的史书上，司马迁、班固都有过对于民俗的意见。应劭作了《风俗通义》，保存下来10卷，成为中国民俗学的较早的专书。魏晋南北朝时期，又有一些记载民俗的专书，像西晋周处的《风土记》、梁朝宗懔的《荆楚岁时记》。以后中国的文献上，这方面的著述越来越多了。到宋朝，出了孟元老的《东京梦华录》这一类的专书，元朝也有这种书，而且连记载外国民俗的专书也出现了，比如周达观的《真腊风土记》。

当然，古人的观点同我们现在的不一样。比如班固是有名的史学家，他对风俗主要是从政治角度去看的，把政治作为检验风俗好坏的一种标准。风俗有利于统治，他就认为是好的；反之，他就认为是不好的。这个观点可说是中国传统民俗学的一个重要观点，这同中国长期的封建统治有关系。那时的民俗观不是像我们今天这样对民俗学进行科学的考察，而是从政治、伦理需要上去衡量它，这是一种有利于社会政治的实用主义观点。

就是说，中国在现代意义的民俗学产生之前，文献上有许多关于民俗的记录，也有关于民俗的理论的考察，而且相当丰富，有些在世界上来讲也是比较精彩的（比如司马迁在《史记》的《货殖列传》《乐书》等篇中对于民俗的见解）。如果大家想详细了解，可以去看关于这方面的专门著作。

为什么在这里讲对待外国民俗学理论的态度问题,要先谈中国古代的民俗学史呢?因为我们现在讲中国的民俗学,大多从"五四"讲起,好像我们以前没有民俗学理论的认识,实际上不是这样,我们现在讲民俗学,从"五四"时期讲起,是由于这时它开始同世界民俗学接轨了,这个学科更科学、更完备了。当然,它作为一门独立的学科究竟起于何时,这个问题还可以讨论。

2. 外国民俗学理论的先行性。

从世界范围来看,就现代意义的民俗理论的产生而言,我们是比较迟的,欧美比我们领先一些。世界上民俗学成为比较科学的学科,一般认为是从英国的汤姆斯开始的。从他当时发展那封建议用Folk-lore这个词的信,到现在150年的民俗学史是比较严格的现代意义的科学史。欧洲及美国的民俗学会都是在上个世纪后半期成立的,我们是在本世纪20年代才开始的。日本的民俗学比我们只早几年(就他们的乡土研究而言)。韩国同我们差不多,在20年代末到30年代。

欧美的民俗学虽然在性质上跟我们的有差异,但是他们毕竟比我们起步早,而且在理论上也取得相当的成就,这个我们不能否认,正如在经济上一样,他们走在前面,所以我们叫他们"先行者"。

3. "五四"以后向国外学习理论的情形。

"五四"以后,中国民俗学如果从1922年《歌谣》周刊创立算起,到现在已是70多年了。从那时起,我们在理论上主要是向外国学习,特别是解放前。北大《歌谣》周刊的《发刊词》是周作人写的,里面说搜集歌谣的原因有两点:一是文艺的,是为了我们的诗歌创作;二是学术的,实际上下面的解释是为了民俗学的研究。周作人在这个世纪的第一个十年里,是在日本留学。他当时已经接触了一些英国的民俗学著作(他对英国人类学派理论的应用要更早)。他接触的这些"先行者"国家的理论、引发了他对中国民俗学的提倡和理论上的认识。《歌谣》周刊一方面登载的是歌谣，一方面登载的是讨论歌谣的文章，也登载了一些翻译的外国歌谣理论的文章，而且还请了一个叫伊凤阁的俄国学者做顾问。当时的这些当事人，除了周作人以外，还有沈尹默、刘半农，以及支持搜集歌谣的校长蔡元培，提倡建立"风俗调查会"的张竞生。这些人大多是在国外留过学的或接受过外国的学术理论。

就是说，在北大时期，我们的现代民俗学的开始是受外国理论影响的。后来我们在中山大学的时候也是如此。中大当时从事民俗学运动的主要人物，有一部分是从北大去的，比如顾颉刚、董作宾等；另外的人，像何思敬先生，曾在日本学社会学，当时他接触了西方民俗学（主要是英国的）的东西。我编《民俗》的时候，就请他寄过一些文章，在理论上当时他还是走在前面的。中大民俗学会的活动也是受外国民俗学理论的影响。后来杨成志到法国去，回来后民俗学刊物有所开拓，更是受到外国理论的影响；我们在杭州的民俗活动也经常接触外国的民俗学，同外国（主要是德国和日本）的民俗学者也有来往。

总而言之，我们当时的民俗学理论主要是外来的，是在外国理论的影响之下成长起来的。

经过这么多年的发展，我们的民俗学已经长大成人了，对外国理论应该有自己的清醒的认识，不要随便盲从。

（二）当前我国学界这方面的情形与我们应有的认识和态度

1. 1976年以后我国学界的新情况。

80年代以来，我们整个国家的政治形势、学术形势有了根本性好转，摆脱了"左"的束缚，学术事业得到比较自由的发展。"解放思想，实事求是"这一主张救了我们的民俗学，也救了人类学、民族学、心理学，救了很多的学科。在这种形势之下，不但民俗学，其他各种社会科学的学说理论也大量涌现。尤其是80年代，国外学术思想的输入形成热潮。比如弗洛伊德的精神分析学，二三十年代就有人介绍过，但那是零零散散的；而在80年代有多少书介绍他的东西呀！他那本《图腾与禁忌》，30年代我们在海外就见到了，但是直到80年代，它才作为新书被介绍进来，并且很受欢迎。这时学术界理论的引进和探讨非常活跃，因为有30多年的时间同国外学术界没有交流了。学会建立起来了，外国的许多理论进来了，当然我们的民俗学也沾光不少。比如弗雷泽的《金枝》，有没有这个书的译本，可以看出一个国家人文科学发展的一个方面的水平，这时它也被翻译过来了。班恩女士的《民俗学手册》、布鲁范德的《美国民俗研究大纲》（中译本改作《美国民俗学》。希望以后翻译外国著作时不要改名字，至少要写明原名是什么，后边的注和参考书目也都要保留）、道森的《民间故事论》（中译本改作《世界民间故事类型学》）、泰勒的《原始文化》、邓迪斯的《民俗学研究》（中译本改作《世界民俗学》）都翻译了过来。

总之，近年来在翻译、介绍外国理论方面，学者们做了许多工作，如上所说的一些重要著作也翻译过来了。但是仍有许多很有价值的著作没有翻译成中文，比如日本民俗学创建者柳田国男先生，他的全集有30多卷，概论性的不是很多，他最重要的一本《民间传承论》也还没有翻译过来。10多年来出版界在民俗学的译介上做了不少的工作，而且有些还是比较重要的。

2. 有些偏颇倾向，值得注意。

将外国的理论介绍进来殊非易事，如果不是很重要的东西，不一定需要介绍；对于重要的东西，译者要通晓它，用自己的话解释它，除了语言上的问题以外，对理论本身要通晓。不这样，翻译出来的文字人家就不容易懂，就是很忠实的译文对另一个国家的人来说接受起来也可能有障碍。"五四"时期胡适之介绍杜威的实验主义，这种学说在当时的中国是一种新理论，人们不是很熟悉的。那时我不过是一个中学生，但是我看他的文章很好懂，很容易接受，因为他透彻了解了这个理论。用中国人能懂的话讲出来，不是生硬照搬。

在引进外国理论的问题上有两方面的因素：一个是介绍者的因素，一个是接受者的因素。从接受者来讲，要运用这个理论，就必须要消化。要接受一种新的理论,特别是要把它运用在我们的研究上,不是简单的事情,生吞活剥就不行。19世纪德国有一派天体神话学,认为神话中所讲的都是自然界的事情,这种观点多少是值得斟酌讨论的,特别是关于太阳或者月亮的理论。德国人所研究的是印度——欧罗巴语系,在那里可能有些神话是这种情况,但是无限制的去用它就不行。比如太阳崇拜说,在有些学者那里到处都是太阳崇拜,把中国古代的神话都解释为太阳崇拜。中国的古代神话大体上我还是知道的,除了一两个(像羲和神话)明显地讲太阳崇拜以外,似乎很少有太阳崇拜的神话,把这个理论过泛地去用不一定合适。

对于一种文化现象,仅用一种理论去解释是不够的,现在不少学者提倡多角度的研究。比如歌谣作为文化现象,你可以从音乐的角度研究它,可以从艺术的角度研究它,可以从思想感情的角度研究它,也可以从功能的角度研究它等等。再如结构主义讲深层结构,不是讲事物的外形结构。它是一种哲学的考察、思索。对于一种艺术来讲,你可以找出它的深层结构,但是它还有其他种种方面,如美学方面、社会意义方面。再如马林诺夫斯基的"功能论"(日本译作"机能论"),它作为一种理论,对于文化现象、民俗现象具有较大的解释能力,但它也只是偏于用一种文化(神话)去解释它同其他社会文化现象的关系。这一点当然很重要,但是一种文化不仅仅局限于此。一切事物都有其历史性,用历史的观点分析问题,也是学术研究的一种重要角度。

事物往往有多个方面,理论都偏于一点。对一种理论,我们要知道其长处在什么地方,短处又在哪里。没有一种理论是万能的。作为一个学者,要运用某种理论,结构主义也好、象征主义也好、故事类型学也好,形态学也好,都可以用,但要知其长处,用到什么程度,用于什么对象最适当。对于荤故事、荤歌谣,可能比较有效的解释就是精神分析学或者性心理学,因为它所阐发的正是那方面的道理,其他类型的故事歌谣它能解释的可能就不太多了。

(三) 现阶段中国的民俗学活动，应有自己明确的指导思想

这个指导思想包含两层意思：一种是要有自己民族特点的，不是人云亦云的；一种是为祖国的精神文化而努力的，不是为个人升官发财、拿点稿费什么的。

建立具有中国自己特色的民俗学不仅是必要的也是可行的。中国是一个有着几千年历史的以农业为主的国家，劳动人民在长期与自然和社会的互动关系中，创建了独具特色的民俗文化，反映了中国人特有的智慧和对生活的态度。面对这些，我们的民俗学研究必须从实际出发，在对研究对象充分认识的基础上，建立起适合民族特点和要求的理论、方法。

我们的学术传统和时代特点，也规定了我们的民俗学研究是为促进祖国的文明发展而服务的。历史上我们的学术研究即有"经世致用"的传统。另外，民俗学之所以"五四"时期在中国兴起，也说明它在中国社会和文化变革中是肩负着使命的。"五四"时期，先进的知识分子为了救国救民，积极探索社会、文化的变革道路，他们对以儒家思想为代表的传统精英文化已经失望，把希望的目光投向了劳动大众，企图在吸取世界先进文化的同时，在民众创造的新鲜、活泼的民间文化基础上，建设符合世界潮流的中国文化。民俗学的兴起，是中国先进的知识分子这种积极探索的一种努力。事实证明，民间文化具有着大量优秀的富于生命力的东西，可以成为我们面对世界的竞争和压力进行民族文化重构的重要资源。时至今日，我们仍面临着这一问题，我们的民俗学仍负有这一重要责任。

三、民俗学者的知识修养问题

(一) 民俗学者知识修养的必要性

要研究民俗学或民间文学，仅看一些理论显然是不够的。现在有一种风气，有些学者过分热衷国外流行的理论、学说，而对本国民俗实际认识不够，也没有太多的兴趣去接触，这是一种很大的偏

颇。外国的理论当然应该了解和学习,但是要想对本国的民俗实际做出科学的研究,首先必须对本国的民俗有较广泛而深入的认识。研究民间文艺学,对民间文学作品本身知道的不多同样是不行的。

我常举一个例子,前几年,一个硕士生,一入学就说要写一本神话学的书,是关于神话创作方面的。我一听,心里嘀咕,但也不好意思说出来。神话是一种复杂的文化现象,尤其关于神话创作我们知道的更少,这位同学给自己找了一个麻烦。他很快交给我:一个大纲(包括参考书目)。大纲且不论,参考书目里只有一两种关于神话作品本身的书,其他大都是些哲学理论方面的。研究神话,神话作品本身知道得很少,而只去看神话理论乃至于一般哲学等方面的学术著作,这是远远不够的。后者当然可以看,但首先得熟悉神话作品本身,这是最基本、最重要的。即使像马林诺夫斯基那样对神话有很多研究的学者,他的理论也不过是一家之言(尽管它很有价值)。所以那时我对那位同学说,你还是去好好多读一些神话作品,然后再读理论方面的书吧。那就是说,这个同学存在着认识上的问题,缺乏老师的指导。如果这种情况得不到改变的话,那他就不容易取得好的科研成果。

(二) 民俗学者应具备的知识修养

1. 十多年前,我曾郑重提出过这方面的意见。

在1979年全国文学艺术工作者会议上,我提交了一篇题为《把我国的民间文艺学提高到新的水平》的文章。在这篇文章中我提出了几点看法,较为重要的比如说民间文学的研究队伍的修养问题、研究方法问题。当时搞民间文学的人,多数由一般文学方面转来,他们读过一般的文学概论、文学史及作品,这些知识对于民间文学研究也不是没有用,但是,民间文学与作家文学毕竟有很多不同之处。我认为民间文学是一种特殊的文学,研究特殊的文学,就不能只用一般的文学理论去研究。民间文学本身有特点,要理解它,研究它,就要懂得它本身的知识,懂得它本身所要求的研究方法。

在当时（1979年），搞民间文学的人95%是学一般文学出身的，他们文学素养也可能不错，但是从事民间文学研究就有某些欠缺，所以当时我强调要认识所研究对象的特殊性，强调要根据研究对象的特殊性填充相应的知识。

2. 根据近年的观察，觉得民俗学工作者知识结构和知识修养问题仍然显得极为重要和迫切。

十多年来，中国民俗学研究不断深入和发展，同时人们也越来越认识到我们的民俗学研究人员在知识结构和知识修养上还存在这样或那样的缺陷与不足。

我随便举一个例子，在中国文学史上的作家作品里面，有一部分作品原来属于民间文学，如六朝人的志怪小说、唐朝人的传奇。志怪小说大都是民间神话传说故事的简单记录。唐代传奇也多半是把民间故事传说当作素材进行再创作的。对于这一类作品，假如没有关于民间文学这一特殊文艺学的知识，或者没有民间文艺学史的知识，那就难于研究彻底。所以关于六朝志怪小说，如《搜神记》等，现在文学史上说了几句，但他们用一般文学观评论这些本不属于作家文学的作品，应该说的话他说不出来，不需要说的他说了。还有陶渊明的《桃花源记》，一般说《桃花源记》属作家文学，它以民间文学为素材，同唐朝人传奇接近。陶渊明是借民间传说来抒发他自己的理想。对于这种作品单方面地作为作家文学来处理至少是不够的。《桃花源记》这个故事的素材原来就是一个世界上很有名的故事类型，讲时间经历得很快的那种（如欧文的《李迫大梦》）。现在还有很多这种类型的民间故事流传，这一故事最典型的记录是六朝人所记樵夫王质看仙人下棋"烂柯"的故事。这是一个世界性的故事母题（motif）。陶渊明即是用了这个故事作为他抒发理想的素材。但现在研究文学史的人没有民俗学的知识，纯粹把它作为陶渊明的创作，这种认识不完全，就如打鼓没有打到点子上一样。

我这里说的民俗学、民间文艺学需要的专业知识，应从两方面来讲，一是专业本身的知识、专业结构的知识，另一方面除了本学科外还应具备与研究学科密切相关的辅助学科的知识。

（三）民俗学者应具备的知识结构中的重要学科

1. 民俗学本身的一些学科知识——如民俗学理论、民俗志、民俗史及民俗研究史、方法论、资料学等。

研究民俗学、民间文艺学，首先需要有理论的知识。理论包括概论的、专题研究的，我们编的《民间文学概论》那就是概论式的入门书。还有属于专题的著作，如美国学者道森的《民间故事论》，它是专门论述民间故事的著作。作为一个研究民俗学、民间文艺学的人对专业理论知识不掌握是不行的。

其次。需要民俗学方面的民俗志知识。民俗志是关于民俗事象的记录。在民间文学方面就是各种作品集，有诸多种类如神话、故事、歌谣、谚语等，这些都是研究这种学问本身的材料，还应有民俗演变、发展的历史方面的知识。

民俗学、民间文艺学，应该包含有这两方面的内容，一方面是民俗（或民间文学）本身的历史，另一方面是我们的先辈用他们的理论思维认识这些民俗事象的历史，即前人的民俗学观点。任何的学问都有它的研究方法，研究民俗学，就离不开田野作业，田野作业至少在我们搜集资料时是主要的方法，它帮助我们取得第一手材料。哪一个学者都会有他的研究方法，而且方法不只一种，有多种方法可供人选择运用。

无论是研究故事，还是其他民俗，都要用某种方法，假如你知道的方法多，你自觉地予以选择运用，那就有可能取得好的研究成绩。如果你不能自觉地运用某种方法，虽然也能作研究，但不容易达到理想的效果。这一点，我在教学上比较重视。尤其是硕士生、博士生乃至博士后人员，他们都是专门从事高级意识形态工作的人，所以更要注意方法论。

最后一点是资料问题。研究哪种学问都要有资料，资料是否丰富、来源是否可靠，如何取舍、管理、安排，都要有讲究。所以研究一门学问从知识方面上讲，应该注意知识的配置、补充。

2. 密切相关的学科知识——如民族学（包括民族志）、社会学、文化人类学、宗教学（包括宗教史、宗教学史等）、社会文化史（本国的及世界的）、语言学、考古学等。

一个学者如果仅知道自己的专门知识，那还是不够的。特别是民俗学关联范围很大，如果没有多方面相关的知识，视野就会受到局限，所以相关的知识同样重要。相关的知识，这里举了六七种，只是比较重要的，还有很多未刊出。第一种是民族学，是关于各民族发生、发展、性质、特点及其文化形态的研究。理论的民族学与记述的民族志二者同样重要，仅有理论不行，应该有具体的民族生活知识（包括民俗在内）。其次是社会文化人类学、宗教学、文化史、语言学等都是重要的知识学科，这里重点谈谈宗教学。

据我几十年的工作接触，民俗内容追溯其来源百分之七八十同原始宗教、法术有关。人类为了保存自己，抗拒自然灾害，抵抗凶恶势力，为了丰收，为了长命等，形成了种种民俗事象。如狩猎生产方面，即使猎手枪法很好，但为了安全和获得猎物，他也要祭拜山神，施用某种法术；有的事情个人无能为力，像瘟疫，人们只能求神问鬼。原始人智力低下，技术也不发达，为了抵抗外来的灾难，只得求神力，依靠宗教法术的力量。当然社会发展了，原来因宗教法术产生的东西渐渐失掉了它本来的意义，如傩，在开始时是赶鬼的仪式，现在变成傩戏了，宗教法术的意义已经淡化。

研究民俗学、民间文艺学没有宗教学的知识寸步难行。我们以"人性"问题为例，造桥、铸钟、做房子等在过去是复杂的工程，人们不像今天有高明的工程师，不需要宗教、法术帮忙。如北京大钟寺，关于大钟的铸造就有一个传说，当时铸钟的工匠铸来铸去就是铸不成，他的女儿知道后，跳进铜水中，钟于是铸成。这位女儿跳进去是什么含义呢？那就是说人用最贵重的生命献给神，使神保佑钟的铸成，这是原始的思维。但我们有些人，把这位女儿的举动视为英雄献身的行为，甚至把她同当今的民族英雄相提并论，这种看法，用一句俗话说是牛头不对马嘴。一个是有高度政治觉悟为民族献身的人，一个迷信神力，用人作为牺牲，即把生命作为献给神的祭品。这种认识上的根本性错误是由于人类学、宗教学的知识缺乏。具有这方面知识的人都会知道"人牲"这一原始时代世界普遍存在的现象。

还有兄妹婚，兄妹俩生下了一个肉团，有人解释为是对兄妹婚的惩罚，兄妹不该结婚而结婚了，让你生一个不伦不类的肉团。乍看起来这一解释似乎有道理，其实这是外行的认识。在原始人眼里，一次生下一个小孩是正常的，但要有百家姓，又不能天天生小孩，所以生一肉团剖开来。剖开，在我们眼里是破坏了，但在原始人那里不是这样，在他们眼里死的可以变成活的，肉块可以变成活人。所以，用一般的常识或我们现在的伦理观念去推论是不合适的，如果有民俗学、宗教人类学的知识就不会犯这种错误。在"洪水神话"中还有兄妹利用烧烟、滚磨的方式决定能否结婚的情节，有人解释说：这是在抗拒血缘婚。实际上，原始人做事情，特别是一件非常的事，都要占卜，占卜是原始信仰表现的习惯方式，现在乡人的"八字合婚"也是一种占验、占卜。原始人对这种事情没有把握，而且婚姻事情要得到神意的许可，占卜是得到神意的手段。像这类事象，假如具有宗教学上的知识，就会正确理解它。

现在，我们有些民俗学工作者缺乏这样的知识，年轻一代要尽力补上这一课，有这些知识同没有这些知识是大不一样的。

四、对民俗学功用的看法

我们怎样看待民俗学的功用呢？

（一）民俗学的功用是多方面、多层次、有显有隐的。

民俗学作为一门学科，注重挖掘、研究我们祖宗创造、传承下来的文化事象，如放风筝、划龙舟仍在体育娱乐中起作用，即使没有这种作用，作为我们古代先民所创造的东西，也是值得研究的。可以放进博物馆，供后人参观了解。何况它现在还存活在广大人民的生活中间呢？

民俗学的作用是多方面、多层次的，它对人类精神生活起作用，对社会政治起作用，对工艺生产也起作用。有些作用是明显的，优良的民俗文化事象对精神的作用，往往是看不见的，但很重要，它能增强民族自豪感，增进爱国主义精神。

（二）民俗学对精神方面的作用。

民俗学对国民精神的作用，第一是对先民历史文化创造的认识；第二是把我们优良的民俗文化展示发扬起来，以培养、增进民族意识。人与动物的很大区别，是人有历史感，能够创造发明。现在我们社会主义社会，是人类所经历的历史过程中比较高级阶段的社会。文化、科学、道德都很重要，我们的民俗学在理论上作出贡献来，替我们的国家，建立一种被世界人民称道的学术成就、文化成就，这也是民俗学的一种作用。

中国民俗材料非常丰富，加之有几十个民族，很有希望成为民俗学研究大国。只要我们努力，不但可以提高中国科学本身的位置，而且也有利于世界文化的发展。

（三）民俗学对社会制度方面的作用

我们身在社会之中，现在又处在改革时期，有许多祖宗积累下来的民俗，现在有些不合适，要淘汰掉，有些好的要保留。让它继续存在。我们的学问在这方面是能够有所贡献的，因为我们有专门的研究，当然，这个我们要非常之小心，不能简单行事。如禁放鞭炮问题。鞭炮起源于宗教法术，但几千年来，它同中国人的生活、感情融结在一起，我们应该有改良的措施，加以适当的限制（降低鞭炮的威力，减少伤人的危险），应尊重民众的感情与合理的习惯，不要随随便便地禁止它。有的民俗如包办婚姻等应明令禁止。有的民俗可禁可不禁，值得学者研究，进行科学决策。民俗学可以帮助改良风俗，有这种责任，也有这种可能。还有民俗博物馆，亦是社会教育与精神文明建设的内容，我们也有责任、有能力帮助建立。

得到觉悟的可能性,所以说:"一切众生,皆有佛性,有佛性者,皆得成佛。"

6. 问:如来佛是不是释迦牟尼,还是另一人?

答:"如来"这个名词是从梵语 tathāgata 译出来的。"如"字就是"真如"(tathāta),即一切法(事物)的真实状况。它又包含"如实"(yathābhūtam)的意义。佛经对"如来"的解释是:"乘真如之道而来。"又说:"如实而来"。"如来"是一个通用名词,它是"佛陀"的异名。如释迦牟尼佛,可以称释迦牟尼如来;阿弥陀佛,可以称阿弥陀如来。

7. 问:阿弥陀佛和释迦牟尼佛不是一个人吗?

答:不是。阿弥陀佛是另外一个世界上的佛。阿弥陀是梵语 Amitābha 的音译,意义是"无量的光明"。

8. 问:"南无佛",是什么意思?为什么读起来是"那摩佛"?

答:"南无"是梵语 Namo 的音译,念成"那摩",是保持原来古代的读音,现代广东福建一部分地区,仍保持这个古音。它的意义是"敬礼"。今天印度人相见,互道"那摩悉对",就是说:"敬礼了"

9. 问:释迦牟尼的一生可以简略介绍一下么?

答:可以。释迦牟尼的时代,约当公元前 6 世纪中叶,正是我国春秋时代,与孔子同时。他是当时迦毗罗国(Kapilavastu)国王的长子。父亲名净饭(Suddhodana),母亲名摩耶(māyā)。摩耶夫人生产前,根据当时风俗,回到母家去,路过蓝毗尼花园(Lumbini),在树下休息的时候,生下了悉达多王子。

10. 问:蓝毗尼花园现在还有遗址留存下来吗?

答:公元 7 世纪时,我国玄奘法师曾到过蓝毗尼。根据他的记载,他曾经看到在他之前八百多年阿育王(Asoka)在那里建立的石柱,标志着佛陀诞生之处,但当时石柱已被雷击破,柱头倒在地下,已经是衰落的情境了。后来由于没有人能够识得柱上的文字,因此佛陀诞生的地址久已埋没无闻。直到 1897 年才被人发现了阿

答：佛教，广义地说，它是一种宗教，包括它的经典、仪式、习惯、教团的组织等等；狭义地说，它就是佛所说的言教，如果用佛教固有的术语来说，应当叫做佛法（Buddha－Dharma）。

2. **问**："法"是什么意思？

答："法"字的梵语是"达磨"Dharma。佛教对这个字的解释是："任持自性、轨生物解。"这就是说，每一事物必然保持它自己特有的性质和相状，有它一定的轨则，使人看到便可以了解是何物。例如水，它保持着水的湿性，它有水的一定轨则，使人一见便生起水的了解；反过来说，如果一件东西没有湿性，它的轨则不同于水的轨则，便不能生起水的了解。所以佛教把一切事物都叫做"法"。佛经中常见到的"一切法"、"诸法"字样，就是"一切事物"或"宇宙万有"的意思。照佛教的解释，佛根据自己对一切法如实的了解而宣示出来的言教，它本身也同样具有"任持自性、轨生物解"的作用，所以也叫做法。

3. **问**：佛是神吗？

答：不，佛不是神。他是公元前6世纪时代的人，有名有姓，他的名字是悉达多（Siddhārtha），他的姓是乔答摩（Gautama）。因为他属于释迦（Sākya）族，人们又称他为释迦牟尼，意思是释迦族的圣人。

4. **问**：为什么称他为佛呢？佛的意义是什么？

答：佛字是"佛陀"的简称，是 Buddha 的音译（如果用今天的汉语音译，应当是"布达"），佛陀的意思是"觉者"或"智者"。"佛陀"是印度早就有了的字，但佛教给它加了三种涵义：（1）正觉（对一切法的性质相状，无增无减地、如实地觉了；（2）等觉或遍觉（不仅自觉，即自己觉悟，而且能平等普遍地觉他，即使别人觉悟）；（3）圆觉，或无上觉（自觉觉他的智慧和功行都已达到最高的、最圆满的境地）。

5. **问**：除释迦牟尼外，有没有另外的佛？

答：佛教认为过去有人成佛，未来也会有人成佛，一切人都有育王的石柱，考古家认识出上面的文字，这才发掘出蓝毗尼园的遗址，在附近并且发掘出古代的市镇，其中有些可以相信是属于当时的迦毗罗城的。今天尼泊尔政府已经把这个地方作为圣地加以建设和保护。

11. 问：释迦牟尼幼年教养情况是怎样？

答：摩耶夫人产后不久就死了。幼年时代的释迦牟尼是由他的姨母波阇波提夫人（Prajāpati）养育的。他自小从婆罗门学者们学习文学、哲学、算学等等，知识很广博，又从武士们学习武术，是一个骑射击剑的能手。他父亲净饭王因为他天资聪慧、相貌奇伟，对他期望很大，希望他继承王位后，建功立业，成为一个"转轮王"（统一天下的君主）。

12. 问：那么，他后来为什么不继承王位呢？

答：悉达多王子幼年的时候，就有沉思的习惯，世间许多现象，给他看到，都容易引起他的感触和深思。饥渴困乏、在烈日下耕田的农人，绳牵鞭打、口喘汗流拖着犁头耕地的牛，蛇虫鸟兽弱肉强食的情景，衰丑龙钟的老人，展转呻吟的病人，亲朋哭泣送葬中的死人，这些都促使他思索着一个问题——如何解脱世界的苦痛。他读过的吠陀书（Veda，婆罗门经典）不能解决他的问题。他学到的知识和他未来的王位、权力也都不能解决他的问题。于是他很早就有了出家的念头，后来终于舍弃了王位。

13. 问：他父亲怎么会让他出家呢？

答：净饭王发觉了他儿子的心思之后，曾经想过各种办法防止他，特别是企图从生活的享受上羁縻他。悉达多王子16岁时，净饭王便为他娶了邻国的王女耶输陀罗（Yaśodharā）为妃，生了一个儿子名叫罗怙罗（Rāhula）。但是这一切都没有能够阻止他。终于在一天夜深人静的时候，他偷偷地出了国城，进入一个森林中，换去王子的衣服，剃去须发，成为一个修道者。关于他出家时的年龄，有两种不同记载，一说是19岁，一说是29岁。

14. 问：出家以后的情形怎样？

答：他父亲曾尽力劝他回去无效，只好在亲族中选派五个人随从他一起，这五个人的名字是：憍陈如（Kaundinya），跋提（Bhadrika），跋波（Vāspa），摩诃男（Mahānāma），阿说示（Aśvajit）。悉达多王子和他的侍者们先后寻访当时三个有名的学者，从他们学道，都不能满足他的要求。于是知道当时哲学思想中没有真正解脱之法，便离开了他们，走到尼连禅河（Nairañjanā 现在叫做 Lilaian）岸边的树林中，和那里的苦行人（极端刻苦修行的人）在一起。为了寻求解脱，他尝够了艰苦辛酸，坚持不懈，经历6年之久，但是结果徒劳无功，方才悟到苦行是无益的。他于是走到尼连禅河里去沐浴，洗去了6年的积垢，随后受了一个牧女供养的牛奶，恢复了气力。当时随从他的五个人见到他的情景，以为他放弃了信心和努力，便离开了他，前往波罗奈城（Benares）去继续他们的苦行。王子于是一个人走到一棵毕钵罗（Pippala）树下，铺上了吉祥草，向着东方盘腿坐着，发誓说："我今如不证到无上大觉，宁可让此身粉碎，终不起此座。"他便这样在树下思维解脱之道，终于在一个夜里，战胜了最后的烦恼魔障，获得了彻底觉悟而成了佛陀。

15. **问**：释迦牟尼成佛处，现在遗迹留存吗？

答：释迦牟尼成佛处，自古称为菩提场或菩提伽耶（Buddhagaya），那里的毕钵罗树，因为佛坐在树下成道的缘故，得到了菩提树之名。从此，所有毕钵罗树都叫做菩提树。"菩提"就是"觉"的意思。菩提伽耶在今天印度比哈尔省伽耶城（Gaya）的南郊。那棵菩提树在二千数百年中曾两次遭到斫伐，一次遭到风拔，但都重生了新芽，现在的菩提树是原来那棵树的曾孙。树下释迦牟尼坐处有石刻的金刚座。树的东面有一座宏伟庄严的塔寺，名叫大菩提寺，至今约有1 800多年的历史，附近还有许多佛的遗迹和古代石刻与建筑。1956年印度比哈尔省政府为了这个圣地的建设和管理，设立了一个国际性的咨询委员会。中国佛教协会接受了邀请，指派了两位代表参加该会。

16. 问：释迦牟尼成佛后的事迹，可以简略地谈一谈吗？

答：释伽牟尼成佛的年龄，也有不同的记载，有的说 30 岁，有的说 35 岁。此后 50 年（或 45 年）中，直到他 80 岁逝世前，他没有间断过他的说法工作。他到处游行，向大众宣示他自己证悟的真理。他最初到波罗奈城去找离开了他的五个侍者，为他们说法。佛教把佛陀第一次说法，叫做"初转法轮"。

17. 问："转法轮"是什么意思？

答："轮"（cakra），是印度古代战争用的一种武器，它的形状像个轮子。印度古代有一种传说，征服四方的大王叫做转轮王，他出生的时候，空中自然出现此轮，预示他的前途无敌。这里以轮来比喻佛所说的法。佛的法轮出现于世，一切不正确的见解、不善的法都破碎无余，所以把说法叫做转法轮。佛初转法轮处是鹿野苑（Sarnath），在今天波罗奈城（Benarea）。经过近代的发掘，鹿野苑发现了不少有价值的文物，有阿育王的石柱，有公元 4 世纪石刻的佛初转法轮像等等，并且发掘到古代塔寺的遗址。鹿野苑现有佛寺、博物馆和图书馆，都是近几十年来陆续兴建起来的。佛初转法轮处的鹿野苑，和佛诞生处的蓝毗尼园、佛成道处的菩提伽耶、佛逝世处的拘尸那伽（KuŚinagara）是佛教四大圣迹。值得指出的是：近代学者们对这些圣迹以及其他一些古迹的发掘和修复，主要都是根据我国古代高僧法显、玄奘等的记载。

18. 问：佛初次说法的地方为什么要比其他说法的地方看得重要呢？

答：佛在鹿野苑初转法轮这件事是佛教的一件大事。从那时起，开始建立了佛教；从那时起，开始具足了三宝。

19. 问："三宝"是什么？

答：佛陀是佛宝。佛所说的法是法宝。佛的出家弟子的团体——僧伽（sangha）是僧宝。称之为宝，是因为它能够令大众止恶行善、离苦得乐，是极可尊贵的意思。佛初转法轮，憍陈如等五人都归依佛，出家为弟子，于是形成了僧伽。所以说，从那时起开始具足了三宝。

20. 问：什么叫做归依？

答：归依的意思是：身心归向它、依靠它。归依三宝的人是佛教徒。"归依"也可以写成"皈依"，"皈"与"归"的读音和意义相同。

21. 问：佛在世的时候，归依的人多吗？

答：是的，佛初转法轮后从鹿野苑到摩揭陀国（Magadha）去的一路上，受到他的教化而归依的人就很多。其中有拜火教的婆罗门姓迦叶的三兄弟，都改变了原来的信仰，率领他们的弟子一千多人归依了佛教。佛到了摩揭陀国首都王舍城（Rājagṛha）后，归依的人更多。其中最有名的出家弟子有舍利弗（Sāriputra）、摩诃目犍连（Mahāmaudgalyayāna）、摩诃迦叶（Mahākasyapa）等人。后来佛回到故乡去，他的异母弟难陀（Nanda）、堂兄弟阿难陀（Ānanda）、提婆达多（Devadatta）和他儿子罗怙罗等都随他出了家。还有宫廷中一个剃发工奴优波离（Upāli）也出家加入了僧团，后来成为有名的佛教戒律学大师。佛的姨母波阇波提也归依了佛，是一个出家女弟子。至于不出家而归依三宝的弟子则为数更多。佛的出家弟子，男的叫做比丘（Bhiksu），女的叫做比丘尼（bhiksuni），在家弟子，男的叫做邬波索迦（upāsaka），女的叫做邬波斯迦（upāsikā），合称为四众弟子。

22. 问：释迦牟尼一生游行教化的区域，是哪些地方？

答：根据记载和发掘的资料，佛自己足迹所到的地方，主要是中印度。他的弟子们分到四方游化，可能更远一些。但是锡兰和缅甸都有佛曾经到过并留下足印的传说。佛居住的地方以摩揭陀国的王舍城和拘萨罗国（Kosala）的舍卫城（Srāvasti）的时间为最多。在王舍城外有一个竹林，是频毗婆罗王（Bimbisāra）献给佛和僧众居住的，后人称为竹林精舍。在舍卫城有一个林园是当地一个富商须达多（Sudatta）和拘萨罗国王子祇陀（Jeta）共同献给佛的，后人称为祇园精舍。佛常往来两处，所以竹林、祇园并为说法的重地。王舍城南面的灵鹫山（Gṛdhrakūṭa）也是佛常和弟子们说法的地方。佛逝世前由王舍城北行到毗舍离（Vaisāli）城（今印度比哈尔省境内），又由毗舍离向西北行，最后到了拘尸那伽（今印度联合省伽夏城 Kasia）。佛是在拘尸那伽逝世的。现在佛逝世处，发掘出佛遗体火化的地方和古刻的佛涅槃像以及其他古迹。印度政府为了纪念佛涅槃 2 500 年，曾对这个圣地予以必要的修复和建设。

23. 问：什么叫做"涅槃"？

 答：现在暂不详细解答，这里可简单解释为"逝世"。

24. 问：佛涅槃前后的情形是怎样？

 答：佛在毗舍离城的时候，已经有了重病，在那里度过雨季后，偕弟子们向西北走去，路上受了铁匠纯陀（Cunda）供献的食品，病更加剧，最后走到拘尸那伽一条河边，洗了澡，在一处四方各有两棵娑罗树的中间安置着绳床，枕着右手侧身卧着。后来所有卧佛像（即佛涅槃像）都是这样的姿式。佛告知弟子们将要涅槃。弟子都守候着。夜间有婆罗门学者须跋陀罗（Subhadra）去见佛，阿难陀想挡住他，佛知道了，唤他到床前为他说法，于是须跋陀罗成了佛的最后弟子。佛在毗舍离临出发前和在途中曾为弟子们作了多次的教诲，到了那天半夜逝世前又最后嘱付弟子不要以为失了导师，应当以法为师，要努力精进，不要放逸。佛逝世后，遗体举行火化。摩揭陀国人和释迦族等八国将佛的舍利分为八份，各在他们的本土上建塔安奉。其中摩揭陀国安奉在燕提伽耶的一份，到公元前 3 世纪，被阿育王取出，分成许多份送到各地建塔。1898 年，考古学家在尼泊尔南境发掘迦毗罗国故址，发现一舍利塔，塔内藏有石瓶石函等物；有一瓶放在铁和水晶层迭的函内，里面有黄金花，花上安放着佛骨。从函上刻的文字知道这就是释迦族供养的佛的舍利。

25. 问：舍利是什么？

 答：舍利（Sarīra）就是遗体，但这个名称一般只用于佛和有德行的出家人的遗体。

26. 问：塔是做什么用的？

答："塔"，又称"塔波"，是梵语（Stūpa）省略的音译，完整的音译是"窣堵波"，意义是"高显"或"坟"。塔一般是藏舍利的，也有不藏舍利，而作为标帜纪念之用的。

27. 问：佛涅槃的年代，有没有不同的计算？

答：关于佛涅槃的年代，东南亚佛教一般认为是公元前545年，所以1956年和1957年各国都举行佛涅槃2 500年盛大纪念。我国关于佛涅槃年代有很多不同的说法，一般公认的年代是公元前486年，与南传佛历相差59年。

28. 问：佛的涅槃日是哪一天？

答：我国一般认为农历二月十五日是佛涅槃日，四月初八日是佛诞生日，十二月初八日是佛成道日。南方各国则以公历五月月圆日（相当于我国农历四月十五日）为佛节日（Vaisākha），认为佛诞生、成道、涅槃都在这一天。

29. 问：听了上面的谈话，对释迦牟尼佛的一生事迹已经有了轮廓的了解。现在想请你谈一谈当时佛教创立的历史背景。

答：这是一个较难的问题，因为第一关于印度古代历史资料缺乏，第二我自己在这方面少研究。但是我仍然愿意将一些我所知道的材料和所想到的线索，提供你参考、研究和判断。

30. 问：很好。我以为，任何宗教和思想都是历史的产物，能够了解一些当时社会的情况，是有助于对佛教的了解的。希望你就几个主要的问题谈一谈，能说明一个大概就行了。

答：先从当时的形势谈起吧。你知道古代印度曾经有一个区域叫做"中国"吗？

31. 问：这倒不知道。那是在印度的什么地区？

答：大约3 500年到4 000年前，雅利安（Arya）人逐渐由中亚细亚进入印度河流域，征服了那里的土著民族，并且吸收了他们的文明，在那里定居下来，建立了好些国家。因为长期成为雅利安人政治文化的中心（也就是婆罗门文明的中心），当时那个地区被称为"中国"（Madhya Desa）。至于东方和南方的恒河流域的广大地区，则被称为是化外的"边地"。但是到了释迦牟尼时代，形势有了很大的改变。原来"中国"地方的国家已经开始衰落，而东南边地的国家则勃然兴起。释迦牟尼居住最久、教化最盛的摩揭陀国就是当时新兴的霸国。这时候，文明的中心已经转移到摩揭陀国的王舍城，拘萨罗国的舍卫城，跋耆国的毗舍离城等新都市，其中王舍城尤为重要。

32. 问：这些新兴国家除了实力强盛之外，在社会、经济、文化方面有没有什么特点？

答：据我初步地研究，有三种情况值得一提：（1）在种族问题上，矛盾的增多；（2）在经济问题上，社会生产力的发展；（3）在思想上，反婆罗门教义的新思想的兴起。这三种情况都反映在"种姓制度"的问题上。

33. 问：什么是种姓制度？

答：种姓制度是雅利安人进入印度之后创立的。"种姓"这个词儿是从梵语"Varnā"翻译过来的，它的原来的字义是"颜色"或"品质"。照他们的说法，肤色白的雅利安人是品质高贵的种族，深色皮肤的达罗毗荼（Dravida）族和其他土著民族是品质低贱的种族。这种制度原来是用以划分雅利安人和非雅利安人的界限的。后来随着工作和职业的分化的发展，本来用以划分雅利安人和非雅利安人的种姓差别，也在雅利安人自己中间起了反应，于是有四姓（四个种姓）的划分。最高的种姓是婆罗门（Brāhmana），是掌握祭祀文教的僧侣阶级（到后来婆罗门也可以当国王）；其次是刹帝利（Ksatriya），是掌握军政的国王和武士阶级；其次是吠舍（Vaiśya），是商人、手工业者，也有从事农耕的平民阶级；最下的种姓是首陀罗（Sūdra），是农人、牧人、仆役和奴隶。前三者是雅利安人，后者是非雅利安人。各种姓有它的世袭的职业，不许被婚姻混乱，尤其严禁首陀罗和别的种姓混乱。对首陀罗男子和别的种姓女子结合所生的混血种，特别订有法律，给予一种贱名，如首陀罗男子与婆罗门女子的混血种名为旃陀罗（Candāla）。他们的地位最低贱，不能与一般人接触，被称为"不可触者"。这种人世世代代操着当时认为下贱的职业，如抬死尸、屠宰、当刽子手之类。种姓制度不仅订在法律里面，而且神圣不可动摇地规定在宗教教义和教条中。在婆罗门教势力强盛的"中国"地方，种姓制度最严格。

34. 问：在新兴国家地方也有种姓制度吗？

答：随着雅利安人势力的扩展，这些国家都不能不受到婆罗门文化的影响，当然也都存在着种姓制度，但种姓制度所遇到的困难就比较多得多。第一，在这些国家里，土著人民占的比率大；第二，雅利安与非雅利安种族混合情况比较普遍；第三，为了巩固雅利安人在那些地方的统治，有不少土著部族的首领通过入教仪式被安排在刹帝利种姓之列。在种姓制度下，统治阶层的婆罗门和刹帝刹之间一向存在着矛盾，尤其是非雅利安人的刹帝对婆罗门的优越地位的反抗，更加显著。据研究，摩揭陀国的人多半是吠舍和首陀罗的混血种，婆罗门法典认为他们是半雅利安、半野蛮的下等种族；后来统一印度的摩揭陀国阿育王，据说就有着首陀罗的血统。在这种环境中，反对婆罗门种姓制度教义的学说，容易为大众所接受和欢迎，而释迦牟尼倡导的"四姓平等"之说，事实上反映着当时那些新兴国家的人民对种姓制度的不满。

35. 问：释迦是不是雅利安种？

答：关于释迦的种族问题，有不同的说法，有的说是蒙古种，有的说是雅利安种。但是从当时的地理看，迦毗罗国地处僻远，又是小国（有人研究，认为它当时是拘萨罗国的附庸国），因此它的王族不是雅利安种的可能性较大，而且佛经上不止一次说释迦牟尼的身体是紫金色，这可以为释迦族不属于白色的雅利安种的一个论据。

36. 问：能不能说当时种姓制度问题上的矛盾纯粹是种族的矛盾？

答：不能那么说。据我看，它还反映着当时社会生产力的发展所带来的矛盾。

37. 问：释迦牟尼时代印度的社会是不是奴隶社会？

答：近代在印度河流域的发掘，证明在公元前3 500—2 750年之间，那里的土著民族（可能就是达罗毗荼族）早已有了惊人的城市文明。他们有城市规划，有下水道，有两三层砖建楼房，有公私浴室。街道上有货摊和店铺，有纺织业和陶业。这个事实推翻了西方学者们一向认定印度文明是雅利安人带来的说法。事实上是游牧民族的雅利安人接受了土著的高级文明。根据发掘的材料来看，当时土著民族已经进入了奴隶社会，而且可以断定他们有了相当发达的农业。至于雅利安人定居下来很长时期（约1 000年）以后，到了种姓制度确立了的时期，那里的社会是否仍然是奴隶社会，值得研究。从婆罗门的法典看来，首陀罗并不是奴隶，只是有一部分人当奴隶，而奴隶只是从事杂役劳动，在生产部门很少参加，显然奴隶不是主要生产者，因此很难断定当时是奴隶社会。

38. 问：据你看当时是什么制度的社会呢？

答：佛经中的资料记载，当时国王每年有一固定的日期在自己的田地里，举行亲耕仪式；人民都去替他耕田。这与婆罗门的法典规定的靠自己劳动为生的首陀罗人要以劳动向国王纳税的条文相合。根据我国古代译师的注释，"刹帝利"的原来字义是"田主"。从这个线索来推断，似乎"种姓"制度开始完备地确立的时期，印度已经进入了封建领主统治的农奴社会，而到了释迦牟尼时代，在新兴的国家里，情形又有所演变。根据佛经的资料，当时的商业很发达，有相当规模的陆运和航运的商队，商人掌握着雄厚的经济力量，例如把一座林园送给佛的大富商须达多，他有力量以黄金布地和拘萨罗的王子比富。手工业也很发达，有细密的分工，自由经营的小工商业在生产上占重要地位，当时有了纳税的自由农民，有佃农。可以设想，在吠舍人和首陀罗人混合种族的新兴国家里，刹帝利可能不是领主，而是新兴地主阶级的代表。印度在公元前1 000年间已经有了铁器，到这时期，铁制农业器具更已普遍使用，农业上生产力有了很大的发展。在当时的经济情况下，封建领主的割据，是不利于商业、手工业，特别是农业的发展的。历史证明，统一兴修水利和灌溉系统是促成阿育王统一印度的重要原因。虽然阿育王是佛逝世二百年以后的人，但是佛在世时，人们就有"转轮王统一天下"的理想。佛幼年时，他的父王和国人曾期望他做转轮王。佛虽然舍弃了王位，但是他也推重转轮王这样的理想人物。"转轮王"思想，实际是反映着当时一般人要求有一个中央集权政府来代替领主割据的愿望，这个要求和愿望必然和种姓制度发生冲突。

39. 问：释迦牟尼和婆罗门、刹帝利的关系怎样？

答：释迦牟尼是公开宣布反对婆罗门教义的，所以一生遭到婆罗门攻击的事很多。但是也有不少婆罗门教徒和学者改变了原来信仰而归依了他。婆罗门人受了佛教的刺激，于是有了"摩奴法典"的出现。这部法典一方面固然是为了维护种姓制度，一方面也可能作了一些修正。在摩奴法典里攻击佛教的文句虽不明显，但是后出的"述记氏法论"则把攻击佛教的态度明白地表示出来。至于佛和刹帝利的关系，你知道，佛是出身于刹帝利种姓的。当时佛所游化的那些国家的国王们，如摩揭陀国的频毗娑罗王，拘萨罗国的波斯匿王等，都是他的信徒和有力的支持者。后来阿育王更大弘佛法。应当说，新兴国家的刹帝利对佛是极其尊重信仰的。值得注意的是，佛经中提到四姓时，改变了原来以婆罗门为首的次序（即婆罗门、刹帝利、吠舍、首陀罗）而把婆罗门放在刹帝利之后，这是违反传统习惯的，由此也可以看出他贬抑婆罗门地位的态度。

40. 问：释迦牟尼和平民的关系怎样？

答：释迦牟尼教化的方式是接近平民的。他说法不用婆罗门的雅语，而用当时平民的俗语，就是一个例子。前面说过释迦牟尼曾经接受一个首陀罗人优波离为弟子，佛的兄弟和儿子在僧团内行次在他之下，他们都得向优波离礼拜。对一般人不肯接触的旃陀罗人，佛和他的弟子们平等接受他们的供养。佛曾经设法和一个不敢见他的旃陀罗人相见,并为他说法。佛对待所有不幸的人都是这样。他的弟子中有乞丐,也有妓女。有一次,佛谢绝了国王的邀请,而到一个不幸的堕落的女人那里去应供。在古代印度社会里,妇女的地位和奴隶差不多。佛接受妇女为出家弟子。让他们参加僧团的事实,被认为是宗教史上一个很大的革命举动。

41. **问**:佛虽然对不幸的人们表示同情,但是他没有教他们向统治者进行反抗,不是吗?

答:诚然,佛没有教他们以怎样的实际行动反抗过统治者。佛主要教导人们断除内心的烦恼,以求解脱,同时又说现世止恶行善的因,会获得来世安乐的果,在这方面可以说,佛对现实生活问题,是抱着容忍的态度的。但是,他在思想上推倒了婆罗门的神权,宣布众生平等,说出"诸法无常"的真理,对当时的社会起了进步的作用。

42. **问**:当时思想界的情况怎样?

答:和我国春秋战国时代相仿佛,当时印度思想界也正处在一个"百家争鸣"的时期。总的说来,当时思想界有两大潮流,一个是正统的婆罗门思想的潮流,一个是异端的反婆罗门教思想的潮流,佛教属于后者。

43. **问**:婆罗门教的基本思想是什么?

答:婆罗门教是多神教而又带着一神教的色彩,崇拜各种自然的神祇,盛行祭祀祈祷以招福禳灾,而以梵(Brahma)为创造宇宙万物的主宰。梵从口生出婆罗门,从肩部生出刹帝利,从腹部生出吠舍,从足部生出首陀罗,以此定四姓的贵贱,这就成为种姓制度的根据。人应当服从梵天的意旨,因此应当信奉吠陀经,奉事婆罗门,严格遵守种姓制度。后来婆罗门教义有所发展,它有"梵"抽象起来作为宇宙的本体,或宇宙生起的最高原理,一方面又从个人观察,认为"我"是个人的主宰和本体,人的身体由"我"而生,人的活动由"我"而起,外界万物也都因"我"而存在,由此推论出"我"与"梵"本来不二,人所应当努力的就是经过修行而达到梵我一致的境地，这样才能免去轮回之苦而得到大自在。

44. 问：当时反婆罗门教的思想有多少派别？

答：根据佛经所说有96种之多，最特出的有六个教派，佛经称这些教派的创立者为六师。其中一个就是耆那教（Jainism）的始祖尼乾子（Nirgranthaputra），其余五人是富兰那迦叶（Purana-kāsyapa）、末迦梨（Maskari-Gośālīputra）、阿耆多（Ajitakesakambalā）、婆鸠多（Pakudha-kaccāyana）、散若夷（Sanjaya-vairatiputra）。除耆那教现还存在，有典籍可考外，其余五人都没有正式记载，现在只能从反驳他们学说的其他教派典籍中看到一鳞一爪。他们有的是否认因果关系的怀疑论者；有的主张纵欲；有的主张苦行；有的认为人由四大（地、水、火、风四个元素）组合而成，死后四大分散，归于断灭，否认来世，是唯物论者。

45. 问：佛教和各教派的关系怎样？

答：佛教一方面批判婆罗门教义，同时也反对非婆罗门教的各教派。但是佛教和婆罗门教以及各教派的思想都有渊源，佛教接受了它们的某些思想，而根据"缘起"和"业"的理论，予以另一种解释，如"三世因果"（前世造因，今世受果，今世造因，来世受果）、"六道轮回"（随着自己善恶行为，或生天界而为天、人，或生人界而为人，或为阿修罗———种和天、人差不多的好战斗的神，或为畜生，或为鬼，或堕地狱。一切众生永远升沉于天人、阿修罗、地狱、鬼、畜生六道中，犹如车轮没有始终地转着，所以叫做轮回）、"四大和合"（地水火风四元素），等等，并接受了关于天文地理的某些传统说法。对婆罗门教的神祇，佛教也没有否定他们的存在，只是贬抑他们的地位，当做一种众生看待，认为他们也不免轮回生死之苦，如对于梵天，认为只是天界中的天人，将来也会堕地狱。关于这些，以后还可以谈。

(1978年第3期)

儒教的再评价

任继愈

拙作《论儒教的形成》（载于《中国社会科学》1981年第一期），从历史的角度论述了儒家逐渐演变为儒教的过程。指出孔子的学说共经历了两次大的改造：第一次改造在汉代，产生了董仲舒的神学目的论，儒家已具有宗教雏型；第二次改造在宋代，产生了三教合一的宋明理学，这是儒教的完成。这个演变过程是伴随着封建统一大帝国的建立和巩固逐渐进行的，曾经历了千余年的时间。宋、明以后，中国的封建社会制度停滞以至僵化，儒教起了积极维护的作用。现在再从另一个角度来考察一下，儒教形成于中国的封建社会，是否具有世界史的共性？和佛教、基督教、伊斯兰教普遍兴盛繁荣于中世纪世界的原因有无关联？同时，儒教之所以为儒教，它的独特的个性是什么？对中国的社会和文化究竟起了什么影响？这些问题都是承接着前一篇文章的意思而来的，故曰再评价。

世界三大宗教成为国际性宗教，分别在不同的国家成为统治思想，都发生在中世纪时代。中世纪的封建社会离不开宗教，也为宗教的滋生蔓延提供了良好的土壤。封建制不同于奴隶制。奴隶制下的奴隶不具有人格，奴隶主要靠暴力与刑罚统治奴隶，没有必要对他们进行虚伪的说教，为他们许诺一个来世的天国。虽然奴隶制也有宗教，但是这种宗教刚由原始宗教蜕化而来，比较粗糙，不像封建制下的人为宗教那样，有一套神道设教的丰富的思想体系。封建制下的农民和奴隶不同，他们有自己的小块份地，有相对的人身自由，属于个体经营的劳动者。封建的剥削方式改为租税和劳役。

因此，封建统治者除了使用暴力和刑罚的手段，还需要从思想上、精神上加强对他们的统治。由于农民无力摆脱受奴役的地位，加上他们没有文化，愚昧落后，不了解人间苦难的真实原因，也很容易接受宗教所宣传的一套蒙昧主义。封建社会实行严格的等级制度，君臣上下之间的身份地位成了不可逾越的界限，为了稳定这种等级秩序，使得不同身份地位的人各安其位，也需要用宗教来为这种等级秩序涂上一层神圣的油彩。这些都是中世纪世界史的共性，中国也不能例外。世界三大宗教在中世纪普遍兴盛繁荣，不是一个偶然的现象。

中世纪的宗教不同于原始宗教。据近来我们在国内边远地区兄弟民族社会调查表明，原始宗教大致是阶级出现以前的宗教形式。当时宗教活动即生活的组成部分，如祈祷丰年，禳除疫病，消灭灾害等活动，都有宗教仪式。据云南等边远地区保留的原始资料看，他们的宗教活动如驱鬼、祭祖，都是全民族参加的活动，不存在信教的差别。宗教生活就是他们的社会生活，宗教活动同时又是他们的生产活动，部落之间的战争，也是在宗教仪式引导下进行的。我国古书记载的古代氏族部落的活动，多属于原始宗教的活动，其中没有什么宗教理论，而宗教实践、宗教仪式即是最高的原则。原始宗教带有更多的自发性，人与自然、人与神的关系比较接近。原始宗教仪式与民族习俗关系密切，我国《仪礼》所载的一套冠、婚、丧、祭等仪式，带有许多原始宗教的痕迹。

进入封建社会之后，一部分原始宗教发展为成熟的人为宗教（奴隶制社会的宗教是从原始宗教到人为宗教的过渡形态）。人为宗教的普遍特点，一般说来具有理论性、系统性、与社会伦理道德密切配合，而使宗教的善恶标准打上统治阶级道德的烙印。如果说原始宗教主要是对自然界的异己力量的反映，那么人为宗教则主要是反映了社会的异己力量。人为宗教为中世纪普遍存在的特权、压迫和社会不公正的现象作辩护。为蒙受不幸的人们描绘一个彼岸世界，要求他们忍受现实世界的苦难，去追求精神的解脱。同时，这种人为宗教培养了一大批与民众脱离的神职人员，按照封建制的等级结构形成了一套严密的教会组织，有自己的寺院经济。于是宗教势力就和封建社会的政治经济密切结合，成了一股强大的有组织的封建势力。随着宗教势力的发展，必然导致宗教组织与世俗政权之间的关系不断发展。这种发展一方面表现为双方目标一致，紧密配合；另一方面也表现为互争领导权的矛盾。人为宗教也分裂为不同的教派，各教派有不同的教义、教规和传法世系。从人为宗教的社会内容和历史作用来看，它既是封建性的精神支柱，也是和世俗地主阶级并列的封建性的社会阶级力量。这些特点是中世纪的宗教共同具有的，尽管它们各有不同的个性，矛盾分歧很大，甚至发生流血的宗教战争，但却都有这种一般的共性。

值得注意的是，佛教虽然诞生于印度，但是中世纪却被印度教排挤出来迁徙到其他各国流传。这是因为印度教更适合于印度社会的需要，得到统治阶级的支持。印度教在思辨哲理方面大大落后于佛教，它能够战胜佛教，靠的不是宗教教义和宗教理论，而是在中世纪的印度所起的作用。这种现象说明，宗教的传播流行和兴旺发达，是为特定的社会历史条件所规定的。

儒教是在中国封建社会形成的一种宗教，它既有中世纪世界的一般宗教的共性，也有自己独特的个性。这种共性和个性的统一，充分反映了中国封建社会的历史条件。中国的封建社会没有种姓制，但是有宗法制。我在《论儒教的形成》中，曾经提到中国封建社会约有五个特点，其中一个就是封建宗法制度发展得比较完备。这种封建宗法制度造就了儒家的以三纲五常为基本内容的宗法思想。当然，宗法思想本身不是宗教，比如先秦时期孔子、孟子和荀子的宗法思想就只是一种社会政治伦理思想，不带有宗教性质。但是，当它宗教化之后，变成一种神圣的教条，人们就不能怀疑，更不能反对。董仲舒说的"道之大原出于天，天不变，道亦不变"，就是借天神的权威来论证宗法思想的绝对合理性。董仲舒的神学目的论其实就是一种宗教化了的宗法思想。它战胜了当时流行的其他一些学派,成为汉代封建统一大帝国的精神支柱,如果联系到中世纪世界史的进程来看,这是一种历史的必然。

董仲舒的神学目的论给封建的国家政权罩上神的灵光,天(上帝)成了最高权威,政府的行政命令都假借天意来推行,皇帝"奉天承运",代天立言,诏书名曰"圣旨",即具有神学的意义。为了给予宗教神学以理论的解释,儒家的经书便被捧上神圣地位。其中所包含的上古宗教神秘内容,被用来引申发挥以解释"天命"、"圣意"。在西方中世纪,神学顽固地反对科学,不允许有违背圣经的言论,敢于以科学对抗宗教者要处死刑。在中国,情况也差不多,敢于发表违背儒家经典的言论,便被指为非圣无法。一些进步思想家、革新派,为了逃避迫害,当他们提出一些新的改革的主张,也是力求从圣人的经书中找论据,标榜自己的主张符合圣训。这些和西方中世纪神学统治时期是相同的。

在整个封建社会,统治者都要求把"三纲五常"奉为天经地义,因为这种宗法思想最适合于维护封建宗法制度,稳定封建秩序。因此,把宗法思想宗教化,可以说是统治者的一种内在的要求。至于采取什么形式来宗教化,用什么理论来论证,这是为各个不同时期的科学技术和思维发展的水平所决定的。董仲舒的神学只是儒教的雏型,宋明理学才是儒教的完成。在这1 000余年的历史过程中,不管论证的形式和手段有什么改变,但是万变不离其宗,总的目的都是为了把"三纲五常"变为神圣的教条。

汉末到三国,中国出现了道教。在此以前,佛教已传入中国,只是影响不大。魏晋之后,佛教迅速发展,社会上儒、释、道三教并行。佛教与道教都用出世的教条教化群众。道教是中国土生土长的宗教,它以炼形、养神、养气作为宗教修炼方法,宣传使人长生不死,修炼成仙。佛教则教人厌弃现实世界,厌弃躯体,追求一种超脱尘世的绝对安静的精神境界。佛教和道教都是用出世的办法为信教者寻求个人解脱的途径。它们的主张具有摒弃暴力、反对造反、逃避现实斗争的特点,这是很投合封建统治者的口味的,因而得到统治者的支持。但这两种宗教的教义号召出家，弃绝人伦，这就不能不和维护封建宗法制度形成一定程度的矛盾。佛教和道教都力图缓和这种矛盾，部分修改自己的教义，以迎合统治者的意志，适应封建宗法制度的要求。比如北魏时期高僧法果吹捧拓拔珪是"明睿好道，即是当今如来，沙门宜应尽礼"。还说："能鸿道者人主也，我非拜天子，乃是礼佛耳"（见《魏书·释老志》）。释僧导对宋孝武帝说："护法弘道，莫先帝王，陛下若能运四等心，矜危劝善，则此沙土瓦砾，便为自在天宫"（见《高僧传》卷八）。道教的经典《太平经》也认为封建皇帝是天帝在人世的代表，"帝王，天之子也；皇后，地之子也"。因此，辅助帝王也就是顺从天帝，忠于君，孝于父母，也就是按"天心"、"地意"行动。虽然如此，这两种宗教出世的基本教义却不能改变，否则就不成其为佛教和道教了。佛道二教的发展，特别是佛教的发展，引起了寺院经济的恶性膨胀。它使直接纳税的人口减少，影响了统治阶级的利益，加剧了世俗地主阶级和僧侣地主阶级的矛盾。我国历史上几次大的排佛运动，就是佛教势力的发展与封建国家利益相冲突的最激烈的表现。

　　隋唐时期，封建统治者虽对儒、释、道三教都加以支持，而贯彻封建宗法制度最有力、最方便的仍为儒教。政府仍以五经为经典，以"三纲五常"为指导思想，以此教育人民和培养知识分子士大夫，佛、道二教则起辅助配合作用。

　　儒教在中国适应了中国的社会历史条件和统治者的需要，发挥了维护封建宗法制度的作用，同时也适应了思想斗争的形势，吸收了其他宗教和学派的某些有用的内容。董仲舒的神学目的论，宣扬天人感应，神能赏善罚恶，上天直接干预人事，对君主的过失进行谴告。这种神学比较粗糙，经过唯物主义哲学家王充的元气自然论所作的理论批判之后，在理论上已很难成立。宋明理学扬弃了这种粗糙的神学形式，不宣扬有意志的人格神，吸收了佛教的宗教理论，用作为世界本身的"理"或"天理"来论证"三纲五常"的合理性。人为宗教实质上是人们的社会关系的异化。是否信仰有意志的人格神，是否举行祈祷献祭，并不是判别宗教和非宗教的标准。佛教的禅宗，禅堂中不立佛像，也没有宗教仪式，它确是一种不折不扣的宗教。章太炎称佛教为无神论的宗教，这种说法可以商榷，但也概括了佛教特别是中国的佛教的某些特征。宋明理学的"天理"，就是"三纲五常"的异化，它把只存在于封建社会中的人与人的关系和价值标准异化为绝对的永恒的神圣秩序，压制人们的理性，使人们温驯、顺从。宋明理学和董仲舒的神学虽然在理论形态上有精粗之分，从目的和作用方面来看，并无不同。由于二程、朱熹把天、天命、上帝这些神学概念都解释成为"理"，当作哲学概念来宣传，看起来好像脱掉了神学的外貌，实际上却是一种具有深刻意义的神学。

儒教不重视个人的生死问题，却十分重视家族的延续。所谓"不孝有三，无后为大"，就是把断子绝孙，不能传宗接代看作极端可怕的事。在封建宗法制度中，个人依附于家族，以断绝"宗祖血食"为大罪，个人的生存的目的和意义，就是承继祖宗的余绪，维系家族的延续。在儒教所崇拜的"天、地、君、亲、师"中，"亲"虽居第四位，实际上是崇拜的核心，这就是从上古氏族社会沿袭下来的祖宗崇拜，是一种古老的宗教形式。所以儒教尽管不像佛教那样多的谈论个人的生死，"奉天法祖"的观念本身就是一种宗教观念。

儒教不主张出家，而注重现实的人伦日用之常，带有很强的世俗性。宗教的世俗化是宗教发展的一般趋势。马丁·路德的宗教改革就是把僧侣变成了俗人，但又把俗人变成了僧侣。中国的禅宗也是如此，它把西方极乐世界转化为人们所体验的一种精神境界。《坛经》说："东方人造罪，念佛求生西方；西方人造罪，念佛求生何国"？所谓彼岸世界并不在这个现实世界之外，而就在人们的心中。"运水搬柴，无非妙道"，解脱的道路就体现于日常的生活之中。宗教的世俗化是宗教适应现实生活的一种表现，是否具有这种适应性，是判定宗教生命力强弱的主要标准。儒教和其他的宗教不同，它不是先虚构出一个彼岸世界，然后逐渐挪到现实世界中来，而是把现实世界中的"三纲五常"进行宗教的加工，使之转化成为一个彼岸世界。宋明理学反复讨论所谓"下学上达"、"极高明而道中庸"和禅宗从"运水搬柴"中去体验妙道一样，这是主张从下学人事去上达天理，在人伦日用之常中去追求所谓高明的精神境界。这种精神境界实质上就是一种彼岸世界。我曾提到，董仲舒的神学，宗教的某些特征尚有待于完善，理由之一就是在他的神学体系中，彼岸世界的思想不够成熟。宋明理学吸收了佛教的思想，按照维护宗法制度的要求进行改造，把天理说成是人们应该毕生追求的目标，是惟一的精神出路，并且设计出了一套完备的主敬、静坐、"存天理，灭人欲"的修养方法，儒教的宗教体系也就发展成熟了。

宋明理学这种成熟了的儒教，是儒、释、道三教合一的产物。它以儒家的封建伦理纲常名教为中心，吸取了佛教、道教的一些宗教修行方法，加上烦琐的思辨形式的论证，形成了一个体系严密、规模宏大的宗教神学结构。它既是宗教又是哲学，既是政治准则又是道德规范。这四者的结合，完整地构成了中国中世纪经院神学的基本因素。

社会是一个有机体，当它的各部分机构发展得比较完备时，它自身会产生一种自我调节的作用，使不利于这个有机体生存的因素受到遏制，使有利于生存的因素得到加强。儒教作为中国封建社会上层建筑的一个有机组成部分，对于巩固封建社会的结构起了相当大的作用。它和中国中世纪后期的整个历史进程密切结合，一方面加强了中央集权的封建大一统的政治格局，另一方面也压制了资本主义因素的萌芽，延缓了封建社会向资本主义社会的转变。

儒教把维护封建宗法制度的"三纲五常"纳入神学体系，将君、师的地位奉为至高无上，皇帝要礼拜孔子，而儒教中人都要礼拜皇帝，皇帝代表上帝（天）发号施令，这样以神权强化王权，客观上避免了欧洲中世纪教权与王权长期争夺的局面。在欧洲，由于教权与王权的分立，僧侣和世俗两大贵族阶级的争夺，无法形成统一的封建统治，使欧洲处于长期封建割据状态，列国林立，互争雄长，一直影响到近代。中国的儒教则积极地配合王权，用思想上的统一来加强政治上的统一。

儒教取得统治地位之后，得到历代中央政府的支持，《四书》、《五经》作为封建教育的教材，用以宣传"三纲五常"思想，强化封建宗法制度，并通过科举制度，依据对儒教经典的领会程度选拔符合要求的知识分子做官。儒教成为统治思想，它的信仰精神深入人心，那种不利于中央集权的封建割据，以及所谓异姓"篡位"的政变发动，都被视为大逆不道受到社会的谴责，而曹操、司马懿一流人物竟至为后期封建社会所不容。

中国是一个多民族的国家，我国北方许多少数民族，原先处在氏族部落社会，进而发展到奴隶社会。由于接触了中原地区的儒教文化和儒教思想，促使他们很快地跨进封建社会，如辽、西夏、金、元、清这些朝代，都得力于儒教的文化思想，在社会发展中缩短了封建化的过程。在这些民族中宣传儒教的一些重要人物，如许衡、耶律楚材等，对于促进各兄弟民族思想文化的融合，是起了积极作用的。

中国的封建制发展得十分完备、典型，在当时世界经济文化之林名列前茅。儒教代表了中国封建社会发达的文化，是一个包罗万象的体系，它不仅综合了自先秦以来的儒家思想，也广泛吸收了佛教、道教和其他一些学术流派的精神成果。它尊天命而又重人事，讲求治国平天下的道理以及处世为人的准则，教导人们如何自觉地克制情欲和物质生活要求，即宋儒所说的用"天理之正"去克服"人欲之私"。同当时欧洲的基督教神学相比，这种儒教的世俗性较强。随着中外文化的交流，儒教也传播到邻国如朝鲜、日本、越南、俄国，直至西欧。这些国家通过儒教接触到并了解了中华民族的精神文化，同时儒教思想也和他们本国的具体历史条件相结合，发生了不同程度的影响。

儒教是在宋代正式形成的，这时中国的封建社会开始走下坡路，因而儒教的主导作用就是为处于停滞僵化状态的封建社会注射强心剂，禁锢人们的思想。中国封建社会的文化，以唐宋划界，可以明显地区分为两个不同的时期。汉唐时期，文化是开放的，外向的；宋明以后，则是封闭的，内向的。汉唐时期，中国封建社会处于上升阶段，文化生活丰富多彩，而且善于吸收外来的艺术，人民能歌善舞，体力充沛，健美开朗。这可从敦煌壁画和唐代贵族陵墓发掘的绘画人俑艺术中看得出来。但是自从儒教占了绝对统治地位以后，文化教育着重于"惩忿窒欲"，加强人们道德上的"主敬"、"慎独"的功夫，将古代具有认识客观世界意义的"格物致知"完全变成"正心"、"诚意"向内修养的手段。有的学者虽也认为"格物"有认识外物的意思，但也不过是达到一种神秘境界，即所谓"豁然贯通"的程序。这就严重阻碍了认识自然、改造自然的科学思维的发展。本来，哲学的职能在于推动人们思维能力的发展，开拓人们对自然和社会的视野。但是儒教却和中世纪一切宗教一样，注重自我的宗教训练，加强内心的忏悔和涵养，把反观内省的修养功夫作为人类认识的最高境界。结果将人们引向"粹面盎背"的僧侣苦行主义，将俗人僧侣化，人们的言谈举止都必须符合宗教规范。这样长期训练的结果，使知识分子变得迂腐顽固，在思想界便不复有生机蓬勃的生动气象了。

儒教中无论是程朱派或陆王派，都吸收了佛教的禅定方法，他们提倡的"主敬"、"慎独"，均无异于坐禅。像朱熹即教人半日静坐，半日读书。清代反程朱理学的学者颜元曾讥讽说："半日静坐是半日达摩也，半日读书是半日汉儒也。试问十二个时辰，那一刻是尧舜周孔乎"（《朱子语类评》）。他还指出儒教熏陶下培养出来的读书人，终日静坐、读书、不劳动、无所事事，以致"天下无不弱之书生，无不病之书生，生民之祸未有甚于此者也。"（同上）颜元向往"尧舜周孔"之道，不过是他的空想，但他批评宋儒的弊端则是事实。这种弊端和毒害亦非颜元首次发现，朱熹在世时，就遭到过当时关心社会的进步人士的反对，像陈亮和叶适等人即曾提出批评。陈亮说："自道德性命之说一兴，而寻常烂熟无所能解之人自托于其间，以端悫静深为体，以徐行缓语为用，务为不可穷测以盖其所无，一艺一能皆以为不足自通于圣人之道也。于是天下之士丧其所有，而不知适从矣。为士者耻言文章行义而曰'尽心知性'。居官者耻言政事书判而曰'学道爱人'，相蒙相欺以尽废天下之实，则亦终于百事不理而已。"（《陈亮集·送吴允成运干序》）叶适也说："诸儒以观心空寂名学，徒默视危拱，不能有论诘，猥曰道已存矣。"（《叶适集·赠薛子长》）

当中国的封建社会走下坡路时，儒教所起的作用总的说来是保守的以至消极的。在这一时期曾出现了不少奋发有为的改革家，他们的改革大多遭到失败。尽管可以举出许多事实说明改革家的行动失误，客观形势的杆格等等，然而主要的阻力仍在儒教造成的顽固守旧的社会势力。特别到了明清以后，儒教更加成为社会前进的绊脚石，使我国封建社会内部孕育着的资本主义因素在胚胎之中便遭到扼杀。我国近代许多民主改革的先躯，为了冲破儒教的网罗，进行了可歌可泣的英勇斗争，有些人则被责为儒教罪人而牺牲。

儒教经常以反宗教的姿态出现，并且猛烈抨击佛教和道教，致使有些史学家误认为中国没有经历欧洲中世纪那样黑暗的神学统治时期，其原因就是得力于儒教。这种误解一是只看到了西方中世纪宗教形式与中国儒教的区别，而忽视了儒教的宗教实质；一是只看到儒教具有丰富的哲学思辨内容，而忽视了它的宗教思想核心。儒教的第一义谛是"天理"，它不在于启迪人的心智，而是用神秘直观的宗教实践去体察、涵养，要求人们摒除欲望，存养天理，以期完成作圣之功。在儒教的长期熏陶下，社会上形成麻木不仁的状态，即如鲁迅所痛切抨击的"国民性"。这种"国民性"当然不是中华民族的固有精神，而是儒教桎梏所造成的畸形、变态。一个人长期囚禁在幽室，必然苍白失色；一株树生在大石缝中，其根枝必然盘结扭曲。儒教压制了追求个性解放的人本主义思想的抬头，禁锢人们的思想，束缚人们的心灵。鲁迅面对旧中国灾难深重的中华民族，曾"哀其不辛"，"怒其不争"（《摩罗诗力说》），对儒教长期流毒的认识是十分深刻的。

儒教所起的主导作用对今天的新中国的前进也是一种严重的思想阻力，甚至也是社会阻力。因为宗教既是一种意识形态，又是一种社会力量。长期的宗教影响极易造成一种共同的习惯势力，共同的心理状态。儒教的影响对于今天的中国虽然只是残余，但不可忽视。

当然，儒教作为在中国的社会历史条件下产生的一种复杂的历史现象，它对中国的社会和文化的影响也是多方面的，这些都应该联系到具体的历史进程作细致深入的研究。同时，它的产生既是一种历史的必然，便有其存在的合理性，因而对它的历史作用也就应该作出全面的估计。比如从中国哲学史上来看，儒教哲学就是中国哲学思维发展的一个不可缺少的环节。它继承了魏晋玄学的成果，经过儒、释、道三教哲学思想的融合，把唯心主义本体论推进到一个新阶段，丰富了哲学史的内容。有了程朱和陆王的儒教哲学，才有可能诱发出王夫之、戴震的唯物主义元气本体论来。我只不过是指出宋明理学不同于先秦的儒家，实质上是一种宗教，带有中世纪的经院神学的特征。如同欧洲中世纪的托马斯的学说一样，既是一种神学，也是一种哲学。但是只有首先注意到它是一种神学，然后才能把它和近代哲学准确地区别开来，在分析评价它的哲学思想内容时容易掌握分寸。

(1982年第2期)

禅宗与中国文化

任继愈

中国古代文化发展有几个高潮时期。第一个高潮在春秋战国时期，持续时间约300年；第二个高潮在隋唐时期，持续时间约200年。

春秋战国时期所以出现文化高潮，主要原因是奴隶制解体，建立了新的生产关系。还有一个必要条件，即当时诸侯国之间的交往频繁，这些交往，包括经济的、政治的、文化的、军事的（通过战争）。频繁的交往促进了文化的发展。当时文化的型态可以分为四个大的文化区域：邹鲁文化、燕齐文化、三晋文化和荆楚文化。邹鲁文化保持着周公以来的文化传统，维护宗法制度，严格等级秩序，尊重传统贵族的特权，以孔孟儒家为代表。燕齐文化以山东半岛及渤海沿岸为基地，流行神仙方士、阴阳五行学说，以管仲学派、稷下学派为代表。三晋处四战之地，促使其注重耕战，提倡法治，打击旧贵族的特权，尚军功，重爵禄。多年的民族战争与国家之间的攻伐，锻炼出一批人才，如商鞅、申不害、吴起、韩非等法家是三晋文化思想的代表。荆楚文化在江淮一带有深远的传统，歌颂自然而蔑视世俗政治与法制，老庄思想是荆楚文化的代表。秦汉统一全国，四个地区文化相互影响，发生了更多的交流，产生了汉代文化。

第二个文化高潮出现在隋唐时期（公元七八世纪）。隋唐政权结束了近400年长期南北分裂的局面，建立了强大有效的中央政府，经济繁荣，政治稳定，对内执行民族平等的政策，对外开放，保持陆地及海上的国际通道的畅通，从而给中外文化交流创造了必要条件。以中国文化为主体,吸收改造了外来文化,丰富了中国传统文化的内容,使中国文化精华部分(即哲学)提高到一个新的认识层次。禅宗的形成与发展,体现了中国文化发展的第二次高潮①。

一

佛教传入中国以后,随着中国社会历史的发展变化,也改变着它的说教形式和学说内容,以求适应中国的环境。这种变化,主要表现在两方面,即政治上的适应和理论上的适应。

第一,政治上,佛教主动协助维护中国传统的封建宗法制度,巩固纲常名教体系。如沙门礼敬王者,沙门拜父母,僧人遵守世俗法律的管制等等。这些事实,都说明中国佛教已不同于印度佛教②。中国历代反对佛教的人士指责佛教违背了忠孝原则。佛教徒为自己辩护,一再申明,佛教的主张不但没有背离"三纲"的原则,相反,出家修道,倒是大忠大孝,可补世俗教化所不及。

第二,在思想理论上,佛教哲学理论力图与中国当时社会思潮相适应,按照中国哲学发展的道路前进。佛教义学(宗教理论)成为中国哲学的一部分。中国哲学的许多显著的历史特征,在佛教理论中也有所反映。

佛教传入中国在两汉之际,但取得较大发展则是在三国魏晋时期。魏晋时期中国哲学界讨论的中心议题为本末、有无等思辨性很强的玄学。这一时期佛教理论界所讨论的是般若空的概念,出现了"六家七宗"。"六家七宗"是用佛教术语来阐发玄学关心的本末、有无问题。六家七宗的思想体系是玄学化了的佛教哲学。当时哲学理论界与佛教理论界所讨论的,都属于哲学本体论范围。

---

① 哲学作为文化的精华部分,禅宗哲学对后来的理学起了决定性的影响。
② 唐朝义净在印度留学二十多年,深感中国佛教改变了印度佛教,对此很不满意,表示遗憾和惋惜。

哲学思辨不断发展,中国哲学界逐步由本体论进入心性论。佛教理论的重心已由般若学的本体论转入涅槃学的心性论,开展佛性问题的探讨。佛性论的实质即心性论,佛性问题即心性问题。南北朝时期的佛教理论界,把更多的注意力集中到佛性论。

南北朝到隋唐,继魏晋玄学之后,中国哲学发展史又上了一个台阶,由本体论进入心性论,佛性论由中国哲学史中一个支流上升为主流,在隋唐时期它已发展为完整的心性论,从而把中国哲学的发展向前推进了一大步。

二

禅宗,不同于佛教的禅法。禅法是佛教的基本训练的一门学问,从小乘"安般守意"到大乘禅法,有它的体系。本文所讲的"禅宗",特指隋唐时期佛教的一个宗派。禅宗在中国佛教史上独树一帜,具有明显的中国特色。

禅宗的兴盛,是佛教其他宗派衰落后的产物。隋唐盛世,佛教经学(佛教经学与儒教经学、道教经学,三教鼎立)曾协合王化,是维护中央政权,传播封建纲常名教的思想工具之一。唐中期以后,中央政府失去控制全国的绝对权力,地方势力日趋独立,分散割据的形势越来越发展,直到唐王朝灭亡。佛教寺院经济遭到破坏,国家财政支绌,收入减少,推行税法以后,寺院也要纳租税,出家人不再享有免役逃税的特权。僧众人口大大减少①。唐中期以后,寺院经济衰落,其他宗派,讲章句之学的都衰落了,只有禅宗得到发展。据记载,禅宗为了自身的发展,制定了自给自足的僧规,不再依靠寺院庄园剥削收入,争取到生存的主动权。禅宗名僧怀海(749—814年)制定《百丈清规》,改制详情已不能完全考

---

① 北朝时,北魏僧尼200万,北齐300万,北周也达200万。唐武宗灭佛,僧尼还俗为26万。唐代户口比北魏多,而僧人少,原因之一是推行寺院纳税政策的结果。参见《魏书·释老志》及《佛祖统纪》卷三十八(《大正藏》本)。

见,从北宋杨亿为重修《百丈清规》(《古清规》)作的"序"中还可以略窥禅宗改革寺院制度的一些措施。禅宗僧徒靠劳作过日,"一日不作,一日不食"。它把中国古代小农经济的生产方式和生活方式,紧密地结合到僧众的生产方式和生活方式上来。这一变革与中国的封建社会的结构得到进一步的协调,从而获得生命力。

中国封建宗法社会,是以一家一户为生产单位,它又是一个消费单位。这种自然经济保持最低限度的生活水平,产品只是为了自足,而不是为了交换。与此相适应,自然产生家长制统治。禅宗在唐中期以后,把世俗社会的生产方式和生活方式搬到佛教内部,除了不娶妻生子以外,几乎完全过着小农经济一家一户的生活,寺主是家长,僧众是"子弟",僧众之间也维持着封建宗法制的叔伯、祖孙的社会关系。因为禅宗的世俗化,比其他宗派更彻底,同时又维持着自食其力的规则,所以可以不受经济来源断绝的威胁,一代一代传下去。禅宗思想中国化,首先在于它从生活方式和生产方式上中国化。它与在寺院中运用小农经济是相适应的。禅宗在经济体制上与中国封建社会融洽一致,不劳而食的习惯有所改变,减少了被攻击的口实。其他宗派的寺院经济来源是靠别人的劳动,与世俗地主和政府有利益矛盾,其发展和生存受到较多的限制。在生存竞争中,显然禅宗占优势。

三

思想是现实生活的反映。有什么样的生活,就有什么样的思想。这是研究社会历史的根本原则。

有了自给自足的经济地位,过着自给自足的生活,才会产生自给自足的哲学思想体系。禅宗的流派很多,照唐人的记述有大小十几家,细分起来应当不止这么多[①]。不论他们的教义有多少分歧[②],

---

① 主要参见宗密的《禅源诸全集都序》及南北宗的禅宗记载。
② 有的主张无念,有的任自然,有的主自悟,有的主顿悟,有的主渐悟,等等。

但禅宗的共同的信念是"自我解脱"。这种自我解脱,虽有时借外缘的启发,所谓禅机、机锋,但关键的一步全靠自修自悟。自修自悟,如人饮水,冷暖自知,听别人说千万遍不如自己亲身感受的亲切、深刻。这种亲切、深刻的感受成为禅宗追求自悟的精神境界完全是他们自给自足的自然经济的反映。日常生活不靠外力,靠自己,求得精神解脱,摆脱精神枷锁。所谓治病、解缚,要靠自己。禅宗认为经典上的话可供参考,但不能依赖。

小农经济的思想意识,表现在中国佛教思想中的不止禅宗一家。如净土宗也反映了小农经济下的佛教思想,它反映的是小农经济脆弱,要仰仗皇帝的恩赐,借上边的阳光雨露来拉自己一把。因此,他们更多地强调对佛祖信仰的虔诚,不甚强调个人的自觉,自己的解脱。

禅宗的思想体系与净土宗这两大系统,几乎统治了中国佛教界,特别是唐宋以后这两大系统又有合流的趋势。但从对中国文化的影响来看。禅宗影响在思想方面为多,而净土宗影响,则在信仰方面为多。从民族文化的特点来看,禅宗更能体现中国佛教的独特面貌和精神。禅宗把哲学发展史上的心性论更向前推进一步。

四

中国哲学的发展,继本体论之后,推进到心性论,开创了中国哲学发展史的新阶段。心性论的提出,是从南北朝开始的。南北朝中后期,心性论酝酿趋于成熟,南北双方对佛性问题都作了大量的研究。这一研究引起朝野上下的关注。它讲的是成佛问题,但问题实质是,生活中人们如何避苦求乐的实际问题。南方摄论学派,北方的地论学派都对大乘有宗的"阿赖耶识"的性质作了深入的研究。"阿赖耶识"是染是净,是染中有净还是净中有染,当时有不同的理解。佛性是否人人皆有,人性是善是恶?如果是善,恶从何来?如果是恶,善何由起?人性善恶问题虽然先秦时已经提出过,但没有深入到心理活动、社会环境的影响("熏习")诸领域给以彻底讨论。

由此派生的人性、人心的受容能力和反映能力有无限度，人的认识有无局限性，有局限性又如何打破（或超脱）。人心与人性有什么关系，人心与客观真理有什么关系。人的感情、意志，对人的认识活动有什么关系。如果它们能影响对真理的认识，又如何消除它。

哲学是认识世界改造世界的学问①。所谓世界，既包括客观世界，也包括主观世界，包括山河大地，也包括人类自身。古代哲学家一开始就注意观察客观世界的构成，推测构成世界的材料成分。中外哲学家都是从关心天地万物构成开始其哲学探索的。这是宇宙论阶段。在这个基础上再前进，不满足探求世界的构成，还要进一步探求其所以构成的理论根据，即玄学家所说的"所以迹"。这是中国哲学史发展的本体论阶段。

人类认识不断深入，转而观察、研究人类自身、主观世界，考察人的认识能力、认识的可能性和局限性，这就由本体论进入人性论的阶段。对于人性论的研究，佛教有它独到的地方。印度佛教有很多关于心理活动、心理摹述的记载，但论证的是如何纯洁心灵，杜绝杂念，完全出于宗教修养的目的。这一套学说传到中国。中国哲学有着深厚的文化传统，利用佛教的思想资料完成了自己的进程，从而从本体论进入心性论。这是佛教传播者们所未料到的结果。

南北朝时期佛教心性论还带有外来文化的某些生硬痕迹，如"阿赖耶识"即属于引进的概念，与中国哲学传统观念不甚衔接，虽然在理论发展的道路上是衔接的。禅宗在这一条道路上使它中国化，明确提出"明心见性"的新范畴，正式建立了心性之学。在已经出版的各种版本的《坛经》以及《南宗定是非论》、《坛语》

---

① 哲学就是认识论的说法，未必为人普遍接受，但认识论历来是哲学的主要组成部分，则为多数哲学家所接受。

等禅宗文献以及其他禅宗资料中，有不少关于"心性"、"本心"、"识心见性"以及"顿悟"和自修自悟的生动论述。心性论的建立，是隋唐佛教在理论上的贡献，而贡献最大的应推禅宗。

心性之学建立之后，得到中国哲学界的普遍认可，禅宗成了中国哲学发展史上的一个关键性的环节。宋明理学可以说是接着禅宗的心性之学继续开拓的新领域，形成儒教。儒教还吸收道教和佛教其他宗派的佛教思想，但主要脉络来自禅宗。

禅宗，不是外来的宗教。禅宗的出现不是从中国思想的主流之外横插进来的一股思潮。它是中唐以后，小农经济社会的产物。它提出的心性论，是中国哲学史上的重要环节，是嫡系正宗而不是旁支别派。禅宗对佛教其他宗派自称"教外别传"，它在中国哲学史上的地位比它在正统佛教中的地位重要的多，是中国文化的一个重要组成方面，对其他文化领域产生过广泛影响，非本文范围，姑不论。

(1988年第2期)

佛教传入龟兹和焉耆的道路和时间

季羡林

【羡林按】《社会科学战线》是我的老朋友了,最近索稿于我,答应他们的要求,义不容辞。但是,最近一年多以来,我集中全力,撰写《中国佛教史·新疆卷》中的龟兹与焉耆的佛教这一章,没有时间做其他方面的研究工作,因而也写不出什么东西来。但是,我写的这一章,所有的节都能单独成文的。前不久,我已经给《燕京学报》和山东大学的《文史哲》各送过一节作为一篇独立的论文发表。现在,对老朋友《社会科学战线》也想采用这个办法,选了这一节,把题目稍稍改了一下,以应嘉命。文中的"请参阅上面第二节"等一类的提法,指的都是《新疆卷》中的节。至于这些节内容如何,则限于体例和篇幅在这里无法叙述。只有请读者原谅,稍微拿出点耐心,等待全书出版了。

在进入正题之前,我想先对龟兹的历史,特别是其佛教信仰的历史,做一个极其概括的描绘,这样对以后的叙述会有极大的好处。不管我讲到什么问题,讲到什么时代,读者先有一个历史的轮廓,就不至于迷失方向,回顾茫然。

在中国史籍中,龟兹一词最早见于班固《汉书》。关于这一点,请参阅上面第二节:"中国史籍中有关两地的记载"。在公元前,龟兹国基本上是处在匈奴控制之下的。佛教传入龟兹,学者们一般都认为早已传入中国内地。公元前某一个时期佛教传入龟兹,从地理条件上来看,龟兹是丝绸之路北道重镇,处于天竺与中国之间。佛教先传入龟兹,完全是顺理成章的。公元前101年汉朝政府在取得了对大宛战争胜利之后,统治区域扩大了,汉朝政府的势力也进入了龟兹。公元前59年,龟兹正式列入汉朝政府行政管辖之内。

自公元1世纪起,龟兹进入白氏王朝统治时期。据《后汉书》和帝永平三年(91年),班超破月氏,降服龟兹,废其王尤利多,立龟兹之侍子白霸为王,这似乎就是白氏王朝的开始。汉安帝延光三年(124年),班勇征服西域,当时的龟兹王是白英。晋武帝太康年间(280—289年),龟兹王是白山。前秦苻坚大将吕光攻杀之龟兹王是白纯(其妹即鸠摩罗什之母)。吕光杀白纯而立白震为王。隋大业中(605—616年),遣使入贡之龟兹王是白苏尼咥。根据我的考证,"白苏尼咥"原文应该是 Tottiba 或 Tontika(吕德斯(H. hüders):philologica endlia,P606,617)。唐玄宗开元七年(719年)薨逝之国王是白莫苾。开元九年(721年)遣使进贡之国王是白孝节。《悟空入竺记》(751—790年)中的龟兹国王是白环。总之,一直到唐德宗贞元六年(790年)吐蕃攻陷安西,龟兹的局面大为改观,白氏王朝灭亡,从公元1世纪起,白氏王朝共统治龟兹达700年之久,在中国历史上是空前绝后的。周代统治时间更多,但分为西周和东周。

公元1世纪时,匈奴西迁,中亚地区出现了一个贵霜王朝,崇信佛教。公元2世纪初,迦腻色迦在位,大力推行佛教信仰,派人四出传教。此时,佛教早已在龟兹流布。迦腻色迦使佛教东传的势头加强了,龟兹当必受其影响。

公元三四世纪,龟兹经济繁荣,文化也随之发展。用婆罗谜字母书写的佛经慢慢出现。19世纪至20世纪初期,西方所谓探险家来到了中国新疆敦煌一带,挖掘古代遗址,发现了许多有价值的文物,婆罗谜字母书写的吐火罗语A(焉耆语)和B(龟兹语)佛典,内容繁多,数量极大。对研究古代西域佛教,其中包括龟兹和焉耆佛教,起了决定性的作用。

公元5世纪时，芮芮和哒先后威胁着龟兹。芮芮后因内部分裂，公元6世纪中叶，为突厥所吞并。哒也在差不多同时为突厥人和萨珊波斯人所灭。从此以后，对龟兹最大的威胁来自突厥人。这个局面到了公元7世纪唐王朝在龟兹设立了安西都护府才告结束。

到了公元790年，吐蕃崛起，攻陷安西都护府，唐朝势力退出龟兹，此后吐蕃统治了一百年。吐蕃也信佛教，与龟兹信仰并无矛盾，龟兹佛教得以繁荣昌盛，而白氏王朝则于焉结束。

公元841年，回鹘汗国发生内乱，回鹘诸部有一部分人来到了龟兹，龟兹于是进入回鹘化时期。回鹘原来也信佛教，在宗教信仰方面，与龟兹并无矛盾，此后，龟兹曾一度为西辽所控制，公元13世纪，蒙古势力进入龟兹，差不多同时伊斯兰势力也来到了龟兹。蒙古人是信仰佛教的。两种宗教势力在这里展开了激烈的斗争。到了15世纪，佛教在龟兹终于完全被伊斯兰所取代，龟兹1000多年的佛教史于此告终。①

有了上面这一段对龟兹白氏王朝，对龟兹国的历史，特别是对龟兹佛教信仰的叙述，再来叙述佛教传入两地的问题，以及任何与龟兹国有关的问题，就都有了一个基础，不致迷失了方向。

现在进入本题，谈佛教传入两地的时间和道路问题。但是，这个问题并不像表面上看上去那样简单，它与佛教从印度传入中国有密不可分的关联。这样一来，这个问题就变得大了，变得复杂了。两地处于中印两国之间，是佛教入华的重要环节。谈佛教传入两地问题而不谈佛教入华问题，是不行的。但是，在另一方面，我现在在这里毕竟不是写整个的中国佛教史，因此，对佛教传入中国的问题，只能勾勒一个大体的轮廓。

---

① 在我所阅读的资料中，韩翔、朱英荣的《龟兹石窟》，新疆，1990年，2—5页，叙述这一段非常复杂的历史，最能提纲挈领，最为简明扼要。我的叙述基本上根据此书。详细的叙述，可参阅余太山主编的《西域通史》，中州古籍出版社，1996年版。

几乎所有的《中国佛教史》都以佛教的东传为首章。不同的作者都提出了自己的看法，根据都是中外典籍。我虽然并没有写过《中国佛教史》，但也写过与佛教东传有关的文章。我除了根据中外典籍外，还利用了法国学者的研究结论和方法，把中国最早的一些佛教专名词的汉文音译和意译还原为吐火罗文。① 他们列举了许多字，都是言之有理的。但是，最重要的一个"佛"字，却逃脱了他们的注意力。这个缺憾由我弥补上了。我于1947年写了一篇论文《浮屠与佛》，阐明了这个字是从吐火罗文译过来的。汉代一般称"佛"为"浮屠"或"浮图"，我原以为这个字是印度俗语Buddho的音译，所以我说，佛教是直接由印度传入中国的。"佛"字代表西域少数民族的中介，在中国出现晚于"浮屠"。40多年以后，到了1989年，由于得到了新材料，知道"浮屠"不是来自印度本土的Buddho，而是来自大夏语（Bactrian, Bahtrisch）。于是我又写了一篇文章《再谈"浮屠"与"佛"》②。在篇末我列了一个表：

（1） 印　度　→　大夏（大月支）　→　中国
　　　buddha　→　bodo, boddo, boudo　→　浮屠
（2） 印　度　→　中亚新疆小国　→　中国
　　　buddha　→　but etc.　→　佛

这个表对佛教流布的过程一目了然。佛教史学者几乎都承认，佛教传出印度西北部第一大站就是大夏，大夏后来为大月支所征服。大月支遂据其国。中国典籍中关于佛教入华的说法虽然很多，但皆与大月支有关。③ 这样一来，史实与语言音译完全合拍，我们不得不承认，这就是事实。我原来的假设：佛教最初是直接从印度传来的，现在不能不修正了，改为佛教是间接传进来的。

---

① 伯希和、烈维著，冯承钧译《吐火罗语考》，中华书局，1957年版，41页《所谓乙种吐火罗语即龟兹语考》。
② 这两篇文章皆收入《季羡林文集》，第七卷。
③ 参阅汤用彤：《汉魏两晋南北朝佛教史》，第一部分，第二、三、四章。

由于我最近十年来没有再写与佛教入华问题有关联的文章，我的上述的观点没有公布，以致引起个别学人的误会。《龟兹石窟》29—34页，引吴焯先生的文章《从考古遗存看佛教传入西域的时间》，引用了我的《浮屠与佛》和《玄奘与〈大唐西域记〉》两篇文章，发现我的说法有牴牾之处。他大概没有读到《再谈浮屠与佛》，因而产生了疑虑。我上面这一长段叙述讲了我的观点之所以转变的过程，可以说是对吴焯先生及其他关心这个问题的学者们的一个解释。

有了上面这一个背景，再谈佛教传入龟兹和焉耆的问题，就比较容易说清楚了。

传入道路，比较容易解决。佛教由印度西传至大夏，再由大夏向偏东方向流布，直到疏勒，然后再向东进入龟兹和焉耆。这里有一个问题必须回答：佛教传入今天属于新疆的领域内以后，是先从丝路北道（后中道）的龟兹和焉耆再往东传呢？还是从南道于阗向东传？根据我上面的叙述，这是佛教间接经过大月支向东传布以后的事情。杨富学在所著《回鹘之佛教》① 中，先说："在古代印度佛教东传的过程中，西域起着至关重要的作用，于阗是佛教传入我国的第一站，传入时间大约在公元前80年左右至公元1世纪。"后来又说："龟兹与佛教的接触相当早，甚至还有可能早于于阗。"这里似乎有点矛盾。这且不去管它。反正从一些佛教固有名词的音译来看，龟兹和焉耆语言起了作用，而于阗则没有。我的意见倾向于佛教是通过丝路北道向东传布的。

至于佛教传入两地的时间，则看法颇不一致。汤用彤先生说："龟兹之有佛教，不知始于何时。"② 羽田亨认为："至于佛教何时起流行于天山南路的西域地方，尚无确证。"③ 羽溪了谛对这个问

---

① 新疆人民出版社，1998年版，第10页，第13页。
② 汤用彤：《汉魏两晋南北朝佛教史》，第二部分，第十章。
③ 羽田亨著：《西域文化》，耿世民译，新疆人民出版社，1981年版，第57页。

题做了比较详尽的论证。他首先谈到《阿育王息坏目因缘经》，经中谈到阿育王让与其子法益一部分领土，龟兹国名亦在其内。如这个说法可靠，则在公元前3世纪中叶，"龟兹与印度必已渐启其佛教的关系也。"但是，羽溪立即否定了这个事实，说"殆未必然。"他在下面长篇大论地谈到西域译经僧中有姓白（帛）者，实为龟兹之姓。最终只说："更自他方面观察，佛教之传入龟兹，当较中国为早。"始终也没有说出一个具体的时间。①

余太山主编的《西域通史》②·第六编·第四章 龟兹，第一节·B"龟兹佛教的初传及其部派渊源"说得非常明确："龟兹佛教传入的年代和于阗差不多，总在公元2世纪中，它可能是通过它的西邻疏勒传入的。"我个人觉得这说得似乎晚了一点。还有一些学者的意见，我不再引用了。我只想指出，《龟兹石窟》的作者在该书第一篇·第一章·第三节"龟兹佛教的产生与发展"中，试图确定佛教传入的时间，引用了很多人的看法，可以参考。

总之，佛教传入龟兹的时间问题是一个异常棘手的问题，语言在这里帮不了忙，考古发掘工作目前也还无能为力。我们当前所能做到的只能是根据古代典籍，加以比较探讨，得出一点不十分确切的结论，如此而已。

在当代中外学者的意见中，最让我服膺的还是汤用彤先生的观点。我现在引用他在《汉魏两晋南北朝佛教史》第一部分，第四章"汉代佛法之流布"中的两段话："盖在西汉文景帝时，佛法早已盛行于印度西北。其教继向中亚传播，自意中事。约在文帝时，月氏族为匈奴所迫，自中国之西北，向西迁徙。至武帝时已臣服大夏。（中略）佛法之传布于西域，东及支那，月氏领地实至重要也。"另外一段是："依上所言，可注意者，盖有三事。一汉武帝

---

① 羽溪了谛著：《西域之佛教》，贺昌群译，商务印书馆，1999年版，第180—183页。

② 余太山主：《西域通史》，中州古籍出版社，1996年版。

开辟西域,大月氏西侵大夏,均为佛教来华史上重要事件。二大月氏信佛在西汉时,佛法入华或由彼土。三译经并非始于《四十二章》传法之始当上推至西汉末叶。"这一点同我在《再谈浮屠与佛》中的结论完全一致。

(2001年第2期)

后　记

　　岁月如梭，转眼间，创刊于1978年的大型综合性社会科学学术期刊《社会科学战线》已历25个春秋。这25年，正是我国改革开放和社会主义现代化建设突飞猛进的25年，也正是我国哲学社会科学冲破禁锢，走向成熟，结出累累硕果的25年。在这25年里，《社会科学战线》（以下简称《战线》）以其始终一贯的"沉稳、厚重、深刻、典雅"的风格而得到社会各界的广泛认同和接受，成为在海内外有较大影响的一份重要学术刊物。在这25年里，《战线》为解放思想、改革开放呼吁呐喊，为有中国特色的社会主义建设鸣锣开道，提供理论支持，尽了自己的一份力量；《战线》以每期50来万字的篇幅推出了一大批有较大学术价值和理论意义的研究成果，起到了学术创新和文化积累的作用；《战线》与众多兄弟刊物一道，对新时期我国学术人才的成长、对学科建设起到了十分积极的作用；《战线》不仅源源不断地将中国学者的研究成果和优秀的中华文化传播到世界各地，同时还大量发表海外作者的作品，从而成为我省和我国与海外进行广泛学术交流的一个重要平台。总之，《战线》在一定程度上印证和记录了20世纪后期—21世纪初中国社会和中国学术的历史进程。

　　为了纪念这一具有特殊意义的历史时段内中国学人的思想历程和学术探索，为中国学术史留下一批珍贵的资料，我们从1978年第1期—2003年第6期刊发的近6 000万字、6 300多篇文章中，选编了一套《〈社会科学战线〉创刊25周年精华集》。《精华集》

共五卷，即《究天人之际》（哲学卷）、《通古今之变》（历史卷）、《雕文心之魂》（文学卷）、《致经世之学》（经济卷）、《解社会之惑》（综合卷）。《精华集》作品的编选、取材，一是各学科名家大家的部分名作，二是为《新华文摘》全文转载的部分力作，三是为《中国人民大学报刊复印资料》全文转载的少量佳作。总之，皆是发表于《战线》并产生较好社会反响和学术影响的精品之作。因此，这是一套名副其实的《精华集》。

《精华集》由吉林省社会科学院院长、《战线》社长邴正教授、《战线》主编邵汉明研究员策划并主编，分卷主编依次是：哲学卷——马妮，历史卷——尚永琪，文学卷——王卓，经济卷——李华，综合卷——王永平。《战线》的历任主编王慎荣研究员、关德富研究员、周惠泉研究员、赵鸣岐研究员任本书顾问。

在《精华集》的编选和出版过程中，《战线》编辑部的所有编务人员特别是于德钧副社长、王玉华副编审和马捷女士等，都付出了十分辛苦的劳动；吉林人民出版社的翁立涛先生作为本书的责任编辑和封面设计，提出过有益的意见并设计了精美的封面；吉林省出版集团的胡维革教授、吉林人民出版社的李彦珍编审等对本书的出版给予了有力支持。此外，《战线》作者特别是《精华集》入选文章的作者也给予了友好的支持和配合。凡此诸方面，都令编者十分感动，谨在此深致谢忱。

编　者
2004年5月20日

解社会之惑 《社会科学战线》创刊25周年精华集[综合卷]

主　　编：邴　正　邵汉明
责任编辑：翁立涛　　　封面设计：翁立涛
吉林人民出版社出版 发行(长春市人民大街4646号　邮政编码：130021)
电　话：0431－5649710
印　　刷：长春科技印刷厂
开　本：850mm×1168mm　1/32
印　张：13.5　　　字　数：350千字
标准书号：ISBN 7－206－03319－9/G·1400
版　次：2004年5月第1版　　　印　次：2004年5月第1次印刷
印　数：1－2 000册　　　　　　定　价：35.00元

如发现印装质量问题,影响阅读,请与印刷厂联系调换。